□ 现代统计学丛书

高维统计模型的估计理论与模型识别

胡雪梅　刘　锋

高等教育出版社·北京

图书在版编目（C I P）数据

高维统计模型的估计理论与模型识别 / 胡雪梅，刘锋著. -- 北京：高等教育出版社，2020. 5

ISBN 978-7-04-053884-7

Ⅰ. ①高…　Ⅱ. ①胡…　②刘…　Ⅲ. ①统计模型　Ⅳ. ① C815

中国版本图书馆 CIP 数据核字（2020）第 050149 号

高维统计模型的估计理论与模型识别
GAOWEI TONGJI MOXING DE GUJI LILUN YU MOXING SHIBIE

策划编辑　吴晓丽　　责任编辑　吴晓丽　　封面设计　张　志　　版式设计　杜微言
责任校对　窦丽娜　　责任印制　韩　刚

出版发行	高等教育出版社	网　　址	http://www.hep.edu.cn
社　　址	北京市西城区德外大街4号		http://www.hep.com.cn
邮政编码	100120	网上订购	http://www.hepmall.com.cn
印　　刷	北京印刷集团有限责任公司		http://www.hepmall.com
开　　本	787mm×1092mm　1/16		http://www.hepmall.cn
印　　张	17.25		
字　　数	300 千字	版　　次	2020 年 5 月第 1 版
购书热线	010-58581118	印　　次	2020 年 5 月第 1 次印刷
咨询电话	400-810-0598	定　　价	79.00 元

物 料 号　53884-00

前　　言

随着科学技术的快速发展, 人们经常碰到微阵列、蛋白质组学、医学成像、视频录像、泛函分析和高频金融等高维数据. 传统的统计模型和经典方法已经不能有效地解决这些高维数据的统计推断问题, 亟须发展应用前景广阔的高维统计模型. 因此, 本书不仅系统研究了高维统计模型的估计理论和模型识别, 还介绍了模型的变量选择、分位数回归和高维分类的研究现状和主要方法. 全书分为八章.

第一章绪论. 包括两部分: 第一部分介绍线性回归、非参数回归与 Nadaraya-Watson 核估计、可加模型及其向后拟合估计、部分线性模型、部分可加模型、半变系数模型及其剖面似然估计、随机微分方程及其计量经济估计; 第二部分介绍经验似然、自助法、间接推断、稳健推断和广义矩估计等非参数方法.

第二章半变系数复杂数据模型. 包括四部分: 第一部分介绍半变系数测量误差模型的广义最小二乘估计、序列相关检验、经验似然推断和异方差检验; 第二部分介绍具有线性过程误差或异方差的半变系数模型, 先对具有可逆线性过程误差的模型建立预白化迭代估计方法及其渐近理论, 再对具有一般线性过程误差的半变系数模型建立参数部分和变系数函数的相依经验对数似然比检验统计量及其渐近加权卡方分布, 最后对非参数异方差半变系数模型发展半参数有效正态渐近估计和半参数有效经验似然区间估计; 第三部分介绍半变系数纵向数据模型的块经验似然推断, 对具有个体效应的多元半变系数面板数据模型发展半参数固定效应估计、半参数随机效应估计以及区分固定效应和随机效应的检验统计量; 第四部分介绍半变系数工具变量模型的三步估计法, 还引

入正则 (或惩罚) 方法对高维变系数模型实施变量选择等.

第三章广义半参数部分可加模型. 包括五部分: 第一部分研究部分线性模型的异方差检验, 建立了经验似然比异方差检验统计量及其渐近卡方分布; 第二部分介绍半参数二元可加测量误差模型和半参数部分可加模型的向后拟合估计方法以及经验似然基白噪声检验; 第三部分介绍高维可加模型的估计理论和变量选择, 包括稀疏可加模型的向后拟合算法, 高维可加模型的组 LASSO (least absolute shrinkage and selection operator)、适应性组 LASSO 和调整参数选择, 稀疏超高维可加模型的非参数独立筛查; 第四部分介绍高维广义可加模型的稀疏光滑惩罚、组 LASSO 和适应性组 LASSO 惩罚估计, 广义部分可加模型的中心化样条估计理论, 广义部分可加模型的变量选择, 高维半参数部分可加模型的适应性组 LASSO 惩罚, 泛函因变量可加模型的惩罚基变量选择等; 第五部分阐述大数据面临的挑战, 重点介绍了两类非光滑优化统计算法: 渐近正则路径追踪算法和迭代局部适应极大极小化算法.

第四章广义半变系数模型的统计推断. 先介绍广义半变系数模型的变量选择及其在斯普林菲尔德第五国家银行的性别歧视问题中的应用; 接着介绍广义半变系数纵向数据混合效应模型, 先引入最不利曲线概念, 再结合广义剖面似然与核方法建立模型参数的三步估计法, 接着建立两类模型识别统计量诊断参数混合效应模型和广义半变系数混合效应模型; 最后介绍广义变系数模型的变量选择和超高维广义半变系数模型的惩罚加权最小二乘估计方法等.

第五章随机逻辑扩散方程的估计理论和模型识别. 先对漂移和扩散系数包含出生率和死亡率的随机逻辑扩散方程建立能够修正离散偏差的两类间接估计, 建立估计的相合性和渐近正态性, 再由最优间接估计和最优限制间接估计建立似然比型间接检验统计量及其渐近卡方分布; 接着对轻微污染的随机逻辑扩散方程建立稳健间接广义矩估计和稳健指数倾斜估计, 提出稳健似然比型间接检验、稳健间接鞍点检验和稳健指数倾斜检验统计量识别参数, 最后建立稳健估计和稳健检验统计量的可行算法.

第六章非平稳高维统计模型的空间分析. 先介绍六种非平稳时序模型: 非平稳非线性回归、非平稳非线性协整回归、非平稳部分线性模型、非平稳非参数预测回归、非平稳变系数模型和非平稳半参数可加模型的估计理论; 接着讨论非平稳常返单变量扩散过程和非平稳跳扩散过程的计量经济估计与渐近性质; 最后介绍非平稳扩散过程的平稳基识别检验和边际识别检验及其相合性和渐近性质.

第七章高维分类模型的统计推断. 当输入特征的维数很大时, 经典的分类方法失效了, 一个办法是对高维分类问题进行降维. 这里介绍了高维数据的降维思想, 阐述了切片逆回归和主黑塞方向估计两种降维方法; 接着阐述了分类模型, 先介绍简单二类逻辑斯谛回归及其极大似然估计方法、一般二类逻辑斯谛回归及混淆矩阵、总体精确率、Kappa 统计量和 ROC (receiver operating characteristic) 曲线, 再介绍三类逻辑斯谛回归及其 ROC 曲面、多类逻辑斯谛回归、可加逻辑斯谛回归、可加多项式逻辑斯谛回归、部分可加多项式逻辑斯谛回归、变系数多项式逻辑斯谛回归和半变系数多项式逻辑斯谛回归等多类分类模型; 还对变量个数大于样本容量的高维分类引入正则逻辑斯谛回归, 先重点介绍十三种常用惩罚函数, 再引入岭估计及其迭代加权岭回归算法、组 LASSO 逻辑斯谛回归、惩罚对数似然函数及其迭代估计、组惩罚对数似然函数及其组迭代估计、正则多类逻辑斯谛回归及其估计方法等; 最后介绍朴素贝叶斯分类器和非参数纵向数据回归函数的分类问题等.

第八章分位数回归分析. 先定义分位数、分位数损失函数和条件分位数等重要概念, 再讨论线性分位数回归、混合分位数回归、惩罚线性分位数回归、半变系数模型的分位数回归和混合分位数回归、半变系数纵向数据模型的分位数回归和高维变指标系数的分位数回归等.

最后感谢重庆市第五批高等学校优秀人才支持计划 "基于分类方法预测股价的趋势运动" (68021900601)、重庆市科委基础研究与前沿探索一般项目 (cstc.2018jcyjA2073)、重庆市 "统计学" 研究生导师团队 (yds183002)、重庆市社会科学规划项目 (2019WT59)、社会经济应用统计重庆市重点实验室平台开放项目 (KFJJ2018066) 和重庆工商大学数理统计团队 (ZDPTTD201906) 的资助; 感谢高等教育出版社吴晓丽女士的热心帮助; 感谢三位统计专家的认真评审; 感谢重庆工商大学数学与统计学院陈义安院长的大力支持.

胡雪梅　刘锋

2019 年 10 月

目　　录

第一章　绪　　论

回归分析研究响应变量 Y 与解释变量 X 之间的相关关系, 包括参数回归分析、非参数回归分析和半参数回归分析. 为了方便读者阅读后面章节的内容, 本章首先介绍一些预备知识, 主要包括两部分: 第一部分介绍回归模型及其主要估计方法, 包括线性模型、非线性模型和 Nadaraya-Watson 核估计、可加模型及其向后拟合算法、部分线性模型、部分可加模型、半变系数模型及其剖面似然估计、随机微分方程及其极大似然估计方法; 第二部分主要介绍非参数方法, 包括经验似然、自助法、间接推断和稳健推断等.

§1.1　线性模型

假设 Y_t 是响应变量, $X_t = (X_{t1}, \cdots, X_{tp})^\top$ 是 p 维协变量, 则线性模型表示为

$$Y_t = \beta_0 + X_{t1}\beta_1 + \cdots + X_{tp}\beta_p + \varepsilon_t, \quad t = 1, \cdots, n, \tag{1.1.1}$$

其中 β_0 为截距, $\beta_1, \cdots, \beta_p$ 为回归系数, ε_t 为零均值模型误差. 线性模型的常用估计方法为最小二乘法和极大似然法.

§1.2　非线性模型

§1.2.1　模型介绍

假设协变量 X_t 对响应变量 Y_t 具有非线性影响, 则非线性模型表示为

$$Y_t = m(X_t) + \varepsilon_t, \quad t = 1, \cdots, n, \tag{1.2.1}$$

其中 ε_t 是零均值平稳误差, $m(\cdot)$ 是未知光滑函数.

§1.2.2 Nadaraya-Watson 核估计方法

未知光滑函数 $m(X_t)$ 的 Nadaraya-Watson 核估计为

$$\widehat{m}_h(x) = \frac{\sum\limits_{t=1}^{n} Y_t K_h(X_t - x)}{\sum\limits_{t=1}^{n} K_h(X_t - x)}, \quad x \in (X_t - h, X_t + h), \tag{1.2.2}$$

其中 $K_h(\cdot) = (1/h)K(\cdot/h)$, h 是带宽或窗宽, $K(\cdot)$ 是非负核函数.

Nadaraya-Watson 核估计方法涉及两个问题: 核函数 $K(\cdot)$ 和窗宽 h 的选取. 通常选择的核函数是高斯核 $K(x) = (\sqrt{2\pi})^{-1}\exp(-x^2/2)$. 当 $n \to \infty$ 时, 带宽 $h \equiv h_n \to 0$. 例如, 对密度函数 $f(\cdot)$, 其核估计为

$$\widehat{f}_h(x) = n^{-1}\sum_{t=1}^{n} K_h(X_t - x),$$

定义 MISE (mean integrated squared error)$=\int MSE(x)\omega(x)dx$, 其中 $MSE(x)= E[\{\widehat{f}_h(x) - f(x)\}^2 | x \in X]$, $X = (X_1, \cdots, X_n)$, $w(x) \geqslant 0$ 是一个权函数. 使 MISE 达到最小的理想带宽是

$$h_{opt} = \alpha(K)\left[\int \{f''(x)\}^2 dx\right]^{-1/5} n^{-1/5},$$

其中 $\alpha(K) = \{\int u^2 K(u)du\}^{-2/5}\{\int K^2(u)du\}^{1/5}$ 是已知常数. 定义 MIAE (mean integrated absolute error) 为 $MIAE(x) = E\int |\hat{f}_n(x) - f(x)|dx$. 详见 Wand & Jones (1995) 第 3 章.

当核密度 f 是具有标准差 σ 的高斯密度时,

$$h_{opt} = (8\sqrt{\pi}/3)^{1/5}\alpha(K)\sigma n^{-1/5}.$$

用样本标准差 s_n 代替未知参数 σ 可以得到 NRBS (normal reference bandwidth selector). 对高斯核 K, NRBS 为 $\widehat{h}_{opt,n} = 1.06 s_n n^{-1/5}$; 对 Epanechnikov 核函数 $K(x) = \frac{3}{4}(1-x^2)_+$, NRBS 为 $\widehat{h}_{opt,n} = 2.34 s_n n^{-1/5}$. 详见 Fan & Gijbels (1996).

§1.2.3 Gasser-Müller 估计方法

Gasser & Müller (1979) 提出了 Gasser-Müller 估计:

$$\widehat{m}_h(x) = \sum_{t=1}^{n} \int_{s_{t-1}}^{s_t} K_h(u-x)duY_t, \quad x \in (X_t - h, X_t + h), \tag{1.2.3}$$

其中 $s_t = (X_t + X_{t+1})/2, X_0 = -\infty, X_{n+1} = +\infty$.

§1.2.4 局部多项式估计方法

在 x_0 周围执行泰勒展开式: 只要 x 落在 x_0 的某个邻域, $m(x)$ 就可用一个 p 次多项式函数渐近, 即

$$m(x) \approx m(x_0) + m'(x_0)(x-x_0) + \frac{m''(x_0)}{2!}(x-x_0)^2 + \cdots + \frac{m^{(p)}(x_0)}{p!}(x-x_0)^p. \tag{1.2.4}$$

用参数 β_j 取代右边的每一个系数得到

$$m(x) \approx \sum_{j=0}^{p} \beta_j (x-x_0)^j, \quad \beta_j = \frac{m^{(v)}(x)}{v!}, \ v \in \mathbf{N}.$$

如果指明所有参数 β_j, 可以得到 $m(x)$ 的局部多项式渐近. 假设 X_t 和 Y_t, $1 \leqslant t \leqslant n$, 分别是 X 和 Y 的观察序列. 为了估计参数 β_j, 计算加权最小二乘问题

$$\min_{\beta_j} \sum_{t=1}^{n} \left\{ Y_t - \sum_{j=0}^{p} \beta_j (X_t - x_0)^j \right\}^2 K\left(\frac{X_t - x_0}{h} \right) = \min_{\beta} (Y - X\beta)^\top W (Y - X\beta),$$

其中上标 $\top$ 表示向量或矩阵的转置, 得到 β 的加权最小二乘估计

$$\widehat{\beta} = (X^\top W X)^{-1} X^\top W Y, \tag{1.2.5}$$

$$Y = \begin{pmatrix} Y_1 \\ \vdots \\ Y_n \end{pmatrix}, \quad X = \begin{pmatrix} 1 & (X_1 - x_0) & \cdots & (X_1 - x_0)^p \\ \vdots & \vdots & & \vdots \\ 1 & (X_n - x_0) & \cdots & (X_n - x_0)^p \end{pmatrix}, \quad \beta = \begin{pmatrix} \beta_0 \\ \beta_1 \\ \vdots \\ \beta_p \end{pmatrix},$$

$$W = \mathrm{diag}\{K((X_1 - x_0)/h), \cdots, K((X_n - x_0)/h)\}.$$

$$\widehat{m}(x_0) = \frac{\sum_{t=1}^{n} W_t Y_t}{\sum_{t=1}^{n} W_t}, \quad W_t = K_h(X_t - x_0)\{s_{n,2} - (X_t - x_0)s_{n,1}\},$$

其中

$$s_{n,j} = \sum_{t=1}^{n} K_h(X_t - x_0)(X_t - x_0)^j,\ j = 1, 2,\ K_h(X_t - x_0) = \frac{1}{h} K\left(\frac{X_t - x_0}{h}\right).$$

Fan & Gijbels (1996) 详细介绍了局部多项式估计, 主要涉及三个问题:

1. 核函数 $K(\cdot)$ 的选取: $K(\cdot)$ 的选取对估计的影响比较小, 人们常在极小化 MSE 准则下选取最优的 Epanechnikov 核函数.

2. 窗宽 h 的选取: 局部多项式估计对窗宽很敏感. 窗宽太大, 会引起大估计偏差; 窗宽太小, 会引起大估计方差. 故选取合适窗宽很重要.

3. 拟合多项式次数 p 的选取: 由于估计偏差和方差主要由窗宽控制, 所以窗宽的选取比拟合多项式次数 p 的选取更重要. 对固定窗宽, 大 p 会减少偏差, 但会增加方差和计算量; 小 p 会增加偏差. 所以应该选取合适的 p. 一般建议取 $p = j + 1$ 或 $p = j + 3$.

局部多项式方法具有以下优点:

1. 局部多项式方法适用于随机设计、固定设计、均匀设计和分组设计等.

2. 局部多项式估计没有边界效应. Nadaraya-Watson 估计和 Gasser-Müller 估计这两类估计在边界点的估计偏差比内点的估计偏差高; 而局部多项式估计在边界点的估计偏差与内点的估计偏差阶数一样, 不需要在边界点处用特殊的权函数来减小边界效应.

3. 局部多项式估计有很好的极小极大效率.

4. 局部多项式估计具有相对小的偏差和方差. 其偏差与 Gasser-Müller 估计相同, 都比 Nadaraya-Watson 估计小; 其方差与 Nadaraya-Watson 估计相同, 都比 Gasser-Müller 估计的方差小. 因此, 局部多项式估计优于 Nadaraya-Watson 或 Gasser-Müller 估计, 见表 1.1.

表 1.1 核回归光滑的逐点渐近偏差和方差

方法	偏差	方差
Nadaraya-Watson	$\left(m''(x) + \frac{2m'(x)f'(x)}{f(x)}\right) b_n$	V_n
Gasser-Müller	$m''(x)b_n$	$1.5V_n$
局部线性	$m''(x)b_n$	V_n

注: $b_n = \frac{1}{2}\int_{-\infty}^{\infty} u^2 K(u) du h^2$, $V_n = \frac{\sigma^2(x)}{f(x)nh}\int_{-\infty}^{\infty} K^2(u) du$.

§1.2.5 建模北京 $\mathrm{PM}_{2.5}$ 浓度与气象变量的关系

$\mathrm{PM}_{2.5}$ 指悬浮在空气中空气动力学当量直径小于或等于 2.5 微米的颗粒物, 又称细颗粒物. 假设 Y_{ijt} 是第 i 年第 j 个月第 t 时的 $\mathrm{PM}_{2.5}$ 读数, X_{ijt} 表示气压 (P)、露点温度 (D)、气温 (T)、累积降雨或雪的时间 ($Prec$) 和某个具体方向的风速 (C) 组成的向量, 即

$$X_{ijt} = (P_{ijt}, D_{ijt}, T_{ijt}, Prec_{ijt}, C_{ijt})^\top,$$

四个风向 $W_{ijt}=1,2,3,4$ 分别表示 NW (northwest), NE (northeast), S (south) 和 CV (calm and variable). Liang et al. (2015) 提出非线性模型

$$Y_{ijt} = m_{ij}(X_{ijt}, W_{ijt}) + e_{ijt}, t = 1, \cdots, n_{ij}, \tag{1.2.6}$$

分析过去五年北京 $\mathrm{PM}_{2.5}$ 浓度与气象变量的关系, 提出评估不同年份 $\mathrm{PM}_{2.5}$ 浓度是否有显著改善的方法, 其中 $m_{ij}(x,w) = E(Y_{ijt}|X_{ijt} = x, W_{ijt} = w)$ 表示基于气象变量的回归函数, e_{ijt} 表示平稳弱相依残差. 给定风向 w, 计算 $m_{ij}(x,w)$ 的 Nadaraya-Watson 核估计

$$\widehat{m}_{ij}(x,w) = \frac{\sum\limits_{t=1}^{n_{ij}} K_h(x - X_{ijt}) Y_{ijt} I(W_{ijt} = w)}{\sum\limits_{t=1}^{n_{ij}} K_h(x - X_{ijt}) I(W_{ijt} = w)}, \tag{1.2.7}$$

其中 $I(W_{ijt} = w)$ 表示风向的示性函数,

$$K_h(z) = K(z_1/h_1) \cdots K(z_q/h_q)/h_1 h_2 \cdots h_q$$

表示单变量核函数 $K(\cdot)$ 生成的乘积核, q 表示连续变量 X_{ijt} 的维数, $h_1, \cdots, h_q$ 表示光滑带宽. 核函数常取高斯核 $K(u) = (2\pi)^{-1/2}\exp(-u^2/2)$. 如果考虑地区污染物的排放影响, 比如能源消费 U_{ijt} 的影响, 则可用非线性模型

$$Y_{ijt} = \widetilde{m}_{ij}(X_{ijt}, W_{ijt}, U_{ijt}) + \varepsilon_{ijt}, \quad t = 1, \cdots, n_{ij},$$

分析过去五年北京 $\mathrm{PM}_{2.5}$ 浓度与气象变量和能源消费的关系, 其中

$$\widetilde{m}_{ij}(x,w,u) = E(Y_{ijt}|X_{ijt} = x, W_{ijt} = w, U_{ijt} = u)$$

表示回归函数, 残差 ε_{ijt} 满足条件 $E(\varepsilon_{ijt}|X_{ijt}, W_{ijt}, U_{ijt}) = 0$.

§1.3 可加模型

§1.3.1 模型介绍

可加模型表示为

$$Y_t = \alpha + \sum_{j=1}^{q} \phi_j(Z_{jt}) + \varepsilon_t, \quad t = 1, \cdots, n, \tag{1.3.1}$$

其中 $\phi_j(\cdot)$ 是单变量光滑函数, 误差 ε_t 与 Z_{jt} 独立, $E(\varepsilon_t) = 0$, $Var(\varepsilon_t) = \sigma^2$. 为了识别可加模型, 通常假设 $E\{\phi_j(Z_{jt})\} = 0$ 成立. Stone (1985) 证明了可加函数 $\phi_j(\cdot)$ 的估计达到了一维收敛速度 $n^{2/5}$; Hastie & Tibshirani (1990) 系统阐述了广义可加模型的研究现状; Chen et al. (1996) 对多元可加模型 $E(Y|Z_1, Z_2, \cdots, Z_q) = m(Z_1, Z_2, \cdots, Z_q)$ 求边际积分, 建立了可加函数 $\phi_j(Z_j), j = 1, \cdots, q$ 的局部线性估计; Fan, Härdle & Mammen (1998) 考虑了局部线性拟合的加权边际积分及其渐近性质; Opsomer (2000) 建立了可加模型向后拟合估计的渐近偏差和方差, 证明估计达到了单变量多项式回归的收敛速度; Mammen & Park (2005) 提出了光滑拟合算法和三种带宽选择方法; Carroll et al. (2009) 对重复测量可加模型发展了容易计算的光滑向后拟合算法等. 下面详细介绍可加模型的向后拟合算法.

§1.3.2 向后拟合算法

如果可加模型正确, 则对任意 k,

$$E\left(Y_t - \alpha - \sum_{j=1, j\neq k}^{q} \phi_j(Z_{jt})|Z_{kt}\right) = \phi_k(Z_{kt}).$$

向后拟合算法

(i) 初始化: $\alpha = ave(Y_t), \phi_j = \phi_j^0, j = 1, \cdots, q$.

(ii) 循环: 对于 $j = 1, \cdots, q, 1, \cdots, q, \cdots$,

$$\phi_j = S_j(Y_t - \alpha - \sum_{j\neq k} \phi_j(Z_{jt})),$$

其中 $S_j := S_j(Y|Z_j)$ 表示 Y 关于预测变量 Z_j 的光滑函数.

(iii) 继续 (ii) 直到个体函数 ϕ_j 不变时停止计算.

§1.3.3 实例分析

假设回归函数关于气候变量 (Z_{ijt}, W_{ijt}) 和能源消耗 U_{ijt} 满足可加关系:

$$Y_{ijt} = \widetilde{\varphi}_{ij,1}(Z_{ijt}, W_{ijt}) + \widetilde{\phi}_{ij,2}(U_{ijt}) + \varepsilon_{ijt}. \tag{1.3.2}$$

如果能源消耗 U_{ijt} 与气候变量 (Z_{ijt}, W_{ijt}) 相互独立, 则

$$\phi_{ij}(z,w) = E(Y_{ijt}|Z_{ijt}=z, W_{ijt}=w) = \widetilde{\phi}_{ij,1}(z,w) + E\{\phi_{ij,2}(U_{ijt})\}. \tag{1.3.3}$$

$E(Y_{ijt}|Z_{ijt}=z, W_{ijt}=w)$ 的调整均值可写为

$$\mu_{ij} = \sum_{w=1}^{4} \int E(Y_{ijt}|Z_{ijt}=z, W_{ijt}=w)\phi_{\cdot j}(z,w)dx, \tag{1.3.4}$$

或

$$\mu_{ij} = \sum_{w=1}^{4} \int \widetilde{\phi}_{ij,1}(z,w)\phi_{\cdot j}(z,w)dx + E\{\phi_{ij,2}(U_{ijt})\}, \tag{1.3.5}$$

其中 $\phi_{\cdot j}(z,w)$ 表示第 j 个月气候变量 (Z_{ijt}, W_{ijt}) 的联合密度函数, x 定义在 §1.2.5.

§1.3.4 泛函 ANOVA 模型

泛函 ANOVA 模型是可加模型的推广形式, 定义为

$$Y_t = \sum_{1\leqslant j\leqslant p} \phi_j(Z_{tj}) + \sum_{j<k} \phi_{j,k}(Z_{tj}, Z_{tk}) + \sum_{j<k<l} \phi_{j,k,l}(Z_{tj}, Z_{tk}, Z_{tl}) + \cdots + \varepsilon_t. \tag{1.3.6}$$

这个泛函 ANOVA 模型允许变量之间的交互效应.

§1.4 部分线性模型

§1.4.1 模型介绍

部分线性模型可以表示为

$$Y_t = X_t^\top \beta + g(Z_t) + \varepsilon_t, \quad t = 1, \cdots, n, \tag{1.4.1}$$

其中 $X_t=(X_{t1},\cdots,X_{tp})^\top$ 和 Z_t 是解释变量, X_t 和 Z_t 都是独立同分布的随机设计或固定设计点, $\beta=(\beta_1,\cdots,\beta_p)^\top$ 是未知参数向量, $g(\cdot):\mathbf{R}\to\mathbf{R}$ 是未知光滑函数, ε_t 是均值为 0、方差为 σ^2 的模型误差.

Engle et al. (1986) 最早提出部分线性模型, 研究了温度和电力消费之间的潜在关系, 随后该模型得到了广泛关注. Härdle, Liang & Gao (2000) 的专著系统阐述了部分线性模型的研究概况. 现在部分线性模型作为一类最重要的半参数模型已广泛应用于工业、农业、经济、医药和金融等诸多领域.

§1.4.2 常用估计方法

(1) 假设 $\omega_{nt}(z)=\omega_{nt}(z;Z_1,\cdots,Z_n)$ 是依赖 z 和设计点 $Z_1,\cdots,Z_n$ 的权函数. 任意给定 β, 定义 $g(\cdot)$ 的一个估计如下:

$$g_n(z;\beta)=\sum_{t=1}^n\omega_{nt}(z)(Y_t-X_t^\top\beta). \tag{1.4.2}$$

用 $g_n(z;\beta)$ 取代 $g(Z_t)$, 用最小二乘法可以得到 β 的最小二乘估计

$$\widehat{\beta}_{LS}=(\widetilde{X}^\top\widetilde{X})^{-1}\widetilde{X}^\top\widetilde{Y}, \tag{1.4.3}$$

其中 $\widetilde{X}=(\widetilde{X}_1,\cdots,\widetilde{X}_n),\widetilde{X}_t=X_t-\sum\limits_{t=1}^n\omega_{nt}(Z_t)X_t,\ \widetilde{Y}=(\widetilde{Y}_1,\cdots,\widetilde{Y}_n),\widetilde{Y}_t=Y_t-\sum\limits_{t=1}^n\omega_{nt}(Z_t)Y_t$.

$g(Z)$ 的非参数估计为

$$\widehat{g}_n(z)=\sum_{t=1}^n\omega_{nt}(z)(Y_t-X_t^\top\widehat{\beta}_{LS}). \tag{1.4.4}$$

方差 σ^2 的估计为

$$\widehat{\sigma}_n^2=\frac{1}{n}\sum_{t=1}^n(\widetilde{Y}_t-\widetilde{X}_t^\top\widehat{\beta}_{LS})^2. \tag{1.4.5}$$

(2) 光滑样条方法, 定义 β 和 $g(\cdot)$ 的惩罚估计为

$$\arg\min_{\beta,g}\frac{1}{n}\sum_{t=1}^n\big\{Y_t-X_t^\top\beta-g(Z_t)\big\}^2+\lambda\int\{g''(z)\}^2dz, \tag{1.4.6}$$

其中 λ 是惩罚参数.

§1.5 半参数部分可加模型

§1.5.1 模型介绍

半参数部分可加模型表示为

$$Y_t = X_t^\top \beta + \sum_{j=1}^{q} m_j(Z_{tj}) + \varepsilon_t, \quad t = 1, \cdots, n, \tag{1.5.1}$$

其中 Y_t 是响应变量, $X_t = (X_{t1}, \cdots, X_{tp})^\top$ 是 p 维协变量, $\beta = (\beta_1, \cdots, \beta_p)^\top$ 是 p 维未知参数向量, $m_1(Z_{t1}), \cdots, m_q(Z_{tq})$ 是满足识别条件 $E\{m_1(Z_{t1})\} = 0, \cdots, E\{m_q(Z_{tq})\} = 0$ 的未知单变量函数, 连续变量 $Z_{t1}, \cdots, Z_{tq}$ 的联合密度为 f, 模型误差 ε_t 的均值为 0, 而方差为有限常数 $\sigma^2 > 0$. 半参数部分可加模型包括可加模型和部分线性模型, 建模能力强. Fan & Li (2003) 提出了核估计方法; Opsomer & Ruppert (1999) 提出了 $\sqrt{n}$ 相合的向后拟合估计; Li (2000) 提出了级数估计; Härdle, Huet & Mammen (2004) 研究了广义半参数可加模型的自助推断, Wang et al. (2011) 对广义可加部分线性模型发展了非参数函数的样条光滑估计等.

§1.5.2 向后拟合估计

任意给定 β, 半参数部分可加模型可以写成

$$Y_t - X_t^\top \beta = m_1(Z_{t1}) + \cdots + m_q(Z_{tq}) + \varepsilon_t, \quad t = 1, 2, \cdots, n.$$

下面结合局部线性光滑和向后拟合算法估计非参数函数 $m_j(Z_j)$. 假设

$$Y = \begin{pmatrix} Y_1 \\ Y_2 \\ \vdots \\ Y_n \end{pmatrix}, \quad X = \begin{pmatrix} X_1^\top \\ X_2^\top \\ \vdots \\ X_n^\top \end{pmatrix}, \quad m_j(Z_j) = \begin{pmatrix} m_j(Z_{1j}) \\ m_j(Z_{2j}) \\ \vdots \\ m_j(Z_{nj}) \end{pmatrix},$$

$$D_{Z_j}^j = \begin{pmatrix} 1 & Z_{1j} - Z_j \\ 1 & Z_{2j} - Z_j \\ \vdots & \vdots \\ 1 & Z_{nj} - Z_j \end{pmatrix}.$$

令 $j=1,2,\cdots,q$, 第 j 个非参数函数 $m_j(Z_j)$ 的局部线性回归对应的光滑矩阵是

$$S_j=\begin{pmatrix} e_1^\top(D_{Z_{1j}}^{j^\top}K_{Z_{1j}}D_{Z_{1j}}^{j})^{-1}D_{Z_{1j}}^{j^\top}K_{Z_{1j}} \\ e_1^\top(D_{Z_{2j}}^{j^\top}K_{Z_{2j}}D_{Z_{2j}}^{j})^{-1}D_{Z_{2j}}^{j^\top}K_{Z_{2j}} \\ \vdots \\ e_1^\top(D_{Z_{nj}}^{j^\top}K_{Z_{nj}}D_{Z_{nj}}^{j})^{-1}D_{Z_{nj}}^{j^\top}K_{Z_{nj}} \end{pmatrix},$$

$e_1=(1,0)^\top$, $K_{Z_j}=\mathrm{diag}\{K_{h_j}(Z_{1j}-Z_j),K_{h_j}(Z_{2j}-Z_j),\cdots,K_{h_j}(Z_{nj}-Z_j)\}$, $K_{h_j}(\cdot)=K(\cdot/h_j)/h_j$, $K(\cdot)$ 是核函数, h_j 是带宽. 令 $W_M=\sum\limits_{j=1}^{q}W_j, W_j=E_jS^{-1}C$, 其中 E_j 是 $n\times nq$ 维可分矩阵, 第 j 块是 $n\times n$ 单位矩阵, 其余为 0,

$$S_j^*=(I_n-1_n1_n^\top/n)S_j,\quad 1_n=(1,1,\cdots,1),$$

$$S=\begin{pmatrix} I_n & S_1^* & \cdots & S_1^* \\ S_2^* & I_n & \cdots & S_2^* \\ \vdots & \vdots & & \vdots \\ S_q^* & S_q^* & \cdots & I_n \end{pmatrix},\quad C=\begin{pmatrix} S_1^* \\ S_2^* \\ \vdots \\ S_q^* \end{pmatrix}.$$

对 $q=1$, $W_1=S_1^*$. 对 $q=2$, $W_1=I-(I-S_1^*S_2^*)^{-1}(I-S_1^*)$, $W_2=I-(I-S_2^*S_1^*)^{-1}(I-S_2^*)$. 对 $q>2$, $W_j=I-(I-S_j^*W_M^{[-j]})^{-1}(I-S_j^*)$, $j=1,\cdots,q$, 其中 $W_M^{[-j]}$ 是函数 $m_{(-j)}=\sum\limits_{k=1,k\neq j}^{q}m_k$ 的局部线性光滑. Opsomer & Ruppert (1999) 建立了 β 和 $M(Z_{tj})=\sum\limits_{j=1}^{q}m_j(Z_{tj})$ 的向后拟合估计

$$\widehat{\beta}=[X^\top(I_n-W_M)^\top(I_n-W_M)X]^{-1}X^\top(I_n-W_M)^\top(I_n-W_M)Y, \tag{1.5.2}$$

$$\widehat{M}(Z_{jt})=W_M(Y-X\widehat{\beta}), \tag{1.5.3}$$

其中带宽 h_j 采用经验偏差基带宽选择方法.

§1.6 半变系数模型

§1.6.1 模型介绍

半变系数模型

$$Y_t=X_t^\top\beta+Z_t^\top\alpha(U_t)+\varepsilon_t, \tag{1.6.1}$$

Y_t 是响应变量, $X_t = (X_{t1}, \cdots, X_{tp})^\top$, $Z_t = (Z_{t1}, \cdots, Z_{tq})^\top$ 是解释向量, $\beta = (\beta_1, \cdots, \beta_p)^\top$ 是参数向量, $\alpha(\cdot) = (\alpha_1(\cdot), \cdots, \alpha_q(\cdot))^\top$ 是 q 维未知函数向量, ε 是均值为 0、方差为 σ^2 的随机误差. 为了克服 "维数祸根" 现象, 假设 U 是协变量.

模型 (1.6.1) 包括通常的参数、半参数和非参数模型. 例如, $\alpha(\cdot) = a$(常数向量), 模型 (1.6.1) 退化为线性回归模型. 当 $q = 1$ 和 $Z_t = 1$ 时, 模型 (1.6.1) 变为部分线性模型. 当 $\beta = 0$ 时, 模型 (1.6.1) 退化为变系数模型. 当模型具有齐次方差时, Zhang et al. (2002) 建立了模型的参数估计、非参数估计及其最优收敛速度; Fan & Huang (2005) 提出了参数部分的剖面最小二乘估计等. 当模型具有异方差时, Ahmad, Leelahanon & Li (2005) 建立了一般级数估计及其相合性和渐近正态性等.

§1.6.2 剖面加权最小二乘估计

根据 Fan & Huang (2005), 变系数函数 $\alpha(U)$ 用局部线性估计拟合. 假设随机变量 U 具有有界支撑 Q, $\{\alpha_j(\cdot), j = 1, \cdots, q\}$ 在 $U \in Q$ 具有连续的二阶导数, 则在 U_0 的某一邻域,

$$\alpha_j(U) \approx \alpha_j(U_0) + \alpha_j'(U_0)(U - U_0) \equiv a_j + b_j(U - U_0), \quad j = 1, \cdots, q,$$

其中 $\alpha_j'(U_0) = \partial\alpha_j(U)/\partial U \,|_{U=U_0}$. 求加权局部最小二乘问题

$$\sum_{t=1}^{n} \left\{ (Y_t - \sum_{j=1}^{p} X_{tj}\beta_j) - \sum_{j=1}^{q} [a_j + b_j(U_t - U_0)]\, Z_{tj} \right\}^2 K_h(U_t - U_0)$$

的极小值, 其中 $K_h(\cdot) = h^{-1}K(\cdot/h)$, $K(\cdot)$ 是对称密度函数, 具有紧支撑, h 为控制局部邻域的窗宽或光滑参数. 这个最优解为

$$\left(\widehat{\alpha}_1(U), \cdots, \widehat{\alpha}_q(U), h\widehat{b}_1(U), \cdots, h\widehat{b}_q(U)\right)^\top = \left(D_U^\top W_U D_U\right)^{-1} D_U^\top W_U(Y - X\beta). \tag{1.6.2}$$

由 (1.6.2) 式, $\widehat{\alpha}(U) = (I_q \ 0_q)^\top (D_U^\top W_U D_U)^{-1} D_U^\top W_U(Y - X\beta)$, 其中

$$X = \begin{pmatrix} X_{11} & \cdots & X_{1p} \\ \vdots & & \vdots \\ X_{n1} & \cdots & X_{np} \end{pmatrix}, \quad Z = \begin{pmatrix} Z_{11} & \cdots & Z_{1q} \\ \vdots & & \vdots \\ Z_{n1} & \cdots & Z_{nq} \end{pmatrix}, \quad D_U = \begin{pmatrix} Z_1^\top & \frac{U_1 - U}{h} Z_1^\top \\ \vdots & \vdots \\ Z_n^\top & \frac{U_n - U}{h} Z_n^\top \end{pmatrix}$$

$$Y = (Y_1, \cdots, Y_n)^\top, \quad W_U = \mathrm{diag}(K_h(U_1 - U), \cdots, K_h(U_n - U)).$$

把 $\widehat{\alpha}(U)$ 代入模型 (1.6.1) 得到

$$Y_t - \widehat{Y}_t = (X_t - \widehat{X}_t)^\top \beta + \varepsilon_t - \widehat{\varepsilon}_t, t = 1, \cdots, n, \tag{1.6.3}$$

$\widehat{Y} = (\widehat{Y}_1, \cdots, \widehat{Y}_n)^\top = SY$, $\widehat{X} = (\widehat{X}_1, \cdots, \widehat{X}_n)^\top = SX$, $\widehat{\varepsilon} = (\widehat{\varepsilon}_1, \cdots, \widehat{\varepsilon}_n)^\top = S\varepsilon$, $\varepsilon = (\varepsilon_1, \cdots, \varepsilon_n)^\top$,

$$S = \begin{pmatrix} (Z_1^\top 0)(D_{U_1}^\top W_{U_1} D_{U_1})^{-1} D_{U_1}^\top W_{U_1} \\ \vdots \\ (Z_n^\top 0)(D_{U_n}^\top W_{U_n} D_{U_n})^{-1} D_{U_n}^\top W_{U_n} \end{pmatrix}.$$

令 $\widetilde{Y} = (I - S)Y$ 和 $\widetilde{X} = (I - S)X$, 则 β 的剖面加权最小二乘估计为

$$\widehat{\beta} = (\widetilde{X}^\top W_U \widetilde{X})^{-1} \widetilde{X}^\top W_U \widetilde{Y}. \tag{1.6.4}$$

因此, 非参数部分 $\alpha(U)$ 的剖面加权最小二乘估计为

$$\widehat{\alpha}(U) = (I_q \ 0_{q\times q})(D_U^\top W_U D_U)^{-1} D_U^\top W_U (Y - X\widehat{\beta}). \tag{1.6.5}$$

§1.7 随机微分方程

§1.7.1 时齐扩散方程

时齐扩散方程表示为

$$dX_t = \mu(X_t)dt + \sigma(X_t)dW_t, \tag{1.7.1}$$

其中 $\mu(\cdot)$ 和 $\sigma^2(\cdot) > 0$ 分别表示漂移函数和扩散函数, $\{W_t, a \leqslant t \leqslant T\}$ 是标准一维布朗运动. 时齐扩散模型 (1.7.1) 主要描述许多单因子金融模型潜在经济变量的随机动态. 例如, Osborne (1959) 提出几何布朗运动

$$dX_t = \mu X_t dt + \sigma X_t dW_t \tag{1.7.2}$$

建模股票价格, Vasicek (1977), Cox, Ingersoll & Ross (1985, 1980), Chan et al. (1992) 分别提出建模利率的模型如下:

$$VAS: \quad dX_t = (\alpha_0 + \alpha_1 X_t)dt + \sigma dW_t, \tag{1.7.3}$$

$$CIR\ SR: \quad dX_t = (\alpha_0 + \alpha_1 X_t)dt + \sigma X_t^{1/2} dW_t, \tag{1.7.4}$$

$$CIR\ VR: \quad dX_t = \sigma X_t^{1/2} dW_t, \tag{1.7.5}$$

$$CKLS: \quad dX_t = (\alpha_0 + \alpha_1 X_t)dt + \sigma X_t^\gamma dW_t. \tag{1.7.6}$$

假设模型 (1.7.1) 的参数形式为

$$dX_t = \mu(X_t, \theta)dt + \sigma(X_t, \theta)dW_t, \tag{1.7.7}$$

其中 θ 是参数空间 $\Theta \subset \mathbf{R}^d$ 中的一个参数, d 是一个正整数. 对模型 (1.7.1), $p(x)$ 表示平稳密度, $p(y|x;\Delta)$ 表示给定 $X_{t\Delta} = x$ 时 $X_{(t+1)\Delta} = y$ 的转换密度; 对模型 (1.7.7), $p_\theta(x)$ 表示平稳密度, $p_\theta(y|x;\Delta)$ 表示转换密度. 根据柯尔莫哥洛夫向前方程, $p_\theta(x)$ 具有封闭形式

$$p_\theta(x) = \frac{\xi(\theta)}{\sigma^2(x,\theta)} \exp\left\{\int_{x_0}^{x} \frac{2\mu(t,\theta)}{\sigma^2(t,\theta)} dt\right\}, \tag{1.7.8}$$

其中 $\xi(\theta)$ 是常数, 柯尔莫哥洛夫向后方程定义的 $p_\theta(y|x;\Delta)$ 没有封闭形式.

一个连续时齐马尔可夫过程, 不管是否平稳, 都可以用转换函数

$$P(s,x,E) = P(X_s \in E|X_0 = x) = P(X_{s+\tau} \in E|X_\tau = x) \tag{1.7.9}$$

刻画, 其中 $s > 0, \tau \geqslant 0$. 对于每个非负可测函数 $f: I \to \mathbf{R}$, 定义连续时齐马尔可夫过程的条件期望算子:

$$\Gamma_s f(x) = E[f(X_s)|X_0 = x] = \int f(y)dP(s,x,dy), \tag{1.7.10}$$

$\{\Gamma_s\}_{s\geqslant 0}$ 是条件期望算子的一个半群. 无穷小生成元 $A: D(A) \to C_0(I)$ 定义为

$$Af(x) = \lim_{\Delta\to 0^+} \frac{\Gamma_\Delta f(x) - f(x)}{\Delta} = \lim_{\Delta\to 0^+} \frac{E[f(X_\Delta|X_0 = x)] - f(x)}{\Delta}, \tag{1.7.11}$$

其中 $D(A) \subset C_0(I)$ 表示算子 A 的取值范围. 无穷小生成元能唯一识别连续时齐马尔可夫过程, 因此可以使用无穷小生成元作为识别连续时齐马尔可夫过程的工具.

对任意二次可微实值可测函数 f, 扩散过程 (1.7.1) 的无穷小生成元 A_0 可表示为

$$A_0 f(x) = \mu(x)f'(x) + \frac{1}{2}\sigma^2(x)f''(x), \tag{1.7.12}$$

对于扩散过程 (1.7.1), 下面的矩条件成立:

$$\lim_{\Delta\to 0} E[X_{t+\Delta} - X_t|X_t = x]/\Delta = \mu(x), \tag{1.7.13}$$

$$\lim_{\Delta\to 0} E[(X_{t+\Delta} - X_t)^2|X_t = x]/\Delta = \sigma^2(x), \tag{1.7.14}$$

$$\lim_{\Delta\to 0} E[\eta'(X_t,\zeta)(X_{t+\Delta} - X_t)|X_t = x]/\Delta = \mu(x)\eta'(x,\zeta), \tag{1.7.15}$$

$$\lim_{\Delta\to 0} E[\eta''(X_t,\zeta)(X_{t+\Delta} - X_t)^2|X_t = x]/\Delta = \sigma^2(x)\eta''(x,\zeta), \tag{1.7.16}$$

则 $\mu(x), \sigma^2(x), \mu(x)\eta'(x,\zeta), \sigma^2(x)\eta''(x,\zeta)$ 的非参数估计如下:

$$\widehat{\mu}(x) = \frac{\frac{1}{h}\sum_{j=1}^{n} K\left(\frac{X_{j\Delta}-x}{h}\right)\left[X_{(j+1)\Delta} - X_{j\Delta}\right]}{\frac{\Delta}{h}\sum_{j=1}^{n} K\left(\frac{X_{j\Delta}-x}{h}\right)}, \tag{1.7.17}$$

$$\widehat{\sigma}^2(x) = \frac{\frac{1}{h}\sum_{j=1}^{n} K\left(\frac{X_{j\Delta}-x}{h}\right)\left[X_{(j+1)\Delta} - X_{j\Delta}\right]^2}{\frac{\Delta}{h}\sum_{j=1}^{n} K\left(\frac{X_{j\Delta}-x}{h}\right)}, \tag{1.7.18}$$

$$\widehat{\mu(x)}\eta'(x,\zeta) = \frac{\frac{1}{h}\sum_{j=1}^{n} K\left(\frac{X_{j\Delta}-x}{h}\right)\eta'(X_{j\Delta},\zeta)\left[X_{(j+1)\Delta} - X_{j\Delta}\right]}{\frac{\Delta}{h}\sum_{j=1}^{n} K\left(\frac{X_{j\Delta}-x}{h}\right)}, \tag{1.7.19}$$

$$\widehat{\sigma^2(x)}\eta''(x,\zeta) = \frac{\frac{1}{h}\sum_{j=1}^{n} K\left(\frac{X_{j\Delta}-x}{h}\right)\eta''(X_{j\Delta},\zeta)\left[X_{(j+1)\Delta} - X_{j\Delta}\right]^2}{\frac{\Delta}{h}\sum_{j=1}^{n} K\left(\frac{X_{j\Delta}-x}{h}\right)}. \tag{1.7.20}$$

§1.7.2 随机逻辑扩散方程

假设结构模型 F_θ 是随机逻辑扩散方程

$$dN(t) = N(t)(\alpha - \beta N(t))dt + \sigma N(t)dB(t), \quad N(0) = N_0 > 0, \quad t \in [0,T], \tag{1.7.21}$$

其中 $N(t)$ 表示 t 时刻的总种群数, $\alpha > 0$ 表示自然出生率, $\beta > 0$ 表示自然死亡率, α/β 表示负载能力, 通常表示环境资源所能支撑的最大种群数目, $\sigma > 0$ 表示噪声对 $N(t)$ 的动态影响, $B(t)$ 表示标准布朗运动. 初始条件 N_0 是一个与 B_t 独立的正随机变量, 且存在一个 $p > 2$ 使得 $E[N_0^p] < \infty$.

模型 (1.7.21) 可以建模细胞增长, 例如女性乳腺癌细胞的增长等.

§1.8 非参数方法

§1.8.1 经验似然方法

设 $X_1, X_2, \cdots, X_n \in \mathbf{R}^d$ 相互独立, 且具有相同累积分布 F, 则 F 的非参数似然

$$L(F) = \prod_{t=1}^{n}\left(F(X_t) - F(X_{t\_})\right) = \prod_{t=1}^{n} p_t,$$

其中 $p_t = F(X_t) - F(X_{t\_}), F(X_t) = Pr(X_t \leqslant x), F(X_{t\_}) = Pr(X_t < x)$. $X_1, X_2, \cdots, X_n$ 的经验累积分布函数 $F_n = \sum\limits_{t=1}^{n} \delta_{X_t}/n$ 是 F 的非参数极大似然估计, 即

$$L(F) \leqslant L(F_n).$$

定义非参数似然比 $R(F) = L(F)/L(F_n)$, 容易证明

$$R(F) = \prod_{t=1}^{n} np_t. \tag{1.8.1}$$

为了对分布 F 的均值 μ 作区间估计或假设检验, Owen (1988) 定义了经验似然比函数:

$$\mathcal{R}(\mu) = \max\left\{\prod_{t=1}^{n} np_t | \sum_{t=1}^{n} p_t X_t = \mu, \sum_{t=1}^{n} p_t = 1, p_t \geqslant 0\right\}. \tag{1.8.2}$$

为了求出 (1.8.2) 式右边的极大值, 利用拉格朗日乘子法得到最优值

$$p_t = p_t(\mu) = n^{-1}\left\{1 + \lambda^\top (X_t - \mu)\right\}^{-1}, \tag{1.8.3}$$

其中拉格朗日乘子 λ 为方程

$$\sum_{t=1}^{n} \frac{X_t - \mu}{1 + \lambda^\top (X_t - \mu)} = 0$$

的解. 把 (1.8.3) 代入 (1.8.1) 取对数, 得到经验对数似然比统计量

$$-2\log \mathcal{R}(\mu) = 2\sum_{t=1}^{n} \log\{1 + \lambda^\top (X_t - \mu)\}.$$

Owen (1990) 证明经验对数似然比统计量具有参数似然比统计量的性质, 即经验似然的非参数 Wilks 定理:

$$-2\log \mathcal{R}(\mu_0) \sim \chi_p^2.$$

基于这个定理可以建立参数的经验似然置信区间, 对参数作假设检验等. 例如, 取临界值

$$r = \exp(-\chi_{(p)}^{2,1-\alpha}/2) \quad 或 \quad \frac{p(n-1)}{n-p} F_{p,n-p}^{1-\alpha}$$

建立 μ_0 的 $100(1-\alpha)\%$ 经验似然置信区间

$$\{\mu : -2\log \mathcal{R}(\mu_0) \leqslant r\}.$$

经验似然方法具有以下优点:

1. 经验似然置信区间的形状由观测数据确定.

2. 经验似然置信区间是 Bartlett 修正的, 即简单修正后覆盖误差从 $o(n^{-1})$ 降到 $o(n^{-2})$.

3. 经验似然置信区间不需要估计方差.

4. 经验似然置信区间是保持范围不变和转换不变的.

Owen (2001) 的专著详细介绍了经验似然方法.

§1.8.2 自助法

Efron (1979) 提出了经典的再抽样统计方法: 自助法 (bootstrap).

自助样本 (bootstrap sample): 从初始数据 $x = (x_1, \cdots, x_n)$ 中有放回地随机抽样 n 次得到的新样本 $x^* = (x_1^*, \cdots, x_n^*)$. 例如 $x^* = (x_5, x_1, x_5, x_4, x_3)$. 一般要生成大量的独立自助样本 $x^{*1}, x^{*2}, \cdots, x^{*B}$, 其中每个自助样本的样本容量为 n.

自助重复 (bootstrap replication): 基于自助样本 x^{*b} 计算感兴趣的统计量 $s(\cdot)$ 得到 $s(x^{*b})$.

自助重复的标准差:

$$\widehat{se}_{boot} = \left\{ \sum_{b=1}^{B} \left[s(x^{*b}) - s(\cdot) \right]^2 \right\}^{1/2},$$

其中 $s(\cdot) = \sum_{b=1}^{B} s(x^{*b})/B$.

Efron & Tibshirani (1993) 的专著论述了自助法的基本思想和研究概况.

§1.8.3 间接推断方法

在计量经济学中, 需要指明一个包含参数、外生变量和观察变量 (内生变量) 的经济模型. 很多情况下这些经济模型相当复杂, 不仅没有概率表示, 而且不存在数学期望, 因此不能使用极大似然估计等方法. Smith (1993), Gouriéroux et al. (1993), Gouriéroux & Monfort (1996) 提出了基于模拟的间接推断方法处理标准似然基估计方法不能处理的情形. 间接推断使用初始模型的模拟值修正参数估计的渐近偏差. 执行间接推断的唯一要求是模型可以被模拟: 给定模型参数, 用计算机模拟模型并获得模型参数的模拟值. Gouriéroux et al. (1993) 证明了间接推断估计具有相合性和渐近正态性, 还证明了 Wald 型、Score 型和似然比型三类间接推断检验渐近等价, 都服从卡方分布. Gouriéroux

& Monfort (1996) 研究了三类间接推断估计及其渐近性质. Gouriéroux et al. (2000) 证明了在时序背景下间接推断估计具有很好的小样本性质. Gouriéroux & Monfort (2002) 详细介绍了间接推断方法的研究概况. 在生物统计应用中, 稳健性是一个重要考虑因素. Genton & Ronchetti (2003) 证明了在奇异值存在的情况下间接推断可以结合稳健推断作统计分析.

间接推断的主要步骤如下: 先考虑一个辅助参数及其估计方法, 接着将估计方法用到观察值和真实模型, 得到感兴趣参数的模拟值, 最后调整参数使辅助参数的两个估计最接近, 当辅助参数和最小化标准选好时能得到渐近性质很好的参数估计.

如果一个数据集包含 n 个样本, 则间接估计方法如下:

1. 假设真实模型 K 的分布 $P^{(\theta)}$ 依赖感兴趣的未知参数 θ, $\dim(\theta) = p$.

2. 利用 $P^{(\theta)}$ 的经验分布 $P^{(n)}$ 计算间接统计量 $\widehat{s}=\Psi(P^{(n)}), \dim(\widehat{s})=q \leqslant p$.

3. 定义捆绑关系 (binding 或 bridge) $s=\Psi(P^{(\theta)})$, 未知量 s 称为辅助参数.

4. 用辅助估计 $\widehat{s}$ 取代 s, 使用捆绑关系 $s = \Psi(P^{(\theta)})$ 计算 θ 的调整估计 $\widehat{\theta}(\widehat{s})$.

间接估计 $\widehat{\theta}(\widehat{s})$ 一般满足: (1) 对轻微误指模型 M 稳健, 即对包含 M 的更大模型 $\overline{M}$, $\widehat{\theta}(\widehat{s})$ 仍然是 θ 的相合估计; (2) 容易计算; (3) 在轻微误指模型 M 下, 间接估计 $\widehat{\theta}(\widehat{s})$ 渐近有效. 间接估计方法的关键在于间接统计量 $\widehat{s}$ 的选择. 例如, 可以选择样本矩的集合、某个估计方程的解或基于某个模型 M' 的极大似然估计, 其中模型 M' 是一个更简单但误指或部分误指模型. 间接统计量 $\widehat{s}$ 的选择不必是唯一的.

间接推断具有以下优点: 最大的优点是具有一般性, 与其他偏差减小方法不一样, 间接推断方法通过模拟校正偏差函数, 不要求事先给定偏差函数及其展开式的具体形式, 因此该方法可广泛应用于大量指明模型; 第二个优点是间接推断可以与极大似然、最小二乘哑变量方法等估计方法结合使用, 继承初始估计的优良性质; 最后, 间接推断是模拟基方法, 很多时候计算并不复杂.

§1.8.4 稳健推断方法

Ronchetti & Trojani (2001) 研究了广义矩估计的稳健推断方法, 而 Maronna, Martin & Yohai (2006) 阐述了稳健推断的研究概况. 这里介绍与稳健推断方法相关的重要概念.

定义 1.1 如果 $G = N(\mu, \sigma^2)$, H 是任意分布, 则 $F = (1-\varepsilon)G + \varepsilon H$ 称为污染正态分布. 特别地, 当 G 和 H 都是正态分布时, F 称为混合正态分布.

定义 1.2 $x_1,\cdots,x_n$ 为样本, 参数 θ 的估计为 $\widehat{\theta}(x_1,\cdots,x_n)$, 其灵敏曲线 (SC, sensitivity curve) 定义为

$$\widehat{\theta}(x_1,\cdots,x_n,x_0)-\widehat{\theta}(x_1,\cdots,x_n).$$

定义 1.3 对 $\varepsilon=1/(n+1)$, 标准灵敏曲线定义为

$$SC_n(x_0)=(n+1)(\widehat{\theta}_{n+1}(x_1,\cdots,x_n,x_0)-\widehat{\theta}_n(x_1,\cdots,x_n)).$$

定义 1.4 估计 $\widehat{\theta}$ 的影响函数 (IF, influence function) 定义为

$$IF_{\widehat{\theta}}(x_0,F)=\lim_{\varepsilon\to 0}\frac{\widehat{\theta}_\infty((1-\varepsilon)F+\varepsilon\delta_{x_0})-\widehat{\theta}_\infty(F)}{\varepsilon},$$

其中 δ_{x_0} 是 x_0 处的点质量. 它是估计灵敏曲线的渐近形式. 当 ε 很小时,

$$\widehat{\theta}_\infty((1-\varepsilon)F+\varepsilon\delta_{x_0})\approx\widehat{\theta}_\infty(F)+\varepsilon IF_{\widehat{\theta}}(x_0,F).$$

因此, 偏差 $\widehat{\theta}_\infty((1-\varepsilon)F+\varepsilon\delta_{x_0})-\widehat{\theta}_\infty(F)$ 可以用 $\varepsilon IF_{\widehat{\theta}}(x_0,F)$ 渐近.

定义 1.5 h 在 z_0 沿着 a 的方向导数定义为

$$D(h,z_0,a)=\lim_{t\to 0}\frac{h(z_0+ta)-h(z_0)}{t}.$$

定义 1.6 T 是 Fréchet 可微的, 如果对任意 H,

$$T(H)-T(F)=E_H\xi(x)+o(d(F,H)),$$

其中 $\xi(x)=IF_{\widehat{\theta}}(x,F)$, $E_H\xi(x)=\int\xi(x)dH(x)$.

§1.8.5 模拟基广义矩方法

模拟基广义矩方法通过模拟值 $\widetilde{y}$ 匹配观察值 $\widehat{y}$ 来估计模型参数. 通过模拟结构模型, 求某些矩条件的广义矩标准函数的最小值, 估计结构模型的参数. 假设结构模型的输入由 p 维结构参数 θ 和分布已知的模型误差 e 组成, 没有外生变量. 结构模型产生内生变量集 $y=y(\theta,e)$. 当 θ 很难进行直接推断时, 模拟基估计方法最有用. 模拟基估计方法使用 q 个矩条件 $m(\beta,y)$ 进行推断, 其中辅助参数 $\beta\in\mathbf{R}^q$, $q\geqslant p$ 满足 $E[m(\beta,y)]=0$. $m(\beta,y)$ 的样本均值靠近 0 可以确定 β 的估计. 使用 TH 个误差样本 $e_i,i=1,\cdots,H$ 模拟内生变量 $y(\theta,e_i)$, 其中每个 e_i 包含 T 个观察. 模拟数据的观察值与 e_i 相关, 用 $\widetilde{y}_i$ 表示. 基于模拟数据的 β 值记为 $\widetilde{\beta}=\frac{1}{H}\sum\limits_{i=1}^{H}\beta(y(\theta,e_i))$. 基于观察数据 $\widehat{y}$ 的 β 值记为 $\widehat{\beta}=\beta(\widehat{y})$.

目前主要有三类模拟基广义矩方法: 第一类是模拟矩方法 (SMM) 使用简单矩匹配

$$m(\beta, y) = \beta - \mu(y),$$

矩条件常用 $\mu(\widetilde{y}) - \mu(\widehat{y})$; 第二类是间接推断 (II), 矩条件是最优问题

$$\max_{\beta} \sum_{t=1}^{T} Q_t(\beta, y)$$

的解, $m_t(\beta, y) = \partial Q_t(\beta, y)/\partial \beta$ 或 $m(\beta, y) = \widehat{\beta}(\widehat{y}) - \widetilde{\beta}(\widetilde{y}(\theta, e))$, 其中

$$\widehat{\beta} = \arg\max \sum_{t=1}^{T} Q_t(\beta, \widehat{y}), \quad \widetilde{\beta} = \arg\max \sum_{t=1}^{TH} Q_t(\beta, \widetilde{y}(\theta, e));$$

第三类是有效矩方法 (EMM), 采用得分函数 $S_t(\beta, y) = m_t(\beta, y)$ 的辅助模型描述.

模拟基方法定义 q 维函数 $\psi(\theta)$, 通过解最小问题

$$\min_{\theta} \psi(\theta)^{\top} W \psi(\theta), \tag{1.8.4}$$

得到 θ 估计, 其中 W 是 $q \times q$ 维加权矩阵. 如果 m_t 表示 $[m(\beta, y)]$ 的第 t 行, 即矩函数的第 t 个观察, 则可得到 $\psi(\theta)$ 的三种定义:

$$\psi_1(\theta) = \frac{1}{HN} \sum_{i=1}^{H} \sum_{t=1}^{T} m_t(\widehat{\beta}, \widetilde{y}_i); \tag{1.8.5}$$

$$\psi_2(\theta) = \frac{1}{HN} \sum_{i=1}^{H} \sum_{t=1}^{T} m_t(\widetilde{\beta}, \widehat{y}_i); \tag{1.8.6}$$

$$\psi_3(\theta) = \widetilde{\beta} - \widehat{\beta}. \tag{1.8.7}$$

当 $p = q$ 时, $\widetilde{\beta} = \widehat{\beta}, \sum_{t=1}^{T} m_t(\widehat{\beta}, \widetilde{y}) = \sum_{t=1}^{T} m_t(\widetilde{\beta}, \widehat{y})$. 当 m 满足

$$m_t(\beta, y) = \beta - \mu_t(y) \tag{1.8.8}$$

时, 三种方法相同. 选择哪一种估计主要依赖估计的容易程度. 只要 $\beta(y)$ 容易估计, 三种方法没有区别. 第二种方法计算量最大, 因为这种方法对每个 θ 用 $\widetilde{\beta}$ 更新, 再计算 $m(\widetilde{\beta}, \widehat{y})$, 因此在实际中应用很少. 第三种方法计算量最小. 但当 $\beta(y)$ 计算量巨大且难以估计时, 第一种方法有明显的优点, 因为 $\widehat{\beta}$ 只被估计一次, 然后使用 $m(\widehat{\beta}, \widetilde{y})$. 注意辅助模型参数向量 β 通过结构参数向量 θ 定义:

$$b(\theta) = E_e[\beta(y(\theta, e))]. \tag{1.8.9}$$

这个映射称为捆绑函数. 如果捆绑函数具有封闭形式, 直接使用 $b(\theta)-\widehat{\beta}$ 进行估计.

下面讨论最优加权矩阵的选择. 对于

$$\psi_1(\theta)=\frac{1}{HN}\sum_{i=1}^{H}\sum_{t=1}^{T}m_t(\widehat{\beta},\widetilde{y}_i) \quad 和 \quad \psi_2(\theta)=\frac{1}{HN}\sum_{i=1}^{H}\sum_{t=1}^{T}m_t(\widetilde{\beta},\widehat{y}),$$

在通常的正则条件下, 由数据渐近得到最优加权矩阵 $W=\{Cov\,[m_t(\beta,y)]\}^{-1}$. 令

$$\Gamma_j=\frac{1}{N}\sum_{t=j+1}^{N}m_t(\widehat{\beta},\widehat{y})m_{t-j}^{\top}(\widehat{\beta},\widehat{y}). \tag{1.8.10}$$

标准做法是用 Newey-West 渐近:

$$Cov(m_t(\beta,y))=\Gamma_0+\sum_{j=1}^{J}\omega_j(\Gamma_j+\Gamma_j^{\top}), \tag{1.8.11}$$

其中 J 是带宽, ω_j 是权, 通常选择 Bartlett 权 $\omega_j=1-j/(J+1)$ 和 Parzen 权

$$\omega_j=\begin{cases}1-6x^2+6|x|^3, & 0\leqslant |x|=|1-j/(J+1)|\leqslant 0.5,\\ 2(1-|x|)^3, & 0.5<|x|=|1-j/(J+1)|\leqslant 1.\end{cases}$$

对于 $\psi_3(\theta)=\widetilde{\beta}-\widehat{\beta}$, 最优加权矩阵为

$$W=\left[\frac{1}{m}\sum_{t=1}^{m}\frac{\partial m_t(\widehat{\beta},\widehat{y})}{\partial\beta}\right]^{\top}\left[\Gamma_0+\sum_{j=1}^{J}\omega_j(\Gamma_j+\Gamma_j^{\top})\right]^{-1}\left[\frac{1}{m}\sum_{t=1}^{m}\frac{\partial m_t(\widehat{\beta},\widehat{y})}{\partial\beta}\right]. \tag{1.8.12}$$

为了得到 $\widehat{\theta}$ 的渐近协差阵估计, 令

$$D=\frac{1}{NH}\sum_{i=1}^{H}\sum_{t=1}^{N}\frac{\partial m_t(\widehat{\beta},y(\theta,e_i))}{\partial\theta}, \tag{1.8.13}$$

则在适当正则条件下, $\sqrt{N}(\widehat{\theta}-\theta_0)\to^{D}N(0,\Omega)$, 其中协差阵使用

$$\widehat{\Omega}=\left(1+\frac{1}{H}\right)\left(D^{\top}\left[\Gamma_0+\sum_{j=1}^{J}\omega_j(\Gamma_j+\Gamma_j^{\top})\right]^{-1}D\right)^{-1}. \tag{1.8.14}$$

这里 $1+\frac{1}{H}$ 代表了模拟过程引入的误差校正. 参数的渐近标准误差使用

$$ASE(\widehat{\theta}_i)=\sqrt{\frac{1}{N}\widehat{\Omega}_{ii}},\, i=1,\cdots,p,$$

其中 $\widehat{\Omega}_{ii}$ 是第 i 个对角元.

第二章 半变系数复杂数据模型的统计推断

半变系数模型包括许多通常的参数、半参数和非参数回归模型, 线性模型、部分线性模型和变系数模型都是它的退化情形. 和其他模型相比, 半变系数模型允许更灵活的函数形式, 同时避免了“维数祸根”现象, 是一个内容更丰富、应用更广泛的统计模型. 本章主要从四个方面介绍半变系数复杂数据模型的统计推断: 第一部分介绍半变系数测量误差模型的估计理论、序列相关检验、异方差检验和经验似然推断; 第二部分介绍具有线性过程误差或异方差的半变系数模型的估计方法和经验似然推断; 第三部分介绍半变系数纵向数据模型的块经验似然推断和具有个体效应的多元半变系数面板数据模型的半参数有效推断; 第四部分介绍半变系数工具变量模型的估计理论和高维变系数函数的变量选择问题等.

§2.1 半变系数测量误差模型的估计理论与模型识别

在实际应用中, 由于人为或系统的原因, 测量误差普遍存在, 因此测量误差模型一直是人们感兴趣的研究课题. Carroll et al. (1995) 的专著系统介绍了 20 世纪测量误差模型的研究现状和主要进展; Anderson (1984), Carroll et al. (1984), Stefanski (1985), Fuller (1987), Wang (2000), Wang & Rao (2002), Cui & Chen (2003) 等研究了线性测量误差模型; Fan & Truong (1993) 和 Carroll et al. (1995) 等研究了非线性测量误差模型; Liang et al. (1999), Cui et al.

(1998, 2004), Wang et al. (1999, 2003), Liang (2000) 和 Liang & Wang (2005) 等研究了部分线性测量误差模型和部分线性单指标测量误差模型等半参数测量误差模型.

You & Chen (2006) 研究了半变系数测量误差模型

$$\begin{cases} Y = X^\top\beta + Z^\top\alpha(U) + \varepsilon, \\ \xi = X + \eta, \end{cases} \tag{2.1.1}$$

其中 Y 是响应变量, $\beta = (\beta_1, \cdots, \beta_p)^\top$ 是 p 维未知参数, $\alpha(\cdot) = (\alpha_1(\cdot), \cdots, \alpha_q(\cdot))^\top$ 是 q 维未知函数, ε 是均值为 0 和方差为 σ^2 的随机误差. 为了避免"维数祸根"现象, 我们假设 U 是协变量. 这里 X 不能直接观测, 只能观测替代变量 $\xi = X + \eta$, 即真协变量 X 加测量误差 η. 若 ξ 为固定设计, 则称模型 (2.1.1) 为泛函模型; 若 ξ 为独立同分布 (i.i.d.) 随机设计, 则模型 (2.1.1) 称为结构模型. 先考虑 ξ, η 和 ε 为 i.i.d. 随机变量的结构模型.

为了识别模型, 这里采用两个识别条件:

$$Cov(\eta) = \Sigma_\eta\text{已知}, \tag{2.1.2}$$

$$Cov(\varepsilon, \eta) = \sigma^2 I_{d+1}, \tag{2.1.3}$$

其中 I_{d+1} 为 $d+1$ 阶单位阵. 本章称 (2.1.1)—(2.1.2) 为半变系数测量误差模型 I, 称 (2.1.1)—(2.1.3) 为半变系数测量误差模型 II.

§2.1.1 半变系数测量误差模型 I 的序列相关检验

Hu et al. (2008b, 2009b) 先将 Li & Hsiao (1998) 的方法推广到半变系数测量误差模型 I, 提出了一个 $V_{T,p}$ 检验统计量, 再结合经验似然提出了一个经验对数似然比统计量, 并在序列无关的零假设下建立了两类检验统计量的渐近分布.

为了得到主要结果, 我们引入下列假设条件:

条件 2.1 随机变量 U 的密度函数 $f(\cdot)$ 利普希茨连续, 且在有界支撑上具有非零界.

条件 2.2 对每个 $U \in Q$, $q \times q$ 矩阵 $E(ZZ^\top|U)$ 满秩, $E(XX^\top|U)$, $E(ZZ^\top|U)$ 和 $E(XZ^\top|U)$ 都是利普希茨连续的.

条件 2.3 存在 $s > 2$ 使得 $E\|X\|^{2s} < \infty$, $E\|Z\|^{2s} < \infty$, $E|\varepsilon|^{2s} < \infty$ 和 $E\|\eta\|^{2s} < \infty$, 且对某个 $\delta < 2 - s^{-1}$, 当 $n \to \infty$ 时, $n^{2\delta-1}h \to \infty$.

条件 2.4 $\{\alpha_j(\cdot), j = 1, \cdots, q\}$ 有界, 且在 $U \in Q$ 上有连续的二阶导数.

条件 2.5 对称密度函数 $K(\cdot)$ 具有有界支撑, 带宽 h 满足: 当 $n \to \infty$ 时, $nh^8 \to 0$ 和 $nh^2/(\log n)^2 \to \infty$.

条件 2.6 $Cov(\xi)$ 是正定矩阵, 且 $E(\|\varepsilon\|^{2s}+\|\eta\|^{2s}+\|\xi\|^{2s})<\infty, s>2$.

评论 2.1 条件 2.1—2.5 保证 $\widehat{\beta}_n$ 的 $\sqrt{n}$ 相合性和 $\widehat{\alpha}(U)$ 的强收敛速度. 条件 2.6 是一个建立序列相关检验统计量渐近分布的常用条件.

为了克服测量误差引起的不相合性, You & Zhou (2006) 提出了修正剖面最小二乘估计

$$\widehat{\beta}_n=\left[\sum_{t=1}^{n}(\xi_t-\widehat{\xi}_t)(\xi_t-\widehat{\xi}_t)^\top-n\Sigma_\eta\right]^{-1}\sum_{t=1}^{n}(\xi_t-\widehat{\xi}_t)(Y_t-\widehat{Y}_t), \tag{2.1.4}$$

其中 $\widehat{\xi}=(\widehat{\xi}_1,\cdots,\widehat{\xi}_n)^\top=S\xi$ 和 $\xi=(\xi_1,\cdots,\xi_n)^\top$. 由 $E(Z_t^\top|U_t)\alpha(U_t)=E(Y_t-X_t^\top\beta|U_t)=E(Y_t-\xi_t^\top\beta|U_t)$ 可知, $\alpha(\cdot)$ 的估计为

$$\widehat{\alpha}(U)=(\widehat{\alpha}_1(U),\cdots,\widehat{\alpha}_q(U))^\top=(I_q0_{q\times q})(D_U^\top W_UD_U)^{-1}D_U^\top W_U(Y-\xi\widehat{\beta}_n). \tag{2.1.5}$$

引理 2.1 (You & Zhou, 2006) 假设条件 2.1—2.6 成立, 则在没有序列相关的零假设下,

(1) β 的修正剖面最小二乘估计 $\widehat{\beta}_n$ 是渐近正态的, 即当 $n\to\infty$ 时,

$$\sqrt{n}(\widehat{\beta}_n-\beta)\to^D N(0,\Sigma^{-1}\Sigma_1\Sigma^{-1}),$$

其中

$$\Sigma=E(XX^\top)-E\{E(XZ^\top|U)(E(ZZ^\top|U))^{-1}E(ZX^\top|U)\}$$

和

$$\Sigma_1=E(\varepsilon-\eta^\top\beta)^2\Sigma+\sigma^2\Sigma_\eta+E\{(\eta\eta^\top-\Sigma_\eta)\beta\beta^\top(\eta\eta^\top-\Sigma_\eta)\}.$$

(2) 任意给定 β 和 $c_n=h^2+(\log n/nh)^{\frac{1}{2}}$,

$$\max_{1\leqslant j\leqslant q}\sup_{U\in Q}|\widehat{\alpha}_j(U)-\alpha_j(U)|=O(c_n),\quad a.s..$$

$V_{T,p}$ 检验统计量

定义 $v_t=\varepsilon_t-\eta_t^\top\beta=Y_t-\xi_t^\top\beta-Z_t^\top\alpha(U_t), \widetilde{\gamma}_k=Ev_tv_{t+k}, t=1,\cdots,T(=n-p); k=1,\cdots,p$. 在没有序列相关的零假设下, v_t 是均值为 0 且方差为 $\sigma^2+\beta^\top\Sigma_\eta\beta$ 的独立同分布 (i.i.d.) 随机变量. 已知 ε_t 与 η_t 独立, 故 $\widetilde{\gamma}_k=Ev_tv_{t+k}=E(\varepsilon_t-\eta_t^\top\beta)(\varepsilon_{t+k}-\eta_{t+k}^\top\beta)=E(\varepsilon_t\varepsilon_{t+k})-E(\varepsilon_t\eta_{t+k}^\top\beta)-E(\varepsilon_{t+k}\eta_t^\top\beta)+\beta^\top E(\eta_t\eta_{t+k}^\top)\beta=E(\varepsilon_t\varepsilon_{t+k})=\gamma_k$. 因此半变系数测量误差模型 I 的序列相关检验

$$H_0:\gamma=(\gamma_1,\cdots,\gamma_p)^\top=0\longleftrightarrow H_1:\gamma\neq 0 \tag{2.1.6}$$

可转化为检验问题:

$$H_0:\widetilde{\gamma}=(\widetilde{\gamma}_1,\cdots,\widetilde{\gamma}_p)^{\top}=0\longleftrightarrow H_1:\widetilde{\gamma}\neq 0, \tag{2.1.7}$$

即, 检验 ε_t 是否存在序列相关, 转化为检验 υ_t 是否存在序列相关. 下面利用 $\widetilde{\gamma}$ 和估计残差 $\widehat{\upsilon}_t=Y_t-\xi_t^{\top}\widehat{\beta}_n-Z_t^{\top}\widehat{\alpha}(U_t)=\upsilon_t+\xi_t^{\top}(\beta-\widehat{\beta}_n)+Z_t^{\top}(\alpha(U_t)-\widehat{\alpha}(U_t))$ 建立有限阶序列相关检验统计量. 定义

$$\begin{aligned}
&W_t=(W_{t1},\cdots,W_{tp})^{\top},\quad W_{tk}=\upsilon_t\upsilon_{t+k},\quad k=1,\cdots,p;\quad t=1,\cdots,T;\\
&\widehat{W}_t=(\widehat{W}_{t1},\cdots,\widehat{W}_{tp})^{\top},\quad \widehat{W}_{tk}=\widehat{\upsilon}_t\widehat{\upsilon}_{t+k},\quad k=1,\cdots,p;\quad t=1,\cdots,T;
\end{aligned}$$

由引理 2.1 知, $\|\widehat{\beta}_n-\beta\|=O_p(n^{-1/2})$, $\|\widehat{\alpha}(U)-\alpha(U)\|=O_p(c_n)$. 注意到 $E\|\xi\|^2$ 和 $E\|Z\|^2$ 有限. 故由 Cauchy-Schwarz 不等式知, $\widehat{\upsilon}_t=\upsilon_t+o_p(1)$. 因此引入 p 阶序列相关检验统计量

$$V_{T,p}=\frac{1}{\sqrt{T}}\sum_{t=1}^{T}\widehat{W}_t.$$

定理 2.1 若条件 2.1—2.6 满足, 则在序列无关的零假设下, 当 $T\to\infty$ 时,

$$V_{T,p}\to^{D} N(0,\sigma_0^2 I_p),\quad \sigma_0^{-2}V_{T,p}^{\top}V_{T,p}\to^{D} x_p^2,$$

其中 $\sigma_0=\sigma^2+\beta^{\top}\Sigma_{\eta}\beta$, I_p 是一个 p 阶单位矩阵.

定理 2.1 得到了 $V_{T,p}$ 检验统计量的渐近分布. 为了应用这个渐近分布进行统计推断, You & Zhou (2006) 给出了误差方差 σ_0 的相合估计

$$\widehat{\sigma}_0=\frac{1}{n}\sum_{t=1}^{n}\Big(Y_t-\xi_t^{\top}\widehat{\beta}_n-Z_t^{\top}\widehat{\alpha}(U_t)\Big)^2.$$

易证: 当 $T\to\infty$ 时, $\widehat{\sigma}_0^{-2}V_{T,p}^{\top}V_{T,p}\to^{D} x_p^2$.

经验对数似然比统计量

注意到 $W_t=(W_{t1},\cdots,W_{tp})^{\top}, W_{tk}=\upsilon_t\upsilon_{t+k}, \upsilon_t=Y_t-\xi_t^{\top}\beta-Z_t^{\top}\alpha(U_t), t=1,\cdots,T$. 由于在序列无关的零假设下, $\widetilde{\gamma}=(\widetilde{\gamma}_1,\cdots,\widetilde{\gamma}_p)^{\top}=0$. 因此检验半变系数测量误差模型 I 是否存在 p 阶序列相关等价于检验 $EW_t=0$. 引入经验似然比函数

$$R=\max\left\{\prod_{t=1}^{T}Tp_t\,\middle|\,\sum_{t=1}^{T}p_tW_t=0,\sum_{t=1}^{T}p_t=1,p_t\geqslant 0\right\}. \tag{2.1.8}$$

显然, (2.1.8) 中包含了未知参数 β 和未知函数 $\alpha(\cdot)$, 因此不能直接进行统计推断. 一个自然想法是分别用估计 $\widehat{\beta}_n$ 和 $\widehat{\alpha}(\cdot)$ 代替 β 和 $\alpha(\cdot)$, 得到估计经验似然比函数

$$\widehat{R}=\max\left\{\prod_{t=1}^{T}Tp_t\middle|\sum_{t=1}^{T}p_t\widehat{W}_t=0,\sum_{t=1}^{T}p_t=1,p_t\geqslant 0\right\}, \tag{2.1.9}$$

其中 $\widehat{W}_t=(\widehat{W}_{t1},\cdots,\widehat{W}_{tp})^\top$, $\widehat{W}_{tk}=\widehat{\upsilon}_t\widehat{\upsilon}_{t+k}$ 和估计残差 $\widehat{\upsilon}_t=Y_t-\xi_t^\top\widehat{\beta}_n-Z_t^\top\widehat{\alpha}(U_t), t=1,\cdots,T$. 利用拉格朗日乘子法得到最优值

$$p_t=\frac{1}{T}\left(1+\lambda^\top\widehat{W}_t\right)^{-1},\quad t=1,\cdots,T,$$

其中 $\lambda=(\lambda_1,\cdots,\lambda_p)^\top$ 为方程

$$\frac{1}{T}\sum_{t=1}^{T}\frac{\widehat{W}_t}{1+\lambda^\top\widehat{W}_t}=0$$

的解. 注意到 $\widehat{\upsilon}_t=\upsilon_t+o_p(1)$. 所以检验 p 阶序列相关的估计经验对数似然比定义为

$$-2\log\widehat{R}=2\sum_{t=1}^{T}\log\left(1+\lambda^\top\widehat{W}_t\right). \tag{2.1.10}$$

定理 2.2 若条件 2.1—2.6 成立, 则在序列无关的零假设下, 当 $T\to\infty$ 时,

$$-2\log\widehat{R}\to^D x_p^2. \tag{2.1.11}$$

§2.1.2 半变系数测量误差模型 II 的估计理论

广义最小二乘估计

假设 $\{\xi_t=(\xi_{t1},\cdots,\xi_{tp})^\top, Z_t=(Z_{t1},\cdots,Z_{tq})^\top, U_t, Y_t\}_{t=1}^n$ 是来自半变系数测量误差模型 II 的独立同分布样本. $\alpha(U)$ 的局部线性估计为

$$\widetilde{\alpha}(U,\beta)=(I_q\ 0_{q\times q})(D_U^\top W_U D_U)^{-1}D_U^\top W_U(Y-X\beta).$$

把 $Z^\top\widetilde{\alpha}(U,\beta)=(Z^\top 0_{q\times q})(D_U^\top W_U D_U)^{-1}D_U^\top W_U(Y-X\beta)\equiv S(Y-X\beta)$ 代入半变系数测量误差模型 II 得

$$(I-S)Y=(I-S)X\beta+\varepsilon, \tag{2.1.12}$$

其中

$$S = \begin{pmatrix} (Z_1^\top 0)(D_{U_1}^\top W_{U_1} D_{U_1})^{-1} D_{U_1}^\top W_{U_1} \\ \vdots \\ (Z_n^\top 0)(D_{U_n}^\top W_{U_n} D_{U_n})^{-1} D_{U_n}^\top W_{U_n} \end{pmatrix}.$$

如果把 $(I-S)\varepsilon$ 看作残差误差, 则 (2.1.12) 就是通常的线性回归. 由于 X_t 不能被观察, 通常的最小二乘法失效了. Hu, Wang & Liu (2008a) 使用广义最小二乘法建立了 β 的估计 $\widehat{\beta}_n$. 对任意变量或函数序列 $(A_1,\cdots,A_n)$, 定义 $A^\top=(A_1,\cdots,A_n)$, $\widetilde{A}_t = A_t - \widehat{A}_t = A_t - \sum\limits_{k=1}^n S_{tk}A_k$, $\widetilde{A}^\top = (\widetilde{A}_1,\cdots,\widetilde{A}_n)$. 例如, $\widetilde{\xi}_t = \xi_t - \widehat{\xi}_t = \xi_t - \sum\limits_{k=1}^n S_{tk}\xi_k$, $\widetilde{\xi} = (\widetilde{\xi}_1,\cdots,\widetilde{\xi}_n)^\top$, $\widetilde{Y}_t = Y_t - \widehat{Y}_t = Y_t - \sum\limits_{k=1}^n S_{tk}Y_k$, $\widetilde{Y} = (\widetilde{Y}_1,\cdots,\widetilde{Y}_n)^\top$, S_{tk} 是 S 的第 (t,k) 个元. β 的广义最小二乘估计 $\widehat{\beta}_n$ 定义为

$$\widehat{\beta}_n = \arg\min_{\beta\in\mathbf{R}^p}\left\{\sum_{t=1}^n \frac{(\widetilde{Y}_t - \widetilde{\xi}_t^\top\beta)^2}{1+\|\beta\|^2}\right\}. \tag{2.1.13}$$

由 (2.1.13) 知, $\widehat{\beta}_n$ 满足

$$(1+\|\widehat{\beta}_n\|^2)\left(\frac{1}{n}\widetilde{\xi}^\top\widetilde{Y} - \frac{1}{n}\widetilde{\xi}^\top\widetilde{\xi}\widehat{\beta}_n\right) + \begin{pmatrix} 1 \\ -\widehat{\beta}_n \end{pmatrix}^\top \begin{pmatrix} \frac{1}{n}\widetilde{Y}^\top\widetilde{Y} & \frac{1}{n}\widetilde{Y}^\top\widetilde{\xi} \\ \frac{1}{n}\widetilde{\xi}^\top\widetilde{Y} & \frac{1}{n}\widetilde{\xi}^\top\widetilde{\xi} \end{pmatrix} \begin{pmatrix} 1 \\ -\widehat{\beta}_n \end{pmatrix} \widehat{\beta}_n = 0. \tag{2.1.14}$$

显然, 当 $p=1$ 时,

$$\widehat{\beta}_n = \frac{\frac{2}{n}\widetilde{\xi}^\top\widetilde{Y}}{\sqrt{(\frac{1}{n}\widetilde{Y}^\top\widetilde{Y} - \frac{1}{n}\widetilde{\xi}^\top\widetilde{\xi})^2 + 4(\frac{1}{n}\widetilde{\xi}^\top\widetilde{Y})^2} - (\frac{1}{n}\widetilde{Y}^\top\widetilde{Y} - \frac{1}{n}\widetilde{\xi}^\top\widetilde{\xi})}. \tag{2.1.15}$$

其次, 根据 $E(Z_t^\top|U_t)\alpha(U_t) = E(Y_t - X_t^\top\beta|U_t) = E(Y_t - \xi_t^\top\beta|U_t)$, $\alpha(\cdot)$ 的估计为

$$\widehat{\alpha}(U) = (I_q\ 0_{q\times q})(D_U^\top W_U D_U)^{-1} D_U^\top W_U (Y - \xi\widehat{\beta}_n). \tag{2.1.16}$$

最后, 由 $E(Y_t - X_t^\top\beta - Z_t^\top\alpha(U_t))^2 = \sigma^2$ 和 $E(Y_t - \xi_t^\top\beta - Z_t^\top\alpha(U_t))^2 = \sigma^2(1+\|\beta\|^2)$, 推出 σ^2 的估计为

$$\widehat{\sigma}_n^2 = \frac{1}{n}\sum_{t=1}^n \frac{(Y_t - \xi_t^\top\widehat{\beta}_n - Z_t^\top\widehat{\alpha}(U_t))^2}{1+\|\widehat{\beta}_n\|^2}. \tag{2.1.17}$$

广义最小二乘估计的渐近性质

定理 2.3 如果条件 2.1—2.5 成立且 ε_t 序列无关, 则

$$\widehat{\beta}_n \to \beta, a.s., \quad \widehat{\sigma}_n^2 \to \sigma^2, a.s..$$

定理 2.4 如果条件 2.1—2.5 成立且 ε_t 序列无关, 则当

$$Q_1 = \sigma^2(1+\|\beta\|^2)\Sigma + Cov[(\varepsilon - \eta^\top\beta)\eta + \frac{(\varepsilon-\eta^\top\beta)^2}{1+\|\beta\|^2}\beta] > 0$$

时,

$$\sqrt{n}Q_1^{-1/2}\Sigma(\widehat{\beta}_n - \beta) \to^D N(0, I_p), \quad n\to\infty.$$

定理 2.5 如果条件 2.1—2.5 成立且 ε_t 序列无关, 则当 $Q_2 = E\left[\frac{(\varepsilon-\eta^\top\beta)^2}{1+\|\beta\|^2} - \sigma^2\right]^2 > 0$ 时,

$$\sqrt{n}Q_2^{-1/2}(\widehat{\sigma}_n^2 - \sigma^2) \to^D N(0,1), \quad n\to\infty,$$

且 Q_2 的一个相合估计为 $\frac{1}{n}\sum\limits_{t=1}^{n}\left[\frac{\widetilde{Y}_t - \widetilde{\xi}_t^\top\widehat{\beta}_n}{\sqrt{1+\|\widehat{\beta}_n\|^2}}\right]^4 - \left[\frac{1}{n}\sum\limits_{t=1}^{n}\frac{(\widetilde{Y}_t - \widetilde{\xi}_t^\top\widehat{\beta}_n)^2}{1+\|\widehat{\beta}_n\|^2}\right]^2$.

定理 2.6 (Hu, Wang & Liu, 2008a) 如果条件 2.1—2.5 成立且 ε_t 序列无关, 则

$$\max_{1\leqslant j\leqslant q}\sup_{U\in Q}|\widehat{\alpha}_j(U) - \alpha_j(U)| = O(c_n) \quad a.s., \quad n\to\infty.$$

定理 2.3—2.6 表明广义最小二乘估计 $\widehat{\beta}_n$ 和 $\widehat{\sigma}_n^2$ 具有强相合性和渐近正态性, 变系数函数估计 $\widehat{\alpha}(U)$ 达到了非参数回归的最优强收敛速度.

§2.1.3 半变系数测量误差模型 II 的序列相关检验

零假设是误差 ε_t 序列无关, 对立假设是误差 ε_t 服从 AR(p) 模型

$$\varepsilon_t = a_1\varepsilon_{t-1} + a_2\varepsilon_{t-2} + \cdots + a_p\varepsilon_{t-p} + u_t, \tag{2.1.18}$$

或 MA(p) 模型

$$\varepsilon_t = u_t + a_1u_{t-1} + a_2u_{t-2} + \cdots + a_pu_{t-p}. \tag{2.1.19}$$

在序列无关的零假设下, $v_t = Y_t - \xi_t^\top\beta - Z_t^\top\alpha(U_t) = \varepsilon_t - \eta_t^\top\beta$ 是均值为 0、方差为 $\sigma^2(1+\|\beta\|^2)$ 的独立同分布随机变量. 定义 $\widetilde{\gamma}_k = Ev_tv_{t+k}, \widetilde{\gamma} =$

$(\widetilde{\gamma}_1,\cdots,\widetilde{\gamma}_p)^\top, k=1,\cdots,p; t=1,\cdots,T=n-p$. 由于 ε_t 与 η_t 独立, $\widetilde{\gamma}_k = E(\varepsilon_t-\eta_t^\top\beta)(\varepsilon_{t+k}-\eta_{t+k}^\top\beta)=E\varepsilon_t\varepsilon_{t+k}=\gamma_k$. 因此检验问题

$$H_0:\gamma=0 \quad \leftrightarrow \quad H_1:\gamma\neq 0 \tag{2.1.20}$$

转化为检验问题

$$H_0:\widetilde{\gamma}=0 \longleftrightarrow H_1:\widetilde{\gamma}\neq 0, \tag{2.1.21}$$

即检验 ε_t 是否存在序列无关转化为检验 v_t 是否存在序列无关. 检验 v_t 存在序列无关, 需要建立 v_t 的一个相合估计. 定理 2.6 和定理 2.8 证明了广义最小二乘估计 $\widehat{\beta}_n$ 和 $\widehat{\alpha}(U)$ 满足

$$\|\widehat{\beta}_n-\beta\|=O_p(n^{-1/2}), \|\widehat{\alpha}(U)-\alpha(U)\|=O(c_n), \quad a.s..$$

故用 $\widehat{v}_t=v_t-\xi_t^\top(\widehat{\beta}_n-\beta)-Z_t^\top(\widehat{\alpha}(U_t)-\alpha(U_t))$ 估计 v_t. 注意到 $E\|\xi\|^2$ 和 $E\|Z\|^2$ 有限, 用 Cauchy-Schwarz 不等式可证 $\widehat{v}_t=v_t+o_p(1), a.s..$ 即 $\widehat{v}_t$ 是 v_t 的相合估计.

$V_{T,p}$ 检验

在 H_0 下, $\widetilde{\gamma}=(Ev_tv_{t+1},\cdots,Ev_tv_{t+p})^\top=0$. 故基于 $\widetilde{\gamma}$ 建立 $V_{T,p}$ 检验统计量. 假设

$$\begin{aligned}
&W_{tk}=v_tv_{t+k}, \quad W_t=(W_{t1},\cdots,W_{tp})^\top, \quad k=1,\cdots,p; \quad t=1,\cdots,T.\\
&\widehat{W}_{tk}=\widehat{v}_t\widehat{v}_{t+k}, \quad \widehat{W}_t=(\widehat{U}_{t1},\cdots,\widehat{W}_{tp})^\top, \quad k=1,\cdots,p; \quad t=1,\cdots,T.
\end{aligned}$$

p 阶序列相关的 $V_{T,p}$ 检验统计量定义为

$$V_{T,p}=\frac{1}{\sqrt{T}}\sum_{t=1}^{T}\widehat{W}_t. \tag{2.1.22}$$

定理 2.7　假设条件 2.1—2.5 成立, 则在 H_0 下,

(1) $V_{T,p}\to^D N(0,\sigma_0^2 I_p), n\to\infty$;

(2) $\widehat{\sigma}_0^{-2}V_{T,p}^\top V_{T,p}\to^D \chi_p^2, n\to\infty$,

其中 $\widehat{\sigma}_0^2=\left[\frac{1}{n}\sum\limits_{t=1}^{n}(\widetilde{Y}_t-\widetilde{\xi}_t^\top\widehat{\beta}_n)^2\right]^2$ 是 $\sigma_0^2=\sigma^4\left(1+\|\beta\|^2\right)^2$ 的一个相合估计.

定理 2.7 给出了 $V_{T,p}$ 检验统计量的渐近分布.

经验对数似然比检验

在 H_0 下, $\widetilde{\gamma}=(\widetilde{\gamma}_1,\cdots,\widetilde{\gamma}_p)^\top=0$ 等价于 $EW_t=0$. 引入经验似然比函数

$$R=\max\left\{\prod_{t=1}^{T}Tp_t|\sum_{t=1}^{T}p_tW_t=0,\sum_{t=1}^{T}p_t=1,p_t\geqslant 0\right\}. \tag{2.1.23}$$

由于 (2.1.23) 包含未知参数 β 和未知函数 $\alpha(U)$, 不能直接进行统计推断. 因此采用估计 $\widehat{\beta}_n$ 和 $\widehat{\alpha}(U)$ 取代未知参数 β 和未知函数 $\alpha(U)$, 得到估计经验似然比函数

$$\widehat{R}=\max\left\{\prod_{t=1}^{T}Tp_t|\sum_{t=1}^{T}p_t\widehat{W}_t=0,\sum_{t=1}^{T}p_t=1,p_t\geqslant 0\right\}. \tag{2.1.24}$$

由拉格朗日乘子法知, 满足 (2.1.24) 的最优值

$$p_t=\frac{1}{T}\left(1+\lambda^\top\widehat{W}_t\right)^{-1},\quad t=1,\cdots,T,$$

其中 $\lambda=(\lambda_1,\cdots,\lambda_p)^\top$ 为方程

$$\frac{1}{T}\sum_{t=1}^{T}\frac{\widehat{W}_t}{1+\lambda^\top\widehat{W}_t}=0$$

的解. 由于 $\widehat{v}_t=v_t+o_p(1)$, 故检验 p 阶序列相关的估计经验对数似然比为

$$-2\log\widehat{R}=2\sum_{t=1}^{T}\log\left(1+\lambda^\top\widehat{W}_t\right).$$

定理 2.8 假设条件 2.1—2.5 成立, 则在 H_0 下, 当 $T\to\infty$ 时,

$$-2\log\widehat{R}\to^D x_p^2.$$

定理 2.8 给出了 $-2\log\widehat{R}$ 的渐近卡方分布.

§2.2 半变系数测量误差模型的经验似然推断

Hu, Wang & Zhao (2009) 将 You & Zhou (2006) 对半变系数模型中参数向量 β 的经验似然置信区间估计方法推广到半变系数测量误差模型, 在两个不同识别条件下分别建立了参数向量 β 的经验似然置信区间.

§2.2.1　半变系数测量误差模型 I 的经验似然推断

设 $\{Y_t, \xi_t, Z_t, U_t\}_{t=1}^n$ 是来自模型 I 的独立同分布样本. 给定 β,

$$Y_t = \xi_t^\top \beta + Z_t^\top \alpha(U_t) + v_t, \quad v_t = \varepsilon_t - \eta_t^\top \beta.$$

根据 You & Chen (2006), 变系数函数 $\alpha(U) = (\alpha_1(U), \cdots, \alpha_q(U))^\top$ 的局部线性估计为

$$\widetilde{\alpha}(U;\beta) = (I_q \quad 0)(D_U^\top W_U D_U)^{-1} D_U^\top W_U (Y - \xi\beta),$$

$$\xi = \begin{pmatrix} \xi_1^\top \\ \vdots \\ \xi_n^\top \end{pmatrix} = \begin{pmatrix} \xi_{11} & \cdots & \xi_{1p} \\ \vdots & & \vdots \\ \xi_{n1} & \cdots & \xi_{np} \end{pmatrix}, \quad D_U = \begin{pmatrix} Z_1^\top & \dfrac{U_1 - U}{h} Z_1^\top \\ \vdots & \vdots \\ Z_n^\top & \dfrac{U_n - U}{h} Z_n^\top \end{pmatrix},$$

$$Y = (Y_1, \cdots, Y_n)^\top, \quad W_U = \mathrm{diag}(K_h(U_1 - U), \cdots, K_h(U_n - U)).$$

$Z^\top \widetilde{\alpha}(U;\beta) = (Z^\top \quad 0)(D_U^\top W_U D_U)^{-1} D_U^\top W_U (Y - \xi\beta) \equiv S(Y - \xi\beta)$, 其中 $S = (S_1^\top, \cdots, S_n^\top)^\top$, 第 t 个元 $S_t^\top = (Z_t^\top \quad 0^\top)(D_{U_t}^\top W_{U_t} D_{U_t})^{-1} D_{U_t}^\top W_{U_t}$. 把 $Z^\top \widetilde{\alpha}(U;\beta)$ 代入模型 I 得到 $\{v_t = \varepsilon_t - \eta_t^\top \beta, t = 1, \cdots, n\}$ 的随机 sieve 渐近

$$\begin{aligned} \widehat{v}_t &= Y_t - \sum_{j=1}^p \xi_{tj}\beta_j - \sum_{k=1}^n S_{tk}(Y_k - \sum_{j=1}^p \xi_{tj}\beta_j) \\ &= \widehat{Y}_t - \sum_{j=1}^p \widehat{\xi}_{tj}\beta_j = \widehat{Y}_t - \widehat{\xi}_t^\top \beta, \ t = 1, \cdots, n, \end{aligned}$$

其中 $\widehat{Y}_t = Y_t - \sum\limits_{k=1}^n S_{tk} Y_k$, $\widehat{\xi}_t = (\widehat{\xi}_{t1}, \cdots, \widehat{\xi}_{tp})^\top$, $\widehat{\xi}_{tj} = \xi_{tj} - \sum\limits_{k=1}^n S_{tk}\xi_{kj}$, S_{tk} 是矩阵 S 的第 (t,k) 个元. 定义

$$H_t(\beta) = \left\{\xi_t - E(\xi_t^\top Z_t | U_t)[E(Z_t Z_t^\top | U_t)]^{-1} Z_t\right\}\left[Y_t - \xi_t^\top \beta - Z_t^\top \alpha(U_t)\right] + \Sigma_\eta \beta. \tag{2.2.1}$$

若 β 为真参数, 则 $E[H_t(\beta)] = 0, t = 1, \cdots, n$. 因此, 检验 β 是否为真参数等价于检验是否 $E[H_t(\beta)] = 0$, $t = 1, \cdots, n$. 根据 Owen (1991), 定义真参数 β 的经验似然比函数

$$L(\beta) = \sup\left\{\prod_{t=1}^n np_t \,\middle|\, \sum_{t=1}^n p_t = 1, p_t \geqslant 0, \sum_{t=1}^n p_t H_t(\beta) = 0\right\}. \tag{2.2.2}$$

由于 $H_t(\beta)$ 包含未知参数向量 β 和未知函数 $\alpha(U)$, 故 $L(\beta)$ 不能直接进行统计推断. 一个自然的想法是用 $\widetilde{\alpha}(U;\beta)$ 代替 $\alpha(U)$ 得到 $H_t(\beta)$ 的估计形式

$$\widetilde{H_t}(\beta) = \widehat{\xi}_t(\widehat{Y}_t - \widehat{\xi}_t^\top \beta) + \Sigma_\eta \beta, \quad t = 1, \cdots, n. \tag{2.2.3}$$

显然, $\frac{1}{n}\sum_{t=1}^{n} \widetilde{H_t}(\beta) = 0$. 定义估计经验似然比函数

$$\widehat{L}(\beta) = \sup \left\{ \prod_{t=1}^{n} np_t \middle| \sum_{t=1}^{n} p_t = 1, p_t \geqslant 0, \sum_{t=1}^{n} p_t \widetilde{H}_t(\beta) = 0 \right\}. \tag{2.2.4}$$

根据拉格朗日乘子法, 满足 (2.2.4) 的最优值

$$p_t = \frac{1}{n}\left[1 + \lambda^\top \widetilde{H_t}(\beta)\right]^{-1},$$

其中拉格朗日乘子 λ 满足

$$\frac{1}{n}\sum_{t=1}^{n} \frac{\widetilde{H_t}(\beta)}{1 + \lambda^\top \widetilde{H_t}(\beta)} = 0.$$

因此, β 的剖面经验对数似然比定义为

$$-2\log \widehat{L}(\beta) = 2\sum_{t=1}^{n} \log\left[1 + \lambda^\top \widetilde{H_t}(\beta)\right]. \tag{2.2.5}$$

定理 2.9 假设条件 2.1—2.5 和 (2.1.2) 成立, 则当 $n \to \infty$ 时,

$$-2\log \widehat{L}(\beta) \to^D \chi_p^2. \tag{2.2.6}$$

基于 (2.2.6), 建立 β 的渐近覆盖率为 α 的经验似然置信区间

$$\varphi(a) = \{\beta \in \mathbf{R}^p : -2\log \widehat{L}(\beta) \leqslant c_a\},$$

其中 c_a 满足: 对任意 $0 \leqslant a < 1$, $Pr(x_p^2 > c_a) \leqslant 1 - a$.

与 You & Chen (2006) 的正态渐近置信区间相比, 经验似然置信区间不需要估计复杂的渐近协差阵, 也不需要事先假定置信区间对称, 因此能更好地反映数据分布的真实形状.

§2.2.2 半变系数测量误差模型 II 的经验似然推断

假设 $v_t = Y_t - \xi_t^\top \beta - Z_t^\top \alpha(U_t)$,

$$M_t(\beta) = \left\{\xi_t - E(\xi_t^\top Z_t|U_t)[E(Z_t Z_t^\top|U_t)]^{-1} Z_t\right\} v_t + v_t^2 \beta/(1 + \|\beta\|^2). \tag{2.2.7}$$

当真参数为 β_0 时, $EM_t(\beta_0)=0, 1\leqslant t\leqslant n$. 当 $\beta_0\neq 0$ 时, $E[M_t(\beta)]=0$ 至少有两个解, 因此把 β 限制在子参数空间

$$\Omega=\left\{\beta: E\left[\frac{(Y-\xi^{\top}\beta-Z^{\top}\alpha(U))^2}{1+\|\beta\|^2}\right]<\lambda_1\left[E(\xi\xi^{\top})\right]\right\},$$

其中 $\lambda_1(B)$ 为矩阵 B 的最小特征根. Ω 是一个开凸集, 容易证明 $E[M_t(\beta)]=0$, $\beta\in\Omega$ 的充要条件是 $\beta=\beta_0$. 用 $\widetilde{\alpha}(U;\beta)$ 代替 $\alpha(U)$ 得到

$$\widetilde{M_t}(\beta)=\widehat{\xi}_t(\widehat{Y}_t-\widehat{\xi}_t^{\top}\beta)+\frac{(\widehat{Y}_t-\widehat{\xi}_t^{\top}\beta)^2}{1+\|\beta\|^2}\beta. \tag{2.2.8}$$

显然, $\frac{1}{n}\sum\limits_{t=1}^{n}\widetilde{M_t}(\beta)=0$. 定义估计经验似然比函数为

$$\widehat{R}(\beta)=\sup\left\{\prod_{t=1}^{n}np_t\left|\sum_{t=1}^{n}p_t=1, p_t\geqslant 0, \sum_{t=1}^{n}p_t\widetilde{M}_t(\beta)=0\right.\right\}. \tag{2.2.9}$$

故 β 的剖面经验对数似然比定义为

$$-2\log\widehat{R}(\beta)=2\sum_{t=1}^{n}\log\left[1+\lambda^{\top}\widetilde{M}_t(\beta)\right].$$

定理 2.10 假设条件 2.1—2.5 和 (2.1.3) 成立, 则当 $n\to\infty$ 时, $-2\log\widehat{R}(\beta)\xrightarrow{D}\chi_p^2$.

定义

$$\Omega_n=\left\{\beta:\frac{1}{n}\sum_{t=1}^{n}\frac{(\widehat{Y}_t-\widehat{\xi}_t^{\top}\beta)^2}{1+\|\beta\|^2}<\lambda_1\left[\frac{1}{n}\sum_{t=1}^{n}\widehat{\xi}_t\widehat{\xi}_t^{\top}\right]\right\} \tag{2.2.10}$$

作为 Ω 的一个估计. 容易证明 Ω_n 是开凸集, 且当 $n\to\infty$ 时, $P\{\beta_0\in\Omega_n\}\to 1$. 因此限制 $LR(\beta)$ 的 $\beta\in\Omega_n$ 可消除多解问题. 这样 β_0 的渐近覆盖为 α 的经验似然置信区间为

$$\varphi(a)=\{\beta|\beta\in\Omega_n:-2\log\widehat{R}(\beta)\leqslant c_a\}.$$

§2.3 半变系数测量误差模型的异方差检验

§2.3.1 异方差检验

Liu et al. (2018) 基于经验似然提出了异方差检验统计量. 对某个未知常数 σ^2, 半变系数测量误差模型 I 的异方差检验问题可以写成

$$H_0:\sigma_t^2=\sigma^2\leftrightarrow H_1:\sigma_t^2\neq\sigma^2. \tag{2.3.1}$$

假设误差项 ε_t 满足 $E(\varepsilon_t)=0$ 和 $Var(\varepsilon_t)=\sigma_t^2$, 其中 $\sigma_t=\sigma m_t, t=1,2,\cdots,n$, $m_t>0$. 根据 Wong & Liu (2009), 假设加权函数

$$m_t=m(r_t,\delta),\quad t=1,2,\cdots,n,$$

即 m_t 依赖 q 维向量 r_t 和未知 q 维参数向量 δ, 且假设 m 是 δ 的可微函数, 存在 δ 的唯一值 $\delta^\star$, 使得对所有 r_t, $m(r_t,\delta^\star)$=1. 因此半变系数测量误差模型 I 的异方差检验问题 (2.3.1) 等价于假设检验问题:

$$H_0:\delta=\delta^\star\leftrightarrow H_1:\delta\neq\delta^\star.$$

为了估计异方差, 用局部线性光滑估计变系数函数 $\alpha_j(\cdot), j=1,2,\cdots,q$.

如果 β 已知, $v_t=\varepsilon_t-\eta_t^\top\beta$. 将 $\alpha_j(\cdot)$ 的局部线性估计代入半变系数测量误差模型 I, 得到估计残差

$$\widehat{v}_t(\beta)=\widehat{Y}_t-\sum_{j=1}^{p}\beta_j\widehat{X}_{tj}=Y_t-\widehat{\alpha}^\top(U_t)X_t-\beta^\top X_t,\quad t=1,\cdots,n,$$

考虑估计函数

$$\begin{cases}g_{1t}=\alpha_t[(Y_t-\alpha^\top(U_t)Z_t-\beta^\top X_t)^2-\sigma^2-\beta^\top\Sigma_\eta\beta],\quad t=1,2,\cdots,n,\\ g_{2t}=\widehat{X}_t(Y_t-\alpha^\top(U_t)Z_t-\beta^\top X_t)+\Sigma_\eta\beta,\end{cases}$$

其中 $\alpha_t=(m_t^{'\top},1)^\top$, m_t' 表示 m_t 关于 δ 的一阶导数, $\widehat{X}_t=(\widehat{X}_{t1},\cdots,\widehat{X}_{tp})^\top$.

令 $g_t=(g_{1t}^\top,g_{2t}^\top)$ 为 $p+q+1$ 维向量, 容易证明在零假设下, $Eg_t=0, t=1,2,\cdots,n$. 这暗含了对所有 t, $E\varepsilon_t^2=\sigma^2$, $\delta=\delta^*$. 因此, 检验异方差等价于检验 $Eg_t=0$. 引入经验似然方法如下:

$$L_0(\delta,\sigma^2,\beta)=\max\left\{\prod_{t=1}^{n}np_t\middle|\sum_{t=1}^{n}p_tg_t=0,p_t\geqslant 0,\sum_{t=1}^{n}p_t=1\right\}.$$

注意 $L_0(\delta,\sigma^2,\beta)$ 不仅包含未知参数 δ,β 和 σ^2 (β 和 σ^2 是讨厌参数), 而且包含未知函数 $\alpha(\cdot)$, 因此不能直接用 $L_0(\delta,\sigma^2,\beta)$ 检验. 先用 $\widehat{\alpha}(\cdot)$ 取代 $\alpha(\cdot)$:

$$\begin{cases}\widehat{g}_{1t}=\alpha_t[(Y_t-\widehat{\alpha}^\top(U_t)Z_t-\beta^\top\alpha(\cdot))^2-\sigma^2-\beta^\top\Sigma_\eta\beta],\\ \widehat{g}_{2t}=\widehat{X}_t[Y_t-\widehat{\alpha}^\top(U_t)Z_t-\beta^\top X_t]-\Sigma_\eta\beta,\end{cases}$$

定义 $\widehat{g}_t=(\widehat{g}_{1t}^\top,\widehat{g}_{2t}^\top)^\top$, 则估计的剖面经验对数似然比函数为

$$\widehat{L}_0(\delta,\sigma^2,\beta)=\max\left\{\prod_{t=1}^{n}np_t\middle|\sum_{t=1}^{n}p_t\widehat{g}_t=0,p_t\geqslant 0,\sum_{t=1}^{n}p_t=1\right\}.\tag{2.3.2}$$

用拉格朗日乘子法, p_t 的最优值为

$$p_t = \frac{1}{n}\frac{1}{1+\lambda^\top \widehat{g}_t}, \tag{2.3.3}$$

其中 λ 是

$$\frac{1}{n}\sum_{t=1}^{n}\frac{\widehat{g}_t}{1+\lambda^\top \widehat{g}_t} = 0$$

的解. 将 (2.3.3) 代入 (2.3.2) 得到

$$-2\log \widehat{L}_0(\delta,\sigma^2,\beta) = 2\sum_{t=1}^{n}\log(1+\lambda^\top \widehat{g}_t). \tag{2.3.4}$$

§2.3.2 主要结果

定理 2.11 在零假设和条件 2.1—2.5 下, 如果 $E\varepsilon_t = 0, E\eta_t = 0, E(\varepsilon_t^4 + \|\eta_t\|^4) < \infty$, 则当 $n \to \infty$ 时,

$$-2\log \widehat{L}_0(\delta,\sigma^2,\beta) \xrightarrow{L} \chi^2_{(p+q+1)}.$$

为了处理讨厌参数 σ^2 和 β, 定义

$$\widehat{L}_0(\delta) \triangleq \max_{\sigma^2,\beta} \widetilde{L}_0(\delta,\sigma^2,\beta),$$

即关于讨厌参数求极大值, 则当 $n \to \infty$ 时, 在零假设下

$$-2\log \widehat{L}_0(\delta) \xrightarrow{L} \chi^2_{(q)}$$

成立.

§2.4 具有可逆线性过程误差的半变系数模型的估计理论

§2.4.1 引言

当数据具有相关性时, 结合相关信息提高参数估计的效率是重要的研究课题. 对于参数纵向数据模型来说, 广义矩方法、广义估计方程、块经验似然方法和二次推断函数等都是结合相关信息的估计方法. 除了参数纵向数据模型外, 还研究了误差相关的非参数回归. 例如, Xiao et al. (2003) 假设非参数模型的平稳误差过程为可逆线性过程表示:

$$v_t = \sum_{j=0}^{\infty} c_j e_{t-j},$$

基于预白化转换建立了有效估计方法; Su & Ullah (2006) 假设误差过程具有有限阶非线性结构:

$$v_t = m(v_{t-1}, \cdots, v_{t-d}) + e_t,$$

用三步法建立了非参数回归的有效估计及其渐近分布等.

对具有独立误差的半变系数模型, Xia, Zhang & Tong (2004) 建立了半局部最小二乘估计; Ahmad, Leelahanon & Li (2005) 提出了级数估计方法; Fan & Huang (2005) 提出了剖面最小二乘估计并作了剖面似然推断; Wang, Zhu & Zhou (2009) 应用基函数渐近方法估计泛函系数, 发展了秩得分检验; Kai, Li & Zou (2011) 研究了分位数回归估计, 提出了适应性惩罚方法选择变量等. Hu (2014a) 研究了具有可逆线性过程误差的半变系数模型, 结合剖面最小二乘和预白化转换方法提出了新估计方法.

§2.4.2 具有可逆线性过程误差的半变系数模型

具有可逆线性过程误差的半变系数模型表示为

$$\begin{cases} Y_t = X_t^\top \beta + Z_t^\top \alpha(U_t) + v_t, \quad v_t = \sum\limits_{j=0}^{\infty} c_j e_{t-j}, \\ E(v_t | X_t^\top, Z_t^\top, U_t) = 0, \end{cases} \tag{2.4.1}$$

其中 U_t 是具有非退化边缘分布 $f(\cdot)$ 的平稳线性过程, $e_t \sim IID(0, \sigma^2)$, v_t 是均值为 0、未知系数 c_j 满足某种可加性的平稳过程. 假设 $c_0 = 1$ 和 $c(L) = \sum\limits_{j=0}^{\infty} c_j L^j$, 其中 L 是后延算子. 反转 $c(L)$, 得到 v_t 的无穷阶自回归表示:

$$b(L) \equiv c^{-1}(L) = b_0 - b_1 L - \cdots - b_j L^j - \cdots = b_0 - \sum_{j=1}^{\infty} b_j L^j. \tag{2.4.2}$$

假设 $b_0 = 1$. 因此, $b(L)v_t = e_t$. 把 $b(L)$ 代入模型 (2.4.1) 得到

$$b(L)Y_t = b(L)[X_t^\top \beta + Z_t^\top \alpha(U_t)] + e_t, \tag{2.4.3}$$

其中 e_t 是序列无关的. 由于 $\alpha(U_t)$ 是未知的变系数函数, 不能与算子 $b(L)$ 进行运算, 因此 (2.4.3) 的直接用处不明显. 根据 Xiao et al. (2003) 对具有自相关误差的非参数回归的做法, 模型 (2.4.3) 可以转化为

$$\underline{Y}_t = X_t^\top \beta + Z_t^\top \alpha(U_t) + e_t, \tag{2.4.4}$$

其中 $\underline{Y}_t = Y_t - \sum\limits_{j=1}^{\infty} b_j [Y_{t-j} - X_{t-j}^\top \beta - Z_{t-j}^\top \alpha(U_{t-j})]$. 假设 $\{Y_t, X_t^\top, Z_t^\top, U_t\}_{t=1}^n$ 是来自 (2.4.1) 的严平稳随机向量. 如果 $\underline{Y}_t$ 已知, Fan & Huang (2005) 提出了

剖面最小二乘估计

$$\widetilde{\beta}=(\widetilde{X}^\top\widetilde{X})^{-1}\widetilde{X}^\top\underline{\widetilde{Y}},\quad \underline{\widetilde{Y}}=(I-S)\underline{Y},$$
$$\widetilde{\alpha}(U,\widetilde{\beta})=(I_q\ 0_{q\times q})(D_U^\top W_U D_U)^{-1}D_U^\top W_U(\underline{Y}-X\widetilde{\beta})$$

建立了 $\widetilde{\beta}$ 和 $\widetilde{\alpha}(U,\widetilde{\beta})$ 的渐近正态性:

(1)

$$\sqrt{n}\left(\widetilde{\beta}-\beta\right)\to^D N\left(0,\sigma_e^2\Sigma^{-1}\right),\quad n\to\infty; \tag{2.4.5}$$

(2) 如果 $nh^5=O(1)$, 则

$$\begin{aligned}&\sqrt{nh}\left[\widetilde{\alpha}(U,\widetilde{\beta})-\alpha(U)-\frac{1}{2}h^2\alpha''(U)\int u^2K(u)du\right]\\&\to^D N\left(0,\sigma_e^2\int K^2(u)du/\Gamma(U)f(U)\right),\end{aligned} \tag{2.4.6}$$

其中 $\alpha''(u)=\partial^2\alpha(u)/\partial u\partial u$ 和 $\Gamma(U)=E(ZZ^\top|U)$.

记 β 和 $\alpha(U)$ 的标准估计为

$$\overline{\beta}=(\widetilde{X}^\top\widetilde{X})^{-1}\widetilde{X}^\top\widetilde{Y},\quad \overline{\alpha}(U,\overline{\beta})=(I_q\ 0_{q\times q})(D_U^\top W_U D_U)^{-1}D_U^\top W_U(Y-X\overline{\beta}),$$

其中 $\widetilde{Y}=(I-S)Y,\widetilde{X}=(I-S)X$. 由 Fan & Huang (2005) 的定理 4.1 和 Fan, Huang & Li (2007) 的定理 4.2 得到

$$\sqrt{n}\left(\overline{\beta}-\beta\right)\to^D N\left(0,\sigma_v^2\Sigma^{-1}\right), \tag{2.4.7}$$

$$\sqrt{nh}\left[\overline{\alpha}(U,\overline{\beta})-\alpha(U)-\frac{\alpha''(U)}{2}h^2\int u^2K(u)du\right]\to^D N\left(0,\frac{\sigma_v^2\int K^2(u)du}{E(ZZ^{\mathrm{T}}|U)f(U)}\right), \tag{2.4.8}$$

其中

$$\sigma_v^2=\begin{cases}\sigma_e^2(1+d_1^2), & \text{如果 } v_t=e_t+d_1e_{t-1},\\ \sigma_e^2/(1-b_1^2), & \text{如果 } v_t=b_1v_{t-1}+e_t,|b_1|<1,\\ \sigma_e^2(1+2b_1d_1+d_1^2)/(1-b_1^2), & \text{如果 } v_t=b_1v_{t-1}+e_t+d_1e_{t-1},|b_1|<1.\end{cases}$$

观察 (2.4.5)—(2.4.8) 四个公式可发现两个事实:

(a) $\widetilde{\alpha}(U,\widetilde{\beta})$ 的偏差与 $\overline{\alpha}(U,\overline{\beta})$ 相同;

(b) $\overline{\alpha}(U,\overline{\beta})$ 的方差与 σ_v^2 成比例, 更有效的 $\widetilde{\alpha}(U,\widetilde{\beta})$ 的方差与 σ_e^2 成比例, 故 $\widetilde{\alpha}(U,\widetilde{\beta})$ (或 $\widetilde{\beta}$) 与 $\overline{\alpha}(U,\overline{\beta})$ (或 $\overline{\beta}$) 的相对效率是 $\sigma_e^2/\sigma_v^2\leqslant 1$. 例如, 当 $v_t=bv_{t-1}+e_t$ 时, $\sigma_v^2=\sigma_e^2/(1-b^2)$, 即使 $b=0$ 也严格大于 σ_e^2. $\overline{\beta}$ 与 $\widetilde{\beta}$ 具有类似关系.

§2.4.3 预白化迭代估计方法

实际上, $\underline{Y}_t$ 是未知的, 因此回归模型 (2.4.4) 和估计 $\widetilde{\beta}$ 及 $\widetilde{\alpha}(U)$ 是不可行估计. 基于系数 b_j 和无穷阶和的截尾形式估计渐近 $\underline{Y}_t$, Hu (2014a) 对模型 (2.4.2) 提出了可行估计, 即预白化迭代估计方法:

(1) 由初始相合估计 $\overline{\beta}_0=(\widetilde{X}^\top\widetilde{X})^{-1}\widetilde{X}^\top\widetilde{Y}$ 和初始估计

$$\overline{\alpha}_0(U,\overline{\beta}_0)=(I_q\ 0_{q\times q})(D_U^\top W_U D_U)^{-1}D_U^\top W_U(Y-X\overline{\beta}_0)$$

计算模型的估计残差 $\widehat{v}_t=Y_t-X_t^\top\overline{\beta}_0-Z_t^\top\overline{\alpha}_0(U_t,\overline{\beta}_0),t=1,\cdots,n$.

(2) 设 $\tau=\tau(n)$ 为一个远小于样本容量 n 且能避免严重偏差的截尾参数. 计算 $\widehat{v}_t$ 的 τ 阶自回归模型

$$\widehat{v}_t=b_1\widehat{v}_{t-1}+\cdots+b_\tau\widehat{v}_{t-\tau}+\varepsilon_t,\quad t=\tau+1,\cdots,n,\tag{2.4.9}$$

其中系数 $(b_1,\cdots,b_\tau)^\top:=B_\tau$ 未知. 应用最小二乘法得到 B_τ 的估计 $\widehat{B}_\tau=(\widehat{b}_1,\cdots,\widehat{b}_\tau)^\top=(\widehat{V}_\tau^\top\widehat{V}_\tau)^{-1}\widehat{V}_\tau^\top\widehat{v}$, 其中

$$\widehat{V}_\tau=(\widehat{v}_{t-j})_{(n-\tau)\times\tau}=\begin{pmatrix}\widehat{v}_\tau & \widehat{v}_{\tau-1} & \cdots & \widehat{v}_1\\ \widehat{v}_{\tau+1} & \widehat{v}_\tau & \cdots & \widehat{v}_2\\ \vdots & \vdots & & \vdots\\ \widehat{v}_{n-1} & \widehat{v}_{n-2} & \cdots & \widehat{v}_{n-\tau}\end{pmatrix},\quad \widehat{v}=(\widehat{v}_{\tau+1},\cdots,\widehat{v}_n)^\top.$$

(3) 用 $\widehat{\underline{Y}}_t=Y_t-\sum\limits_{j=1}^{\tau}\widehat{b}_j[Y_{t-j}-X_{t-j}^\top\overline{\beta}_0-Z_{t-j}^\top\overline{\alpha}_0(U_{t-j},\overline{\beta}_0)]$ 计算 $\underline{Y}_t$ 的渐近值, 再对 $\widehat{\underline{Y}}_t=X_t^\top\beta+Z_t^\top\alpha(U_t)+e_t,t=\tau+1,\cdots,n$ 用剖面最小二乘法, 得到估计

$$\widehat{\beta}=(\widetilde{X}^\top\widetilde{X})^{-1}\widetilde{X}^\top\widetilde{\widehat{\underline{Y}}},$$
$$\widehat{\alpha}(U,\widehat{\beta})=(I_q\ 0_{q\times q})(D_U^\top W_U D_U)^{-1}D_U^\top W_U(\widehat{\underline{Y}}-X\widehat{\beta}).$$

其中

$$\widetilde{\widehat{\underline{Y}}}=(I-S)\widehat{\underline{Y}},\widehat{\underline{Y}}=(\widehat{Y}_{\tau+1},\cdots,\widehat{Y}_n)^\top,\widetilde{X}=(I-S)X,$$

$$X=\begin{pmatrix}X_{\tau+1}^\top\\ \vdots\\ X_n^\top\end{pmatrix},\quad Z=\begin{pmatrix}Z_{\tau+1}^\top\\ \vdots\\ Z_n^\top\end{pmatrix},\quad D_U=\begin{pmatrix}Z_{\tau+1}^\top & \frac{U_{\tau+1}-U}{h}Z_{\tau+1}^\top\\ \vdots & \vdots\\ Z_n^\top & \frac{U_n-U}{h}Z_n^\top\end{pmatrix},$$

$$M = \begin{pmatrix} Z_{\tau+1}^{\top}\alpha(U_{\tau+1}) \\ \vdots \\ Z_n^{\top}\alpha(U_n) \end{pmatrix}, \quad W_U = \mathrm{diag}\{K_h(U_{\tau+1}-U), \cdots, K_h(U_n-U)\},$$

$$S = \begin{pmatrix} (Z_{\tau+1}^{\top} \quad 0)(D_{U_{\tau+1}}^{\top}W_{U_{\tau+1}}D_{U_{\tau+1}})^{-1}D_{U_{\tau+1}}^{\top}W_{U_{\tau+1}} \\ \vdots \\ (Z_n^{\top} \quad 0)(D_{U_n}^{\top}W_{U_n}D_{U_n})^{-1}D_{U_n}^{\top}W_{U_n} \end{pmatrix}.$$

评论 2.2 多次迭代得到的估计具有更好的有限样本表现. 当估计系数 $(b_1, \cdots, b_\tau)$ 时, 用参数自回归滑动平均模型 $B(L)v_t = D(L)\varepsilon_t$ 建模残差过程 v_t 更有利; b_j 的估计可求 $D(L)$ 的逆矩阵得到. 可以证明估计 $\widehat{\beta}$ 和 $\widehat{\alpha}(U, \widehat{\beta})$ 与不可行估计 $\widetilde{\beta}$ 和 $\widetilde{\alpha}(U, \widetilde{\beta})$ 渐近等价.

§2.4.4　假设条件和渐近理论

假设下列条件满足:

条件 2.7 对某个 $\theta > 2$, $E|v_t|^\theta < \infty$.

条件 2.8 过程 $\{v_t\}$ 具有平稳可逆线性过程表示, 且存在某个 $\lambda \in (0,1)$ 使得线性过程系数 b_j 的界为 λ^j 与常数的乘积.

条件 2.9 对某个 $\kappa > 0$, 截尾参数 τ 满足 $\tau(n) = \kappa \log n$.

评论 2.3 假设条件 2.1—2.5 是 Fan & Huang (2005) 提出的剖面最小二乘估计的标准假设. 假设条件 2.8 要求 b_j 有界, 且界为 λ^j 与常数的乘积, 这包括了平稳可逆 ARMA 过程等一大类过程. 这个条件可以控制包含 c_j 的和的阶. 只要序列 b_j 的尾部和 $\sum\limits_{j=\tau+1}^{\infty} b_j$ 可以用适当的阶数控制, 结果依然成立.

定理 2.12 假设条件 2.1—2.5 和条件 2.7—2.9 成立, 则当 $n \to \infty$ 时,

(1) $\sqrt{n}(\widehat{\beta} - \beta) \to^D N(0, \sigma_e^2\Sigma^{-1})$;

(2) 当 $nh^5 = O(1)$ 时,

$$\sqrt{nh}\left[\widehat{\alpha}(U,\widehat{\beta}) - \alpha(U) - \frac{h^2}{2}\alpha''(U)\int u^2K(u)du\right] \to^D N\left(0, \frac{\sigma_e^2\int K^2(u)du}{E(ZZ^{\top}|U)f(U)}\right).$$

评论 2.4 忽视序列相关, 采用 Fan & Huang (2005) 的方法得到剖面最小二乘估计:

$$\overline{\beta} = (\widetilde{X}^{\top}\widetilde{X})^{-1}\widetilde{X}^{\top}\widetilde{Y}, \quad \overline{\alpha}(U, \overline{\beta}) = (I_q \; 0_{q\times q})(D_U^{\top}W_UD_U)^{-1}D_U^{\top}W_U(Y - X\overline{\beta});$$

及其渐近正态性质:

$$\sqrt{n}(\overline{\beta}-\beta) \to^D N(0, \sigma_v^2\Sigma^{-1}),$$

$$\sqrt{nh}\left[\overline{\alpha}(U,\overline{\beta})-\alpha(U)-\frac{h^2}{2}\alpha''(U)\int u^2K(u)du\right] \to^D N\left(0, \frac{\sigma_v^2\int K^2(u)du}{E(ZZ^\top|U)f(U)}\right),$$

$$\sigma_v^2 = \begin{cases} \sigma_e^2(1+d_1^2), & v_t = e_t + d_1 e_{t-1}, \\ \sigma_e^2/(1-b_1^2), & v_t = b_1 v_{t-1} + e_t, |b_1| < 1. \end{cases}$$

基于定理 2.12 的渐近正态性质, 建立 β 的置信区间和 $\alpha(U)$ 的逐点置信区间. 例如, 95% 的置信区间分别为 $\widehat{\beta} \pm 1.96 \times \widehat{SE}[\widehat{\beta}]$ 和 $\widehat{\alpha}(U,\widehat{\beta}) \pm 1.96 \times \widehat{SE}[\widehat{\alpha}(U,\widehat{\beta})]$, 其中

$$\widehat{SE}[\widehat{\beta}] = \sqrt{\frac{1}{n}\frac{\sum\limits_{t=\tau+1}^{n}(\widehat{\underline{Y}}_t - X_t^\top\widehat{\beta} - Z_t^\top\widehat{\alpha}(U_t,\widehat{\beta}))^2}{\sum\limits_{t=\tau+1}^{n}\widetilde{X}_t^\top\widetilde{X}_t}},$$

$$\widehat{SE}[\widehat{\alpha}(U,\widehat{\beta})] = \sqrt{\frac{\int K^2(u)du}{nh}\cdot\frac{\sum\limits_{t=\tau+1}^{n}[\widehat{\underline{Y}}_t - X_t^\top\widehat{\beta} - Z_t^\top\widehat{\alpha}(U_t,\widehat{\beta})]^2}{\sum\limits_{t=\tau+1}^{n}Z_tZ_t^\top K_h(U_t-U)}}.$$

评论 2.5 (X_t, Z_t, U_t) 与 v_t 独立, $E(v_t|X_t, Z_t, U_t) = 0$ 的假设有效排除了 (X_t, Z_t, U_t) 包含延迟 Y_t, 因为当 (X_t, Z_t, U_t) 包含延迟 Y_t 时, v_t 是自相关的, 剖面最小二乘估计不相合. 但是, 误差过程和协变量过程之间允许异方差相依的类型. 例如, 假设 $v_t = \sigma(X_t, Z_t, U_t)\varepsilon_t$, 且光滑函数 $\sigma(X_t, Z_t, U_t)$ 的界不为 0, $E(\varepsilon_t|X_t, Z_t, U_t) = 0$, 对某个协方差函数 γ_ε,

$$Cov(\varepsilon_s, \varepsilon_t|X_t, Z_t, U_t) = \gamma_\varepsilon(|s-t|).$$

§2.5 具有一般线性过程误差的半变系数模型的经验似然推断

对于按顺序收集的经济数据来说, 假设模型误差是独立的并不合适. 例如, 像汇率这种按时间记录的数据, 当前的响应变量与过去的响应变量可能具有相关性. 而忽视模型误差的相关性会降低估计效率. 因此, 在估计方法中融入相关信息是重要的研究内容. 建模相依结构的通常做法是采用平稳线性过程误差. Hu & Liu (2013) 研究了具有一般线性过程误差的半变系数模型, 建立了参数向量和变系数函数的经验似然区间估计.

§2.5.1 具有一般线性过程误差的半变系数模型

考虑具有一般线性过程误差的半变系数模型

$$\begin{cases} Y_t = X_t^\top \beta + Z_t^\top \alpha(U_t) + V_t, \\ V_t = \sum\limits_{r=-\infty}^{\infty} c_r e_{t-r}, \\ E(V_t|X_t, Z_t, U_t) = 0, \end{cases} \tag{2.5.1}$$

其中 Y_t 是响应变量, $X_t = (X_{t1}, \cdots, X_{tp})$, $Z_t = (Z_{t1}, \cdots, Z_{tq})$ 和 U_t 是独立解释变量, $\beta = (\beta_1, \cdots, \beta_p)^\top$ 是 p 维未知参数向量, $\alpha(\cdot) = (\alpha_1(\cdot), \cdots, \alpha_q(\cdot))^\top$ 是 q 维未知光滑函数向量, 模型误差 V_t 满足 $E(V_t|U_t, X_t^\top, Z_t^\top) = 0$, 未知系数 $\{c_r\}$ 满足 $\sum\limits_{r=-\infty}^{\infty} |c_r| < \infty$, $\{e_{t-r}\}$ 关于递增的 σ 域 $\mathcal{F}_{t-r}$ 是鞅差序列, 即 e_{t-r} 是 $\mathcal{F}_{t-r}$ 可测的, $E(e_{t-r}|\mathcal{F}_{t-r-1}) = 0$ 和 $E(e_{t-r}^2|\mathcal{F}_{t-r-1}) = \sigma_e^2 \ a.s.$. 根据 Wold 分解定理, 任意平稳线性或非线性过程都有一个 (无限阶) 线性表示. 因此, 模型 (2.5.1) 表示的线性过程误差是很一般的. 例如, V_t 表示为无穷阶 ARMA(p, q) 过程以及线性过程类. Fan, Huang & Li (2007) 对具有组内相关误差的半变系数纵向数据模型提出了剖面加权最小二乘估计方法等.

Owen (1988, 1990) 提出的经验似然方法是建立置信区间的一种非参数方法, 其主要优点如下: (A) 经验似然置信区间的形状由观测数据确定; (B) 经验似然置信区间是 Bartlett 修正的; (C) 经验似然置信区间不需要估计方差; (D) 经验似然置信区间是保持范围不变和转换不变的. 经验似然方法已得到了广泛的研究: Qin & Lawless (1994) 对估计方程发展了参数经验似然; Wang & Rao (2002) 对具有核实数据的线性度量误差模型发展了经验似然推断; You & Chen (2006) 对部分线性纵向数据模型发展了组经验似然方法; Xue & Zhu (2007) 将经验似然应用到没有组内相关的变系数纵向数据模型, 对变系数函数建立了逐点置信区间和同时置信带; Chen & Wong (2009) 对弱相依过程的平稳分布建立了分位数的块经验似然置信区间; Wang, Qian & Carroll (2010) 提出了考虑纵向数据组内相关的广义经验对数似然比统计量等. 这里对参数部分和变系数函数 $\alpha(U)$ 分别建立了相依经验对数似然比检验统计量及其渐近加权卡方分布, 并通过估计未知权, 建立参数部分的经验似然置信区间和变系数函数的逐点经验似然置信区间以及感兴趣函数在给定区间上的经验似然置信带.

§2.5.2 参数部分的经验似然推断

为了将经验似然应用到模型 (2.5.1), 必须先得到渐近随机误差序列. 基本思想如下: 假设 β 已知, 则模型 (2.5.1) 退化为变系数模型

$$Y_t - X_t^\top \beta = Z_t^\top \alpha(U_t) + V_t, \tag{2.5.2}$$

其中 V_t 是线性过程误差的第 t 个相依样本. 如果忽视 V_t 的相依结构, 则可以应用局部线性回归方法来估计变系数函数 $\{\alpha_j(\cdot), j=1,\cdots,q\}$. 假设 u_0 是 Ω 的一个内点, 则对 u_0 邻域内的点 U_t, 用线性函数

$$\alpha_j(U_t) \approx \alpha_j(u_0) + \alpha_j'(u_0)(U_t-u_0) \equiv a_j + b_j(U_t-u_0), \quad j=1,\cdots,q$$

渐近 $\alpha_j(U_t)$, 其中 $\alpha_j'(\cdot)$ 表示 $\alpha_j(\cdot)$ 关于 U_t 的一阶导数. 这导致下面的局部加权最小二乘问题: 求

$$\sum_{t=1}^{n}\left\{(Y_t - \sum_{i=1}^{p} X_{ti}\beta_i) - \sum_{j=1}^{q}\left[a_j + b_j(U_t-u_0)\right] Z_{tj}\right\}^2 K_h(U_t-u_0) \tag{2.5.3}$$

的最小值得到 $\{(a_j, b_j), j=1,\cdots,q\}$, 其中 K 是核函数, h 是带宽, $K_h(\cdot) = K(\cdot/h)/h$.

(2.5.3) 的最小解为

$$(\widetilde{\alpha}_1(U_t),\cdots,\widetilde{\alpha}_q(U_t), h\widetilde{b}_1(U_t),\cdots,h\widetilde{b}_q(U_t))^\top = \left(D_u^\top W_u D_u\right)^{-1} D_u^\top W_u (Y - X\beta). \tag{2.5.4}$$

变系数函数 $\alpha(U_t)$ 的局部线性估计是

$$\begin{aligned}\widetilde{\alpha}(U_t,\beta) &= (\widetilde{\alpha}_1(U_t,\beta),\cdots,\widetilde{\alpha}_q(U_t,\beta))^\top \\ &= (I_q\ 0_{q\times q})(D_u^\top W_u D_u)^{-1} D_u^\top W_u (Y - X\beta).\end{aligned} \tag{2.5.5}$$

用 $\widetilde{\alpha}(u,\beta)$ 取代模型 (2.5.1) 中的 $\alpha(u)$, 得到渐近残差

$$\widetilde{V}_k(\beta) = Y_k - X_k^\top\beta - Z_k^\top \widetilde{\alpha}(U_k,\beta) = \widetilde{Y}_k - \widetilde{X}_k^\top \beta, \tag{2.5.6}$$

其中 $\widetilde{X}_k = (\widehat{X}_{k1},\cdots,\widehat{X}_{kp})^\top$, $\widehat{X}_{kt} = X_{kt} - \sum\limits_{l=1}^{n} S_{kl}X_{kt}$, $\widetilde{Y}_k = Y_k - \sum\limits_{l=1}^{n} S_{kl}Y_k$, S_{kl} 是矩阵 S 的第 (k,l) 个元. 令 $M_t(\beta) \equiv \widetilde{X}_t\widetilde{V}_t(\beta) = \widetilde{X}_t[Y_t - X_t^\top\beta - Z_t^\top\widetilde{\alpha}(U_t,\beta)] = \widetilde{X}_t(\widetilde{Y}_t - \widetilde{X}_t\beta)$. 若 β 是真实参数, 则 $E[M_t(\beta)] = 0$. 于是, 定义经验对数似然比函数

$$R(\beta) = -2\max\left\{\sum_{t=1}^{n}\log(np_t) \,\middle|\, \sum_{t=1}^{n} p_t M_t(\beta) = 0, p_t \geqslant 0, \sum_{t=1}^{n} p_t = 1\right\}.$$

任意给定 β, 如果 0 在 $\{M_1(\beta),\cdots,M_n(\beta)\}$ 的凸集内, 则 $R(\beta)$ 存在唯一最优值

$$p_t=\frac{1}{1+\lambda^\top M_t(\beta)},$$

λ 由

$$\frac{1}{n}\sum_{t=1}^{n}\frac{M_t(\beta)}{1+\lambda^\top M_t(\beta)}=0$$

决定. 因此, 经验对数似然比 $R(\beta)$ 表示为

$$R(\beta)=2\sum_{t=1}^{n}\log\left[1+\lambda^\top M_t(\beta)\right]. \tag{2.5.7}$$

但是, $M_t(\beta)(t=1,\cdots,n)$ 是相依的. 因此,

$$\lim_{n\to\infty}\frac{1}{n}\sum_{t=1}^{n}M_t(\beta)M_t^\top(\beta)\neq\lim_{n\to\infty}Var\left[\frac{1}{\sqrt{n}}\sum_{t=1}^{n}M_t(\beta)\right].$$

这暗含了 $R(\beta)$ 不是渐近 χ_p^2 的.

假设下列条件满足:

条件 2.10 对某个 $0<\delta<1/2$, $\sup\limits_{n\geqslant 1}t^{1/2-\delta}\sum\limits_{|r|>n}|c_r|<\infty$.

条件 2.11 $\sup\limits_{-\infty<t<\infty}E(e_t^4|F_{t-1})<\infty\quad a.s.$.

条件 2.12 对 $\omega\in(-\pi,\pi]$, V_t 的谱密度函数 $f(\omega)$ 满足 $0<c_1\leqslant f(\omega)\leqslant c_2<\infty$, 其中 c_1 和 c_2 是常数.

定理 2.13 假设条件 2.1—2.5 和条件 2.10—2.12 成立. 如果 β_0 是真值, 则当 $n\to\infty$ 时,

$$R(\beta_0)\to^D w_1\chi_{1,1}^2+\cdots+w_p\chi_{1,p}^2,$$

其中 $\chi_{1,i}^2$ 是独立 χ_1^2 变量, 权 w_i 是矩阵 $A_1=D_1^{-1}B_1$ 的特征根, 其中

$$B_1=\lim_{n\to\infty}\frac{1}{n}Var\left(\sum_{t=1}^{n}H_tV_t\right),\quad H=X-\frac{E(XZ^\top|U)}{E(ZZ^\top|U)}Z,$$

$$D_1=\left(\lim_{n\to\infty}\sum_{r=-n}^{n}c_r^2\right)\sigma_e^2\Sigma.$$

应用定理 2.13 建立 β_0 的置信区间, 需要未知权 w_i 的相合估计. 根据 Fan & Huang (2005), D_1 的相合估计为

$$\widehat{D}_1(\widehat{\beta})=\left[\frac{1}{n}\sum_{t=1}^{n}\widetilde{V}_t^\top(\widehat{\beta})\widetilde{V}_t(\widehat{\beta})\right]\cdot\left(\frac{1}{n}\sum_{t=1}^{n}\widetilde{X}_t\widetilde{X}_t^\top\right),$$

其中 $\widehat{\beta}=(\widetilde{X}^\top\widetilde{X})^{-1}\widetilde{X}^\top\widetilde{Y}$ 是 β 的剖面最小二乘估计. 根据 Brockwell & Davis (1991), B_1 的相合估计为 $\widehat{B}_1(\widehat{\beta})=\widehat{\gamma}_1(0)+2\sum\limits_{j=1}^{J}\widehat{\gamma}_1(j)$, 其中

$$\widehat{\gamma}_1(0)=\frac{1}{n}\sum_{t=1}^{n}\widetilde{X}_t\widetilde{X}_t^\top\widetilde{V}_t^2(\widehat{\beta}),\quad \widehat{\gamma}_1(j)=\frac{1}{n}\sum_{t=1}^{n-j}\widetilde{X}_t\widetilde{X}_{t+j}^\top\widetilde{V}_t(\widehat{\beta})\widetilde{V}_{t+j}(\widehat{\beta}),$$

J 表示 V_t 和 V_{t+j} 的最大相依步. 因此, 应用插入法, $\widehat{A}_1(\widehat{\beta})=\widehat{D}_1^{-1}(\widehat{\beta})\widehat{B}_1(\widehat{\beta})$ 的特征根 $\widehat{w}_i$ 是 w_i 的相合估计. $\widehat{c}_{\alpha,n}$ 表示给定数据 $\{(U_t,X_t^\top,Z_t^\top,Y_t),t=1,\cdots,n\}$, 加权和 $\widehat{s}=\widehat{w}_1\chi_{1,1}^2+\cdots+\widehat{w}_p\chi_{1,p}^2$ 的 $1-\alpha$ 条件分布分位数. β_0 的渐近正确覆盖为 $1-\alpha$ 的经验似然置信区间定义为

$$I_\alpha(\beta_0)=\{\beta:R(\beta_0)\leqslant\widehat{c}_{\alpha,n}\}.$$

实际上, 给定数据 $\{(U_t,X_t^\top,Z_t^\top,Y_t),t=1,\cdots,n\}$ 时, 加权和 $\widehat{s}$ 的条件分布可以使用蒙特卡罗方法重复产生独立样本 $\chi_{1,1}^2,\cdots,\chi_{1,p}^2$ 得到. Liu, Tang & Zhang (2009) 对非中心化正态变量的非负定二次形式的分布提出了新的卡方渐近, 证明了所提出的方法比皮尔逊方法能更好地渐近非中心化二次形式的分布函数, 特别是对二次形式的上尾更是如此. 因此, 得到了未知权 w_i 的相合估计 $\widehat{w}_i$, 也可用这种方法计算 $\widehat{s}$, 即调用 R 程序包 "ComQuadForm" 得到更好的值.

另一种建立 β_0 经验似然置信区间的方法如下. 根据 Rao & Scott (1981),

$$p\left(\sum_{i=1}^{p}w_i\chi_{1,i}^2\right)\Bigg/\sum_{i=1}^{p}w_i$$

的分布用标准 χ_p^2 分布渐近. 这个结论和定理 2.13 说明 $pR(\beta_0)/tr(\widehat{A}_1)$ 的极限分布可用 χ_p^2 渐近. 但这个渐近精度取决于 w_i. 因此引入调整经验对数似然比统计量并证明它服从渐近标准卡方分布. 令

$$S_n(\widehat{\beta})=\left[\sum_{t=1}^{n}M_t(\widehat{\beta})\right]\left[\sum_{t=1}^{n}M_t(\widehat{\beta})\right]^\top,\quad r_n(\widehat{\beta})=\frac{tr\left\{\widehat{B}_1^{-1}(\widehat{\beta})S_n(\widehat{\beta})\right\}}{tr\left\{\widehat{D}_1^{-1}(\widehat{\beta})S_n(\widehat{\beta})\right\}}.$$

显然, $r_n(\widehat{\beta})$ 是 $p\left(\sum\limits_{i=1}^{p}w_i\chi_{1,i}^2\right)\Big/\sum\limits_{i=1}^{p}w_i$ 的一个相合估计. 下面证明 $r_n(\widehat{\beta})R(\beta_0)$ 的渐近分布是 χ_p^2. 为了提高渐近精度, 用 β_0 取代 $\widehat{r}_n(\widehat{\beta})$ 中的 $\widehat{\beta}$, 定义调整经验对数似然比统计量

$$R_{ad}(\beta_0)=r_n(\beta_0)R(\beta_0).$$

定理 2.14 假设定理 2.13 的条件成立. 如果 β_0 是真参数, 则 $R_{ad}(\beta_0) \to \chi_p^2$.

基于定理 2.14, β_0 的经验似然置信区间定义为

$$I_{ad,\alpha}(\beta_0) = \{\beta : R_{ad}(\beta_0) \leqslant c_{\alpha,n}\}.$$

§2.5.3 变系数函数的经验似然

如果 β_0 已知, 则对任意给定内点 u_0, 求条件均方误

$$E\left\{[Y - X^\top\beta_0 - Z^\top\alpha(U)]^2|U = u_0\right\}$$

的最小值或解方程 $E\left\{Z[Y - X^\top\beta_0 - Z^\top\alpha(U)]|U = u_0\right\} = 0$ 得到 $\alpha(u_0)$ 的最小二乘估计. 这等价于求 $E\left\{[Y - X^\top\beta_0 - Z^\top\alpha(U)]^2|U = u_0\right\} f(u_0)$ 的最小值或解方程

$$E\left\{Z[Y - X^\top\beta_0 - Z^\top\alpha(U)]|U = u_0\right\} f(u_0) = 0.$$

这个方程包含了 u_0 的非参数条件期望, 因此需要局部光滑方法得到辅助随机向量

$$H_t(\alpha(u_0)) = \left[Y_t - X_t^\top\beta_0 - Z_t^\top\alpha(u_0)\right] Z_t K\left(\frac{U_t - u_0}{h}\right), \quad t = 1, \cdots, n, \tag{2.5.8}$$

其中核函数 $K(\cdot)$ 表示非负加权函数, 带宽 h 决定 u_0 的邻域大小. 显然有

$$E[H_t(\alpha(u_0))] = 0.$$

但 $H_t(\alpha(u_0))$ 包含未知参数 β_0. 一个自然想法是用估计 $\widehat{\beta}$ 代替未知参数 β_0, 得到

$$\widehat{H}_t(\alpha(u_0)) = \left[Y_t - X_t^\top\widehat{\beta} - Z_t^\top\alpha(u_0)\right] Z_t K\left(\frac{U_t - u_0}{h}\right), \quad t = 1, \cdots, T.$$

由此引入 $\alpha(u_0)$ 的经验对数似然比函数

$$R(\alpha(u_0)) = -2\max\left\{\sum_{t=1}^n \log(np_t)|p_t \geqslant 0, \sum_{t=1}^n p_t = 1, \sum_{t=1}^n p_t\widehat{H}_t(\alpha(u_0)) = 0\right\}. \tag{2.5.9}$$

利用拉格朗日乘子法把经验对数似然比统计量表示为

$$R(\alpha(u_0)) = 2\sum_{t=1}^n \log\left[1 + \gamma^\top\widehat{H}_t(\alpha(u_0))\right], \tag{2.5.10}$$

其中 $q\times 1$ 向量 $\gamma=\gamma(\alpha(u_0))$ 满足方程

$$\sum_{t=1}^{n}\frac{\widehat{H}_t(\alpha(u_0))}{1+\gamma^\top\widehat{H}_t(\alpha(u_0))}=0.$$

定理 2.15 假设条件 2.1—2.5 和条件 2.10—2.12 成立, 且 $nh\to\infty$ 和 $nh^5=O(1)$. 任意给定 u_0, $\alpha^*(u_0)$ 是真参数, 则 $R(\alpha^*(u_0))\to^D w_1'\chi_{1,1}^2+\cdots+w_q'\chi_{1,q}^2$, 其中 $\chi_{1,j}^2$ 是独立 χ_1^2 的变量, 且权 w_j' 是 $A_2=D_2^{-1}B_2$ 的特征根, 其中

$$D_2=E(ZZ^\top|u_0)f(u_0)\cdot\int K^2(u)du\cdot\sigma_e^2\lim_{n\to\infty}\sum_{r=-n}^{n}c_r^2,$$

$$B_2=\lim_{n\to\infty}\frac{h}{n}Var\left(\sum_{t=1}^{n}Z_tK_h(U_t-u_0)V_t\right).$$

为了应用定理 2.15, 先估计未知权 $w_j', 1\leqslant j\leqslant q$. 例如, D_2 的一个相合估计为

$$\widehat{D}_2(\widehat{\beta})=\frac{1}{n}\sum_{t=1}^{n}Z_tZ_t^\top K_h(U_t-u_0)\cdot\int K^2(u)du\cdot\frac{1}{n}\sum_{t=1}^{n}\widetilde{V}_t^\top(\widehat{\beta})\widetilde{V}_t(\widehat{\beta}),\quad(2.5.11)$$

B_2 的一个相合估计为 $\widehat{B}_2(\widehat{\beta})=\widehat{\gamma}_2(0)+2\sum\limits_{j=1}^{J}\widehat{\gamma}_2(j)$, 其中 J 表示 V_t 和 V_{t+j} 的最大相依步,

$$\widehat{\gamma}_2(0)=\frac{1}{nh}\sum_{t=1}^{n}Z_tZ_t^\top K^2((U_t-u_0)/h)\widetilde{V}_t^2(\widehat{\beta}),$$

$$\widehat{\gamma}_2(j)=\frac{1}{nh}\sum_{t=1}^{n-j}Z_tZ_{t+j}^\top K((U_t-u_0)/h)K((U_{t+j}-u_0)/h)\widetilde{V}_t(\widehat{\beta})\widetilde{V}_{t+j}(\widehat{\beta}).$$

因此, $\widehat{A}_2=\widehat{D}_2^{-1}(\widehat{\beta})\widehat{B}_2(\widehat{\beta})$ 的特征值 $\widehat{w}_j'$ 是 w_j' 的相合估计.

§2.5.4 变系数函数的置信区间

下面建立两类置信区间: 逐点经验似然置信区间和同时经验似然置信带.

一般情形

令 $d_{\alpha,n}$ 为给定数据 $\{(U_t,X_t^\top,Z_t^\top,Y_t),t=1,\cdots,n\}$ 时加权和 $\widehat{s}'=\widehat{w}_1'\chi_{1,1}^2+\cdots+\widehat{w}_q'\chi_{1,q}^2$ 的条件分布的 $1-\alpha$ 分位数, 则 $\alpha^*(u_0)$ 的渐近正确覆盖为 $1-a$ 的经验似然置信区间为

$$I_\alpha(u_0)=\{\alpha^*(u_0):R(\alpha^*(u_0))\leqslant d_{\alpha,n}\}.\quad(2.5.12)$$

实际上, 给定数据 $\{(U_t, X_t^\top, Z_t^\top, Y_t), t=1,\cdots,n\}$ 时加权和 $\widehat{s}'$ 的条件分布可以使用蒙特卡罗方法得到, 即从 χ_1^2 分布中重复产生独立样本 $\chi_{1,1}^2,\cdots,\chi_{1,q}^2$ 得到. 但是, 渐近精度取决于 w_j'. 类似前一部分的做法, 引入调整经验对数似然比

$$R_{ad}(\alpha^*(u_0)) = r_n'(\alpha^*(u_0))R(\alpha^*(u_0)),$$

其中

$$r_n'(\alpha^*(u_0)) = \frac{tr\left[\widehat{B}_2^{-1}(\widehat{\beta})S_n'(\alpha^*(u_0))\right]}{tr\left[\widehat{D}_2^{-1}(\widehat{\beta})S_n'(\alpha^*(u_0))\right]},$$

$$S_n'(\alpha^*(u_0)) = \left[\sum_{t=1}^n \widehat{H}_t(\alpha^*(u_0))\right]\left[\sum_{t=1}^n \widehat{H}_t(\alpha^*(u_0))\right]^\top.$$

显然, $r_n'(\alpha^*(u_0))$ 是 $p\left(\sum\limits_{i=1}^q w_j'\chi_{1,j}^2\right)\Big/\sum\limits_{j=1}^q w_j'$ 的一个相合估计.

定理 2.16 假设定理 2.15 成立, 如果 $\alpha^*(u_0)$ 是真参数, 则 $R_{ad}(\alpha^*(u_0)) \to^D \chi_q^2$.

基于定理 2.16, $\alpha^*(u_0)$ 的渐近正确覆盖为 $1-\alpha$ 的逐点经验似然置信区间表示为

$$I_{ad,\alpha}(u_0) = \{\alpha^*(u_0) : R_{ad}(\alpha^*(u_0)) \leqslant d_{\alpha,n}\}. \tag{2.5.13}$$

部分剖面经验似然

如果 $\alpha^*(u_0)$ 部分分量的逐点经验似然置信区间是感兴趣的统计量, 则可应用部分剖面经验似然. s_j 表示长度为 q 的单位向量, 在位置 j 等于 1, $j=1,\cdots,q$. $\alpha_j^*(u_0)$ 的估计是 $\widehat{\alpha}_j(u_0) = s_j^\top\widehat{\alpha}(u_0)$. 令

$$H_{t,j}(\alpha_j^*(u_0)) = s_j^\top\widehat{Q}^{-1}(u_0)H_t(\widehat{\alpha}_1(u_0),\cdots,\widehat{\alpha}_{j-1}(u_0),\alpha_j^*(u_0),\widehat{\alpha}_{j+1}(u_0),\cdots,\widehat{\alpha}_q(u_0)),$$
$$\widehat{H}_{t,j}(\alpha_j^*(u_0)) = s_j^\top\widehat{Q}^{-1}(u_0)\widehat{H}_t(\widehat{\alpha}_1(u_0),\cdots,\widehat{\alpha}_{j-1}(u_0),\alpha_j^*(u_0),\widehat{\alpha}_{j+1}(u_0),\cdots,\widehat{\alpha}_q(u_0)),$$

其中 $\widehat{Q}(u_0) \equiv \frac{1}{n}\sum\limits_{t=1}^n Z_tZ_t^\top K_h(U_t-u_0)$. 类似 (2.5.10), $\alpha_j^*(u_0)$ 的经验对数似然比函数定义为

$$R_j(\alpha_j^*(u_0)) = 2\sum_{t=1}^n \log\left[1+\gamma_1 H_{t,j}(\alpha_j^*(u_0))\right], \tag{2.5.14}$$

估计经验对数似然比定义为

$$\widehat{R}_j(\alpha_j^*(u_0)) = 2\sum_{t=1}^n \log\left[1+\gamma_2 \widehat{H}_{t,j}(\alpha_j^*(u_0))\right], \tag{2.5.15}$$

其中 γ_1 和 γ_2 与 (2.5.10) 中的 γ 类似.

定理 2.17 证明了 $R_j(\alpha_j^*(u_0))$ 和 $\widehat{R}_j(\alpha_j^*(u_0))$ 具有相同的加权卡方分布.

定理 2.17 假设定理 2.15 成立. 如果 $\alpha^*(u_0)$ 是真参数, 则

$$R_j(\alpha_j^*(u_0)) \to^D \omega_j' \chi_{1,j}^2, \quad \widehat{R}_j(\alpha_j^*(u_0)) \to^D \omega_j' \chi_{1,j}^2.$$

基于定理 2.17, $\alpha_j^*(u_0)$ 的渐近正确覆盖为 $1-\alpha$ 的逐点经验似然置信区间表示为

$$I_{j,\alpha^*}(u_0) = \{\alpha_j^*(u_0) | \widehat{R}_j(\alpha_j^*(u_0)) \leqslant d_\alpha\}, \tag{2.5.16}$$

评论 2.6 上面的方法可建立两个不同部分 $(\alpha_j^*(u_0), \alpha_{j'}^*(u_0))$ 的经验似然置信区间.

§2.6 异方差半变系数模型的半参数有效推断

§2.6.1 异方差半变系数模型

异方差半变系数模型

$$Y = X^\top \beta + Z^\top \alpha(U) + \varepsilon, \tag{2.6.1}$$

其中 $Y \in \mathbf{R}, X = (X_1, \cdots, X_p)^\top \in \mathbf{R}^p, Z = (Z_1, \cdots, Z_q)^\top \in \mathbf{R}^q$ 和 $U \in \mathbf{R}, \beta = (\beta_1, \cdots, \beta_p)^\top$ 是 p 维未知参数向量, $\alpha(\cdot) = (\alpha_1(\cdot), \cdots, \alpha_q(\cdot))^\top$ 是 q 维未知光滑函数, 模型误差 ε 的条件均值 $E(\varepsilon|X, Z, U)$ 为 0, 条件异方差 $Var(\varepsilon|X, Z, U) = \nu(X, Z, U) > 0$ 是 (X, Z, U) 的非参数函数. 当 $Var(\varepsilon|X, Z, U) = \sigma^2$ 时, Fan & Huang (2005) 提出了剖面最小二乘估计法, 建立了剖面似然比统计量和 Wald 统计量及其渐近分布. 当 $Var(\varepsilon|U, X, Z) = \sigma^2(U)$ 时, Zhang, Lee & Song (2002) 提出了二步估计方法; Xia, Zhang & Tong (2004) 提出了半局部最小二乘估计方法和模型选择方法等. 当 $Var(\varepsilon|X, Z, U) = \sigma^2(X, Z, U) > 0$ 时, Ahmad, Leelahanon & Li (2005) 提出了级数估计方法, 建立了估计的 $\sqrt{n}$ 相合性和渐近正态性质; Kai, Li & Zou (2011) 发展了半参数组合分位数回归方法; Hu (2014b) 研究了异方差半变系数模型的经验似然推断等. 当 $q = 1, Z = 1$ 时, 模型 (2.6.1) 变为异方差部分线性模型. 对于异方差部分线性模型, Ma, Chiou & Wang (2006) 建立了半参数有效估计, 而 Lu (2009) 研究了经验似然推断等.

§2.6.2　半参数有效正态渐近

假设 $\{Y_t, X_t, Z_t, U_t\}_{t=1}^n$ 是模型 (2.6.1) 的独立同分布样本. 给定 β, 模型 (2.6.1) 表示为

$$Y_t^* = Y_t - \sum_{i=1}^p X_{ti}\beta_i = \sum_{j=1}^q \alpha_j(U_t)Z_{tj} + \varepsilon_t. \tag{2.6.2}$$

如果 β_i 已知, 则模型 (2.6.2) 为变系数模型. 应用局部线性回归估计变系数函数 $\{\alpha_j(\cdot), j = 1,\cdots,q\}$. 对 u_0 邻域内的任意点 u, 用局部线性函数渐近 $\alpha_j(u)$:

$$\alpha_j(u) \approx \alpha_j(u_0) + \alpha_j'(u_0)(u-u_0) \equiv a_j + b_j(u-u_0), \quad j = 1,\cdots,q.$$

这导致加权局部最小二乘问题: 求

$$\sum_{t=1}^n \left[Y_t^* - \sum_{j=1}^q \{a_j + b_j(U_t - u_0)\}Z_{tj}\right]^2 K_h(U_t - u_0) \tag{2.6.3}$$

的最小值找到 $\{(a_j, b_j), j = 1,\cdots,q\}$. (2.6.3) 的最小值为

$$\begin{aligned}&\left[\widehat{a}_1(u,\beta),\cdots,\widehat{a}_q(u,\beta), h\widehat{b}_1(u,\beta),\cdots,h\widehat{b}_q(u,\beta)\right]^\top\\ &= (D_u^\top W_u D_u)^{-1}D_u^\top W_u(Y - X\beta).\end{aligned} \tag{2.6.4}$$

由于 u 随着 $U_t(t = 1,\cdots,n)$ 变化, 定义

$$\widehat{\alpha}(u,\beta) = (\widehat{a}_1(u,\beta),\cdots,\widehat{a}_q(u,\beta))^\top, \quad \widehat{b}(u,\beta) = (\widehat{b}_1(u,\beta),\cdots,\widehat{b}_q(u,\beta))^\top,$$

则局部线性估计可表示为

$$\widehat{\alpha}(\cdot,\beta) = (I_q\ 0_{q\times q})(D_u^\top W_u D_u)^{-1}D_u^\top W_u(Y - X\beta), \tag{2.6.5}$$

即 $\alpha(\cdot)$ 在 $U_t(t = 1,\cdots,n)$ 的估计. 假设

$$\widehat{Y} = (\widehat{Y}_1,\cdots,\widehat{Y}_n) = (I - S)Y, \quad \widehat{X} = (\widehat{X}_1,\cdots,\widehat{X}_n) = (I - S)X,$$

则 $\widehat{Y} = \widehat{X}\beta + \varepsilon$, 其中 $\varepsilon = (\varepsilon_1,\cdots,\varepsilon_n)$. 注意

$$\widehat{X} = X - \frac{E(XZ^\top|U)}{E(ZZ^\top|U)}Z + O_p(c_n) = H + O_p(c_n).$$

考虑加权估计方程

$$0 = \frac{1}{n}\sum_{t=1}^n \omega_t\left[Y_t - X_t^\top\beta - Z_t^\top\widehat{\alpha}(U_t,\beta)\right]\left\{H_t - \frac{\widehat{E}[\omega(X,Z,U)H|U_t]}{\widehat{E}[\omega(X,Z,U)|U_t]}\right\}, \tag{2.6.6}$$

其中 $\omega_t = \omega(X_t, Z_t, U_t)$ 是第 t 个权, $\widehat{\alpha}(U_t,\beta)$ 是 $\alpha(U_t)$ 的局部线性估计, $\widehat{E}(\cdot|U)$ 表示 $E(\cdot|U)$ 的相合估计, $\omega(X,Z,U)$ 表示权函数, 常取 $w\equiv 1$ 或 $w=[Var(\varepsilon|X,Z,U)]^{-1}$. 重写模型 (2.6.6) 右边为

$$\frac{1}{n}\sum_{t=1}^{n}\omega_t\left\{\varepsilon_t + Z_t^{\top}\left[\alpha(U_t)-\widehat{\alpha}(U_t,\beta)\right]\right\}\left\{H_t - \frac{\widehat{E}[\omega(X,Z,U)H|U_t]}{\widehat{E}[\omega(X,Z,U)|U_t]}\right\}. \quad (2.6.7)$$

当 $\omega\equiv 1$ 时, (2.6.6) 的解给出了一个非加权估计. 由于 (2.6.7) 的最后一项在给定 U 的条件下具有零均值, 当 $\widehat{\alpha}(U_t,\beta)$ 被错误指明时, (2.6.7) 收敛到 0. 这表明即使选择错误的 $\widehat{\alpha}(U_t,\beta)$, 仍然能得到一个相合估计 $\widehat{\beta}$. 假设给定 (X,Z,U) 时 ε 的条件概率密度函数 $p_\varepsilon(\varepsilon|X,Z,U)$ 关于 ε 可微, 且 $0<E(\varepsilon^2|X,Z,U)<\infty$ 几乎处处存在. 由于高维估计常常遭遇 "维数灾难" 问题, 故假设存在变量 $\eta=\eta(X,Z,U)$ 使 $Var(\varepsilon|X,Z,U)=Var(\varepsilon|\eta)$. 记 $\omega=\omega(X,Z,U)=Var^{-1}(\varepsilon|\eta)$. 基于 Ma, Chiou & Wang (2006) 的方法得到 β 的半参数有效得分, 并用 (2.6.6) 的解作为一个半参数有效估计. 异方差半变系数模型中参数 β 的半参数有效得分

$$S_{eff}=\omega\varepsilon\left\{H-\frac{E(\omega H|U)}{E(\omega|U)}\right\}. \quad (2.6.8)$$

估计 β, 先要建立 $\alpha(\cdot), w, E(w|U), H$ 和 $E(wH|U)$ 的非参数估计. $\alpha(\cdot)$ 和 H 用 $\widehat{\alpha}(U_k,\beta)$ 和 $\widehat{X}$ 估计, $E(w|U)$ 和 $E(wH|U)$ 用局部线性估计, w 用方差的逆估计, 与 Müller & Stadtmüller (1987) 或 Chiou & Müller (1999) 的 $\widehat{w}$ 类似.

假设 $\widehat{\alpha}(U,\beta), \widehat{w}, \widehat{E}[\widehat{w}|U], \widehat{X}$ 和 $\widehat{E}[\widehat{w}\widehat{X}|U]$ 是 $\alpha(\cdot), w, E(w|U), H$ 和 $E(wH|U)$ 的非参数估计, 则估计 $\widehat{\beta}$ 是方程

$$0=\sum_{t=1}^{n}\widehat{\omega}(X_t,Z_t,U_t)(\widehat{Y}_t-\widehat{X}_t^{\top}\beta)\left\{\widehat{X}_t-\frac{\widehat{E}(\widehat{\omega}\widehat{X}|U_t)}{\widehat{E}(\widehat{\omega}|U_t)}\right\} \quad (2.6.9)$$

的解.

条件 2.13 随机误差 $\varepsilon_t, t=1,\cdots,n$ 相互独立, $0<E(\varepsilon_t^2)<\infty$. 假设存在方差函数 $\sigma^2(\cdot), \eta_t=\eta(X_t,Z_t,U_t)$ 和正常数 γ, 使 $E(\varepsilon^2|X_t,Z_t,U_t)=\sigma^2(\eta_t)$, $\sigma^2(\cdot)>\gamma>0$, 也存在连续函数 $\mu_4(\cdot)$ 和 $s>2$ 使 $E(\varepsilon_t^4)=\mu_4(\eta_t)$ 和对某个 $c>0$, $\max\limits_{1\leqslant t\leqslant n}E(\varepsilon_t^{2s})<c<\infty$, η 的密度函数 f_η 二次连续可微有紧区间支撑 I, 满足 $0<\inf f_\eta(\cdot)\leqslant \sup f_\eta(\cdot)<\infty$.

条件 2.14 $\alpha(\cdot)$, $\sigma^2(\eta)$, $E(\omega|U)$, $E(wHH^{\top}|U)$ 和 $E(wH|U)$ 二次连续可微且导数有限. (X,Z,U) 的函数 η 三次连续可微且导数有限.

条件 2.15 核对称密度函数 $K(\cdot)$ 具有紧支撑. 局部线性估计的带宽 h 满足 $nh^8 \to 0$ 和 $nh^2/(\log n)^2 \to \infty$; 核估计的带宽 h 满足: 当 $n \to \infty$ 时, $h \to 0, nh^3 \to \infty$ 和 $nh^8 \to 0$, 对常数 $r, 2 < r < s$ (s 定义见条件 2.13),

$$\liminf_{n\to\infty}(nh/\log n)^{\frac{1}{2}} n^{-\frac{2}{r}} > 0.$$

条件 2.16 方差函数 $\sigma^2(\cdot)$ 的估计 $\widehat{\sigma}_n^2(\cdot)$ 被序列 $\zeta_n > 0$ 截尾, 其中序列 ζ_n 满足 $\zeta_n \to 0$, $h/\zeta_n \to 0, nh^2\zeta_n^2 \to \infty$ 和 $nh\zeta_n^2/\log n \to \infty$.

定理 2.18 假设 $\widehat{\beta}$ 是 (2.6.9) 的解, 则在条件 2.1—2.3 和条件 2.13—2.16 下,

$$\sqrt{n}(\widehat{\beta} - \beta) \to^D N(0, V),$$

其中 $\to^D$ 表示依分布收敛, 且

$$V = \left\{E(S_{eff}S_{eff}^\top)\right\}^{-1} = \left\{E\left[wHH^\top - \frac{E(wH|U)E(wH|U)^\top}{E(w|U)}\right]\right\}^{-1}. \tag{2.6.10}$$

基于正态渐近, β 的 $(1-\alpha)100\%$ 的置信区间为

$$R_{NA,\alpha} = \left\{\beta : n(\widehat{\beta} - \beta)^\top \widehat{V}^{-1}(\widehat{\beta} - \beta) \leqslant \chi_p^{2,\alpha}\right\},$$

其中

$$\widehat{V} = \left(\frac{\widetilde{X}^\top W \widetilde{X}}{n}\right)^{-1}$$

是 V 的一个相合估计, $\chi_p^{2,\alpha}$ 表示自由度为 p 的卡方分布的 $1-\alpha$ 分位数.

半参数有效正态渐近估计的迭代算法

(1) 初始估计取 $\widehat{\beta} = (\widehat{X}^\top \widehat{X})^{-1}\widehat{X}^\top \widehat{Y}$ 和 $\widehat{\alpha}(U) = (I_q\ 0_{q\times q})(D_u^\top W_u D_u)^{-1} D_u^\top W_u(Y - X\widehat{\beta})$.

(2) 计算 $\widehat{\varepsilon}_t = Y_t - X_t^\top\widehat{\beta} - Z_t^\top\widehat{\alpha}(U_t), t = 1, \cdots, n$.

(3) 计算非参数估计 $\widehat{w}_t = \widehat{E}^{-1}(\widehat{\varepsilon}_t^2|X_t, Z_t, U_t), t = 1, \cdots, n$.

(4) 基于 $\{\widehat{w}_t\}$ 建立局部线性估计 $\widehat{E}(\widehat{w}|U_t), \widehat{E}(\widehat{w}\widehat{X}|U_t)$ 和 $\widehat{E}(\widehat{w}\widehat{Y}|U_t)$.

(5) 令 $\widetilde{X}_t = \widehat{X}_t - \widehat{E}(\widehat{w}\widehat{X}|U_t)/\widehat{E}(\widehat{w}|U_t)$ 和 $\widetilde{Y}_t = \widehat{Y}_t - \widehat{E}(\widehat{w}\widehat{Y}|U_t)/\widehat{E}(\widehat{w}|U_t)$, $\widetilde{X} = (\widetilde{X}_1, \cdots, \widetilde{X}_n)$, $\widetilde{Y} = (\widetilde{Y}_1, \cdots, \widetilde{Y}_n)$ 和 $W = \mathrm{diag}(\widehat{w}_1, \cdots, \widehat{w}_n)$, 计算 $\widehat{\beta} = (\widetilde{X}^\top W\widetilde{X})^{-1}\widetilde{X}^\top W\widetilde{Y}$.

(6) 迭代第 (2)—(5) 步直到收敛停止, 估计 β 的渐近方差阵 $\widehat{V}/n, \widehat{V} = \left(\frac{\widetilde{X}^\top W\widetilde{X}}{n}\right)^{-1}$.

§2.6.3 半参数有效经验似然

Lu (2009) 对异方差部分线性模型的参数作了经验似然基推断, 证明了所提出的经验似然优于正态渐近方法以及基于半参数无效估计方程的经验似然方法. 半参数有效经验似然使用半参数有效得分的成分建立, 且保留了半参数有效估计的双稳健特征. 先由半参数有效得分 S_{eff} 引入一个辅助向量. 令

$$\xi_t(\beta) = S_{eff}(X_t, Z_t, U_t, Y_t) = \omega_t\left(Y_t - X_t^\top\beta - Z_t^\top\alpha(U_t)\right)\left\{H_t - \frac{E(\omega H|U_t)}{E(\omega|U_t)}\right\}.$$

如果 β 是参数, $E[\xi_t(\beta)] = 0, t = 1, \cdots, n$. 基于这个事实, 应用经验似然对 β 进行统计推断. 概率向量 $p = (p_1, \cdots, p_n)$ 满足 $\sum\limits_{t=1}^n p_t = 1$ 和 $p_t \geqslant 0$, $t = 1, \cdots, n$. F_p 是分布函数, 在点 $\xi_t(\beta)$ 的概率为 p_t. 真参数 β 的经验似然定义为

$$L(\beta) = \sup\left\{\prod_{t=1}^n p_t \,\middle|\, \sum_{t=1}^n p_t = 1, p_t \geqslant 0, \sum_{t=1}^n p_t\xi_t(\beta) = 0\right\}. \tag{2.6.11}$$

由于 $\xi_t(\beta)$ 依赖未知函数 $\alpha(U_t), w, E(w|U_t)$ 和 $E(wH|U_t)$, 故采用估计取代未知函数, 即用

$$W_t(\beta) = \widehat{\omega}_t\left(\widehat{Y}_t - \widehat{X}_t^\top\beta\right)\left\{\widehat{X}_t - \frac{\widehat{E}(\widehat{\omega}\widehat{X}|U_t)}{\widehat{E}(\widehat{\omega}|U_t)}\right\}$$

取代 $\xi_t(\beta)$ 得到估计经验似然

$$\widehat{L}(\beta) = \sup\left\{\prod_{t=1}^n p_t \,\middle|\, p_t \geqslant 0, \sum_{t=1}^n p_t = 1, \sum_{t=1}^n p_t W_t(\beta) = 0\right\}. \tag{2.6.12}$$

根据拉格朗日乘子法, 得到

$$p_t = \frac{1}{n}\cdot\frac{1}{1 + \lambda^\top W_t(\beta)}, \quad t = 1, 2, \cdots, n,$$

其中 $\lambda = (\lambda_1, \cdots, \lambda_p)$ 是

$$\frac{1}{n}\sum_{t=1}^n \frac{W_t(\beta)}{1 + \lambda^\top W_t(\beta)} = 0 \tag{2.6.13}$$

的解. 注意到满足 $\sum\limits_{t=1}^n p_t = 1$ 的 $\prod\limits_{t=1}^n p_t$ 在 $p_t = n^{-1}$ 达到极大值 n^{-n}. 因此定义 β 的经验似然比

$$R(\beta) = \prod_{t=1}^n np_t = \prod_{t=1}^n \left\{1 + \lambda^\top W_t(\beta)\right\}^{-1},$$

其经验对数似然比定义为

$$\Gamma(\beta) = -2\log R(\beta) = 2\sum_{t=1}^{n} \log\left[1 + \lambda^{\top} W_t(\beta)\right]. \tag{2.6.14}$$

下面的定理给出了 $\Gamma(\beta)$ 的渐近分布.

定理 2.19 假设定理 2.18 的条件成立. 如果 β 是真参数, 则 $\Gamma(\beta) \to^{D} \chi_p^2$.

利用定理 2.19 建立 β 的渐近覆盖为 $1-\alpha$ 的半参数有效经验似然置信区间为

$$R_{EL,\alpha} = \left\{\beta : \Gamma(\beta) \leqslant \chi_p^{2,\alpha}\right\}. \tag{2.6.15}$$

推论 2.1 假设定理 2.19 的条件成立. 当 $n \to \infty$ 时,

$$P(\beta \in R_{EL,\alpha}) \to 1 - a.$$

评论 2.7 模型 (2.6.6) 的 w 取 1 得到 β 的非加权估计方程. 定理 2.19 的结果仍然成立. 由非加权估计方程建立的半参数非加权经验似然, 不能达到半参数有效界, 因此不是半参数有效的, 称为半参数无效 (或非加权) 经验似然.

§2.7 半变系数纵向数据模型的块经验似然推断

Hu (2011) 利用块经验似然容纳半变系数纵向数据模型的组内相关, 建立非参数 Wilks 定理, 由此建立参数向量的经验似然置信区间.

§2.7.1 半变系数纵向数据模型

考虑半参数时变系数模型

$$Y(t) = X(t)^{\top}\beta + Z(t)^{\top}\alpha(t) + \varepsilon(t), \tag{2.7.1}$$

其中 β 是 p 维未知参数, $\alpha(t)$ 由 q 个未知光滑函数组成, $\varepsilon(t)$ 满足

$$E[\varepsilon(t)|X(t), Z(t)] = 0, \quad Var[\varepsilon^2(t)|X(t), Z(t)] = \sigma^2(t) < \infty,$$

而 $\varepsilon(s)$ 与 $\varepsilon(t)$ 之间的相关系数 $Corr\{\varepsilon(s), \varepsilon(t)\} = \rho(t, s, \theta)$, 其中 $\rho(t, s, \theta)$ 是 s 和 t 的正定函数, θ 是未知参数. 假设模型 (2.7.1) 的随机样本由 k 个个体组成. 对于每个个体, 在时间点 $t = t_{ij}, j = 1, \cdots, n_i$ 采集响应变量 $Y_i(t)$ 和协变量 $X_i(t), Z_i(t)$. 定义 $Y_i(t_{ij}) = Y_{ij}, X_i(t_{ij}) = X_{ij}, Z_i(t_{ij}) = Z_{ij}$ 和 $\varepsilon_i(t_{ij}) = \varepsilon_{ij}$. 半变系数纵向数据模型表示为

$$Y_{ij} = X_{ij}^{\top}\beta + Z_{ij}^{\top}\alpha(t_{ij}) + \varepsilon_{ij}. \tag{2.7.2}$$

当 $\alpha(\cdot) = a$ (常数向量) 时, 模型 (2.7.2) 退化为线性纵向数据模型. 当 $\beta = 0$ 时, 模型 (2.7.2) 退化为变系数纵向数据模型. 当 $q = 1, Z_{ij} = 1$ 时, 模型 (2.7.2) 变为部分线性纵向数据模型. You, Chen & Zhou (2006) 提出了块经验似然容纳纵向数据的组内相关. 当 $n_i = 1$ 时, Fan & Huang (2005) 提出了 β 的剖面最小二乘估计和 $\alpha(\cdot)$ 的局部多项式估计; You & Zhou (2006) 提出了参数的经验对数似然比, 得到了非参数的 Wilks 定理. 当 $n_i > 1$ 时, Fan, Huang & Li (2007) 对模型 (2.7.2) 建立了 β 的剖面似然估计等. 为了容纳组内相关, 这里对模型 (2.7.2) 发展参数部分的块经验似然, 建立了参数向量的块经验似然置信区间.

§2.7.2 块经验似然

由于模型 (2.7.2) 存在非参数部分 $\alpha(t)$, 将块经验似然应用到模型 (2.7.2), 要先得到合适的残差. 假设 β 已知, 则模型 (2.7.2) 退化为变系数模型

$$Y_{ij} - X_{ij}^\top\beta = \sum_{l=1}^{q} Z_{ijl}\alpha_l(t_{ij}) + \varepsilon_{ij}, \quad i = 1, \cdots, k; \quad j = 1, \cdots, n_i. \tag{2.7.3}$$

对给定点 t_0 及其邻域内的点 t, $\alpha_l(t) \approx \alpha_l(t_0) + \alpha_l'(t_0)(t - t_0) \equiv a_l + b_l(t - t_0), l = 1, \cdots, q$. 任意给定 β, 求

$$\sum_{i=1}^{k}\sum_{j=1}^{n_i}\left\{Y_{ij} - X_{ij}^\top\beta - \sum_{l=1}^{q}\left[a_l + b_l(t_{ij} - t_0)\right]Z_{ijl}\right\}^2 K_h(t_{ij} - t_0) \tag{2.7.4}$$

的最小值得到局部参数 $\{(a_l, b_l), l = 1, \cdots, q\}$.

记

$$Y_i = (Y_{i1}, \cdots, Y_{in_i})^\top, \quad Y = (Y_1^\top, \cdots, Y_k^\top)^\top, \quad X_i = (X_{i1}, \cdots, X_{in_i})^\top,$$
$$X = (X_1^\top, \cdots, X_k^\top)^\top, \quad Z_i = (Z_{i1}, \cdots, Z_{in_i})^\top, \quad Z = (Z_1^\top, \cdots, Z_k^\top)^\top,$$

$$D_t = \begin{pmatrix} Z_{11}^\top & \dfrac{t_{11} - t}{h} Z_{11}^\top \\ \vdots & \vdots \\ Z_{1n_1}^\top & \dfrac{t_{1n_1} - t}{h} Z_{1n_1}^\top \\ \vdots & \vdots \\ Z_{kn_k}^\top & \dfrac{t_{kn_k} - t}{h} Z_{kn_k}^\top \end{pmatrix},$$

$$S = \begin{pmatrix} (z_{11}^{\top}\ 0)(D_{t_{11}}^{\top}K_{t_{11}}D_{t_{11}})^{-1}D_{t_{11}}^{\top}K_{t_{11}} \\ \vdots \\ (z_{1n_1}^{\top}\ 0)(D_{t_{1n_1}}^{\top}K_{t_{1n_1}}D_{t_{1n_1}})^{-1}D_{t_{1n_1}}^{\top}K_{t_{1n_1}} \\ \vdots \\ (z_{kn_k}^{\top}\ 0)(D_{t_{kn_k}}^{\top}K_{t_{kn_k}}D_{t_{kn_k}})^{-1}D_{t_{kn_k}}^{\top}K_{t_{kn_k}} \end{pmatrix},$$

$$K_t = \mathrm{diag}\{K_h(t_{11}-t),\cdots,K_h(t_{1n_1}-t),\cdots,K_h(t_{kn_k}-t)\}.$$

(2.7.3) 的解可表示为 $(\widehat{\alpha}_1(t),\cdots,\widehat{\alpha}_q(t),h\widehat{b}_1(t),\cdots,h\widehat{b}_q(t)) = (D_t^{\top}K_tD_t)^{-1}D_t^{\top}K_t(Y-X\beta)$. 把 $Z^{\top}\widehat{\alpha}(t) = (Z^{\top}\ 0_{q\times q})(D_t^{\top}K_tD_t)^{-1}D_t^{\top}K_t(Y-X\beta) \equiv S(Y-X\beta)$ 代入模型 (2.7.2) 得到渐近残差:

$$\widehat{r}_{ij}(\beta) = Y_{ij} - X_{ij}^{\top}\beta - \sum_{i_1=1}^{k}\sum_{j_1=1}^{n_{i_1}} S_{ij,i_1j_1}(Y_{i_1j_1} - X_{i_1j_1}^{\top}\beta) = \widehat{Y}_{ij} - \widehat{X}_{ij}^{\top}\beta,$$

其中 $\widehat{Y}_{ij} = Y_{ij} - \sum\limits_{i_1=1}^{k}\sum\limits_{j_1=1}^{n_{i_1}} S_{ij,i_1j_1}y_{i_1j_1}$, $\widehat{X}_{ij} = X_{ij} - \sum\limits_{i_1=1}^{k}\sum\limits_{j_1=1}^{n_{i_1}} S_{ij,i_1j_1}X_{i_1j_1}$, S_{ij,i_1j_1} 是 S 的第 $(n_1+\cdots+n_{i-1}+1+\cdots+j)\times(n_1+\cdots+n_{i_1-1}+1+\cdots+j_1)$ 个元. 与 Owen (1990) 类似, $\{\widehat{r}_{ij}, i=1,\cdots,k; j=1,\cdots,n_i\}$ 被看作误差序列 $\{\varepsilon_{ij}, i=1,\cdots,k; j=1,\cdots,n_i\}$ 的随机 sieve 渐近. 应用 You, Chen & Zhou (2006) 的块经验似然处理具有组内相关的纵向数据, 即把 $\widehat{r}_{ij}, j=1,\cdots,n_i$ 作为一个整体看待. 因此, β 的剖面块经验似然定义为

$$L(\beta)=\sup\left\{\prod_{i=1}^{k} kp_i \middle| p_i \geqslant 0, \sum_{i=1}^{k} p_i = 1, \sum_{i=1}^{k} p_i \sum_{j=1}^{n_i} \widehat{X}_{ij}(\widehat{Y}_{ij} - \widehat{X}_{ij}^{\top}\beta) = 0\right\}. \tag{2.7.5}$$

给定 β, 只要 0 在 $\sum\limits_{j=1}^{n_i} \widehat{X}_{ij}(\widehat{Y}_{ij} - \widehat{X}_{ij}^{\top}\beta), i=1,\cdots,k$ 的凸集内, (2.7.5) 存在唯一极大值, 通过拉格朗日乘子法可求极大值. 显然, 满足 (2.7.5) 的最优值是

$$p_i = \frac{1}{k} \times \frac{1}{1+\lambda^{\top}\sum\limits_{j=1}^{n_i}\widehat{X}_{ij}\left(\widehat{Y}_{ij} - \widehat{X}_{ij}^{\top}\beta\right)},$$

其中拉格朗日乘子 $\lambda = (\lambda_1,\cdots,\lambda_p)^{\top}$ 是方程

$$0 = \frac{1}{k}\sum_{i=1}^{k} \frac{\sum\limits_{j=1}^{n_i}\widehat{X}_{ij}(\widehat{Y}_{ij} - \widehat{X}_{ij}^{\top}\beta)}{1+\lambda^{\top}\sum\limits_{j=1}^{n_i}\widehat{X}_{ij}(\widehat{Y}_{ij} - \widehat{X}_{ij}^{\top}\beta)}$$

的解. 在参数限制不存在的情况下, 当 $p_i = \frac{1}{k}$ 时, $p_1 \times \cdots \times p_k$ 取极大值. 剖面块经验对数似然比定义为

$$LR(\beta) = 2\sum_{i=1}^{k}\left[1 + \lambda^{\top}\sum_{j=1}^{n_i}\widehat{X}_{ij}(\widehat{Y}_{ij} - \widehat{X}_{ij}^{\top}\beta)\right].$$

如果 β_0 是真参数向量, 可证明 $LR(\beta_0)$ 服从渐近卡方分布.

§2.7.3　渐近结果

假设 n_i 固定, 总样本容量为 $n = n_1 + \cdots + n_k$.

条件 2.17　密度函数 $f(\cdot)$ 利普希茨连续, 有界且界不为 0. 核对称密度函数 $K(\cdot)$ 具有紧支撑.

条件 2.18　$kh^8 \to 0$ 和 $kh^2/(\log k)^3 \to \infty$.

条件 2.19　$EZ(t)Z(t)^{\top}, EZ(t)X(t)^{\top}$ 利普希茨连续, $E\|Z(t)\|^4 + E\|X(t)\|^2 < \infty$.

条件 2.20　$\alpha(t)$ 有连续二阶导数.

条件 2.21　当 $k \to \infty$ 时,

$$P\left[0 \in ch\left\{\sum_{j=1}^{n_1}\widehat{X}_{1j}(\widehat{Y}_{1j} - \widehat{X}_{1j}^{\top}\beta_0), \cdots, \sum_{j=1}^{n_k}\widehat{X}_{kj}(\widehat{Y}_{kj} - \widehat{X}_{kj}^{\top}\beta_0)\right\}\right] \to 1,$$

其中 "ch" 指在 $\mathbf{R}^p$ 中的凸集.

条件 2.22　$\varepsilon_1(\cdot), \cdots, \varepsilon_k(\cdot)$ 是来自零均值过程的独立样本, 且对某个 $\delta > 0$, $i = 1, \cdots, k$ 和 $j = 1, \cdots, n_i$, $E(|\varepsilon_i(t_{ij})|^{4+\delta})$ 一致有界.

定理 2.20　假设条件 2.17—2.22 成立. 当 $k \to \infty$ 时, $-2LR(\beta) \to^{D} \chi_p^2$, 其中 " $\to^{D}$" 指依分布收敛, χ_p^2 是自由度为 p 的 χ^2 分布.

由这个定理建立参数向量 β 的置信区间, 即 $C_a = \{\beta \in \mathbf{R}^p : -2LR(\beta) \leqslant c_{a,p}\}$ 组成了 β 的渐近覆盖为 $1 - a$ 的置信区间, 其中 $0 < a < 1$, $c_{a,p}$ 满足 $P(\chi_p^2 > c_{a,p}) = a$.

评论 2.8　由于没有预先假定块经验似然置信区间是对称的, 因此块经验似然置信区间能更好地反映内在分布的真实形状. 此外, 块经验似然置信区间不需要估计 β 的渐近协差阵. 而对模型 (2.7.1) 来说, 这个渐近协差阵是相当复杂的.

§2.8 具有个体效应的半变系数面板数据模型

§2.8.1 引言

对美国 46 个州 1963—1992 年的烟草消费面板数据, Baltagi, Griffin & Xiong (2000) 应用对数线性动态个体效应模型建模, 而 Mammen, Støve & Tjøstheim (2009) 采用非参数可加面板个体效应模型建模. 由于参数面板数据经常遭遇模型误指现象, 非参数可加面板数据模型经常面临 "维数灾难" 问题, 部分可加面板数据模型只允许部分可加的非线性关系, 而半变系数面板数据模型不仅允许部分系数函数随着年龄、毒素水平或时间等变量的变化而变化, 还可表示变量的非线性效应和交互效应, 因此具有广泛的应用前景. 例如, Fan, Huang & Li (2007) 应用半变系数纵向数据模型分析 1984—1991 年期间感染 HIV 的 283 名男性同性恋的 HIV 状态; Lam & Fan (2008) 提出了逻辑半变系数模型分析斯普林菲尔德第五国家银行的性别歧视问题等. Hu (2017a) 假设面板数据包含不能观察的个体效应, 结合多元局部线性估计、转换技巧和剖面似然对具有个体效应的多元半变系数面板数据模型建立了参数部分和非参数部分的半参数固定效应估计、半参数随机效应估计及其相合性与渐近正态性, 也提出了区分固定效应模型和随机效应模型的检验统计量, 并提出自助法估计检验统计量的临界值. 最后应用具有个体效应的半变系数面板数据模型分析美国 46 个州 1963—1992 年的烟草消费面板数据. 这里固定效应表示个体效应和回归因子相关, 随机效应表示个体效应和回归因子无关. 数值模拟证实了 (1) 当个体效应与回归因子相关 (即半变系数面板数据固定效应模型) 时, 半参数随机效应估计是有偏的、不相合的, 而半参数固定效应估计是相合估计; (2) 当个体效应与回归因子无关 (即半变系数面板数据固定效应模型) 时, 半参数固定效应估计和半参数随机效应估计都是相合的, 但半参数随机效应估计比半参数固定效应估计更有效.

§2.8.2 具有个体效应的半变系数面板数据模型

具有个体效应的半变系数面板数据模型表示为

$$Y_{it} = X_{it}^{\top}\beta + Z_{it}^{\top}\alpha(U_{it}) + \mu_i + v_{it}, \quad i = 1, \cdots, n; \quad t = 1, \cdots, m, \tag{2.8.1}$$

其中 $X_{it} = (X_{it,1}, \cdots, X_{it,p})^{\top}$, $Z_{it} = (Z_{it,1}, \cdots, Z_{it,q})^{\top}$ 和 $U_{it} = (U_{it,1}, \cdots, U_{it,s})^{\top}$ 是协变量向量, $\beta = (\beta_1, \cdots, \beta_p)^{\top}$ 是 $p \times 1$ 维未知参数向量, $\alpha(\cdot) = \{\alpha_1(\cdot), \cdots, \alpha_q(\cdot)\}^{\top}$ 是 $q \times 1$ 维未知光滑函数, 不可观察个体效应 μ_i 是均值为 0、方差

$\sigma_\mu^2 > 0$ 有限的独立同分布随机变量, 模型误差 v_{it} 是均值为 0、方差 $\sigma_v^2 > 0$ 有限的独立同分布随机变量, 且 v_{it} 与 $\mu_i, X_{it}, Z_{it}, U_{it}$ 相互独立. 当 μ_i 与 X_{it}, Z_{it}, U_{it} 有未知的相关关系时, 模型 (4.1.1) 变为半变系数固定效应面板数据模型; 当 μ_i 与 X_{it}, Z_{it}, U_{it} 独立时, 模型 (4.1.1) 变为半变系数随机效应面板数据模型. 模型 (4.1.1) 也可以写成矩阵形式:

$$Y = X\beta + B\{Z, \alpha(U)\} + D_0\mu_0 + V, \tag{2.8.2}$$

$Y = (Y_1^\top, \cdots, Y_n^\top)^\top$, $X = (X_1^\top, \cdots, X_n^\top)^\top$, $Z = (Z_1^\top, \cdots, Z_n^\top)^\top$, $V = (v_1^\top, \cdots, v_n^\top)^\top$ 是 $nm \times 1$ 维向量; $Y_i^\top = (Y_{i1}, \cdots, Y_{im})$, $X_i^\top = (X_{i1}, \cdots, X_{im})$, $Z_i^\top = (Z_{i1}, \cdots, Z_{im})$, $v_i^\top = (v_{i1}, \cdots, v_{im})$; $B\{Z, \alpha(U)\}$ 将所有 $Z_{it}^\top \alpha(U_{it})$ 拉成一个 $nm \times 1$ 维的列向量; $D_0 = I_n \otimes e_m$ 是主对角块为 e_m 的 $nm \times n$ 矩阵, 其中 I_n 表示 n 阶单位矩阵, $\otimes$ 表示 Kronecker 乘积, e_m 表示元素都为 1 的 $m \times 1$ 维向量; $\mu_0 = (\mu_1, \cdots, \mu_n)^\top$ 是 $n \times 1$ 维向量. 由于存在不可观察的个体效应 μ_0, 不能直接估计参数 β 和变系数函数 $\alpha(U)$.

§2.8.3 半参数固定效应估计和渐近性质

先假设模型 (2.8.2) 满足限制 $\sum_{i=1}^n \mu_i = 0$. 定义

$$\mu = (\mu_2, \cdots, \mu_n)^\top, \quad \mu_0 = (-\sum_{i=2}^n \mu_i, \mu_2, \cdots, \mu_n)^\top.$$

将模型 (2.8.2) 重写为

$$Y = X\beta + B\{Z, \alpha(U)\} + D\mu + V, \tag{2.8.3}$$

其中 $D\mu = \mu_0 \otimes e_m$, $D = (-e_{n-1}, I_{n-1})^\top \otimes e_m$ 是一个 $nm \times (n-1)$ 矩阵. 定义对角矩阵

$$K_H(U_i, u) = \begin{bmatrix} K_H(U_{i1}, u) & \cdots & 0 \\ \vdots & & \vdots \\ 0 & \cdots & K_H(U_{im}, u) \end{bmatrix},$$

$$W_H(u) = \begin{bmatrix} K_H(U_1, u) & \cdots & 0 \\ \vdots & & \vdots \\ 0 & \cdots & K_H(U_n, u) \end{bmatrix},$$

其中 $H=\mathrm{diag}(h_1,\cdots,h_s)$ 是 $s\times s$ 对角带宽矩阵, $K_H(U_{it},u)=K\{H^{-1}(U_{it}-u)\}$, U_{it} 是 $u=(u_1,\cdots,u_s)^\top$ 邻域内的点. 解最优问题

$$\min_{\beta,\alpha(U),\mu}[Y-X\beta-B\{Z,\alpha(U)\}-D\mu]^\top W_H(u)\,[Y-X\beta-B\{Z,\alpha(U)\}-D\mu]. \tag{2.8.4}$$

关于 μ 取一阶导数得到 $D^\top W_H(u)\,[Y-X\beta-B\{Z,\alpha(U)\}-D\mu]=0$. 因此, 固定效应 μ 的估计为

$$\widetilde{\mu}(u)=\{D^\top W_H(u)D\}^{-1}D^\top W_H(u)\,[Y-X\beta-B\{Z,\alpha(U)\}].$$

为了消除固定效应 μ, 定义

$$M_H(u)=I_{nm}-D\{D^\top W_H(u)D\}^{-1}D^\top W_H(u)$$

和 $S_H(u):=M_H^\top(u)W_H(u)M_H(u)$. 注意到对所有 μ, $M_H(u)D\mu\equiv 0_{nm\times 1}$. 用 $\widetilde{\mu}(u)$ 取代 μ 清除固定效应 μ, 得到了集中加权最小二乘

$$\min_{\beta,\alpha(U)}[Y-X\beta-B\{Z,\alpha(U)\}]^\top S_H(u)\,[Y-X\beta-B\{Z,\alpha(U)\}]. \tag{2.8.5}$$

下面估计未知参数 β 和未知变系数函数 $\{\alpha_1(\cdot),\cdots,\alpha_q(\cdot)\}^\top$. 对每个 $l=1,\cdots,q$ 和 u 邻域内的点 U_{it}, $\alpha_l(\cdot)$ 可以用

$$\alpha_l(U_{it})\approx\alpha_l(u)+\{H\alpha_l'(u)\}^\top\{H^{-1}(U_{it}-u)\}+\frac{1}{2}r_{H,l}(U_{it},u)$$

渐近, 其中 $\alpha_l'(u)=\partial\alpha_l(u)/\partial u=\{\partial\alpha_l(u)/\partial u_1,\cdots,\partial\alpha_l(u)/\partial u_s\}^\top$ 是 $s\times 1$ 维一阶导数函数向量, $H\alpha_l'(u)=\{h_1\cdot\partial\alpha_l(u)/\partial u_1,\cdots,h_s\cdot\partial\alpha_l(u)/\partial u_s\}^\top$ 是 $s\times 1$ 维列向量, $H^{-1}(U_{it}-u)=\{(U_{it,1}-u_1)/h_1,\cdots,(U_{it,s}-u_s)/h_s\}^\top$ 是 $s\times 1$ 维列向量,

$$r_{H,l}(U_{it},u)=\left\{H^{-1}(U_{it}-u)\right\}^\top\left\{H\partial^2\alpha_l(u)/\partial u\partial u^\top H\right\}\left\{H^{-1}(U_{it}-u)\right\}.$$

对 u 邻域内的点 U_{it} 和 $l=1,\cdots,q$, $\alpha_l(u)$ 渐近 $\alpha_l(U_{it})$, $\alpha_l'(u)$ 渐近 $\alpha_l'(U_{it})$. 定义 $(s+1)\times 1$ 维列向量 $\theta_l(u)=[\alpha_l(u),\{H\alpha_l'(u)\}^\top]^\top=\{\alpha_l(u),h_1\cdot\partial\alpha_l(u)/\partial u_1,\cdots,h_s\cdot\partial\alpha_l(u)/\partial u_s\}^\top$,

$$\begin{aligned}\theta(u)&=\{\theta_1(u),\cdots,\theta_q(u)\}^\top\\&=\begin{bmatrix}\alpha_1(u) & h_1\cdot\partial\alpha_1(u)/\partial u_1 & \cdots & h_s\cdot\partial\alpha_1(u)/\partial u_s\\ \vdots & & & \vdots\\ \alpha_q(u) & h_1\cdot\partial\alpha_q(u)/\partial u_1 & \cdots & h_s\cdot\partial\alpha_q(u)/\partial u_s\end{bmatrix}\end{aligned}$$

是 $q\times(s+1)$ 矩阵, $\theta(u)$ 的第一列是 $\alpha(u)$. 对每个 i 和 t, 用 $\theta(u)G_{it}(u,H)$ 取代模型 (4.1.1) 中的 $\alpha(U_{it})$, 其中

$$G_{it}(u,H)=[1,\{H^{-1}(U_{it}-u)\}^\top]^\top=\{1,(U_{it,1}-u_1)/h_1,\cdots,(U_{it,s}-u_s)/h_s\}^\top$$

是 $(s+1)\times 1$ 维列向量. 为了使矩阵运算更简单, 将 $q\times(s+1)$ 矩阵 $\theta(u)$ 拉成 $(s+1)q\times 1$ 维列向量

$$vec\{\theta(u)\}=\{\alpha_1(u),\cdots,\alpha_q(u),h_1\cdot\partial\alpha_1(u)/\partial u_1,\cdots,h_s\cdot\partial\alpha_q(u)/\partial u_s\}^\top.$$

由于 $vec(ABC)=(C^\top\otimes A)vec(B)$, $(A\otimes B)^\top=A^\top\otimes B^\top$,

$$Z_{it}^\top\theta(u)G_{it}(u,H)=\{G_{it}(u,H)\otimes Z_{it}\}^\top vec\{\theta(u)\},$$

$$\{G_{it}(u,H)\otimes Z_{it}\}^\top=\left\{\begin{bmatrix}1\\(U_{it,1}-u_1)/h_1\\\vdots\\(U_{it,s}-u_s)/h_s\end{bmatrix}\otimes\begin{bmatrix}Z_{it,1}\\\vdots\\Z_{it,q}\end{bmatrix}\right\}^\top$$

是 $1\times(s+1)q$ 维行向量. 现在考虑最小化问题

$$\min_{\beta,\theta(u)}\left[Y-X\beta-R(u,H)vec\{\theta(u)\}\right]^\top S_H(u)\left[Y-X\beta-R(u,H)vec\{\theta(u)\}\right],\tag{2.8.6}$$

其中

$$R(u,H)=\{R_1^\top(u,H),\cdots,R_n^\top(u,H)\}^\top,$$
$$R_i^\top(u,H)=\left[\{G_{i1}(u,H)\otimes Z_{i1}\}^\top,\cdots,\{G_{im}(u,H)\otimes Z_{im}\}^\top\right]_{m\times(s+1)q}.$$

即 $R(u,H)=[\{G_{11}(u,H)\otimes Z_{11}\}^\top,\cdots,\{G_{1m}(u,H)\otimes Z_{1m}\}^\top,\cdots,\{G_{nm}(u,H)\otimes Z_{nm}\}^\top]^\top$ 是 $nm\times(s+1)q$ 矩阵. 给定 β, 得到 $(s+1)q\times 1$ 维列向量

$$vec\{\widetilde{\theta}(u)\}=\left\{R^\top(u,H)S_H(u)R(u,H)\right\}^{-1}R^\top(u,H)S_H(u)(Y-X\beta).\tag{2.8.7}$$

令 $L(u,H):=I_{nm}-R(u,H)\left\{R^\top(u,H)S_H(u)R(u,H)\right\}^{-1}R^\top(u,H)S_H(u)$. 参数部分 β 的半参数固定效应估计为

$$\widehat{\beta}_{FE}=\left\{X^\top L^\top(u,H)S_H(u)L(u,H)X\right\}^{-1}X^\top L^\top(u,H)S_H(u)L(u,H)Y.\tag{2.8.8}$$

用 $\widehat{\beta}_{FE}$ 取代 β, 得到

$$vec\{\widehat{\theta}_{FE}(u)\} = \{R^\top(u,H)S_H(u)R(u,H)\}^{-1}R^\top(u,H)S_H(u)(Y - X\widehat{\beta}_{FE}).$$

用 $\widehat{\alpha}_{FE}(u)$ 表示 $\widehat{\theta}_{FE}(u)$ 的第一列. $\alpha(u)$ 的半参数固定效应估计为

$$\widehat{\alpha}_{FE}(u) = S_q\{R^\top(u,H)S_H(u)R(u,H)\}^{-1}R^\top(u,H)S_H(u)(Y - X\widehat{\beta}_{FE}), \tag{2.8.9}$$

其中 S_q 提取 $(s+1)q$ 阶单位矩阵的前 q 行.

用 $M > 0$ 表示有限常数, 在不同地方取不同值. 为了得到 $\widehat{\alpha}_{FE}(u)$ 和 $\widehat{\beta}_{FE}$ 的渐近性质, 假设下列条件满足:

条件 2.23 随机向量 X_{it}, Z_{it} 和 U_{it} 关于 i 指标分别是独立同分布 (i.i.d.) 的, $t = 1,\cdots,m$.

(a) 对某个 $\delta > 0$ 和所有 i, t,

$$E\|X_{it}\|^{2(1+\delta)} \leqslant M < \infty, \quad E\|U_{it}\|^{2(1+\delta)} \leqslant M < \infty, \quad E\|Z_{it}\|^{2(1+\delta)} \leqslant M < \infty.$$

(b) 连续随机变量 U_{it} 的密度函数为 $f_t(u)$, 对每个 $u \in \mathbf{R}^s$, $\sum_{t=1}^m f_t(u) = f(u) > 0$.

(c) 对所有 i 和 t, $\lambda_{it} = K_H(U_{it}, u)$, $\omega_{it} = \lambda_{it}/\sum_{t=1}^m \lambda_{it} \in (0,1)$ 和 $\varpi_{it} = (1-\omega_{it})\lambda_{it}$. $\zeta(u) = |H|^{-1}\sum_{t=1}^m E(\varpi_{it}X_{it}X_{it}^\top)$, $\Psi(u) = |H|^{-1}\sum_{t=1}^m E(\varpi_{it}Z_{it}Z_{it}^\top)$ 和 $\varphi(u) = |H|^{-1}\sum_{t=1}^m E(\varpi_{it}X_{it}Z_{it}^\top)$ 是满秩矩阵, 其中 $|H| = h_1\cdots h_s$.

(d)$f_t(u|Z_{it})$ 表示给定 Z_{it}, $U_{it} = u$ 的条件密度函数, $f_{t,s}(u_1, u_2|Z_{it}, Z_{js})$ 表示给定 (Z_{it}, Z_{js}), $(U_{it}, U_{js}) = (u_1, u_2)$ 的联合条件密度函数, $t \neq s$. 对所有 $t \neq s, i$ 和 j, $\alpha(u), f_t(u), f_t(\cdot|Z_{it}), f_{t,s}(\cdot,\cdot|Z_{it}, Z_{js})$ 在 U 的取值范围内一致有界, 且在 $u \in \mathbf{R}^s$ 二次连续可微.

条件 2.24 X, Z 和 U 都是列满秩的; $\{X_{it,1},\cdots,X_{it,p}, Z_{it,1},\cdots,Z_{it,q}, \{Z_{it,l}U_{it,j} : l = 1,\cdots,q; j = 1,\cdots,s\}\}$ 是线性独立的. 如果 $Z_{it,l} \equiv Z_{i,l}$ 至多有一个 $l \in \{1,\cdots,q\}$, 即 $Z_{i,l}$ 不依赖 t, 假设 $E(Z_{i,l}) \neq 0$. 不可观察的个体效应 μ_i 是独立同分布的随机变量, 均值为 0, 方差 $\sigma_\mu^2 > 0$ 有限. 随机误差 v_{it} 是均值为 0、方差 $\sigma_v^2 > 0$ 有限的独立同分布随机变量, 且与 X_{it}, Z_{it} 和 U_{it} 独立.

条件 2.25 乘积核 $K(u) = \prod_{j=1}^s k(u_j)$ 中单变量核函数 $k(\cdot)$ 一致有界、紧支撑为 $[-1,1]$ 的对称密度函数. 当 $n \to \infty$ 时, $\|H\| \to 0$, $n|H| \to \infty$, 其中 $\|H\| = \sqrt{\sum\limits_{j=1}^s h_j^2}$.

定理 2.21 假设条件 2.23—2.25 成立, 则

$$\sqrt{n}(\widehat{\beta}_{FE}-\beta)\to^{D} N(0,\Sigma_\beta),$$

其中 $\Sigma_\beta=\sigma_v^2\Delta^{-1}(u)\Upsilon(u)\Delta^{-1}(u)$,

$$\Delta(u)=|H|^{-1}\sum_{t=1}^{m}\left[E(1-\omega_{it})\lambda_{it}X_{it}^\top X_{it}-E\frac{\sum\limits_{t=1}^{m}E(1-\omega_{it})^2\lambda_{it}^2[\cdot]_{it,it}\bigotimes Z_{it}Z_{it}^\top}{\sum\limits_{t=1}^{m}E(1-\omega_{it})\lambda_{it}[\cdot]_{it,it}\bigotimes Z_{it}Z_{it}^\top}X_{it}^\top X_{it}\right],$$

$$\Upsilon(u)=|H|^{-1}\sum_{t=1}^{m}\left[E(1-\omega_{it})\lambda_{it}X_{it}-E\frac{\sum\limits_{t=1}^{m}E(1-\omega_{it})^2\lambda_{it}^2[\cdot]_{it,it}\bigotimes Z_{it}Z_{it}^\top}{\sum\limits_{t=1}^{m}E(1-\omega_{it})\lambda_{it}[\cdot]_{it,it}\bigotimes Z_{it}Z_{it}^\top}X_{it}\right]$$

$$\cdot\left[E(1-\omega_{it})\lambda_{it}X_{it}-E\frac{\sum\limits_{t=1}^{m}E(1-\omega_{it})^2\lambda_{it}^2[\cdot]_{it,it}\otimes Z_{it}Z_{it}^\top}{\sum\limits_{t=1}^{m}E(1-\omega_{it})\lambda_{it}[\cdot]_{it,it}\otimes Z_{it}Z_{it}^\top}X_{it}\right]^\top.$$

Σ_β 的相合估计为 $\widehat{\Sigma}_\beta=\widehat{\Delta}^{-1}(u)\widehat{\Gamma}(u)\widehat{\Delta}^{-1}(u)$, 其中

$$\widehat{\Delta}(u)=n^{-1}|H|^{-1}X^\top S_H(u)L(u,H)X,$$
$$\widehat{\Gamma}(u)=n^{-1}|H|^{-1}X^\top S_H(u)L(u,H)\widehat{V}\widehat{V}^\top L^\top(u,H)S_H(u)X,$$ $\widehat{V}$ 为估计残差.

证明定理 2.21 关键要证明

$$\begin{aligned}&n^{-1}|H|^{-1}X^\top S_H(u)L(u,H)X\\ \approx&|H|^{-1}\sum_{t=1}^{m}\left[E\varpi_{it}X_{it}^\top X_{it}-E\left\{\left(\sum_{t=1}^{m}E\varpi_{it}^2[\cdot]_{it,it}\bigotimes Z_{it}Z_{it}^\top\right)\right.\right.\\ &\left.\left.\Big/\left(\sum_{t=1}^{m}E\varpi_{it}[\cdot]_{it,it}\bigotimes Z_{it}Z_{it}^\top\right)\right\}X_{it}^\top X_{it}\right],\\ &n^{-1}|H|^{-1}X^\top S_H(u)L(u,H)VV^\top L^\top(u,H)S_H(u)X\\ \approx&\sigma_v^2\cdot|H|^{-1}\sum_{t=1}^{m}\left\{E\varpi_{it}X_{it}-E\left(\sum_{t=1}^{m}E\varpi_{it}^2[\cdot]_{it,it}\bigotimes Z_{it}Z_{it}^\top\right)\right.\\ &\left.\Big/\left(\sum_{t=1}^{m}E\varpi_{it}[\cdot]_{it,it}\bigotimes Z_{it}Z_{it}^\top\right)X_{it}\right\}\end{aligned}$$

$$\cdot \left\{ E\varpi_{it}X_{it} - E\left(\sum_{t=1}^{m} E\varpi_{it}^2[\cdot]_{it,it} \bigotimes Z_{it}Z_{it}^\top \right) \right.$$
$$\left. \Big/ \left(\sum_{t=1}^{m} E\varpi_{it}[\cdot]_{it,it} \bigotimes Z_{it}Z_{it}^\top \right) X_{it} \right\}^\top .$$

定理 2.22 假设条件 2.23—2.25 成立. 给定整数 $m > 0$,

$$Bias(\widehat{\alpha}_{FE}(u)) = \Psi^{-1}(u)\Lambda(u)/2 + O\left(n^{-1/2}|H|\ln(\ln n)\right) + o(\|H\|^2),$$
$$Var(\widehat{\alpha}_{FE}(u)) = \sigma_v^2 \cdot n^{-1}|H|^{-1}\Psi^{-1}(u)\Gamma(u)\Psi^{-1}(u) + o(n^{-1}|H|^{-1}),$$

其中 $\Psi(u) = |H|^{-1} \sum_{t=1}^{m} E(\varpi_{it}Z_{it}Z_{it}^\top)$, $\Gamma(u) = |H|^{-1} \sum_{t=1}^{m} E(\varpi_{it}^2 Z_{it}Z_{it}^\top)$,

$$\Lambda(u) = |H|^{-1} \sum_{t=1}^{m} E(\varpi_{it}Z_{it}Z_{it}^\top) r_H(\widetilde{U}_{it}, u) = O(\|H\|^2),$$
$$r_H(\widetilde{U}_{it}, u) = \{r_{H,1}(\widetilde{U}_{it}, u), \cdots, r_{H,q}(\widetilde{U}_{it}, u)\}^\top,$$
$$r_{H,l}(\widetilde{U}_{it}, u) = \{H^{-1}(U_{it} - u)\}^\top \{H\partial^2\alpha_l(\widetilde{U}_{it})/\partial u\partial u^\top H\}\{H^{-1}(U_{it} - u)\},$$

$\widetilde{U}_{it}$ 位于 U_{it} 与 u 之间.

证明定理 2.22, 关键要证明

$$|H|^{-1} \sum_{t=1}^{m} E(\lambda_{it}Z_{it}Z_{it}^\top) = \sum_{t=1}^{m} f_t(u)E(Z_{1t}Z_{1t}^\top|u) + o(\|H\|^2),$$
$$|H|^{-1} \sum_{t=1}^{m} E(\lambda_{it}^2 Z_{it}Z_{it}^\top) = R(K) \cdot \sum_{t=1}^{m} f_t(u)E(Z_{1t}Z_{1t}^\top|u) + o(\|H\|^2),$$
$$|H|^{-1} \sum_{t=1}^{m} E[\lambda_{it}Z_{it}Z_{it}^\top r_H(\widetilde{U}_{it}, u)] = \sum_{t=1}^{m} f_t(u)E(Z_{1t}Z_{1t}^\top|u)\mu_2(K)\Theta_H(u) + o(\|H\|^2),$$

其中 $R(K) = \int K^2(u)du, \mu_2(K) = \int K(u)uu^\top du$,

$$\Theta_H(u) = \left\{tr\left[H\partial^2\alpha_1(u)/\partial u\partial u^\top H\right], \cdots, tr\left[H\partial^2\alpha_q(u)/\partial u\partial u^\top H\right]\right\}^\top .$$

由于 $\omega_{it} \in [0, 1)$, 上面的结果暗含了 $\Psi(u), \Gamma(u)$ 和 $\Lambda(u)$ 存在. 但是, 给定有限整数 $m > 0$, 由于 ω_{it} 中出现了随机分母, 故无法得到渐近偏差和渐近方差.

定理 2.23 建立了 $\widehat{\alpha}_{FE}(u)$ 的渐近正态分布.

定理 2.23 假设条件 2.23—2.25 成立, 则

$$\sqrt{n|H|}\{\widehat{\alpha}_{FE}(u) - \alpha(u) - \Psi^{-1}(u)\Lambda(u)/2\} \to^D N(0, \Sigma_{\alpha(u)}),$$

其中 $\Sigma_{\alpha(u)}=\sigma_v^2\Psi^{-1}(u)\Gamma(u)\Psi^{-1}(u)$, $\widehat{\Sigma}_{\alpha(u)}=S_q\widehat{\Omega}^{-1}(u,H)\widehat{J}(u,H)\widehat{\Omega}^{-1}(u,H)S_q^\top$ 为 $\Sigma_{\alpha(u)}$ 的相合估计, 且

$$\widehat{\Omega}(u,H)=n^{-1}|H|^{-1}R^\top(u,H)S_H(u)R(u,H),$$
$$\widehat{J}(u,H)=n^{-1}|H|^{-1}R^\top(u,H)S_H(u)\widehat{V}\widehat{V}^\top S_H(u)R(u,H).$$

§2.8.4 半参数随机效应估计和渐近性质

如果 μ_i 与 $\{X_{it},Z_{it},U_{it}\}$ 无关, 即 $E\left(\mu_i|\{X_{it},Z_{it},U_{it}\}\right)=0$, 则

$$Y_{it}=X_{it}^\top\beta+Z_{it}^\top\alpha(U_{it})+\mu_i+v_{it},\quad i=1,\cdots,n;\quad t=1,\cdots,m$$

是半变系数随机效应面板模型. 类似半参数固定效应估计方法, 建立最小化问题

$$\min_{\beta,\theta(u)}\left[Y-X\beta-R(u,H)vec\{\theta(u)\}\right]^\top W_H(u)\left[Y-X\beta-R(u,H)vec\{\theta(u)\}\right]. \tag{2.8.10}$$

任意给定 β,

$$vec\{\widetilde{\theta}(u)\}=\{R^\top(u,H)W_H(u)R(u,H)\}^{-1}R^\top(u,H)W_H(u)(Y-X\beta). \tag{2.8.11}$$

令 $M(u,H):=I_{nm}-R(u,H)\left\{R^\top(u,H)W_H(u)R(u,H)\right\}^{-1}R^\top(u,H)W_H(u)$, $\widetilde{X}=M(u,H)X$ 和 $\widetilde{Y}=M(u,H)Y$, 则 β 的半参数随机效应估计为

$$\widehat{\beta}_{RE}=({X^*}^\top W_H(u)X^*)^{-1}{X^*}^\top W_H(u)Y^*, \tag{2.8.12}$$

其中

$$X^*=\left[I_{nm}-R(u,H)\{R^\top(u,H)W_H(u)R(u,H)\}^{-1}R^\top(u,H)W_H(u)\right]X,$$
$$Y^*=\left[I_{nm}-R(u,H)\{R^\top(u,H)W_H(u)R(u,H)\}^{-1}R^\top(u,H)W_H(u)\right]Y.$$

定理 2.24 假设条件 2.23—2.25 成立,

$$E(X_{it}X_{it}^\top|u),E(X_{it}Z_{it}^\top|u),E(Z_{it}Z_{it}^\top|u),E(\mu_iX_{it}^\top|u)$$

在 $u\in\mathbf{R}^s$ 具有连续的二阶导数. 当 $n\to\infty$ 时, $\sqrt{n|H|}\|H\|^2=O(1)$. 如果对所有 i,t 和某个 $\delta>0$, $E(|v_{it}|^{2+\delta})<\infty$ 和 $E(|\mu_i|^{2+\delta})<\infty$, 则

$$\sqrt{n}(\widehat{\beta}_{RE}-\beta)\to^D N(0,\Sigma_{\beta_{RE}}),$$

其中

$$\begin{aligned}\Sigma_{\beta_{RE}} &= (\sigma_\mu^2+\sigma_v^2)\Gamma^{-1}(u)\Xi(u)\Gamma^{-1}(u),\\ \Gamma(u) &= \sum_{t=1}^m f_t(u)E(X_{1t}X_{1t}^\top|u) - \int K^2(u)du\cdot|H|^{-1}\sum_{t=1}^m EX_{1t}^\top X_{1t},\\ \Xi(u) &= \int K^2(u)du\left[\left(1-2\int K^2(u)du\right)\cdot\sum_{t=1}^m f_t(u)E(X_{1t}X_{1t}^\top|u)\right.\\ &\quad\left.-\int K^2(u)du\cdot|H|^{-1}\sum_{t=1}^m EX_{1t}^\top X_{1t}\right].\end{aligned}$$

$\Sigma_{\beta_{RE}}$ 的相合估计是 $\widehat{\Sigma}_{\beta_{RE}}=\widehat{\Gamma}^{-1}(u)\widehat{\Omega}(u)\widehat{\Gamma}^{-1}(u)$, 其中

$$\begin{aligned}\widehat{\Gamma}(u) &= n^{-1}|H|^{-1}X^\top W_H(u)M(u,H)X,\\ \widehat{\Omega}(u) &= n^{-1}|H|^{-1}X^\top W_H(u)M(u,H)\widehat{V}\widehat{V}^\top M^\top(u,H)W_H(u)X.\end{aligned}$$

类似地, $vec\{\theta(u)\}$ 的估计为

$$vec\{\widehat{\theta}_{RE}(u)\}=\{R^\top(u,H)W_H(u)R(u,H)\}^{-1}R^\top(u,H)W_H(u)(Y-X\widehat{\beta}_{RE}).$$

用 $\widehat{\alpha}_{RE}(u)$ 表示 $\widehat{\theta}_{RE}(u)$ 的第一列, 则 $\alpha(u)$ 的半参数随机效应估计为

$$\widehat{\alpha}_{RE}(u)=S_q\{R^\top(u,H)W_H(u)R(u,H)\}^{-1}R^\top(u,H)W_H(u)(Y-X\widehat{\beta}_{RE}). \tag{2.8.13}$$

定理 2.25 假设条件 2.23—2.25 成立. 当 $n\to\infty$ 时, $\sqrt{n|H|}\|H\|^2=O(1)$, 对所有 i,t 和某个 $\delta>0$, $E(|v_{it}|^{2+\delta})<\infty$ 和 $E(|\mu_i|^{2+\delta})<\infty$, 则对随机效应 μ_i,

$$\sqrt{n|H|}\left\{\widehat{\alpha}_{RE}(u)-\alpha(u)-\left(\int K(u)uu^\top du\right)\Theta_H(u)\right\}\to^D N\left(0,\Sigma_{\alpha(u),RE}\right),$$

$$\Theta_H(u)=\left[tr\left(H\frac{\partial^2\alpha_1(u)}{\partial u\partial u^\top}H\right),\cdots,tr\left(H\frac{\partial^2\alpha_q(u)}{\partial u\partial u^\top}H\right)\right]^\top,$$

$$\Sigma_{\alpha(u),RE}=\frac{(\sigma_\mu^2+\sigma_v^2)\int K^2(u)du}{n|H|\sum_{t=1}^m f_t(u)E(Z_{1t}Z_{1t}^\top|u)};$$

对固定效应 μ_i,

$$Bias(\widehat{\alpha}_{RE}(u))=\frac{\sum_{t=1}^m f_t(u)E(\mu_1 Z_{1t}|u)}{\sum_{t=1}^m f_t(u)E(Z_{1t}Z_{1t}^\top|u)}+o(\|H\|^2),$$

$$Var(\widehat{\alpha}_{RE}(u)) = \frac{\sigma_v^2 \int K^2(u)du}{n|H| \sum_{t=1}^{m} f_t(u)E(Z_{1t}Z_{1t}^\top|u)}.$$

§2.8.5 检验固定效应和随机效应的统计量

检验半变系数面板数据模型的个体效应是固定效应还是随机效应, 考虑模型

$$Y_{it} = X_{it}^\top \beta + Z_{it}^\top \alpha(U_{it}) + w_{it}, \quad w_{it} = \mu_i + v_{it},$$

其中随机效应假设 μ_i 与 $\{X_{it}, Z_{it}, U_{it}\}$ 无关, 固定效应假设 μ_i 与 $\{X_{it}, Z_{it}, U_{it}\}$ 具有未知相关结构. 这里感兴趣的检验问题: 零假设表示 μ_i 是随机效应, 备择假设表示 μ_i 是固定效应, 即

$$H_0 : E(\mu_i|X_{i1}, \cdots, X_{im}, Z_{i1}, \cdots, Z_{im}, U_{i1}, \cdots, U_{im}) = 0 \ a.s.,$$
$$H_1 : E(\mu_i|X_{i1}, \cdots, X_{im}, Z_{i1}, \cdots, Z_{im}, U_{i1}, \cdots, U_{im}) \neq 0 \text{ 在一个正测度集上}.$$

在 H_0 或 H_1 下, 保留假设

$$E(v_{it}|X_{i1}, \cdots, X_{im}, Z_{i1}, \cdots, Z_{im}, U_{i1}, \cdots, U_{im}) = 0.$$

因此, H_0 和 H_1 可以等价表示为

$$H_0 : E(w_{it}|X_{i1}, \cdots, X_{im}, Z_{i1}, \cdots, Z_{im}, U_{i1}, \cdots, U_{im}) = 0 \ a.s.,$$
$$H_1 : E(w_{it}|X_{i1}, \cdots, X_{im}, Z_{i1}, \cdots, Z_{im}, U_{i1}, \cdots, U_{im}) \neq 0 \text{ 在一个正测度集上}.$$

使用 $J = E[w_{it}E[w_{it}|\{X_{it}, Z_{it}, U_{it}\}]f(X_{it}, Z_{it}, U_{it})]$ 作为检验的基础. 注意到在 H_0 下 $J = 0$, 在 H_1 下 $J > 0$. 因此, J 可以用来检验 H_0 和 H_1. 假设对所有 $t = 1, \cdots, m$, $f_t(\cdot) = f(\cdot)$. 令 $\widehat{\beta}$ 和 $\widehat{\alpha}(U)$ 分别表示 β 和 $\alpha(U)$ 在固定效应假设下的相合估计, 则 w_{it} 的相合估计可表示成 $\widehat{w}_{it} = Y_{it} - X_{it}^\top \widehat{\beta} - Z_{it}^\top \widehat{\alpha}(U_{it})$. 可行检验统计量为

$$\widehat{J} = (nm)^{-1} \sum_{i=1}^{n} \sum_{t=1}^{m} \widehat{w}_{it} \widehat{E}_{-it}(\widehat{w}_{it}|X_{it}, Z_{it}, U_{it}) \widehat{f}_{-it}(X_{it}, Z_{it}, U_{it}) \qquad (2.8.14)$$

或

$$\widehat{J} = \frac{1}{n^2 m(m-1)} \sum_{i=1}^{n} \sum_{t=1}^{m} \sum_{j=1}^{n} \sum_{s=1, \{j,s\} \neq \{i,t\}}^{m} \widehat{w}_{it} \widehat{w}_{js} K_{h,it,js}, \qquad (2.8.15)$$

其中

$$\widehat{E}_{-it}(\widehat{w}_{it}|X_{it},Z_{it},U_{it})=\frac{1}{n(m-1)}\sum_{j=1}^{n}\sum_{s=1,\{j,s\}\neq\{i,t\}}^{m}\widehat{w}_{js}K_{h,it,js}/\widehat{f}_{-it}(X_{it},Z_{it},U_{it}),$$

$$\widehat{f}_{-it}(X_{it},Z_{it},U_{it})=\frac{1}{n(m-1)}\sum_{j=1}^{n}\sum_{s=1,\{j,s\}\neq\{i,t\}}^{m}K_{h,it,js}$$

分别是 $E[w_{it}|\{X_{it},Z_{it},U_{it}\}]$ 和 $f(X_{it},Z_{it},U_{it})$ 的留一法 (leave-one-out) 估计,

$$\widehat{w}_{it}=Y_{it}-X_{it}^{\top}\widehat{\beta}-Z_{it}^{\top}\widehat{\alpha}(U_{it}),$$

$$K_{h,it,js}=K_h(X_{it}-X_{js},Z_{it}-Z_{js},U_{it}-U_{js}),\quad K_h(v)=\prod_{l=1}^{p+q+s}h_l^{-1}k(v_l/h_l),$$

$k(\cdot)$ 是单变量核函数, 可以证明 $\widehat{J}$ 是 $J=E\{w_{it}E(w_{it}|X_{it},Z_{it},U_{it})f(X_{it},Z_{it},U_{it})\}$ 的相合估计. 因此, 在零假设下, $\widehat{J}\to^{p}0$, 如果 H_0 为假, $\widehat{J}\to^{p}C$, 其中 $C>0$ 是正常数. 因此, 当 $\widehat{J}$ 取大正数时, 拒绝零假设 H_0. $\widehat{J}$ 的渐近分布很复杂, 这里采用自助法模拟 $\widehat{J}$ 零假设下的有限样本分布.

§2.8.6 自助法

1. $\widehat{w}_i=(\widehat{w}_{i1},\cdots,\widehat{w}_{im})^{\top}$, 其中 $\widehat{w}_{it}=Y_{it}-X_{it}^{\top}\widehat{\beta}_{RE}-Z_{it}^{\top}\widehat{\alpha}_{RE}(U_{it})$. 计算两点自助误差; 以概率 $r=\frac{1+\sqrt{5}}{2\sqrt{5}}$ 取 $w_i^*=\frac{1-\sqrt{5}}{2}\widehat{w}_i$, 以概率 $1-r$ 取 $w_i^*=\frac{1+\sqrt{5}}{2}\widehat{w}_i$.

2. 生成 $Y_{it}^*=X_{it}^{\top}\widehat{\beta}_{RE}+Z_{it}^{\top}\widehat{\alpha}_{RE}(U_{it})+w_{it}^*$.

3. 由自助样本 $\{Y_{it}^*,X_{it},Z_{it},U_{it}\}_{i=1,t=1}^{n,m}$ 计算半参数随机效应估计 $\widehat{\beta}_{RE}^*$ 和 $\widehat{\alpha}_{RE}^*(U_{it})$.

4. 自助残差记为 $\widehat{w}_{it}^*=Y_{it}^*-X_{it}^{\top}\widehat{\beta}_{RE}^*-Z_{it}^{\top}\widehat{\alpha}_{RE}^*(U_{it})$.

5. 计算自助检验统计量

$$\widehat{J}^*=\frac{1}{n^2m(m-1)}\sum_{i=1}^{n}\sum_{t=1}^{m}\sum_{j=1}^{n}\sum_{s=1,\{j,s\}\neq\{i,t\}}^{m}\widehat{w}_{it}^*\widehat{w}_{js}^*K_{h,it,js}.$$

6. 重复上述过程得到 B 个自助统计量, 其经验分布是检验统计量 $\widehat{J}$ 的渐近分布.

§2.8.7 美国 46 个州的香烟销售面板数据分析

采用美国 46 个州从 1963—1992 年的香烟消费面板数据: $i=1,\cdots,46$ 表示第 i 个州, $t=1,\cdots,29$ 表示第 t 年, 假设 Y_{it} 表示每年实际的香烟销售,

$X_{it,2}$ 表示每包香烟的平均零售价格, $X_{it,3}$ 表示实际可支配收入, $X_{it,4}$ 表示相邻州最低的香烟价格, $\mu_i's$ 表示第 i 个州的个体效应, 代表该州的特征, 如印第安人居民区卖免税香烟等, λ_t 表示具体的年份效应, v_{it} 表示白噪声. Baltagi, Griffin & Xiong (2000) 研究了线性动态模型

$$\ln Y_{it} = \alpha + \beta_1 \ln Y_{i,t-1} + \beta_2 \ln X_{it,2} + \beta_3 \ln X_{it,3} + \beta_4 \ln X_{it,4} + \mu_i + \eta_t + v_{it},$$

并采用不同方法估计未知 β. Mammen, Støve & Tjøstheim (2009) 研究了非参数可加模型

$$\ln Y_{it} = m_1(\ln Y_{i,t-1}) + m_2(\ln X_{it,2}) + m_3(\ln X_{it,3}) + m_4(\ln X_{it,4}) + \eta_t + v_{it},$$

引入了向后拟合算法计算 $m_j(\cdot)$ 和 η_t 的估计. 这里采用半变系数个体效应面板数据模型

$$\ln Y_{it} = \beta_1 \ln Y_{i,t-1} + \ln X_{it,2} \cdot \alpha(\ln X_{it,3}) + \beta_2 \ln X_{it,4} + \eta_t + v_{it}$$

建模烟草销售面板数据. 令

$$y_{it} = \ln Y_{it}, X_{it,1} = \ln Y_{i,t-1}, X_{it,2} = \ln X_{it,4}, Z_{it} = \ln X_{it,2}, U_{it} = \ln X_{it,3},$$

则 $y_{it} = \beta_1 X_{it,1} + \beta_2 X_{it,2} + Z_{it}\alpha(U_{it}) + \eta_t + v_{it}$. 应用前面提到的方法得到

$$\widehat{\beta}_{1,FE} = 0.0001032629, \quad \widehat{\beta}_{2,FE} = 0.0011973105,$$
$$\widehat{\beta}_{1,RE} = 0.0001033206, \quad \widehat{\beta}_{2,RE} = 0.0012204632.$$

Hu (2017a) 用图 1 展示了变系数函数估计 $\widehat{\alpha}_{FE}(u)$ 和 $\widehat{\alpha}_{RE}(u)$, 分别反映 U_{it} 和 Z_{it} 对 y_{it} 的不同交互影响. 最后用区分固定效应和随机效应的模型识别检验方法分析香烟销售数据, 计算得到估计检验统计量为 $\widehat{J} = 475.5362 \gg 0$. 因此, 拒绝个体效应为随机效应的零假设, 即证实了香烟销售面板数据存在不可观察的固定效应. 这说明个体效应与香烟的平均零售价格、实际可支配收入和相邻州最低的香烟价格有关, 与实际情况吻合.

§2.9 半参数变系数工具变量模型的估计理论

§2.9.1 半变系数工具变量模型

在经济金融研究中, 工具变量模型可以修正回归因子和结构误差之间的内生性, 识别经济变量中的因果关系. 线性工具变量模型假设所有经济变量是常

系数的, 这个假设对真实经济模型来说过于严格. 例如, 劳动经济学中采用线性工具变量模型估计教育回报, 其中教育测量值或受教育年限看成内生变量. Schultz (1997) 意识到教育的边际回报随工作经历的水平发生变化, 而 Card (2001) 发现采用线性工具变量模型会低估教育回报, 因此他们假设教育和工作经历是可加函数. 这个例子促使人们发展新的工具变量模型允许内生变量的影响发生变化. 例如, Cai & Liu (2011) 研究了半变系数工具变量模型

$$Y_t = X_t^\top \beta + Z_t^\top \alpha(U_t) + \varepsilon_t, 1 \leqslant t \leqslant n, \tag{2.9.1}$$

其中 Y_t 是单变量随机变量, X_t 是 p 维外生随机向量, β 是常系数向量, Z_t 是 q 维内生随机向量, U_t 是 l 维连续外生随机向量, $\alpha(U_t)$ 是 q 维未知函数向量, ε_t 是模型误差. 由于 Z_t 是内生向量, 故 $E(\varepsilon_t|X_t, U_t, Z_t) \neq 0$. 模型 (2.9.1) 允许部分线性形式, 其中内生结构变量的影响随着一些外生变量的不同水平发生变化. Cai & Liu (2011) 提出了三步估计方法估计变系数和常系数, 建立了估计的相合性和渐近正态性, 提出了用广义似然比统计量来识别常系数和变系数. 定义

$$Y = (Y_1, \cdots, Y_n)^\top, X = (X_1, \cdots, X_n)^\top, Z = (Z_1, \cdots, Z_n)^\top, \varepsilon = (\varepsilon_1, \cdots, \varepsilon_n)^\top.$$

由于 $E(\varepsilon|X, U, Z) \neq 0$, 需要工具变量来估计结构方程.

假设 V_t 是工具变量, 即 $E(\varepsilon_t|X_t, U_t, V_t) = 0$. 令 Υ 为 X, U 和 V 构成的 $p+q+l$ 维向量, 其中 $V = (V_1, \cdots, V_n)^\top$. 由于 Z_t 是内生向量, 故模型 (2.9.1) 两边关于 Υ 求条件期望得到

$$E(Y_t|\Upsilon_t) = X_t^\top \beta + E(Z_t^\top|\Upsilon_t)\alpha(U_t), 1 \leqslant t \leqslant n. \tag{2.9.2}$$

§2.9.2 三步估计法

Cai & Liu (2011) 提出三步方法估计模型 (2.9.2), 具体细节如下:

第一步估计 $E(Z_t^\top|\Upsilon_t)$, 得到 Z 关于 Υ 的线性投影 $E(Z^\top|\Upsilon) = \Upsilon\Pi$. 定义

$$M = \begin{pmatrix} Z_1^\top \alpha(U_1) \\ \vdots \\ Z_n^\top \alpha(U_n) \end{pmatrix}, \quad D_u = \begin{pmatrix} Z_1^\top & \dfrac{U_1 - u}{h} Z_1^\top \\ & \vdots \\ Z_n^\top & \dfrac{U_n - u}{h} Z_n^\top \end{pmatrix},$$

得到模型

$$Y = X\beta + M + \varepsilon, Z = \Upsilon\Pi + \eta. \tag{2.9.3}$$

$E(Z^\top|\Upsilon)$ 的第一步估计是 $\widehat{Z}=\Upsilon\widehat{\Pi}$, 其中 $\widehat{\Pi}=(\Upsilon^\top\Upsilon)^{-1}\Upsilon^\top Z$.

第二步假设 β 已知估计 $\alpha(U_t)$, 得到

$$\widetilde{\alpha}(U_t)=e^\top(\widehat{D}^\top(U_t)W(U_t)\widehat{D}(U_t))^{-1}\widehat{D}^\top(U_t)W(U_t)(Y-X\beta), e=(1,0)^\top, \tag{2.9.4}$$

再得到 M 的局部线性估计

$$\widehat{M}=\begin{pmatrix}(\widehat{Z}_1^\top 0)(\widehat{D}^\top(U_1)W(U_1)\widehat{D}(U_1))^{-1}\widehat{D}^\top(U_1)W(U_1)\\ \vdots \\ (\widehat{Z}_n^\top 0)(\widehat{D}^\top(U_n)W(U_n)\widehat{D}(U_n))^{-1}\widehat{D}^\top(U_n)W(U_n)\end{pmatrix}(Y-X\beta)=\widehat{S}(Y-X\beta), \tag{2.9.5}$$

其中

$$\widehat{D}(u)=\begin{pmatrix}\widehat{Z}_1^\top & \frac{U_1-u}{h}\widehat{Z}_1^\top\\ & \vdots \\ \widehat{Z}_n^\top & \frac{U_n-u}{h}\widehat{Z}_n^\top\end{pmatrix},\quad W(u)=\mathrm{diag}(K_h(U_1-u),\cdots,K_h(U_n-u)). \tag{2.9.6}$$

第三步得到 β 的剖面加权最小二乘估计

$$\widehat{\beta}=\{X^\top(I-\widehat{S})^\top(I-\widehat{S})X\}^{-1}X^\top(I-\widehat{S})^\top(I-\widehat{S})Y. \tag{2.9.7}$$

最后得到

$$\widehat{\alpha}(u_0)=e^\top(\widehat{D}(u_0)^\top W(u_0)\widehat{D}(u_0))^{-1}\widehat{D}(u_0)^\top W(u_0)(Y-X\widehat{\beta}). \tag{2.9.8}$$

§2.9.3 假设条件和渐近性质

条件 2.26 观察数据 $\{(Y_t,X_t,Z_t,V_t,U_t)\}_{t=1}^n$ 独立同分布 (i.i.d.).

条件 2.27 $q\times q$ 矩阵 $E(ZZ^\top|U=u)$ 满秩, $p>q$.

条件 2.28 $E(VV^\top|U=u)$, $E(VV^\top|U=u)^{-1}$ 和 $E(VX^\top|U=u)$ 利普希茨连续.

条件 2.29 $E\|V\|^{2s}<\infty$ 和 $E\|X\|^{2s}<\infty$, $s\geqslant 2$, $\delta<2-s^{-1}$, $n^{2\delta-1}h\to\infty$.

Cai & Liu (2011) 在条件 2.1—2.4 和 2.26—2.29 下证明了 $\widehat{\beta}$ 和 $\widehat{\alpha}(u_0)$ 具有渐近正态性:

$$\widehat{\beta}-\beta\to^D N(0,\sigma_{\varepsilon\varepsilon}^2\Sigma_2^{-1}),$$

$$\sqrt{nh}\left[\widehat{\alpha}(u_0)-\alpha(u_0)-\frac{h^2}{2}\mu_2\alpha''(u)\mid_{u=u_0}+o_p(c_n)\right]\to^D N\left(0,\Sigma_3(u_0)\right),$$

其中

$$\sigma_{\varepsilon\varepsilon}^2=Var(\varepsilon),\Sigma_2=E(X_tX_t^\top)-E\left\{\Psi(U_t)^\top\Pi\left(\Pi^\top\Phi(U_t)\Pi\right)\right\}^{-1}\Pi^\top\Phi(U_t)f^{-1}(U_t),$$

$$\Psi(u)=f(u)E(V_tX_t^\top|U_t=u),\Phi(u)=f(u)E(V_tV_t^\top|U_t=u),\mu_2=\int u^2K(u)du,$$

$$c_n=(\log(1/h)/nh)^{1/2}+h^2,\quad \Sigma_3(u_0)=v_0\Delta(u_0)(\Pi^\top\Phi(u_0)\Pi)^{-1},$$

$$\Delta(u_0)=\sigma_{\varepsilon\varepsilon}^2+2\alpha^\top(u_0)\Sigma_{V_\varepsilon}+\alpha^\top(u_0)\Sigma_{VV}\alpha(u_0),\Sigma_{V_\varepsilon}=Cov(V,\varepsilon),\Sigma_{VV}=Var(V).$$

§2.10 高维变系数模型的变量选择

线性模型和广义线性模型的变量选择方法包括 LASSO (Tibshirani, 1996), fused LASSO (Tibshirani et al., 2005), 组 LASSO (Yuan & Lin, 2006), elastic net (Zou & Hastie, 2005), SCAD (Fan & Li, 2001), Dantzig selector (Candès & Tao, 2007) 和 boosting (Bühlmann & Yu, 2003; Bühlmann & Hothorn, 2007; Tutz & Binder, 2006). Wang, Li & Huang (2008) 利用基函数渐近和 SCAD 惩罚对高维变系数函数提出了正则方法, 同时选择有意义的变量并估计非零光滑系数函数, 建立了变量选择的相合性和估计的 oracle 性质, 即以概率 1 正确选择重要变量; Wei, Huang & Li (2011) 利用基函数展开对变量个数大于样本容量的高维变系数模型提出了组 LASSO, 同时选择重要变量并估计非零变系数函数, 证明了组 LASSO 具有相合性, 能选择系数范数大于某个门限水平的所有变量. 但是, 组 LASSO 倾向于选择模型中不重要的变量, 不具有 oracle 选择相合性. 为了改进选择结果, 发展了具有 oracle 选择相合性的适应性组 LASSO 方法.

§2.10.1 高维变系数模型

对于高维变系数模型

$$y_i(t_{ij})=\sum_{k=1}^{p}z_{ik}(t_{ij})\alpha_k(u_{ij})+\varepsilon_i(t_{ij}),i=1,\cdots,n,j=1,\cdots,n_i,\tag{2.10.1}$$

其中 $p\geqslant n$. 假设系数函数 $\alpha_k(u)$ 用基函数的线性组合渐近

$$g_k(u)=\sum_{l=1}^{d_k}a_{kl}B_{kl}(u),u\in U,k=1,\cdots,p,\tag{2.10.2}$$

其中 $B_{kl}(u),u\in U,l=1,\cdots,d_k$ 是基函数, d_k 是基函数的数目. 给定基系统 $\{B_{kl}(u),l=1,\cdots,d_k\}$, G 表示所有形如 $\sum\limits_{l=1}^{d_k}a_{kl}B_{kl}(u)$ 的函数. 对于 $g_k\in G_k$,

定义渐近误差

$$\rho_k(u)=\alpha_k(u)-g_k(u)=\alpha_k(u)-\sum_{l=1}^{d_k}a_{kl}B_{kl}(u), u\in U, k=1,\cdots,p.$$

模型 (2.10.1) 可以写成

$$y_i(t_{ij})=\sum_{k=1}^{p}\sum_{l=1}^{d_k}z_{ik}(t_{ij})a_{kl}B_{kl}(u)+\sum_{k=1}^{p}z_{ik}(t_{ij})\rho_k(u)+\varepsilon_i(t_{ij}),$$
$$i=1,\cdots,n, j=1,\cdots,n_i. \tag{2.10.3}$$

§2.10.2 正则方法

在高维情形, 需要发展基于变量选择的惩罚似然基正则方法. 例如,

(1) LASSO:

$$(\widehat{\alpha},\widehat{\beta})=\arg\min\left\{\sum_{i=1}^{N}\left(y_i-\alpha-\sum_j\beta_jx_{ij}\right)^2\right\} \text{ 服从限制 } \sum_j|\beta_j|\leqslant t.$$

(2) Breiman 的非负 garotte:

$$(\widehat{\alpha},\widehat{\beta})=\arg\min\left\{\sum_{i=1}^{N}\left(y_i-\alpha-\sum_j c_j\widehat{\beta}_jx_j\right)^2\right\} \text{ 服从限制 } c_j\geqslant 0,$$

其中 $\sum\limits_j c_j\leqslant t, \widehat{\beta}_j$ 是通常的最小二乘估计.

(3) 岭回归:

$$(\widehat{\alpha},\widehat{\beta})=\arg\min\left\{\sum_{i=1}^{N}\left(y_i-\sum_j\beta_jx_{ij}\right)^2+\lambda\sum_j\beta_j^2\right\},$$

或

$$(\widehat{\alpha},\widehat{\beta})=\arg\min\left\{\sum_{i=1}^{N}\left(y_i-\sum_j\beta_jx_{ij}\right)^2\right\} \text{ 服从限制 } \sum_j\beta_j^2\leqslant t.$$

Wang, Li & Huang (2008) 对

$$\frac{1}{n}\sum_{i=1}^{n}\omega_i\sum_{j=1}^{n_i}\left(y_i(t_{ij})-\sum_{k=1}^{p}\sum_{l=1}^{d_k}z_{ik}(t_{ij})a_{kl}B_{kl}(u)\right)^2 \tag{2.10.4}$$

采用 SCAD 惩罚

$$P_\lambda(u)=\begin{cases}\lambda u, 0\leqslant u\leqslant\lambda,\\ \dfrac{2\lambda a u-(u^2+\lambda^2)}{2(a-1)}, \lambda<u\leqslant a\lambda,\\ \dfrac{\lambda^2(a+1)}{2}, u>\lambda a,\end{cases}$$

得到惩罚加权最小二乘标准

$$\frac{1}{n}\sum_{i=1}^{n}\omega_i\sum_{j=1}^{n_i}\left(y_i(t_{ij})-\sum_{k=1}^{p}\sum_{l=1}^{d_k}z_{ik}(t_{ij})a_{kl}B_{kl}(u)\right)^2+\sum_{k=1}^{p}P_\lambda(\|\alpha_k\|_k), \quad (2.10.5)$$

其中 λ 是惩罚参数, $a_k=(a_{k1},\cdots,a_{kd_k})^\top$ 是对应第 k 个变量的 d_k 维系数向量.

令 $Y=(y_1(t_{11}),\cdots,y_1(t_{1n_1}),\cdots,y_n(t_{n1}),\cdots,y_n(t_{nn_n}))^\top$, $Z=(Z_1,\cdots,Z_p)$,

$$Z_k=(z_{1k}(t_{11}),\cdots,z_{1k}(t_{1n_1}),\cdots,z_{nk}(t_{n1}),\cdots,z_{nk}(t_{nn_n}))^\top,$$

定义

$$B(u)=\begin{pmatrix}B_{11}(u) & B_{12}(u) & \cdots & B_{1d_1}(u) & 0 & 0 & \cdots & 0\\ \vdots & \vdots & & \vdots & \vdots & \vdots & \vdots & \vdots\\ 0 & 0 & \cdots & 0 & B_{p1}(u) & B_{p2}(u) & \cdots & B_{pd_p}(u)\end{pmatrix},$$

$a=(a_1^\top,\cdots,a_p^\top)^\top$, $\|a_k\|_k=a_k^\top R_k a_k$, $R_k=(r_{ij})_{d_k\times d_k}$ 是核矩阵, 第 (i,j) 个元是

$$r_{ij}=\int_\Omega B_{ki}(u)B_{kj}(u)du, i=1,\cdots,d_k, j=1,\cdots,d_k, k=1,\cdots,p. \quad (2.10.6)$$

$\Upsilon=(\Upsilon_{11},\cdots,\Upsilon_{1n_1},\cdots,\Upsilon_{n1},\cdots,\Upsilon_{nn_n})^\top$, $\Upsilon_{ij}^\top=z_{ik}(t_{ij})^\top B_{kl}(u), i=1,\cdots,n, j=1,\cdots,n_i$. SCAD 惩罚标准用矩阵形式表示为

$$\frac{1}{n}(Y-\Upsilon a)^\top W(Y-\Upsilon a)+\sum_{k=1}^{p}P_\lambda(\|a_k\|_k), \quad (2.10.7)$$

其中 W 是对角加权矩阵. 由于惩罚损失 (2.10.7) 不可微, 一般采用梯度优化方法. Wang, Li & Huang (2008) 采用非凸惩罚 $P_\lambda(\|a_k\|_k)$ 的局部二次渐近迭代算法: 给定初值 $a_k^0, \|a_k^0\|_k>0$, $P_\lambda(\|a_k\|_k)$ 可以用二次形式渐近:

$$P_\lambda(\|a_k^0\|_k)+\frac{1}{2}\left\{P_\lambda'(\|a_k^0\|_k)/\|a_k^0\|_k\right\}\left[a_k^\top R_k a_k-(a_k^0)^\top R_k a_k^0\right].$$

去掉不相关常数得到

$$\frac{1}{n}(Y-\Upsilon a)^{\top}W(Y-\Upsilon a)+\frac{1}{2}a^{\top}Q_{\lambda}(a^{0})a, \tag{2.10.8}$$

其中 $Q_{\lambda}(a^{0})=\operatorname{diag}\{P_{\lambda}'(\|a_1^0\|_2)/\|a_1^0\|_2R_1,\cdots,P_{\lambda}'(\|a_K^0\|_2)/\|a_K^0\|_2R_p\}$. 为了执行该方法, 需要选择调整参数 $d_k,k=1,\cdots,p$ 和 λ, 其中 d_k 控制 $\widehat{\alpha}_k(u)$ 的光滑性, λ 决定变量选择. 为了简便, 假设对所有 $\alpha_k(u),k=1,\cdots,p$, $d_k=d$. 非零部分用估计

$$\widehat{a}=\{\Upsilon^{\top}U+\frac{n}{2}Q_{\lambda}(\widehat{a})\}^{-1}\Upsilon^{\top}Y,$$

这个估计是岭回归

$$\|Y-\Upsilon a\|_2^2+\frac{n}{2}a^{\top}Q_{\lambda}(\widehat{a})a \tag{2.10.9}$$

的解. 岭回归的帽子矩阵定义为 $H(d,\lambda)=\{\Upsilon^{\top}U+\frac{n}{2}Q_{\lambda}(\widehat{a})\}^{-1}\Upsilon^{\top}$. 由岭回归拟合的 y 满足 $\widehat{y}=H(d,\lambda)y$. CV 标准具有封闭形式表示,

$$CV_1(d,\lambda)=\frac{1}{n}\sum_{i=1}^{n}\sum_{j=1}^{J_i}\frac{\{y_i(t_{ij})-\Upsilon_i^{\top}(t_{ij})\widehat{a}\}^2}{[1-\{H(d,\lambda)_{(ij,ij)}\}]^2}, \tag{2.10.10}$$

其中 $H(d,\lambda)_{(ij,ij)}$ 是 $H(d,\lambda)$ 对应时间 t_{ij} 的观察计算的对角元.GCV 标准为

$$GCV_1(d,\lambda)=\frac{1}{n}\frac{\|y-H(d,\lambda)y\|_2^2}{[1-tr\{H(d,\lambda)\}/n]^2}. \tag{2.10.11}$$

Wei, Huang & Li (2011) 应用组 LASSO 得到

$$\arg\min_{a}\frac{1}{n}\sum_{i=1}^{n}\sum_{j=1}^{n_i}\left(y_i(t_{ij})-\sum_{k=1}^{p}\sum_{l=1}^{d_k}z_{ik}(t_{ij})a_{kl}B_{kl}(u)\right)^2+\sum_{k=1}^{p}\lambda\|a_k\|_k. \tag{2.10.12}$$

组 LASSO 惩罚标准 (4.3.3) 用矩阵形式表示为

$$\widehat{a}=\arg\min_{a}\left\{\frac{1}{n}(Y-\Upsilon a)^{\top}(Y-\Upsilon a)+\sum_{k=1}^{p}\lambda\|a_k\|_k\right\}. \tag{2.10.13}$$

组 LASSO 估计为 $\widehat{a}=\sum\limits_{l=1}^{d_k}\widehat{a}_{kl}B_{kl}(u),k=1,\cdots,p$. 加权组 LASSO 标准是

$$\widehat{a}^{*}=\arg\min_{a}\left\{\frac{1}{n}(Y-\Upsilon a)^{\top}(Y-\Upsilon a)+\sum_{k=1}^{p}\widetilde{\lambda}\omega_k\|a_k\|_k\right\}, \tag{2.10.14}$$

$\omega = (\omega_1, \cdots, \omega_n)^\top$ 是给定权向量, $0 \leqslant \omega_k \leqslant \infty, 1 \leqslant k \leqslant p$. 加权组 LASSO 估计为

$$\widehat{a}^* = \sum_{l=1}^{d_k} \widehat{a}_{kl}^* B_{kl}(u), k = 1, \cdots, p.$$

第三章　广义半参数部分可加模型的统计推断

广义半参数部分可加模型是高维数据分析的有力统计工具, 建模能力强. 本章主要分为四部分: 第一部分研究部分线性模型的异方差检验; 第二部分阐述半参数部分可加模型及其测量误差模型的估计方法和白噪声检验; 第三部分主要介绍广义部分可加模型的估计和变量选择; 第四部分介绍了大数据和统计算法. 白噪声检验是经济和金融数据分析的一项基本工作, 主要包括三个方面: 一是序列相关检验; 二是异方差检验; 三是序列相关和异方差的同时检验. 如果模型误差不是白噪声, 则说明模型误差残留着相关信息未被提取, 拟合模型不是有效的. 解决办法有两种, 一种是需要重新选择模型拟合; 另一种是对模型误差的序列相关或异方差建模, 对具有序列相关或异方差的统计模型建立有效的估计方法.

§3.1　部分线性模型的异方差检验

§3.1.1　引言

下面研究部分线性模型

$$Y_i = X_i^\top \beta + \phi(Z_i) + \varepsilon_i, \quad i = 1, 2, \cdots, n, \tag{3.1.1}$$

的异方差检验问题, 其中 Y_i 为响应变量, X_i 与 Z_i 分别为 p 维和 1 维固定设计点, β 为 p 维未知参数向量, $\phi(\cdot)$ 为定义在紧区间 $D = [a, b]$ 的未知光滑函数, ε_i 是独立误差, 满足 $E(\varepsilon_i)=0$, $Var(\varepsilon_i)=\sigma_i^2=\sigma^2\cdot m_i<\infty$, $m_i>0$. 假设 m_i 具有函数形式

$$m_i=m(Z_i,\delta),\quad i=1,2,\cdots,n, \tag{3.1.2}$$

即 m_i 依赖 Z_i 和未知参数向量 δ. 如果函数 $m(\cdot)$ 关于 δ 可微, 且存在唯一值 δ^*, 使得对所有 z, $m(z,\delta^*)=1$, 模型 (3.1.1) 的异方差检验转化为检验问题

$$H_0:\delta=\delta^*\leftrightarrow H_1:\delta\neq\delta^*.$$

§3.1.2 检验方法与主要结果

记

$$\widetilde{Y}_i=Y_i-\sum_{j=1}^n w_{nj}(Z_i)Y_j,$$
$$\widetilde{X}_i=X_i-\sum_{j=1}^n w_{nj}(Z_i)X_j,$$
$$\phi_n(Z)=\sum_{j=1}^n w_{nj}(Z_i)(Y_j-X_j^\top\beta),$$

其中概率权函数 $w_{nj}(\cdot)$ 满足 $0\leqslant w_{nj}(z)\leqslant 1$ 以及 $\sum\limits_{j=1}^n w_{nj}(z)=1$.

考虑估计函数

$$\begin{cases} M_{1i}=\alpha_i[(Y_i-X_i^\top\beta-\phi(Z_i))^2-\sigma^2],\\ M_{2i}=\widetilde{X}_i(Y_i-X_i^\top\beta-\phi(Z_i)), \end{cases}$$

其中 $\alpha_i=(\dot{m_i}^\top,1)^\top$, $\dot{m_i}$ 表示零假设下 m_i 关于 δ 的导数. 令 $Z_i=(M_{1i}^\top,M_{2i}^\top)^\top$ 为 $(p+q+1)\times 1$ 维向量, 在零假设下, $E(M_i)=0, i=1,2,\cdots,n$. 因此检验异方差等价于检验 $E(M_i)=0$, 其中 M_i 不是独立同分布的随机变量. 因此引入经验似然. 设 $p_1,p_2,\cdots,p_n$ 为非负实数, 满足 $\sum\limits_{i=1}^n p_i=1$, 则在零假设下, 经验似然比函数

$$L_0(\delta,\sigma^2,\beta)=\max\left\{\prod_{i=1}^n np_i|\sum_{i=1}^n p_iM_i=0,p_i\geqslant 0,\sum_{i=1}^n p_i=1\right\}.$$

注意 $L_0(\delta,\sigma^2,\beta)$ 不但包含未知参数 δ,β 和 σ^2 (β 和 σ^2 为讨厌参数), 而且包含未知函数 $\phi(\cdot)$, 因此 $L_0(\delta,\sigma^2,\beta)$ 不能直接用于统计推断. 一个自然想法是利

用 $\phi_n(Z)$ 取代 $\phi(Z)$, 得到估计函数

$$\begin{cases} \widetilde{M}_{1i} = \alpha_i \left[(Y_i - X_i^\top \beta - \phi_n(Z_i))^2 - \sigma^2\right], \\ \widetilde{M}_{2i} = \widetilde{x}_i \left(Y_i - X_i^\top \beta - \phi_n(Z_i)\right), \end{cases}$$

记 $\widetilde{M}_i = (\widetilde{M}_{1i}^\top, \widetilde{M}_{2i}^\top)^\top$, 定义估计经验似然比函数为

$$\widetilde{L}_0(\delta, \sigma^2, \beta) = \max\left\{\prod_{i=1}^n np_i | \sum_{i=1}^n p_i \widetilde{M}_i = 0, p_i \geqslant 0, \sum_{i=1}^n p_i = 1\right\}.$$

利用拉格朗日乘子法求得最优值

$$p_i = \frac{1}{n}\frac{1}{1+\lambda^\top \widetilde{M}_i},$$

其中 λ 为方程

$$\frac{1}{n}\sum_{i=1}^n \frac{\widetilde{M}_i}{1+\lambda^\top \widetilde{M}_i} = 0$$

的解. 定义

$$l_0(\delta, \sigma^2, \beta) \triangleq -2\log \widetilde{L}_0(\delta, \sigma^2, \beta) = 2\sum_{i=1}^n \log\left(1+\lambda^\top \widetilde{M}_i\right).$$

条件 3.1 $\sup\limits_{z\in D}\max\limits_{1\leqslant i\leqslant n} w_{nj}(z) = O_p(n^{-2/3})$.

条件 3.2 $\sup\limits_{z\in D}\sum\limits_{j=1}^n w_{nj}(z) \mid Z_j – z \mid I\left(\mid Z_j - z \mid > (n\log n)^{-1/2}\right) = o_p(n^{-1/2})$.

条件 3.3 $w_{nj}(z)$ 满足 1 阶利普希茨条件.

条件 3.4 $\phi(\cdot)$ 满足 1 阶利普希茨条件.

条件 3.5 矩阵 A_{11} 和 A_{22} 正定,

$$\frac{1}{n}\begin{pmatrix} \sum\limits_{i=1}^n \alpha_i\alpha_i^\top & \sum\limits_{i=1}^n \alpha_i \widetilde{X}_i^\top \\ \sum\limits_{i=1}^n \widetilde{X}_i\alpha_i^\top & \sum\limits_{i=1}^n \widetilde{X}_i\widetilde{X}_i^\top \end{pmatrix} \to \begin{pmatrix} A_{11} & A_{12} \\ A_{21} & A_{22} \end{pmatrix} \triangleq \Sigma.$$

条件 3.6 $\sup\limits_{1\leqslant i\leqslant n} E\varepsilon_i^4 < \infty$.

定理 3.1 在零假设和条件 3.1—3.6 下, 当 $n \to \infty$ 时, $l_0(\delta, \sigma^2, \beta)$ 服从自由度为 $p+q+1$ 的渐近卡方分布, 即

$$l_0(\delta, \sigma^2, \beta) \xrightarrow{\mathcal{L}} \chi^2_{(p+q+1)}.$$

为了处理讨厌参数 σ^2 和 β, 定义

$$l_0(\delta) \triangleq \max_{\sigma^2,\beta} l_0(\delta,\sigma^2,\beta).$$

则在上述条件和零假设下, 当 $n\to\infty$ 时, $l_0(\delta)\xrightarrow{\mathcal{L}}\chi^2_{(q)}$.

评论 3.1 若误差 ε 为 i.i.d., 用估计函数

$$\widetilde{M}_{2i}=\widetilde{X}_i(Y_i-X_i^\top\beta-\phi_n(Z_i))$$

来构造经验似然, 对未知参数 β 进行统计推断.

评论 3.2 若误差 ε 为 i.i.d., 用估计函数

$$\begin{cases}\widetilde{M}_{1i}=(Y_i-X_i^\top\beta-\phi_n(Z_i))^2-\sigma^2,\\ \widetilde{M}_{2i}=\widetilde{X}_i(Y_i-X_i^\top\beta-\phi_n(Z_i))\end{cases}$$

构造经验似然, 对误差方差 σ^2 进行统计推断, 比如构造置信区间等.

评论 3.3 对于非参数回归模型

$$Y_i=\phi(Z_i)+\varepsilon_i,\quad i=1,2,\cdots,n,$$

其中 Z_i 为标量设计点, $\phi(\cdot)$ 为未知回归函数. 利用估计函数

$$\widetilde{M}_i=\alpha_i[(Y_i-\widehat{\phi}(Z_i))^2-\sigma^2]$$

构建检验异方差的经验似然比统计量, 其中 $\widehat{\phi}(z)$ 为 $\phi(Z)$ 的核估计.

§3.2 半参数部分线性可加测量误差模型的白噪声检验

§3.2.1 半参数部分线性可加测量误差模型

线性部分具有测量误差的半参数部分可加模型

$$Y=X^\top\beta+\sum_{i=1}^{q}\phi_i(Z_i)+\varepsilon, W=X+\eta, \tag{3.2.1}$$

其中 Y 为响应变量, $\beta=(\beta_1,\cdots,\beta_p)^\top$ 为 p 维参数向量, $Z=(Z_1,\cdots,Z_q)^\top$ 为 q 维观测向量, $\phi_1(\cdot),\cdots,\phi_q(\cdot)$ 为 Z 的 q 维未知光滑函数向量, $X=(X_1,\cdots,X_p)^\top$ 是不能直接观测的 p 维协变量, 只能观测到替代变量 $W=(W_1,\cdots,W_p)^\top$, 模型误差 ε 具有 0 均值和有限方差 $\sigma^2>0$, 测量误差 η 与 $(Y,X^\top,Z^\top)^\top$ 相互

独立, 且具有已知协差阵 Σ_η, 上标 ⊤ 表示向量或矩阵的转置. 为了识别模型 (3.2.1), 假定 $\phi_i(Z_i)$ 满足

$$E\phi_i(Z_i) = 0, \quad i = 1, \cdots, q.$$

半参数部分线性可加模型建模能力强, 包括了线性模型、非参数模型、可加模型和部分线性模型等, 是分析高维数据的有力统计工具. 目前人们主要研究了平稳半参数可加模型的估计、变量选择和经验似然推断问题. 例如, Li (2000) 对部分线性可加模型提出了一般级数估计方法; Fan & Li (2003) 对部分线性可加模型提出了核基估计方法; Härdle et al. (2004) 研究了半参数广义可加模型的自助推断; Wang et al. (2011) 研究了广义可加部分线性模型, 使用多项式样条光滑估计非参数函数并得到了参数的拟似然基估计. 当线性协变量具有测量误差时, Liang et al. (2008) 利用 attenuation 修正和模拟外插法建立了参数估计及渐近性质; Liang et al. (2009) 研究了感兴趣的参数的经验似然推断等.

§3.2.2 二元可加模型

二元可加模型由两个非参数函数构成, 响应变量 Y 的条件数学期望表示为

$$E(Y|Z_1, Z_2) = \phi_1(Z_1) + \phi_2(Z_2). \tag{3.2.2}$$

Linton & Nielsen (1995) 对 $E(Y|Z_1, Z_2) = \phi(Z_1, Z_2)$ 的局部线性估计求边际积分得到可加函数 $\phi_i(Z_i)$ 的估计; Opsomer & Ruppert (1997) 得到了模型的局部多项式回归拟合; Fan, Härdle & Mammen (1998) 考虑了局部线性拟合的加权边缘积分; Opsomer & Ruppert (1999) 提出了向后拟合估计方法; Opsomer (2000) 提出了光滑拟合和三种带宽选择方法; Mammen & Park (2005) 得到了向后拟合估计的渐近偏差和方差, 证明估计达到了单变量多项式回归的收敛速度; Carroll et al. (2009) 对重复测量问题发展了光滑向后拟合算法等. 这些工作通常假设模型误差为白噪声. 因此, 应用这些方法之前要检验模型误差是否为白噪声. 如果模型误差不是白噪声, 则说明误差残留着相关信息未被提取, 拟合模型不是有效的. 如果模型误差具有 0 均值和常数方差, 则白噪声检验变为序列无关检验.

§3.2.3 二元可加测量误差模型的向后拟合估计

为了简便, 考虑 $q=2$ 的情形. 假定 $\{Y_t, W_t, \eta_t, Z_{1t}, Z_{2t}\}_{t=1}^n$ 是来自模型

$$Y_t = X_t^\top \beta + \phi_1(Z_{1t}) + \phi_2(Z_{2t}) + \varepsilon_t, W_t = X_t + \eta_t \tag{3.2.3}$$

的 n 个观察值, 模型误差 ε_t 满足 $E(\varepsilon_t)=0$ 和 $Var(\varepsilon_t)=\sigma^2>0$. 因此, 检验模型 (3.2.3) 的误差 ε_t 为白噪声等价于检验误差 ε_t 相互独立, 即检验零假设 $H_0: E(\varepsilon_s\varepsilon_t)=0, s\neq t$. 假设误差 ε_t 用 p 阶自回归模型

$$AR(p): \varepsilon_t = a_1\varepsilon_{t-1} + \cdots + a_p\varepsilon_{t-p} + u_t, \quad u_t \sim^{\text{i.i.d.}} (0, \sigma^2) \tag{3.2.4}$$

或者 p 阶滑动平均模型

$$MA(p): \varepsilon_t = a_1 u_{t-1} + \cdots + a_p u_{t-p} + u_t, \quad u_t \sim^{\text{i.i.d.}} (0, \sigma^2) \tag{3.2.5}$$

建模, 其中系数 $a_i, i=1,2,\cdots,p$ 分别满足平稳性条件和可逆性条件, 即方程 $1-a_1u-a_2u^2-\cdots-a_pu^p=0$ 的根在单位圆外. 用 $a=(a_1,\cdots,a_p)^\top$ 作为系数向量, 目的是要检验 $a=0$ 是否成立. 令

$$\gamma_k = E\varepsilon_t\varepsilon_{t+k}, \quad k=1,\cdots,p; \quad \gamma=(\gamma_1,\cdots,\gamma_p)^\top. \tag{3.2.6}$$

由 Yule-Walker 方程可知, 检验 $a=0$ 等价于检验 $\gamma=0$. 如果模型 (3.2.3) 的误差为白噪声, 则 $\nu_t = Y_t - W_t^\top\beta - \phi_1(Z_{1t}) - \phi_2(Z_{2t}) = \varepsilon_t - \eta_t^\top\beta$ 是均值为 0、方差为 $\sigma^2+\beta^\top\Sigma_\eta\beta$ 的独立同分布随机变量. 定义

$$\widetilde{\gamma}_k = E\nu_t\nu_{t+k}, \quad k=1,\cdots,p; \quad \widetilde{\gamma}=(\widetilde{\gamma}_1,\cdots,\widetilde{\gamma}_p).$$

由 ε_t 与随机向量 η_t 相互独立可推出

$$\widetilde{\gamma}_k = E(\varepsilon_t+\eta_t^\top\beta)(\varepsilon_{t+k}+\eta_{t+k}^\top\beta) = E\varepsilon_t\varepsilon_{t+k} = \gamma_k.$$

因此, 检验问题

$$H_0: \gamma=0 \longleftrightarrow H_1: \gamma\neq 0 \tag{3.2.7}$$

等价于检验问题

$$H_0: \widetilde{\gamma}=0 \longleftrightarrow H_1: \widetilde{\gamma}\neq 0, \tag{3.2.8}$$

即检验 ε_t 序列无关转换为检验 ν_t 序列无关. 由于 $\nu_t = Y_t - W_t^\top\beta - \phi_1(Z_{1t}) - \phi_2(Z_{2t})$ 包含未知参数 β 和未知函数 $\phi_1(Z_{1t})$ 和 $\phi_2(Z_{2t})$, 因此要估计参数 β 和两个非参数函数 $\phi_1(Z_{1t})$ 与 $\phi_2(Z_{2t})$. 这里采用局部线性回归基向后拟合算法.

任意给定 β, 将模型 $Y_t = X_t^\top \beta_t + \phi_1(Z_{1t}) + \phi_2(Z_{2t}) + \varepsilon_t$ 表示成二元可加模型

$$Y_t - X_t^\top \beta_t = \phi_1(Z_{1t}) + \phi_2(Z_{2t}) + \varepsilon_t. \tag{3.2.9}$$

记 $Y = (Y_1, \cdots, Y_n)^\top, X = (X_1^\top, \cdots, X_n^\top), Z_1 = (Z_{11}, \cdots, Z_{1n}), Z_2 = (Z_{21}, \cdots, Z_{2n})$, 可加函数的观察向量 $\phi_1 = (\phi_1(Z_{11}), \cdots, \phi_1(Z_{1n}))^\top, \phi_2 = (\phi_2(Z_{21}), \cdots, \phi_2(Z_{2n}))^\top$,

$$D_{Z_1}^1 = \begin{pmatrix} 1 & \dfrac{Z_{11} - Z_1}{h_1} \\ 1 & \dfrac{Z_{12} - Z_1}{h_1} \\ \vdots & \vdots \\ 1 & \dfrac{Z_{1n} - Z_1}{h_1} \end{pmatrix}, \quad K_z^1 = \mathrm{diag}\left\{ \frac{1}{h_1} K\left(\frac{Z_{11} - Z_1}{h_1} \right), \cdots, \frac{1}{h_1} K\left(\frac{Z_{1n} - Z_1}{h_1} \right) \right\},$$

$$D_{Z_2}^2 = \begin{pmatrix} 1 & \dfrac{Z_{21} - Z_2}{h_2} \\ 1 & \dfrac{Z_{22} - Z_2}{h_2} \\ \vdots & \vdots \\ 1 & \dfrac{Z_{2n} - Z_2}{h_2} \end{pmatrix}, \quad K_z^2 = \mathrm{diag}\left\{ \frac{1}{h_2} K\left(\frac{Z_{21} - Z_2}{h_2} \right), \cdots, \frac{1}{h_2} K\left(\frac{Z_{2n} - Z_2}{h_2} \right) \right\},$$

$$S_1 = \begin{pmatrix} e_1^\top \left(D_{Z_{11}}^{1\top} K_{Z_{11}}^1 D_{Z_{11}}^1 \right)^{-1} D_{Z_{11}}^{1\top} K_{Z_{11}}^1 \\ e_1^\top \left(D_{Z_{12}}^{1\top} K_{Z_{12}}^1 D_{Z_{12}}^1 \right)^{-1} D_{Z_{12}}^{1\top} K_{Z_{12}}^1 \\ \vdots \\ e_1^\top \left(D_{Z_{1n}}^{1\top} K_{Z_{1n}}^1 D_{Z_{1n}}^1 \right)^{-1} D_{Z_{1n}}^{1\top} K_{Z_{1n}}^1 \end{pmatrix},$$

$$S_2 = \begin{pmatrix} e_1^\top \left(D_{Z_{21}}^{2\top} K_{Z_{21}}^2 D_{Z_{21}}^2 \right)^{-1} D_{Z_{21}}^{2\top} K_{Z_{21}}^2 \\ e_1^\top \left(D_{Z_{22}}^{2\top} K_{Z_{22}}^2 D_{Z_{22}}^2 \right)^{-1} D_{Z_{22}}^{2\top} K_{Z_{22}}^2 \\ \vdots \\ e_1^\top \left(D_{Z_{2n}}^{2\top} K_{Z_{2n}}^2 D_{Z_{2n}}^2 \right)^{-1} D_{Z_{2n}}^{2\top} K_{Z_{2n}}^2 \end{pmatrix},$$

其中 $e_1 = (1, 0)^\top$, $K(\cdot)$ 为核函数, 两个最优带宽 h_1 和 h_2 采用 Opsomer & Ruppert (1999) 提出的基于经验偏差带宽选择方法 (EBBS, empirical bias bandwidth selection). ϕ_1 和 ϕ_2 的向后拟合估计分别为

$$\widetilde{\phi}_1 = \{I_n - (I_n - S_1^* S_2^*)^{-1}(I_n - S_1^*)\}(Y - X\beta) \equiv M_1(Y - X\beta),$$
$$\widetilde{\phi}_2 = \{I_n - (I_n - S_2^* S_1^*)^{-1}(I_n - S_2^*)\}(Y - X\beta) \equiv M_2(Y - X\beta),$$

其中 I_n 是 n 阶单位矩阵, $S_i^* = (I_n - 1_n 1_n^\top/n)S_i, i = 1, 2$, $1_n = (1, 1, \cdots, 1)^\top$ 是元素全为 1 的 n 维向量. 令 $S = M_1 + M_2$, 则 $\widetilde{\phi}_1 + \widetilde{\phi}_2 = S(Y - X\beta)$. 将 $\widetilde{\phi}_1$ 和 $\widetilde{\phi}_2$ 代入模型 (3.2.9) 得到线性回归模型

$$Y_t - \widehat{Y}_t = (X_t - \widehat{X}_t)^\top \beta + \varepsilon_t - \widehat{\varepsilon}_t, \quad t = 1, \cdots, n, \tag{3.2.10}$$

其中 $\widehat{Y} = (\widehat{Y}_1, \cdots, \widehat{Y}_n)^\top = SY$, $\widehat{X} = (\widehat{X}_1, \cdots, \widehat{X}_n)^\top = SX$, $\widehat{\varepsilon} = (\widehat{\varepsilon}_1, \cdots, \widehat{\varepsilon}_n)^\top = S\varepsilon$. 如果 X_t 可直接观测, 则由模型 (3.2.10) 得到 β 的剖面最小二乘估计. 但 X_t 不能直接观测, 只能观察替代值 W_t. 因此, 参照 Liang et al. (2008) 提出的 attenuation 修正技术, 建立 β 的修正剖面最小二乘估计

$$\widehat{\beta} = \left[\sum_{t=1}^n (W_t - \widehat{W}_t)(W_t - \widehat{W}_t)^\top - n\Sigma_\eta\right]^{-1} \sum_{t=1}^n (W_t - \widehat{W}_t)^\top (Y_t - \widehat{Y}_t), \tag{3.2.11}$$

以及 ϕ_1 和 ϕ_2 的修正局部线性基向后拟合估计

$$\widehat{\phi}_1 = M_1(Y - W\widehat{\beta}), \quad \widehat{\phi}_2 = M_2(Y - W\widehat{\beta}), \tag{3.2.12}$$

其中 $(\widehat{W}_1, \cdots, \widehat{W}_n)^\top = \widehat{W} = SW, \quad W = (W_1, \cdots, W_n)^\top$.

§3.2.4 假设条件、$V_{N,p}$ 检验统计量及其渐近分布

为了得到检验统计量 $V_{N,p}$ 的渐近分布, 引入下列条件:

条件 3.7 核密度 $K(\cdot)$ 满足 $\int K(u)du = 1$, $\int K(u)udu = 0$, $\int u^2 K(u)du = 1$.

条件 3.8 Z_i 的密度函数 $f_i(z)$ 利普希茨连续, 有界且界不为零, 有紧支撑 Ω_i.

条件 3.9 $\phi_1(Z_1)$ 和 $\phi_2(Z_2)$ 的二阶导数存在且连续有界.

条件 3.10 当 $n \to \infty, h_i \to 0$ 时, $nh_i \to \infty$, 且对 $-1 < r < -1/4$, $h_i \propto n^r$, $i = 1, 2$.

条件 3.11 $\{Y_t, X_t^\top, W_t^\top, \eta_t^\top, Z_t^\top, \varepsilon_t\}$ 是一个严平稳的遍历向量过程.

条件 3.12 当 $s > 2$ 时, $E(\varepsilon^{2s}) < \infty$.

条件 3.13 $\{W_t, \eta_t, Z_t\}_{t=1}^n$ 是 (W, η, Z) 的 n 个独立同分布样本.

条件 3.14 测量误差 η 满足 $E(\|\eta\|^3) < \infty$.

评论 3.4 条件 3.7—3.11 保证了 $\widehat{\beta}$ 的 $\sqrt{n}$ 相合性和 $\widehat{\phi}_1(Z_{1t})$ 和 $\widehat{\phi}_2(Z_{2t})$ 的最优收敛速度.

条件 3.12—3.13 是检验多元线性回归序列相关的常用条件 (Kyriazidou, 1998).

条件 3.13 与 Li & Hsiao (1998) 的 (A1)(i) 类似, 条件 3.14 对测量误差作了假定.

基于 $\widehat{\beta}$, $\widehat{\phi}_1(Z_{1t})$, $\widehat{\phi}_2(Z_{2t})$ 和条件 3.7—3.14, 建立检验模型 (3.2.3) 是否存在序列相关的 $V_{N,p}$ 检验统计量及其渐近分布. 如果模型 (3.2.3) 的随机误差 ε_t 为白噪声, 且与协差阵已知的测量误差 U_t 独立, 则 $\widetilde{\gamma}=(\widetilde{\gamma}_1,\cdots,\widetilde{\gamma}_p)^\top=0$. 因此, 应用 $\widetilde{\gamma}$ 构造检验统计量 $V_{N,p}$. 令

$$U_t=(U_{t1},\cdots,U_{tp})^\top, U_{tk}=\nu_t\nu_{t+k}, k=1,\cdots,p, t=1,\cdots,N, N=n-p, \tag{3.2.13}$$

$$\widehat{U}_t=(\widehat{U}_{t1},\cdots,\widehat{U}_{tp})^\top, \widehat{U}_{tk}=\widehat{\nu}_t\widehat{\nu}_{t+k}, k=1,\cdots,p, t=1,\cdots,N, N=n-p, \tag{3.2.14}$$

其中 $\nu_t=Y_t-W_t^\top\beta-\phi_1(Z_{1t})-\phi_2(Z_{2t})=\varepsilon_t-\eta_t^\top\beta$ 的估计为

$$\begin{aligned}\widehat{\nu}_t&=Y_t-W_t^\top\widehat{\beta}-\widehat{\phi}_1(Z_{1t})-\widehat{\phi}_2(Z_{2t})\\&=\nu_t+W_t^\top(\beta-\widehat{\beta})+(\phi_1(Z_{1t})-\widehat{\phi_1}(Z_{1t}))+(\phi_2(Z_{2t})-\widehat{\phi_2}(Z_{2t})).\end{aligned}$$

根据马家丽 & 胡雪梅 (2014) 的引理 5.1,

$$\|\widehat{\beta}-\beta\|=O_p(n^{-1/2}), \|\widehat{\phi}_i(\cdot;\beta)-\phi_i(\cdot;\beta)\|=O_p\left(h_i^2+\frac{1}{nh_i}\right),\quad i=1,2. \tag{3.2.15}$$

容易证明 $\widehat{\nu}_t=\nu_t+o_p(1)$, 即 $\widehat{\nu}_t$ 为 ν_t 的相合估计. 基于 $\widehat{\nu}_t$ 建立模型 (3.2.3) 的 p 阶序列相关检验统计量

$$V_{N,p}=\frac{1}{\sqrt{N}}\sum_{t=1}^N\widehat{U}_t, \tag{3.2.16}$$

马家丽 & 胡雪梅 (2014) 得到了下面的定理:

定理 3.2 假设条件 3.7—3.14 成立. 如果模型 (3.2.3) 的误差 ε_t 为白噪声, 则当 $N\to\infty$ 时,

$$V_{N,p}\to^D N(0,\sigma_0^2I_p),\quad \sigma_0^{-2}V_{N,p}^\top V_{N,p}\to^D\chi_p^2,$$

其中 $\sigma_0=\sigma^2+\beta^\top\Sigma_\eta\beta$, I_p 为 p 阶单位矩阵.

应用检验统计量 $V_{N,p}$ 的渐近分布进行统计推断, 需要估计 σ_0. 由估计 $\widehat{\beta}$, $\widehat{\phi}_1(Z_{1t})$ 和 $\widehat{\phi}_2(Z_{2t})$ 得到估计 $\widehat{\nu}_t$. 如果模型误差 ε_t 为白噪声, 且与测量误差 η_t 独立, 其协差阵 Σ_η 已知, 则方差 σ_0 的估计为

$$\widehat{\sigma}_0=\frac{1}{n}\sum_{t=1}^{n}\Big(Y_t-W_t^\top\widehat{\beta}-\widehat{\phi}_1(Z_{1t})-\widehat{\phi}_2(Z_{2t})\Big)^2. \tag{3.2.17}$$

容易证明, 当 $N\to\infty$ 时, $\widehat{\sigma}_0^{-2}V_{N,p}^\top V_{N,p}\to^D\chi_p^2$.

评论 3.5 当 $p=1$ 时, $V_{N,1}$ 检验优于 DW 检验, 因为 DW 检验只能检验误差服从正态分布的 $AR(1)$ 模型, 而 $V_{N,1}$ 能检验 $AR(1)$ 和 $MA(1)$ 模型, 且不需要事先假定模型误差服从正态分布. 当 $p>1$ 时, $V_{N,p}$ 检验优于 LM 检验.$V_{N,p}$ 利用模型 (3.2.3) 残差的相合估计建立, 没有运用极大似然原理, 不需要对残差作正态分布假定, 因此 $V_{N,p}$ 检验是分布自由的.

§3.3 半参数部分可加模型的向后拟合估计和序列相关检验

§3.3.1 向后拟合估计方法

任意给定 β, 模型 (3.2.1) 可以写成

$$Y_t-X_t^\top\beta=\phi_1(Z_{1t})+\cdots+\phi_q(Z_{qt})+\varepsilon_t,\quad t=1,2,\cdots,n. \tag{3.3.1}$$

对模型 (3.3.1), 评价白噪声等价于评价误差 ε_t 序列无关. 假设感兴趣的零假设 $H_0: E(\varepsilon_s\varepsilon_t)=0, s\neq t$. 为了方便, 假设备择假设下误差 ε_t 是 s 阶自回归 $AR(s):\varepsilon_t=a_1\varepsilon_{t-1}+\cdots+a_s\varepsilon_{t-s}+u_t$, $u_t\sim^{\text{i.i.d.}}(0,\sigma^2)$ 或 s 阶滑动平均 $MA(s):\varepsilon_t=a_1u_{t-1}+\cdots+a_su_{t-s}+u_t$, $u_t\sim^{\text{i.i.d.}}(0,\sigma^2)$, 其中 $AR(s)$ 和 $MA(s)$ 的系数分别满足平稳条件和可逆条件, 即 $1-a_1v-a_2v^2-\cdots-a_sv^s=0$ 的所有根都在单位圆外. 令 $a=(a_1,\cdots,a_s)^\top$ 为系数向量, 目的是要评价是否 $a=0$. 令 $\gamma_k=E\varepsilon_t\varepsilon_{t+k}, k=1,\cdots,s;\gamma=(\gamma_1,\cdots,\gamma_s)^\top$. 根据 Yule-Walker 方程, 容易证明检验 $a=0$ 等价于检验 $\gamma=0$. 因此考虑假设检验

$$H_0:\gamma=0\longleftrightarrow H_1:\gamma\neq 0. \tag{3.3.2}$$

为了检验 ε_t 序列无关, 需要得到 β 的 $\sqrt{n}$ 相合估计, 这里选择局部线性光滑基向后拟合算法估计 $m_j(Z_{jt}), j=1,\cdots,q$. 令

$$Y=\begin{pmatrix}Y_1\\Y_2\\\vdots\\Y_n\end{pmatrix},\quad X=\begin{pmatrix}X_1^\top\\X_2^\top\\\vdots\\X_n^\top\end{pmatrix},$$

$$m_j(Z_{jt})=\begin{pmatrix}m_j(Z_{j1})\\m_j(Z_{j2})\\\vdots\\m_j(Z_{jn})\end{pmatrix},\quad D_{Z_j}^j=\begin{pmatrix}1 & Z_{j1}-Z_j\\1 & Z_{j2}-Z_j\\\vdots & \vdots\\1 & Z_{jn}-Z_j\end{pmatrix}.$$

局部线性回归关于第 j 个协变量向量的光滑矩阵为

$$S_j=\begin{pmatrix}e_1^\top(D_{Z_{j1}}^{j\top}K_{Z_{j1}}D_{Z_{j1}}^j)^{-1}D_{Z_{j1}}^{j\top}K_{Z_{j1}}\\e_1^\top(D_{Z_{j2}}^{j\top}K_{Z_{j2}}D_{Z_{j2}}^j)^{-1}D_{Z_{j2}}^{j\top}K_{Z_{j2}}\\\vdots\\e_1^\top(D_{Z_{jn}}^{j\top}K_{Z_{jn}}D_{Z_{jn}}^j)^{-1}D_{Z_{jn}}^{j\top}K_{Z_{jn}}\end{pmatrix},\quad j=1,2,\cdots,q,$$

$e_1=(1,0)^\top, K_{Z_j}=\operatorname{diag}\{K_{h_j}(Z_{j1}-Z_j),K_{h_j}(Z_{j2}-Z_j),\cdots,K_{h_j}(Z_{jn}-Z_j)\}$, $K_{h_j}(\cdot)=K(\cdot/h_j)/h_j$, $K(\cdot)$ 是核函数, h_j 是带宽. 令 $W_M=\sum\limits_{j=1}^{q}W_j, W_j=E_jS^{-1}C$, 其中 E_j 是一个 $n\times nq$ 维的可分矩阵, 第 j 块为 $n\times n$ 单位矩阵, 其他地方为 0,

$$S_j^*=(I_n-1_n1_n^\top/n)S_j,\quad 1_n=(1,1,\cdots,1),$$

$$S=\begin{pmatrix}I_n & S_1^* & \cdots & S_1^*\\S_2^* & I_n & \cdots & S_2^*\\\vdots & \vdots & & \vdots\\S_q^* & S_q^* & \cdots & I_n\end{pmatrix},\quad C=\begin{pmatrix}S_1^*\\S_2^*\\\vdots\\S_q^*\end{pmatrix}.$$

对 $q=1$, $W_1=S_1^*$. 对 $q=2$, $W_1=I-(I-S_1^*S_2^*)^{-1}(I-S_1^*)$, $W_2=I-(I-S_2^*S_1^*)^{-1}(I-S_2^*)$. 对 $q>2$, $W_j=I-(I-S_j^*W_M^{[-j]})^{-1}(I-S_j^*)$, $j=1,\cdots,q$, 其中 $W_M^{[-j]}$ 是函数 $\phi_{(-j)}(Z)=\sum\limits_{k=1,k\neq j}^{q}\phi_k(Z)$ 的局部线性光滑. Opsomer & Ruppert (1999) 建立了 β 和 $M(Z_{jt})=\sum\limits_{j=1}^{q}\phi_j(Z_{jt})$ 的向后拟合估计:

$$\widehat{\beta}=[X^\top(I_n-W_M)^\top(I_n-W_M)X]^{-1}X^\top(I_n-W_M)^\top(I_n-W_M)Y,\quad(3.3.3)$$

$$\widehat{M}(Z_{jt}) = W_M(Y - X\widehat{\beta}), \tag{3.3.4}$$

其中最优带宽 h_j 采用 EBBS 方法选择.

§3.3.2 假设条件

为了得到主要结果, 引入下列条件:

条件 3.15 对称核密度 $K(\cdot)$ 具有有界紧支撑, 满足

$$\int K(u)du = 1, \int uK(u)du = 0, \int u^2K(u)du = 1.$$

条件 3.16 对 $j = 1, 2, \cdots, q$, Z_j 的密度函数 $f_j(Z_j)$ 利普希茨连续, 具有有界支撑 Ω_j 且界不为零.

条件 3.17 $\phi_j(\cdot), j = 1, 2, \cdots, q$ 的二阶导数存在且连续有界.

条件 3.18 当 $n \to \infty$, $h_j \to 0$ 时, $nh_j \to \infty$, 且对

$$-1 < r < -1/4, h_j \propto n^r, j = 1, 2, \cdots, q.$$

条件 3.19 $(Y_t, X_t, Z_t, \varepsilon_t)$ 是一个严平稳的遍历向量过程.

条件 3.20 对 $s > 2$, $E(\varepsilon^{2s}) < \infty$.

条件 3.21 $\{X_t, Z_t\}_{t=1}^n$ 是 (X, Z) 的独立同分布样本.

评论 3.6 条件 3.15—3.18 保证了 $\widehat{\beta}_n$ 的 $\sqrt{n}$ 相合性和 $\widehat{M}(Z_{jt})$ 的最优收敛速度 (Opsomer & Ruppert, 1999). 与 Kyriazidou (1998) 的 (ii) 和 (xii) 类似, 条件 3.19—3.20 是检验多元回归模型序列相关的一般条件. 条件 3.21 与 Li & Hsiao (1998) 的 (A1)(i) 类似.

下面基于 $\widehat{\beta}$, $\widehat{M}(Z_{jt})$ 和条件 3.15—3.21 建立 $V_{N,s}$ 检验统计量.

§3.3.3 $V_{N,s}$ 检验统计量

在没有序列相关的零假设下, $\gamma = (\gamma_1, \cdots, \gamma_s)^\top = 0$. 因此, 使用 γ 作为建立 $V_{N,s}$ 检验统计量的基础. 定义

$$U_t = (U_{t1}, \cdots, U_{ts})^\top, U_{tk} = \varepsilon_t\varepsilon_{t+k}, k = 1, \cdots, s, t = 1, \cdots, N, N = n - s,$$
$$\widehat{U}_t = (\widehat{U}_{t1}, \cdots, \widehat{U}_{ts})^\top, \widehat{U}_{tk} = \widehat{\varepsilon}_t\widehat{\varepsilon}_{t+k}, k = 1, \cdots, s, t = 1, \cdots, N, N = n - s,$$

其中 $\widehat{\varepsilon}_t = Y_t - X_t^\top\widehat{\beta} - \widehat{M}(Z_{jt})$ 是 ε_t 的估计.

引理 3.1 (Zhang et al., 2017) 假设条件 3.15—3.21 成立, 则在模型误差为白噪声的零假设下,

(1) β 的估计 $\widehat{\beta}$ 是渐近正态的, 即

$$\sqrt{n}(\widehat{\beta}-\beta) \to N(0,\sigma^2\Sigma^{-1}),$$

其中 $\Sigma = E[X_t - \sum_{j=1}^{q} E(X_t|Z_{jt})][X_t - \sum_{j=1}^{q} E(X_t|Z_{jt})]^\top$.

(2) 任意给定 β, $\widehat{\phi}_j(\cdot;\beta) - \phi_j(\cdot;\beta) = O_p(h_j^2 + \frac{1}{nh_j}), j = 1,2,\cdots,q$.

根据引理 2.1, $\|\widehat{\beta}-\beta\| = O_p(n^{-1/2})$ 和 $\|\widehat{\phi}_j(\cdot;\beta)-\phi_j(\cdot;\beta)\| = O_p\left(h_j^2 + \frac{1}{nh_j}\right)$. 显然, $\widehat{\varepsilon}_t = \varepsilon_t + o_p(1)$. 基于 $\widehat{\varepsilon}_t$ 建立检验统计量

$$V_{N,s} = \frac{1}{\sqrt{N}}\sum_{t=1}^{N}\widehat{U}_t \tag{3.3.5}$$

及其渐近分布.

由于 $N = n - s$, 这里不区分 $O_p(n)$ (或 $o_p(n)$) 和 $O_p(N)$ (或 $o_p(N)$).

定理 3.3 (Zhang et al., 2017)　假设条件 3.15—3.21 成立, 且在模型误差为白噪声序列的零假设下, 当 $N \to \infty$ 时,

$$V_{N,s} \to^D N(0,\sigma^4 I_s), \quad \sigma^{-4}V_{N,s}^\top V_{N,s} \to^D \chi_s^2.$$

为了应用定理 3.3, 先估计 σ^2. 基于 $\widehat{\beta}$ 和 $\widehat{M}(Z_{jt})$ 得到估计残差 $\widehat{\varepsilon}_t$. 因此, 在没有序列相关的零假设下, 误差方差 σ^2 用 $\widehat{\sigma}^2 = \frac{1}{n}\sum_{t=1}^{n}\left(Y_t - X_t^\top\widehat{\beta} - \widehat{M}(Z_{jt})\right)^2$ 估计. 容易证明, 当 $N \to \infty$ 时, $\widehat{\sigma}^{-4}V_{N,s}^\top V_{N,s} \to^D \chi_s^2$.

注意 $V_{N,s}$ 检验没有采用极大似然原理, 不要求误差 ε_t 服从正态假设, 因此 $V_{N,s}$ 检验是分布自由的.

§3.3.4　经验对数似然比统计量

注意到 $U_t = (U_{t1},\cdots,U_{ts})^\top, U_{tk} = \varepsilon_t\varepsilon_{t+k}$ 和 $\varepsilon_t = Y_t - X_t^\top\beta - \sum_{j=1}^{q} m_j(Z_{jt})$. 因此, 检验误差 ε_t 是否为白噪声等价于检验是否 $EU_t = 0$. 根据 Owen (1991), 引入经验似然比函数

$$R = \max\left\{\prod_{t=1}^{N} Np_t \Big| \sum_{t=1}^{N} p_t U_t = 0, \sum_{t=1}^{N} p_t = 1, p_t \geqslant 0\right\}. \tag{3.3.6}$$

方程 (3.3.6) 包含未知参数 β 和未知函数 $\phi_j(Z_{jt}), j = 1,\cdots,q$. 为了直接进行统计推断, 用估计 $\widehat{\beta}$ 和 $\widehat{m}_j(Z_{jt})$ 取代未知参数向量 β 和未知函数 $\phi_j(Z_{jt}), j =$

$1,\cdots,q$ 得到估计经验似然比函数

$$\widehat{R} = \max\left\{\prod_{t=1}^{N} Np_t \Big| \sum_{t=1}^{N} p_t \widehat{U}_t = 0, \sum_{t=1}^{N} p_t = 1, p_t \geqslant 0\right\}, \tag{3.3.7}$$

其中 $\widehat{U}_t = (\widehat{U}_{t1},\cdots,\widehat{U}_{ts})^\top, \widehat{U}_{tk} = \widehat{\varepsilon}_t\widehat{\varepsilon}_{t+k}, k = 1,\cdots,s, t = 1,\cdots,N, N = n-s$. 应用拉格朗日乘子法证明满足 (3.3.7) 的最优值

$$p_t = \frac{1}{N}\left(1 + \lambda^\top \widehat{U}_t\right)^{-1},$$

其中拉格朗日乘子 $\lambda = (\lambda_1,\cdots,\lambda_s)^\top$ 满足

$$\frac{1}{N}\sum_{t=1}^{N}\frac{\widehat{U}_t}{1+\lambda^\top\widehat{U}_t} = 0.$$

因此, 得到估计经验对数似然比函数

$$-2\log\widehat{R} = 2\sum_{t=1}^{N}\log(1+\lambda^\top\widehat{U}_t) \tag{3.3.8}$$

及其渐近卡方分布.

定理 3.4 (Zhang et al., 2017)　假设条件 3.15—3.21 成立, 在模型误差为白噪声的零假设下, 当 $N\to\infty$ 时, $-2\log\widehat{R} \to^D \chi_s^2$.

给定置信水平 α, $\chi_s^{2,1-\alpha}$ 表示 χ_s^2 的 $1-\alpha$ 分位数. 当 $-2\log\widehat{R} > \chi_s^{2,1-\alpha}$ 时, 拒绝零假设 H_0, 模型误差不是白噪声. 为了得到更好的有限样本表现, 当样本容量小或适中时, 使用 $\frac{(n-1)s}{n-s}F_{s,n-s}$ 取代 χ_s^2 分布.

§3.4　稀疏可加模型的向后拟合估计方法

§3.4.1　稀疏可加模型

Ravikumar et al. (2009) 研究了稀疏可加模型 (SPAM, sparse additive model) 的估计和向后拟合算法, 将稀疏线性模型的优点推广到可加非参数背景: 对可加函数施加限制, 支持每个函数的光滑性和成分函数之间的稀疏性, 允许任意非参数光滑方法. 对于单变量 Z_j, $j\in\{1,\cdots,p\}$, H_j 表示可测函数 $\phi_j(Z_j)$ 的希尔伯特空间, 满足 $E\phi_j(Z_j)=0$ 和 $E\phi_j^2(Z_j)<\infty$, 且内积定义为

$$\langle\phi_j,\phi_j^\top\rangle = E\phi_j(Z_j)\phi_j^\top(Z_j). \tag{3.4.1}$$

令 $\mathrm{H}^d = \mathrm{H}_1 + \mathrm{H}_2 + \cdots + \mathrm{H}_p$ 为 $(Z_1, \cdots, Z_p)$ 的可加函数 $\phi(Z) = \sum_{j=1}^{p} \phi_j(Z_j)$ 的希尔伯特空间. 标准可加模型的最优化问题为

$$\min_{\phi_j \in \mathrm{H}_j, 1 \leqslant j \leqslant p} E\left(Y - \sum_{j=1}^{p} \phi_j(Z_j)\right)^2. \tag{3.4.2}$$

为了估计未知回归函数 $m(z) = E(Y|Z = z)$, 对参数向量 $\beta = (\beta_1, \cdots, \beta_p)^\top$ 施加 ℓ_1 限制, 用参数 β_j 调整每个成分函数 g_j. 考虑施加额外限制的最优化问题:

$$\begin{aligned}
(P) \qquad & \min_{\beta \in \mathbf{R}^p, g_j \in \mathrm{H}_j} E\left(Y - \sum_{j=1}^{p} \beta_j g_j(Z_j)\right)^2, \\
& \sum_{j=1}^{p} |\beta_j| \leqslant L, \\
& E(g_j^2) = 1, j = 1, \cdots, p, \\
& E(g_j) = 0, j = 1, \cdots, p,
\end{aligned}$$

其中 g_j 是函数, β 是限制在 ℓ_1 球 $\{\beta : \|\beta\|_1 \leqslant L\}$ 的参数向量. 当 β 稀疏时, 可加函数 $\phi(Z) = \sum_{j=1}^{p} \phi_j(Z_j) = \sum_{j=1}^{p} \beta_j g_j(Z_j)$ 的估计也是稀疏的. 最优问题

$$\begin{aligned}
(Q) \qquad & \min_{\beta \in \mathbf{R}^p, g_j \in \mathrm{H}_j} E\left(Y - \sum_{j=1}^{p} \phi_j(Z_j)\right)^2, \\
& \sum_{j=1}^{p} \sqrt{E\phi_j^2(Z_j)} \leqslant L, \\
& E\phi_j(Z_j) = 0, j = 1, \cdots, p,
\end{aligned}$$

与最优问题 (P) 的解是等价的.

§3.4.2 稀疏可加模型的向后拟合算法

采用拉格朗日乘子法, 最优问题 (Q) 可写为

$$L(\phi, \lambda, \mu) = \frac{1}{2} E\left(Y - \sum_{j=1}^{p} \phi_j(Z_j)\right)^2 + \lambda \sum_{j=1}^{p} \sqrt{E\phi_j^2(Z_j)} + \sum_{j=1}^{p} \mu_j E\phi_j, \tag{3.4.3}$$

其中 L 是 ϕ_j 的函数. 如果 $\phi_k, k\neq j$ 固定, $R_j = Y - \sum\limits_{k\neq j}\phi_k(Z_k)$ 为第 j 个残差, 则最小化 L 的平稳条件为 Fréchet 导数 ∂L:

$$\partial L\left(\phi,\lambda,\mu;\partial\phi_j\right) = E\left[\left(\phi_j - R_j - \lambda\nu_j\right)\partial\phi_j\right] = 0. \tag{3.4.4}$$

对任意 $\partial\phi_j\in \mathrm{H}_j$ 满足 $E\partial\phi_j = 0$, 且 $\nu_j\in\partial\sqrt{E\phi_j^2}$ 是次梯度的一员, 即满足 $E\phi_j^2\neq 0$, $\nu_j = \phi_j/\sqrt{E\phi_j^2}$, $\sqrt{E\nu_j^2}\leqslant 1$. 因此, 给定 Z_j, 平稳条件 (3.4.4) 暗含

$$\phi_j + \lambda\nu_j = E(R_j|Z_j). \tag{3.4.5}$$

$P_j = E(R_j|Z_j)$ 表示残差到 H_j 的投影, 满足

$$\left(1+\frac{\lambda}{\sqrt{E\phi_j^2}}\right)\phi_j = P_j, \quad E\phi_j^2\neq 0, \tag{3.4.6}$$

否则 $\phi_j = 0$. 条件 (3.4.6) 反过来暗含

$$\left(1+\frac{\lambda}{\sqrt{E\phi_j^2}}\right)\sqrt{E\phi_j^2} = \sqrt{EP_j^2} \quad 或 \quad \sqrt{E\phi_j^2} = EP_j^2 - \lambda. \tag{3.4.7}$$

因此, 得到 ϕ_j 的惩罚软门限更新:

$$\phi_j = \left[1 - \frac{\lambda}{\sqrt{EP_j^2}}\right]_+ P_j, \tag{3.4.8}$$

其中 $[\cdot]_+$ 表示正部. 用残差的光滑估计投影 $E(R_j|Z_j)$:

$$\widehat{P}_j = S_jR_j, \tag{3.4.9}$$

其中 S_j 表示局部线性或核光滑等线性光滑算子. $\widehat{s}_j$ 表示 $\sqrt{EP_j^2}$ 的简单有偏估计:

$$\widehat{s}_j = \frac{1}{\sqrt{n}}\|\widehat{P}_j\| = \sqrt{mean(\widehat{P}_j^2)}. \tag{3.4.10}$$

SPAM 的向后拟合算法

(i) 输入: 数据 (Z_i, Y_i) 和正则参数 λ.

(ii) 初始化: $\phi_j = \phi_j^0, j = 1,\cdots,p$.

(iii) 迭代直到收敛: 对每个 $j=1,\cdots,p$,

计算残差: $R_j = Y - \sum\limits_{k\neq j}\phi_k(Z_k)$;

用光滑估计投影 $P_j = E(R_j|Z_j)$:$\widehat{P}_j = S_jR_j$;

使用 (3.4.10) 估计范数 $s_j = \sqrt{EP_j^2}$;

软门限: $\phi_j = [1-\lambda/\widehat{s}_j]_+\widehat{P}_j$;

中心化: $\phi_j \leftarrow \phi_j - mean(\phi_j)$.

(iv) 输出: 成分函数 ϕ_j 和估计 $\widehat{m}(Z_i) = \sum\limits_j \phi_j(Z_{ij})$.

§3.4.3 稀疏可加模型的性质

(X,Y) 表示与观察数据独立的新数对, $\phi(Z)$ 预测 Y 的风险定义为

$$R(\phi) = E(Y-\phi(Z))^2, \tag{3.4.11}$$

其中 $\phi(Z) = \sum\limits_j \beta_j g_j(Z)$, 风险可写为 $R(\beta, g)$, 其中 $\beta = (\beta_1,\cdots,\beta_p)^\top$, $g = (g_1,\cdots,g_p)^\top$.

相合性. 估计 $\widehat{m}_n$ 相对函数类 M_n 相合, 如果

$$R(\widehat{m}_n) - R(m_n^*) \to^p 0, \tag{3.4.12}$$

其中 $m_n^* = \arg\min\limits_{\phi\in M_n}\{R(\phi)\}$ 是预测 oracle.

Greenshtein & Ritov (2004) 证明了, 如果 $L_n = o((n/\log n)^{1/4})$, LASSO 对线性模型类 $\{M_n : \phi(z) = z^\top\beta, \|\beta\|_1 \leqslant L_n\}$ 是相合的. SPAM 也有类似的结果: 假设对某个 $\kappa < 1$, $p_n \leqslant e^{n^\kappa}$. 如果 $L_n = o(n^{(1-\kappa)/4})$, 则 SPAM 相对于可加模型类

$$\{M_n : \phi(z) = \sum_j \beta_j g_j(Z), \|\beta\|_1 \leqslant L_n\}$$

是相合的. 对线性回归 $\phi_j(Z_j) = \beta_j^\top Z_j$, Wainwright (2006) 证明, $n,p,s = |supp(\beta)|$ 和设计矩阵 Z 满足一定条件时, LASSO 估计 $\widehat{\beta}_n$ 是稀疏的:

$$P(supp(\beta) = supp(\widehat{\beta}_n)) \to 1.$$

Lafferty & Wasserman (2008) 证明了, 稀疏向后拟合的 SPAM 具有类似结果.

对每个 $j=1,\cdots,p$, ψ_j 是 H_j 的正交基. Ψ_j 表示 $n\times d$ 矩阵 $\Psi_j(i,k) = \psi_{jk}(Z_{ij})$. SPAM 最优问题可写为

$$\min_\beta \frac{1}{2n}\left(Y - \sum_{j=1}^p \psi_j\beta_j\right)^2 + \lambda_n \sum_{j=1}^p \sqrt{\frac{1}{n}\beta_j^\top\psi_j^\top\psi_j\beta_j}, \tag{3.4.13}$$

其中 β_j 是 d_j 维向量. S 表示真实变量集 $\{j : \psi_j \neq 0\}$, $s = |S|$, S^c 是 S 的补集. $\widehat{S}_n = \{j : \widehat{\beta}_j \neq 0\}$ 表示 (3.4.13) 的最小值估计 $\widehat{\beta}_n$ 的指标集.

稀疏性. 假设 Ψ 满足条件

$$\Lambda_{max}\left(\frac{1}{n}\Psi_S^\top\Psi_S\right) \leqslant C_{max} < \infty, \Lambda_{min}\left(\frac{1}{n}\Psi_S^\top\Psi_S\right) \geqslant C_{min} > 0. \tag{3.4.14}$$

$$\left\|\left(\frac{1}{n}\Psi_{S^c}^\top\Psi_S\right)\left(\frac{1}{n}\Psi_{S^c}^\top\Psi_S\right)^{-1}\right\|_2^2 \leqslant \sqrt{\frac{C_{min}}{C_{max}}}\frac{1-\delta}{\sqrt{s}}, 0 < \delta \leqslant 1. \tag{3.4.15}$$

$d_n \to \infty$, $d_n/n \to 0$, 选择正则参数 $\lambda_n \to 0$ 满足

$$\lambda_n\sqrt{sd_n} \to 0, \frac{s}{d_n\lambda_n} \to 0, \frac{d_n\left(\log d_n + \log(p-s)\right)}{n\lambda_n^2} \to 0. \tag{3.4.16}$$

SPAM 具有稀疏性: $P(\widehat{S}_n = S) \to 1$.

§3.5 高维可加模型的组变量选择

§3.5.1 高维可加模型

高维可加模型表示为

$$Y_i = \mu + \sum_{j=1}^{p} \phi_j(Z_{ij}) + \varepsilon_i, \tag{3.5.1}$$

其中 μ 是截距项, Z_{ij} 是 Z_i 的第 j 个元, ϕ_j 是未知光滑函数, ε_i 是均值为 0、方差为 $\sigma^2 < \infty$ 的模型误差. Stone (1985, 1986) 证明了当 p 固定时, 可加样条估计达到 $p = 1$ 时估计的最优收敛速度, 而 Horowitz & Mammen (2004) 和 Horowitz, Klemelä & Mammen (2006) 证明了当 p 固定时, 用二步法可得到 ϕ_j 的 oracle 有效估计.

当非参数函数个数 p 远大于样本容量 n 时, 模型 (3.5.1) 变为超高维可加模型. 为了提高模型的拟合精度和解释能力, 选择真正有意义的预测变量, 人们对模型 (3.5.1) 发展了惩罚似然基变量选择方法, 以很高的概率正确选择非零部分. 目前对高维统计模型发展了一系列组变量选择方法: Antoniadis & Fan (2001) 对小波渐近提出了组 SCAD 方法; Lin & Zhang (2006) 对多元非参数模型提出了 COSSO (component selection and smoothing operator) 方法; Yuan & Lin (2006) 对具有组变量的线性回归模型引入了组 LASSO、组 LARS (least angle regression selection) 和组非负 garrote 选择重要组变量并估计组参数; Fan & Lv (2008) 提出了有效降低计算负担的确定独立筛查方法 (SIS, sure independence screening); Meier et al. (2008) 对高维稀疏逻辑模型建立了组 LASSO 估计及渐近相合性; Nardi & Rinaldo (2008) 研究了组 LASSO 估计的选择相合性; Bach (2008) 研究了组 LASSO 线性模型和组 LASSO 非参数可加模型, 依次建立了参数组 LASSO、非参数组 LASSO 及其适应性组 LASSO 估计方法, 还得到了渐近组选择相合性和路径相合性的充要条件; Meier, van de Geer & Bühlmann (2009) 对高维广义可加模型提出了新稀疏光滑惩罚, 对惩罚似然函数发展了计算有效算法, 得到了渐近最优 oracle 估计; Wang & Leng (2008) 和 Wei & Huang (2010) 提出了适应性组 LASSO 估计方法; Huang, Horowitz & Wei (2010) 利用样条估计渐近非参数函数, 对高维非参数可加模型发展了组 LASSO 和适应性组 LASSO 方法; Huang, Breheny & Ma (2012) 系统回顾了高维线性模型的组变量选择方法, 重点关注组 LASSO 和几类凹组选择方法的理论性质、计算算法及在非参数可加模型、部分线性模型和基因数据分析的应用; Simon et al. (2013b) 提出了稀疏组 LASSO 方法; Lu & Su (2016) 研究了具有交互个体效应的线性动态面板数据模型, 通过适应性组 LASSO 方法同时选择并估计回归变量和因子, 证明了收缩估计具有 oracle 性质; Pan & Zhao (2016) 研究了高维线性模型的迭代加权组 LASSO 及其 oracle 性质; Guo et al. (2016) 采用 fused LASSO 寻找高维线性回归的稀疏系数和组变量, 提出了样条 LASSO 或 MCP 捕获组内不同特征效应; Hui, Müller & Welsh (2017) 对广义线性混合效应模型采用分组惩罚和惩罚拟似然算法, 同时选择并估计固定效应和随机效应; Chen et al. (2018) 利用 B 样条渐近非参数函数, 通过 SIS 方法对超高维可加模型建立了模型误差的方差估计, 所提方法也可用于稀疏变系数模型、稀疏部分线性可加模型和稀疏半变系数模型等.

对于模型 (3.5.1), 假设每个 Z_j 在紧区间 $[a,b]$ 上取值, $a<b$ 为有限数. 令

$$a=\xi_0<\xi_1<\cdots<\xi_M<\xi_{M+1}=b,$$

S_n 表示在点 $\xi_1,\cdots,\xi_M$ 上有简单结点的 l 次多项式样条空间, $m_n=M+l$ 是 S_n 的维数, $\{B_\omega, 1\leqslant\omega\leqslant m_n\}$ 是标准样条基, 则对任意 $s\in S_n$,

$$s(z)=\sum_{\omega=1}^{m_n}\alpha_\omega B_\omega(z).$$

因此, 对 $\phi_{nj}\in S_n$,

$$\phi_{nj}(Z_{ij})=\sum_{\omega=1}^{m_n}\alpha_{j\omega}B_\omega(Z_{ij}), 1\leqslant j\leqslant p.$$

令 $\alpha_{nj}=(\alpha_{j1},\cdots,\alpha_{jm_n})^\top$, $\alpha_n=(\alpha_{n1}^\top,\cdots,\alpha_{np}^\top)^\top$, 建立惩罚最小二乘标准

$$L_n(\alpha_n;\lambda_n)=\sum_{i=1}^{n}\left[Y_i-\mu-\sum_{j=1}^{p}\sum_{\omega=1}^{m_n}\alpha_{j\omega}B_\omega(Z_{ij})\right]^2+\lambda_n\sum_{j=1}^{p}\omega_{nj}\left\|\alpha_{nj}\right\|_2, \tag{3.5.2}$$

其中 $\sum_{\omega=1}^{m_n}\alpha_{j\omega}B_\omega(Z_{ij})$ 是 $\phi_j(Z_{ij})$ 的光滑样条渐近, λ_n 是惩罚参数, $\omega_n=(\omega_{n1},\cdots,\omega_{np})^\top$ 是给定权向量, $0\leqslant\omega_{nk}\leqslant\infty, 1\leqslant k\leqslant p$. 惩罚最小二乘标准 (3.5.2) 满足限制

$$\sum_{i=1}^{n}\sum_{\omega=1}^{m_n}\alpha_{j\omega}B_\omega(Z_{ij})=0, 1\leqslant j\leqslant p. \tag{3.5.3}$$

这些中心化限制是识别限制 $E\phi_j(Z_j)=0, 1\leqslant j\leqslant p$ 的样本情形. 如果将响应变量和基函数中心化, 则 (3.5.2) 和 (3.5.3) 可转换成无限制最优化问题. 令

$$\overline{B}_{j\omega}=\frac{1}{n}\sum_{i=1}^{n}B_\omega(Z_{ij})=0, \psi_{j\omega}(z)=B_\omega(z)-\overline{B}_{j\omega}. \tag{3.5.4}$$

定义 $\Psi_{ij}=(\psi_{j1}(Z_{ij}),\cdots,\psi_{jm_n}(Z_{ij}))^\top$, 即第 j 个协变量第 i 个观察值的中心化基函数的值. 令 $\Psi_j=(\Psi_{1j},\cdots,\Psi_{nj})^\top$ 为对应第 j 个协变量的 $n\times m_n$ 维设计矩阵, 则总设计矩阵为 $\Psi=(\Psi_1,\cdots,\Psi_p)^\top$. 因此, 模型 (3.5.2) 可写为

$$L_n(\alpha_n;\lambda_n)=\|Y-\Psi\alpha_n\|_2^2+\lambda_n\sum_{j=1}^{p}\omega_{nj}\left\|\alpha_{nj}\right\|_2. \tag{3.5.5}$$

Huang, Horowitz & Wei (2010) 对非参数可加模型 (3.5.1) 的成分选择提出了两步法:

第一步, 计算组 LASSO 估计. 令

$$L_{n1}(\alpha_n;\lambda_{n1})=\|Y-\Psi\alpha_n\|_2^2+\lambda_{n1}\sum_{j=1}^{p}\|\alpha_{nj}\|_2. \tag{3.5.6}$$

组 LASSO 估计为 $\widetilde{\alpha}_n\equiv\widetilde{\alpha}_n(\lambda_{n1})=\arg\min\limits_{\alpha_n}\{L_{n1}(\alpha_n;\lambda_{n1})\}$.

第二步, 使用组 LASSO 估计得到权

$$\omega_{nj}=\begin{cases}\|\widetilde{\alpha}_{nj}\|_2^{-1}, & \text{如果 } \|\widetilde{\alpha}_{nj}\|_2>0,\\ \infty, & \text{如果 } \|\widetilde{\alpha}_{nj}\|_2=0.\end{cases} \tag{3.5.7}$$

适应性组 LASSO 目标函数为

$$L_{n2}(\alpha_n;\lambda_{n2})=\|Y-\Psi\alpha_n\|_2^2+\lambda_{n2}\sum_{j=1}^{p}\omega_{nj}\|\alpha_{nj}\|_2. \tag{3.5.8}$$

α_n 的适应性组 LASSO 估计为

$$\widehat{\alpha}_n \equiv \widetilde{\alpha}_n(\lambda_{n2}) = \arg\min_{\alpha_n} L_{n2}(\alpha_n; \lambda_{n2}).$$

μ 和 ϕ_j 的适应性组 LASSO 估计为

$$\widehat{\mu}_n = \overline{Y} \equiv n^{-1}\sum_{i=1}^{n} Y_i, \quad \widehat{\phi}_{nj} = \sum_{\omega=1}^{m_n} \widehat{\alpha}_{j\omega} B_\omega(z), 1 \leqslant j \leqslant p. \tag{3.5.9}$$

§3.5.2 常用调整参数选择

Mallows (1973), Akaike (1973), Stone (1974), Schwarz (1978) 和 Craven & Wahba (1979) 提出了 C_p 统计量、AIC (Akaike's information criterion)、CV (cross-validation) 标准、BIC (Bayes information criterion) 和 GCV (generalized cross-validation) 标准等调整参数选择方法. 这些传统模型选择标准提高了选择模型的预测精度.

Wang et al. (2007) 利用

$$GCV_\lambda = \frac{\|Y - X\widehat{\beta}_\lambda\|^2}{n(1 - DF_\lambda/n)^2}$$

得到最优调整参数, 其中 $DF_\lambda = tr\{X(X^\top X + n\Sigma_\lambda)^{-1}X^\top\}$ 是广义自由度,

$$\Sigma_\lambda = \mathrm{diag}\{p'_\lambda(|\widehat{\beta}_{\lambda_1}|)/|\widehat{\beta}_1|, \cdots, p'_\lambda(|\widehat{\beta}_{\lambda_d}|)/|\widehat{\beta}_d|\},$$

$p'_\lambda(\beta) = \lambda\left\{I(\beta \leqslant \lambda) + \frac{(a\lambda-\beta)_+}{(a-1)\lambda}I(\beta > \lambda)\right\}$, $\widehat{\beta}_\lambda = (\widehat{\beta}_{\lambda 1}, \cdots, \widehat{\beta}_{\lambda d})^\top$ 是函数 $\frac{1}{2n}\|Y - X\beta\|^2 + \sum\limits_{j=1}^{d} p_\lambda(|\beta_j|)$ 的惩罚最小二乘估计.

β 的 AIC 信息标准为

$$AIC(s) = -2\log L_n\{\widehat{\beta}(s)\} + 2\nu(s),$$

其中 $\beta \in \Theta \subset \mathbf{R}^p$, p 是一个正整数, s 是 $\{1, \cdots, p\}$ 的一个子集, $\beta(s)$ 是参数 β 且要求 s 之外的参数为 0, $\widehat{\beta}(s)$ 是 $\beta(s)$ 的极大似然估计, $L_n\{\widehat{\beta}(s)\} = \prod_{i=1}^{n} f(y_i|x_i, \widehat{\beta}(s))$ 是 $\widehat{\beta}(s)$ 的似然函数, $f(y_i|x_i, \widehat{\beta}(s))$ 是给定 x_i 时 y_i 的条件密度函数, $\nu(s)$ 是 $\widehat{\beta}(s)$ 的个数; β 的 BIC 为

$$BIC(s) = -2\log L_n\{\widehat{\beta}(s)\} + \nu(s)\log n.$$

对样本容量 n 较小且特征数目 p 较大的问题, 这些调整参数选择标准不能达到特征选择目的. 当大模型空间 S 被分成 $S = \bigcup_{j=1}^{p} S_j$ 且每个 S_j 内部

的模型具有相同维数时, Chen & Chen (2008) 对大模型空间 S 提出了 EBIC (extended Bayes information criterion):

$$EBIC_\gamma(s) = -2\log L_n\{\widehat{\beta}(s)\} + \nu(s)\log n + 2\gamma\log\tau(S_j), 0 \leqslant \gamma \leqslant 1, \quad (3.5.10)$$

其中 $\tau(S_j)$ 表示 S_j 的容量.

如果特征选择问题具有两个特征: (1) 特征数目 p 远远大于样本容量 n; (2) 稀疏性, 即只有小量未识别的特征影响感兴趣的响应变量, 则 Chen & Chen (2012) 对具有这两个特征的广义线性模型提出了具有选择相合性的 EBIC:

$$EBIC(s) = -2\log L_n\{\widehat{\beta}(s)\} + \nu(s)\log n + 2\nu(s)\gamma\log p, \gamma \geqslant 0. \quad (3.5.11)$$

当 $p = O(n^k)$ 且 $\gamma > 1 - 1/(2k)$ 时, 对正态线性模型已经证明了 EBIC 的选择相合性. 虚假发现率 (FDR, false discovery rate) 是虚假选择的特征与所有选择特征的比值, 正确选择率 (PSR, positive selection rate) 是选择的原因特征与所有原因特征 (causal feature) 的比值. 当样本容量 n 趋近无穷时, 选择相合性导致 FDR 收敛于 0, 同时 PSR 收敛于 1. 因此, 对大 p 小 n 的问题, 采用 $BIC = \log RSS + df\log n/n$ 和

$$EBIC = \log RSS + df\log n/n + \nu df\log p/n, 0 \leqslant \nu \leqslant 1$$

方法选择调整参数, 其中 RSS 表示残差平方和, df 表示选择变量个数. 例如, Wei (2012) 采用 EBIC 方法对具有组 LASSO 和适应性组 LASSO 的超高维稀疏部分线性可加模型选择调整参数等.

§3.6 稀疏超高维可加模型的非参数独立筛查

§3.6.1 稀疏超高维可加模型

Fan, Feng & Song (2011) 将稀疏超高维可加模型表示为

$$\phi(Z) = E(Y|Z) = \sum_{j=1}^{p}\phi_j(Z_j), \quad (3.6.1)$$

其中 $\phi_j(\cdot)$ 表示光滑函数, $[a,b]$ 为 Z_j 的支撑. 为了识别模型, 假设 $\{\phi_j(Z_j)\}_{j=1}^p$ 具有零均值, 响应变量 Y 也具有零均值. $M_* = \{j : E\phi_j^2(Z_j) > 0\}$ 表示真实稀疏模型, 非稀疏容量 $s_n = |M_*|$. 如果 p 随 n 变化, 记为 p_n. 假设 $\log p = O(n^\alpha), \alpha \in (0, 1/2)$, 称为 NP (nonpolynomial) 维. Sure screening 的理论基础

是 $(\|\phi_j\|, j \in M_*)$ 的边际信号不会消失, 其中 $\|\phi_j\| = E\phi_j^2, \phi_j = E(Y|Z_j)$. 为了识别模型 (3.6.1) 的重要变量, 考虑 p 个边际非参数回归

$$\min_{\phi_j \in L_2(P)} E\left(Y - \phi_j(Z_j)\right)^2, \tag{3.6.2}$$

其中 P 表示 (X, Y) 的联合分布, $L_2(P)$ 表示测度 P 下的平方可积函数类. 模型 (3.6.2) 的最小值为 $\phi_j = E(Y|Z_j)$, 即 Y 到 Z_j 的投影. 根据 $E\phi_j^2(Z_j)$ 对模型 (3.6.1) 协变量的效用排序, 再用门限选择小量协变量组.

下面使用 B 样条得到边际回归函数的样本形式.

S_n 表示 $l \geqslant 1$ 次多项式样条空间, $\{B_{jk}, k = 1, \cdots, d_n\}$ 表示正则 B 样条基, $\|B_{jk}\|_\infty \leqslant 1$, $\|\cdot\|_\infty$ 表示无穷范数或最大范数. 对任意 $\phi_{nj} \in S_n$ 和系数 $\{\alpha_{jk}\}_{k=1}^{d_n}$,

$$\phi_{nj}(Z) = \sum_{k=1}^{d_n} \alpha_{jk} B_{jk}(Z). \tag{3.6.3}$$

在一些光滑条件下, 非参数投影 $\{\phi_j\}_{j=1}^p$ 可以用 S_n 中的函数很好地渐近. 边际回归问题的样本形式可表示为

$$\min_{\phi_{nj} \in S_n} P_n\left(Y - \phi_{nj}(Z_j)\right)^2 = \min_{\alpha_j \in \mathbf{R}^{d_n}} P_n\left(Y - B_j^\top \alpha_j\right)^2, \tag{3.6.4}$$

其中 $B_j \equiv B(Z_j) = (B_1(Z_j), \cdots, B_{d_n}(Z_j))^\top$ 表示 d_n 维基函数, $P_n g(Y, Z)$ 是关于经验测度 P_n 的期望, 即 $\{g(Y_i, Z_i)\}_{i=1}^n$ 的样本均值. 定义最小二乘回归最小值的总体形式

$$\phi_{nj}(Z_j) = B_j^\top (EB_jB_j^\top)^{-1} EB_jY, j = 1, \cdots, p, \tag{3.6.5}$$

其中 E 表示真实模型的数学期望. 预先定义门限值 v_n, 选择变量集

$$\widehat{M}_{v_n} = \left\{1 \leqslant j \leqslant p : \|\widehat{\phi}_{nj}\|_n^2 = n^{-1}\sum_{i=1}^n \widehat{\phi}_{nj}^2(Z_{ij}) \geqslant v_n\right\}. \tag{3.6.6}$$

这种独立筛查方法主要根据非参数回归的边际力度对其重要性排序. 非参数独立筛查 (NIS, nonparametric independence screening) 方法将维数 p 降到模型大小为 $|\widehat{M}_{v_n}|$ 的小空间.

条件 3.22 非参数边际投影 $\{\phi_j\}_{j=1}^p$ 属于函数类 Φ, r 阶导数 $\phi^{(r)}$ 存在, 并且是 α 阶利普希茨连续的: 对某个正常数 K,

$$\Phi = \{\phi(\cdot) : |\phi^{(r)}(s) - \phi^{(r)}(t)| \leqslant K|s-t|^\alpha, s, t \in [a, b]\},$$

其中 α 是非负整数, $\alpha \in (0,1)$, $d = r + \alpha > 0.5$.

条件 3.23 Z_j 的边际密度函数 $f_j, 1 \leqslant j \leqslant p$ 在 $[a,b]$ 满足 $0 < K_1 \leqslant f_j(Z_j) \leqslant K_2 < \infty$ 对某个常数 K_1 和 K_2.

条件 3.24 对某个 $0 < k < d/(2d+1)$ 和 $c_1 > 0$, $\min_{j \in M_*} E\{E(Y|Z_j)^2\} \geqslant c_1 d_n n^{-2k}$.

条件 3.25 对某个正常数 B_1, $\|m\|_\infty < B_1$.

条件 3.26 对任意 $B_2 > 0$, 存在正常数 B_3, 使得条件均值为 0 的独立同分布随机误差 $\{\varepsilon_i\}_{i=1}^n$ 满足 $E\left[\exp(B_2|\varepsilon_1|)|Z_i\right] < B_3$.

条件 3.27 存在正常数 c_1 和 $\xi \in (0,1)$ 使得 $d_n^{-2d-1} \leqslant c_1(1-\xi)n^{-2k}/C_1$.

定理 3.5 (Fan, Feng & Song, 2011) 假设条件 3.22—3.23 和条件 3.25—3.26 成立.

(i) 对任意 $c_2 > 0$, 存在正常数 c_3 和 c_4 使得

$$\begin{aligned} &P\left(\max_{1 \leqslant j \leqslant p_n} \left|\|\widehat{\phi}_{nj}\|_n^2 - \|\phi_{nj}\|^2\right| \geqslant c_2 d_n n^{-2k}\right) \\ &\leqslant p_n d_n \{(8 + 2d_n)\exp(-c_3 n^{1-4k} d_n^{-3}) + 6d_n \exp(-c_4 n d_n^{-3})\}. \end{aligned}$$

(ii) 如果条件 3.24 和条件 3.27 成立, 取 $\nu_n = c_5 d_n n^{-2k}, c_5 \leqslant c_1\xi/2$,

$$P(M_* \subset \widehat{M}_{\nu_n}) \geqslant 1 - s_n d_n \{(8+2d_n)\exp(-c_3 n^{1-4k} d_n^{-3}) + 6d_n \exp(-c_4 n d_n^{-3})\}.$$

在 NP 维

$$\log p_n = o(n^{1-4k} d_n^{-3} + n d_n^{-3}) \tag{3.6.7}$$

下, sure independence 性质成立, 即

$$P(M_* \subset \widehat{M}_{\nu_n}) \to 1. \tag{3.6.8}$$

但是, 没有控制虚假选择率的 sure independence 性质是没有意义的. 虚假正率消失的理想情形是

$$\max_{j \overline{\in} M_*} \|\phi_{nj}\|_n^2 = o(d_n n^{-2k}), \tag{3.6.9}$$

这样当使用边际非参数筛选器时, 积极变量和非积极变量之间有差距. 通过数据驱动的门限方法适当选择 ν_n 得到模型选择相合性

$$P(\widehat{M}_{\nu_n} = M_*) = 1 - o(1). \tag{3.6.10}$$

定理 3.6 (Fan, Feng & Song, 2011) 假设条件 3.22—3.27 成立, $Var(Y) = O(1)$. 对任意 $\nu_n = c_5 d_n n^{-2k}$, 存在正常数 c_3 和 c_4 使得

$$
\begin{aligned}
&P\left(|\widehat{M}_{\nu_n}| \leqslant O(n^{2k}\lambda_{max}(\Sigma))\right)\\
&\geqslant 1 - p_n d_n\{(8+2d_n)\exp(-c_3 n^{1-4k} d_n^{-3}) + 6d_n \exp(-c_4 n d_n^{-3})\},
\end{aligned}
$$

其中 $\Sigma = EBB^\top$, $B = (B_1, \cdots, B_{p_n})^\top$.

迭代非参数独立筛查 (INIS) 算法改进拟合稀疏可加模型的有限样本表现, 具体步骤如下:

INIS 算法:

第一步 对每个 $j \in \{1, \cdots, p\}$, 计算

$$
\widehat{\phi}_{nj} = \arg\min_{\phi_{nj} \in S_n} \{P_n(Y - \phi_{nj}(Z_j))^2\}, \quad 1 \leqslant j \leqslant p. \tag{3.6.11}
$$

随机改变 Z 的行得到 $\widetilde{Z}$. 令 $\omega_{(q)}$ 为 $\{\|\widehat{\phi}^*_{nj}\|_n^2, j = 1, \cdots, p\}$ 的 q 分位数, 其中

$$
\widehat{\phi}^*_{nj} = \arg\min_{\phi_{nj} \in S_n} \{P_n(Y - \phi_{nj}(\widetilde{Z}_j))^2\}. \tag{3.6.12}
$$

NIS 选择变量

$$
A_1 = \{j : \|\widehat{\phi}^*_{nj}\|_n^2 \geqslant \omega_{(q)}\}. \tag{3.6.13}
$$

第二步 在集合 A_1 上应用 Meier, van de Geer & Bühlmann (2009) 提出可加模型的惩罚方法 (penGAM) 选择子集 M_1. 在 penGAM 算法中, 惩罚参数用交叉核实方法选择.

第三步 对每个 $j \in M_1^c = \{1, \cdots, p\} \setminus M_1$, $\forall i \in M_1$ 和 $\phi_{nj} \in S_n$, 求

$$
P_n\left(Y - \sum_{i \in M_1} \phi_{ni}(Z_i) - \phi_{nj}(Z_j)\right)^2 \tag{3.6.14}
$$

关于 $\phi_{ni} \in S_n$ 的最小值.

第四步 迭代这个过程直到 $|M_l| \geqslant s_0$ 或 $M_l = M_{l-1}$.

§3.7 高维广义可加模型

Meier, van de Geer & Bühlmann (2009) 对高维广义可加模型提出了新稀疏—光滑惩罚. 稀疏性和光滑性的结合对数学理论和有限样本表现至关重要, 对优化惩罚似然提出了一个数值收敛的计算有效算法, 而且对高维稀疏可加模

型提出了估计渐近最优 oracle 结果, 而稀疏—光滑惩罚的适应形式能带来更好的表现.

高维可加回归模型

$$Y_i = c + \sum_{j=1}^{p} \phi_j(Z_{ij}) + \varepsilon_i, i = 1, 2, \cdots, n, \tag{3.7.1}$$

其中 c 是截距, ε_i 是零均值的随机误差, $\phi_j : \mathbf{R} \to \mathbf{R}$ 是单变量光滑函数. 为了识别模型, 假设所有 ϕ_j 都是中心化的, 即对所有 $j = 1, \cdots, p$,

$$\sum_{i=1}^{n} \phi_j(Z_{ij}) = 0. \tag{3.7.2}$$

这里考虑 Z_{ij} 是固定设计的情形, 即预测变量 $Z_1, \cdots, Z_p$ 是非随机的. 令 $\phi_j = (\phi_j(Z_{1j}), \cdots, \phi_j(Z_{nj}))^\top$. 对任意向量 $\phi \in \mathbf{R}^n$, 定义 $\|\phi\|_n^2 = \frac{1}{n}\sum\limits_{i=1}^{n} \phi_i^2$. 为了得到稀疏充分光滑的函数估计, 引入稀疏光滑惩罚

$$I(\phi_j) = \lambda_1 \sqrt{\|\phi_j\|_n^2 + \lambda_2 I^2(\phi_j)}, \tag{3.7.3}$$

其中 $I^2(\phi_j) = \int (\phi_j''(z))^2 dz$ 度量 ϕ_j 的光滑程度, 调整参数 $\lambda_1, \lambda_2 \geqslant 0$ 控制惩罚大小. 估计由惩罚最小二乘问题给出:

$$\widehat{\phi}_1, \cdots, \widehat{\phi}_p = \arg \min_{\phi_1, \cdots, \phi_p \in \Phi} \left\{ \left\| Y - \sum_{j=1}^{p} \phi_j \right\|_n^2 + \sum_{j=1}^{p} I(\phi_j) \right\}, \tag{3.7.4}$$

其中 Φ 是合适函数类, $Y = (Y_1, \cdots, Y_n)^\top$ 是响应变量向量. 假设对每个函数 ϕ_j 施加相同的正则水平. 如果 Y 是中心化变量, 则可以忽视非惩罚截距项, 目标函数 (3.7.4) 自动使函数估计 $\widehat{\phi}_1, \cdots, \widehat{\phi}_p$ 中心化.

命题 3.1 $a, b \in \mathbf{R}$ 使得 $a < \min\limits_{i,j}\{Z_{ij}\}$ 和 $b > \max\limits_{i,j}\{Z_{ij}\}$. Φ 是 $[a, b]$ 上的二次连续可微函数空间, 假设存在 (3.7.4) 的最小值 $\widehat{\phi}_i \in \Phi$, 则 $\widehat{\phi}_i$ 是具有结点 $Z_{ij}, i = 1, 2, \cdots, n$ 的自然立方样条.

每个函数 ϕ_j 使用具有适当结点数或基函数的一个立方 B 样条参数化来代替. 一个典型的选择是采用 $m_n - 4 \asymp \sqrt{n}$ 个内部结点取代 Z_{ij} 的经验分位数. 因此,

$$\phi_j(Z) = \sum_{\omega=1}^{m_n} \alpha_{j,\omega} B_\omega(Z),$$

其中 $\alpha_{j,\omega} : \mathbf{R} \to \mathbf{R}$ 是 B 样条基函数, $\alpha_j = (\alpha_{j,1}, \cdots, \alpha_{j,m_n})^\top \in \mathbf{R}^{m_n}$ 是对应于 ϕ_j 的参数向量. 基于基函数, 可以建立一个 $n \times Jm_n$ 设计矩阵 $B =$

$[B_1|\cdots|B_p]$, 其中 B_j 是对应第 j 个预测变量的 B 样条基的 $n\times m_n$ 矩阵, 即 $B_{j,i\omega}=B_{j,\omega}(Z_{ij})$. 对二次连续可微函数, 最优化问题 (3.7.4) 可以表示为

$$\widehat{\alpha}=\arg\min_{\alpha=(\alpha_1,\cdots,\alpha_p)}\left\{\left\|Y-\sum_{j=1}^{p}\alpha_jB_j\right\|_n^2+\lambda_1\sum_{j=1}^{p}\sqrt{\frac{1}{n}\alpha_j^\top B_j^\top B_j\alpha_j+\lambda_2\alpha_j^\top\Omega_j\alpha_j}\right\},\tag{3.7.5}$$

其中 $m_n\times m_n$ 矩阵 Ω_j 包含 B 样条基的二阶导数的内积, 即对 $\omega_1,\omega_2\in\{1,\cdots,m_n\}$,

$$\Omega_{j,m_n\omega}=\int B''_{j,\omega_1}(Z)B''_{j,\omega_2}(Z)dZ.\tag{3.7.6}$$

因此, (3.7.5) 可写成一般组 LASSO 问题

$$\widehat{\alpha}=\arg\min_{\alpha=(\alpha_1,\cdots,\alpha_p)}\left\{\|Y-\alpha B\|_n^2+\lambda_1\sum_{j=1}^{p}\sqrt{\alpha_j^\top M_j\alpha_j}\right\},\tag{3.7.7}$$

其中对某个二次 $m_n\times m_n$ 矩阵 R_j, $M_j=\frac{1}{n}B_j^\top B_j+\lambda_2\Omega_j=R_j^\top R_j$. 令 $\widetilde{\alpha}_j=R_j\alpha_j,\widetilde{B}_j=B_jR_j^{-1}$, (3.7.7) 退化为

$$\widehat{\widetilde{\alpha}}=\arg\min_{\widetilde{\alpha}=(\widetilde{\alpha}_1,\cdots,\widetilde{\alpha}_p)}\left\{\left\|Y-\widetilde{\alpha}\widetilde{B}\right\|_n^2+\lambda_1\sum_{j=1}^{p}\|\widetilde{\alpha}_j\|\right\},\tag{3.7.8}$$

其中 $\widetilde{\alpha}_j=\sqrt{m_n}\|\widetilde{\alpha}_j\|_{m_n}$ 是 $\mathbf{R}^{m_n}$ 上的欧几里得范数. 对任意固定的 λ_2, (3.7.8) 是一个通常的组 LASSO 问题, 因此保证了解的存在性. 对于足够大的 λ_1, 一些系数组 $\alpha_j\in\mathbf{R}^{m_n}$ 的估计为 0, 因此对应的函数估计为 0. 而且, 存在一个 $\lambda_{1,max}<\infty$ 使得对 $\lambda_1>\lambda_{1,max}$, $\widehat{\widetilde{\alpha}}_1=\cdots=\widehat{\widetilde{\alpha}}_p=0$. 这对于建立 λ_1 的格点作交叉合适是特别有用的.

命题 3.2 定义 $S(\widetilde{\alpha};\widetilde{B})=\left\|Y-\widetilde{\alpha}\widetilde{B}\right\|_n^2$. 如果 $pm_n\leqslant n$ 和 $\widetilde{B}$ 满秩, (3.7.8) 存在唯一解. 如果 $pm_n>n$, 则 (3.7.8) 的解构成一个凸集. 如果 $\left\|\nabla_{\widetilde{\alpha}_j}S(\widehat{\widetilde{\alpha}};\widetilde{B})\right\|<\lambda_1$, 则 $\widehat{\widetilde{\alpha}}_j=0$ 和其他解 $\widehat{\widetilde{\alpha}}_{other}$ 满足 $\widehat{\widetilde{\alpha}}_{other,j}=0$.

引入第三个惩罚参数 λ_3, 则包含三个惩罚参数 λ_1, λ_2 和 λ_3 的惩罚函数

$$J(\phi_j)=\lambda_1\sqrt{\|\phi_j\|_n^2+\lambda_2I^2(\phi_j)}+\lambda_3I^2(\phi_j).\tag{3.7.9}$$

当选择 $\lambda_2=\lambda_3=\lambda_1^2$ 时, (3.7.9) 退化为一个光滑参数的惩罚函数. 线性预测变量 η 和响应变量 Y 的负对数似然函数为

$$l(\eta,Y)=-\frac{1}{n}\sum_{i=1}^{n}\{Y_i\eta_i-\log[1+\exp(\eta_i)]\},\tag{3.7.10}$$

其中 $\eta_i = c + \sum\limits_{j=1}^{p} \phi_j(Z_{ij})$. 用负对数似然函数取代残差平方和 $\|Y - \sum\limits_{j=1}^{p} \phi_j\|_n^2$, 将稀疏光滑惩罚推广到广义线性模型. 模型惩罚估计定义为

$$\widehat{c}, \widehat{\phi}_1, \cdots, \widehat{\phi}_p = \arg \min_{c\in R, \phi_1, \cdots, \phi_p \in \Phi} \left\{ l(c + \sum_{j=1}^{p} \phi_j(Z_{ij}), Y) + \sum_{j=1}^{p} I(\phi_j) \right\}. \tag{3.7.11}$$

不同部分使用不同惩罚函数, 建立适应性惩罚

$$I(\phi_j) = \lambda_1 \sqrt{\omega_{1,j} \|\phi_j\|_n^2 + \lambda_2 \omega_{2,j} I^2(\phi_j)}, \tag{3.7.12}$$

给定初值 $\widehat{\phi}_{j,init}$ 和某个 $\gamma > 0$, $\omega_{1,j} = 1/\|\widehat{\phi}_{j,init}\|_n^{\gamma}$ 和 $\omega_{2,j} = 1/I(\widehat{\phi}_{j,init})^{\gamma}$.

§3.8　广义可加部分线性模型的估计和变量选择

§3.8.1　广义可加部分线性模型

假设 Y 是响应变量, $X = (X_1, \cdots, X_p)^\top \in \mathbf{R}^p$, $Z = (Z_1, \cdots, Z_q)^\top \in \mathbf{R}^q$ 是协变量, 给定 $(X, Z) = (x, z)$ 时 Y 的条件密度属于指数族

$$f_{Y|X,Z}(y|x, z) = \exp[y\xi(x, z) - B\{\xi(x, z)\} + C(y)], \tag{3.8.1}$$

其中 $B(\cdot)$ 和 $C(\cdot)$ 是已知函数, ξ 是广义线性模型的自然参数, 与响应变量均值具有以下关系:

$$\mu(x, z) = E(Y|X = x, Z = z) = B'\{\xi(x, z)\}. \tag{3.8.2}$$

广义可加部分线性模型表示为

$$g\{\mu(X, Z)\} = X^\top \beta + \sum_{j=1}^{q} \phi_j(Z_j), \tag{3.8.3}$$

其中 β 是 p 维未知参数向量, $\{\phi_j\}_{j=1}^q$ 是未知光滑函数, 为了识别模型 (3.8.3), 假设 $\phi_j(\cdot)$ 满足条件 $E\{\phi_j(Z_j)\} = 0, 1 \leqslant j \leqslant q$.

如果某个正定函数 $V(\cdot)$ 已知, 且条件方差函数表示为 $Var(Y|X, Z) = \sigma^2 V\{\mu(X, Z)\}$, 则可以用满足

$$g\{\mu(X, Z)\} = X^\top \beta + \sum_{j=1}^{q} \phi_j(Z_j) \tag{3.8.4}$$

的拟似然函数 $Q(m, y)$ 取代 (3.8.1) 的条件对数似然函数 $\log\{f_{Y|X,Z}(y|x, z)\}$.

Wang et al. (2011) 通过拟似然方法建立了非参数函数的多项式样条估计及其渐近性质, 提出了参数的变量选择方法, 建立了 oracle 估计及其依赖正则参数的收敛速度. 下面简要介绍他们的研究.

§3.8.2 估计方法

令 $\phi_0(Z)=\sum_{j=1}^q \phi_j(Z_j)$ 和 β_0 分别为真实的可加函数和参数向量. 协变量 Z_j 分布在区间 $[a_j,b_j], j=1,\cdots,q$, 不失一般性, 假设所有区间 $[a_j,b_j]=[0,1], j=1,\cdots,q$. 在光滑假设下, ϕ_{0j} 可以用样条函数渐近. S_n 表示 $[0,1]$ 上的 r 次多项式样条空间. 引入有 J 个内部结点的结点序列

$$\xi_{-r+1}=\cdots=\xi_{-1}=\xi_0=0<\xi_1<\cdots<\xi_J<1=\xi_{J+1}<\cdots<\xi_{J+r},$$

其中 $J=J_n$ 随着样本容量 n 的增加而增加. S_n 由满足下面 (i) 和 (ii) 的函数 h 构成:

(i) h 在每个子区间 $I_j=[\xi_j,\xi_{j+1}), j=0,\cdots,J_{n-1}, I_{J_n}=[\xi_{J_n},1]$ 是 $r-1$ 次多项式;

(ii) 对于 $r\geqslant 2$, h 在 [0,1] 上是 $r-2$ 阶连续可微的.

考虑 ϕ_0 的可加样条估计 $\widehat{\phi}$. Φ_n 表示具有可加形式 $\phi(Z)=\sum_{j=1}^q\phi_j(Z_j)$ 的函数集合 ϕ, 其中每个函数 $\phi_j\in\Phi_n$ 且 $\sum_{i=1}^n\phi_j(Z_{ij})=0$. 寻找函数 $\phi\in\Phi_n$ 和 β 使拟似然函数

$$L(\phi,\beta)=n^{-1}\sum_{i=1}^n Q\left[g^{-1}\{\phi(Z_i)+X_i^\top\beta\},Y_i\right] \tag{3.8.5}$$

达到最大值. 对于第 j 个协变量 Z_j, $b_{k,j}(Z_j)$ 是 r 次 B 样条基函数. 对任意 $\phi\in\Phi_n$, 记 $\phi(Z)=\gamma^\top b(Z)$, 其中 $b(Z)=\{b_{k,j}(Z_j),k=1,\cdots,J_n+r,j=1,\cdots,q\}^\top$ 是样条基函数的集合, $\gamma=\{\gamma_{k,j},,k=1,\cdots,J_n+r,j=1,\cdots,q\}^\top$ 是样条系数向量. 因此, 求 (3.8.5) 的极大值等价于求函数 γ 和 β, 使拟似然函数

$$L(\gamma,\beta)=n^{-1}\sum_{i=1}^n Q\left[g^{-1}\{\gamma^\top b(Z_i)+X_i^\top\beta\},Y_i\right] \tag{3.8.6}$$

达到最大值. 记最大值为 $\widehat{\beta}$ 和 $\widehat{\gamma}=\{\widehat{\gamma}_{k,j},k=1,\cdots,J_n+r,j=1,\cdots,q\}^\top$. ϕ_0 的样条估计为 $\widehat{\phi}(Z)=\widehat{\gamma}^\top b(Z)$, 中心化样条成分函数估计为

$$\widehat{\Phi}_j(Z_j)=\sum_{k=1}^{J_n+r}\widehat{\gamma}_{k,j}b_{k,j}(Z_j)-n^{-1}\sum_{i=1}^n\sum_{k=1}^{J_n+r}\widehat{\gamma}_{k,j}b_{k,j}(Z_{ij}), j=1,\cdots,q. \tag{3.8.7}$$

假设 $N_n = J_n + r - 1$, 正则基为

$$B_{k,j}(Z_j) = \sqrt{N_n}\left\{b_{k+1,j}(Z_j) - \frac{E(b_{k+1,j})}{E(b_{1,j})}b_{1,j}(Z_j)\right\}, 1 \leqslant k \leqslant N_n, 1 \leqslant j \leqslant q.$$

令 $B(Z) = \{B_{k,j}(Z_j), k = 1, \cdots, N_n, j = 1, \cdots, q\}^\top$ 和 $B_j = B(Z_j)$. 求 (3.8.6) 的最大值等价于求

$$n^{-1}\sum_{i=1}^{n} Q\left[g^{-1}\{B_i^\top\gamma + X_i^\top\beta\}, Y_i\right] \tag{3.8.8}$$

的最大值找 (γ, β).ϕ_0 的样条估计为 $\widehat{\phi}(Z) = \widehat{\gamma}^\top B(Z)$, 成分函数的中心化样条估计为

$$\widehat{\Phi}_j(Z_j) = \sum_{k=2}^{N_n}\widehat{\gamma}_{k,j}B_{k,j}(Z_j) - n^{-1}\sum_{i=1}^{n}\sum_{k=2}^{N_n}\widehat{\gamma}_{k,j}B_{k,j}(Z_{ij}), j = 1, \cdots, q. \tag{3.8.9}$$

§3.8.3　假设和渐近性质

v 是一个正整数, $\alpha \in (0,1]$ 使得 $p = v + \alpha > 2$. $H(p)$ 是 $[0,1]$ 上的函数 g 的集合, v 阶导数 $g^{(v)}$ 存在满足 α 阶利普希茨条件: 对 $0 \leqslant m^*, m \leqslant 1$, $|g^{(v)}(m^*) - g^{(v)}(m)| \leqslant C|m^* - m|^\alpha$, 其中 C 是一个正常数. 令 $\rho_l(m) = \{dg^{-1}(m)/dm\}^l/V\{g^{-1}(m)\}$, $q_l(m,y) = \partial^l/\partial m^l Q\{g^{-1}(m), y\}$, 故

$$q_1(m,y) = \partial/\partial m Q\{g^{-1}(m), y\} = \{y - g^{-1}(m)\}\rho_1(m),$$
$$q_2(m,y) = \partial^2/\partial m^2 Q\{g^{-1}(m), y\} = \{y - g^{-1}(m)\}\rho_1'(m) - \rho_2(m).$$

记 $T = (X, Z)$, 对任意向量或矩阵 A, $A^{\otimes 2} = AA^\top$.

条件 3.28　函数 ϕ_0'' 连续且每个成分函数 $\phi_{0j} \in H(p), j = 1, \cdots, q$.

条件 3.29　对 $m \in \mathbf{R}$ 和响应变量 y, 函数 $q_2(m,y) < 0$ 和 $c_q < |q_2^v(m,y)| < C_q(v = 0, 1)$

条件 3.30　Z 的分布绝对连续, 其密度 f 在 $[0,1]^q$ 上的界不为 0 和 ∞.

条件 3.31　随机向量 X 满足, 对任意单位向量 $\omega \in \mathbf{R}^p$,

$$c \leqslant \omega^\top E(X^{\otimes 2}|Z = z)\omega \leqslant C.$$

条件 3.32　结点数 $n^{1/2q} \ll N_n \ll n^{1/4}$.

对于 $[0,1]^q$ 上的可测函数 φ_1, φ_2, 分别定义经验内积和范数为

$$\langle\varphi_1, \varphi_2\rangle_n = n^{-1}\sum_{i=1}^{n}\{\varphi_1(Z_i)\varphi_2(Z_i)\}, \quad \|\varphi\|_n^2 = n^{-1}\sum_{i=1}^{n}\varphi^2(Z_i).$$

如果 φ_1,φ_2 是 L^2 可积的, 定义理论内积和范数分别为

$$\langle\varphi_1,\varphi_2\rangle=E\{\varphi_1(Z)\varphi_2(Z)\},\quad \|\varphi\|_2^2=E\varphi^2(Z).$$

φ 在 [0,1] 上的经验范数和理论范数分别表示为

$$\|\varphi\|_{nj}^2=n^{-1}\sum_{i=1}^{n}\varphi^2(Z_{ij}),\|\varphi\|_{2j}^2=E\varphi^2(Z_j)=\int_0^1\varphi^2(z_j)f_j(z_j)dz_j,$$

其中 $f_j(\cdot)$ 表示 Z_j 的密度函数.

引理 3.2 假设条件 3.28—3.32 成立, 对 $j=1,\cdots,q$,

$$\|\widehat{\phi}-\phi_0\|_2=O_p\{N_n^{1/2-q}+(N_n/n)^{1/2}\},\ \|\widehat{\phi}-\phi_0\|_n=O_p\{N_n^{1/2-q}+(N_n/n)^{1/2}\},$$
$$\|\widehat{\phi}_j-\phi_{0j}\|_{2j}=O_p\{N_n^{1/2-q}+(N_n/n)^{1/2}\},\ \|\widehat{\phi}_j-\phi_{0j}\|_{nj}=O_p\{N_n^{1/2-q}+(N_n/n)^{1/2}\}.$$

定义

$$\Gamma(z)=\frac{E\left\{X\rho_2[m_0(T)]|Z=z\right\}}{E\left\{\rho_2[m_0(T)]|Z=z\right\}},\widetilde{X}=X-\Gamma^{add}(Z),\tag{3.8.10}$$

其中 $m_0(T)=\phi_0(Z)+X^\top\beta$,

$$\Gamma^{add}(Z)=\sum_{j=1}^{q}\Gamma_j(Z_j)\tag{3.8.11}$$

是 Γ 到范数为 $\|f\|_{\rho_2,m_0}^2=E[f^2(Z)\rho_2\{m_0(T)\}]$ 的理论中心可加函数的希尔伯特空间的投影. 为了得到参数估计的渐近正态性, 进一步引入下列条件:

条件 3.33 (3.8.11) 的可加部分满足 $\Gamma_j(\cdot)\in H(q),j=1,\cdots,q$.

条件 3.34 对 $\rho_l,l=1,2$ 和所有 $|m-m_0|\leqslant C_m$, $|\rho_l(m_0)|\leqslant C_\rho$, $|\rho_l(m)-\rho_l(m_0)|\leqslant C_\rho^*|m-m_0|$.

条件 3.35 存在正常数 C_0 使得 $E[\{Y-g^{-1}\{m_0(T)\}\}^2|T]\leqslant C_0,a.s.$.

引理 3.3 假设条件 3.33—3.35 成立, $\sqrt{n}(\widehat{\beta}-\beta_0)\to N(0,\Omega^{-1})$, 其中

$$\Omega=E[\rho_2\{m_0(T)\}\widetilde{X}^{\otimes 2}].$$

这个定理说明了非参数部分 ϕ_0 的收敛速度虽然比 $\sqrt{n}$ 更慢, 但 β_0 的极大拟似然估计还是 $\sqrt{n}$ 相合的且具有渐近正态性.

§3.8.4 选择有意义的参数变量

惩罚拟似然

$$L(\phi,\beta)=\sum_{i=1}^{n}Q\left[g^{-1}\{\phi(Z_i)+X_i^\top\beta\},Y_i\right]-n\sum_{j=1}^{p}p_{\lambda_j}(|\beta_j|),\tag{3.8.12}$$

其中 p_{λ_j} 是预先指明的惩罚函数, λ_j 是调整参数. 用估计 (3.8.9) 取代 ϕ 得到惩罚似然

$$L_P(\beta)=\sum_{i=1}^{n}Q\left[g^{-1}\{B_i^\top\widehat{\gamma}+X_i^\top\beta\},Y_i\right]-n\sum_{j=1}^{p}p_{\lambda_j}(|\beta_j|). \tag{3.8.13}$$

求 $L_P(\beta)$ 的极大值得到极大惩罚似然估计 $\widehat{\beta}^{MPL}$. 令 $\beta_0=(\beta_{10}^\top,\beta_{20}^\top)^\top$, 其中 $\beta_{10}\in\mathbf{R}^{p_1}$ 是由 $\beta_0\in\mathbf{R}^{p_2}$ 的所有非零元组成的, $\beta_{20}=0$. $\omega_n=\max\limits_{1\leqslant j\leqslant p}\{|p''_{\lambda_j}(|\beta_{j0}|)|, \beta_{j0}\neq 0\}$ 和 $a_n=\max\limits_{1\leqslant j\leqslant p}\{|p'_{\lambda_j}(|\beta_{j0}|)|,\beta_{j0}\neq 0\}$.

引理 3.4 假设条件 3.27—3.35 成立, 且当 $n\to\infty$ 时, $a_n\to 0$ 和 $\omega_n\to 0$, (3.8.13) 定义的 $L_p(\beta)$ 存在局部极大值 $\widehat{\beta}^{MPL}$, 其收敛速度为 $O_p(n^{-1/2}+a_n)$.

引理 3.5 假设条件 3.27—3.35 成立, $\liminf\limits_{n\to\infty}\liminf\limits_{\beta_j\to 0^+}\lambda_{jn}^{-1}p'_{\lambda_{jn}}(|\beta_j|)>0$. 如果当 $n\to\infty$ 时, $\sqrt{n}\lambda_{jn}\to\infty$, $\sqrt{n}$ 相合估计 $\widehat{\beta}^{MPL}$ 满足 $\widehat{\beta}_2^{MPL}=0$, 且

$$\sqrt{n}(\Omega_s+\Sigma_\lambda)\{\widehat{\beta}_1^{MPL}-\beta_{10}+(\Omega_s+\Sigma_\lambda)^{-1}\xi_n\}\to N(0,\Omega_s),$$

其中 $\Omega_s=[\rho_2\{m_0(T_1)\widetilde{X}_1^{\bigotimes 2}\}]$.

§3.9 高维半参数部分线性可加模型的组变量选择

Wei (2012) 研究了具有组变量的半参数部分线性可加模型

$$Y_i=\sum_{k=1}^{p}X_{ik}\beta_k+\sum_{j=1}^{J}\phi_j(Z_{ij})+\varepsilon_i, i=1,\cdots,n, \tag{3.9.1}$$

其中 Y_i 是第 i 个响应变量, X_{ik} 是 $d_k\times 1$ 维第 k 组协变量向量, β_k 是 $d_k\times 1$ 维回归系数向量, ϕ_j 是 Z_{ij} 维未知函数, ε_i 是不能观察的随机变量, 均值为 0, 方差 σ^2 有限. (3.9.1) 将具有组变量的线性模型和非参数可加模型的灵活性结合起来.

多项式样条渐近非参数部分 $\phi_j, j=1,\cdots,J$: 假设每个 Z_j 在紧区间 $[a,b]$ 上取值, $a<b$ 为有限数. 令 $a=\xi_0<\xi_1<\cdots<\xi_M<\xi_{M+1}=b$, S_n 表示在点 $\xi_1,\cdots,\xi_M$ 上有简单结点的 l 次多项式样条空间, $m_n=M+l$ 是 S_n 的维数, $\{B_\omega, 1\leqslant\omega\leqslant m_n\}$ 是标准样条基, 则对任意 $s\in S_n$,

$$s(z)=\sum_{\omega=1}^{m_n}\alpha_\omega B_\omega(z).$$

目的就是在 S_n 中找到接近 ϕ_j 的 s. 下面建立适应性组 LASSO 惩罚最小二乘标准

$$L_n(\beta_n, \alpha_n; \lambda_n) = \sum_{i=1}^{n}\left[Y_i - \sum_{k=1}^{p} X_{ik}\beta_{nk} - \sum_{j=1}^{J}\sum_{\omega=1}^{m_n}\alpha_{j\omega}B_\omega(Z_{ij})\right]^2 + \lambda_n \sum_{k=1}^{p}\omega_{nk}\|\beta_{nk}\|_2, \tag{3.9.2}$$

其中 $\sum\limits_{\omega=1}^{m_n}\alpha_{j\omega}B_\omega(Z_{ij})$ 是 $\phi_j(Z_{ij})$ 的光滑样条渐近, λ_n 是惩罚参数, $\omega_n = (\omega_{n1}, \cdots, \omega_{np})^\top$ 是给定权向量, $0 \leqslant \omega_{nk} \leqslant \infty, 1 \leqslant k \leqslant p$. Tibshirani (1996) 提出了广义交叉核实 (GCV) 标准

$$GCV = \frac{\|\widehat{Y} - Y\|_n^2}{\{n^{-1}tr(I - A)\}^2}$$

选择调整参数, 其中 $\widehat{Y} = AY$ 是光滑样条矩阵. 另一种流行的调整参数选择方法是 5 倍或 10 倍交叉核实方法.GCV 的计算量要小些.

§3.10 泛函应变量可加模型

泛函数据分析以一种自然节俭方式捕获模式和形状, 是近年来研究的重要课题. 例如, Fan et al. (2014) 研究了泛函应变量可加模型估计, 将线性回归模型推广到既有泛函预测变量、单变量预测变量和泛函响应变量的情形, 并对涉及多个泛函和单变量预测变量的情形使用惩罚最小二乘标准自动执行变量选择.

非线性泛函回归表示为

$$Y_i = \sum_{j=1}^{p} f_j(X_{ij}) + \varepsilon_i, i = 1, \cdots, n, \tag{3.10.1}$$

其中 f_j 是 $X_{ij}(t)$ 的非线性函数, Y_i 是中心化响应变量. 泛函线性回归模型

$$Y_i(s) = \int \beta(s,t)X_i(t)dt + \varepsilon_i(s), \tag{3.10.2}$$

其中 $\beta(s,t)$ 是一个未知的二维光滑系数函数, 截距忽略, 响应变量和预测变量是中心化变量. 给定 $X_i(t)$, 响应变量曲线 $Y_i(t)$ 独立. 为了建模响应变量曲线与预测变量之间的关系, Fan et al. (2014) 研究了非线性可加泛函模型

$$Y_i(s) = \sum_{j=1}^{p} f_j(s, X_{ij}) + \sum_{k=1}^{q} \phi_k(s, Z_{ik}) + \varepsilon_i(s), \tag{3.10.3}$$

其中 $f_j(s,x)$ 和 $\phi_k(s,z)$ 是要估计的非线性函数. 模型 (3.10.3) 使用一个自然可加模型结合 $p+q$ 个预测变量, 可以灵活地建模非线性关系. 如果 p 或 q 比样本容量 n 大, 使用惩罚最小二乘标准拟合模型 (3.10.3). 惩罚方法可以自动执行预测变量的变量选择方法, 因此可以有效地处理许多预测变量. 其次, 即使对一个低 p 值, 由于 $X_{ij}(t)$ 本身是一个无穷维函数, 不可能估计一个完整的 $f_j(s,x)$. 因此用泛函单指标模型

$$f_j(s,X_{ij})=g_j\left(\int\beta_j(s,t)X_{ij}(t)dt\right),\tag{3.10.4}$$

其中二维指标函数 $\beta_j(s,t)$ 将 $X_{ij}(t)$ 投影到某个方向, 一维函数 $g_j(x)$ 表示投影对 $Y_i(s)$ 的非线性影响. 这样 $f_j(s,X_{ij})$ 的估计问题变成 $\beta_j(s,t)$ 和 $g_j(x)$ 的同时估计问题. 使用泛函指标模型 (3.10.4), 模型 (3.10.3) 变成

$$Y_i(s)=\sum_{j=1}^{p}g_j\left(\int\beta_j(s,t)X_{ij}(t)dt\right)+\sum_{k=1}^{q}\phi_k(s,Z_{ik})+\varepsilon_i(s).\tag{3.10.5}$$

接着建模 $\beta_j(s,t)=b^\top(s,t)\eta_j$ 和 $X_{ij}(t)=\widetilde{b}(t)^\top\theta_{ij}$, $b(s,t)$ 和 $\widetilde{b}(t)$ 是适当选择的基函数. 为了确保 $\beta_j(s,t)$ 和 $\widetilde{b}(t)$ 可识别, 对所有 j, 限制 $\|\eta_j\|=1$ 得到

$$\int\beta_j(s,t)X_{ij}(t)dt=\theta_{ij}^\top\left[\int\widetilde{b}(t)b^\top(s,t)dt\right]\eta_j=\widetilde{\theta}_{ij}^\top\eta_j,\tag{3.10.6}$$

其中 $\widetilde{\theta}_{ij}=\left[\int\widetilde{b}(t)b^\top(s,t)dt\right]\theta_{ij}$. 使用这个基表示, (3.10.5) 变成

$$Y_i(s)=\sum_{j=1}^{p}g_j\left(\widetilde{\theta}_{ij}^\top(s_l)\eta_j\right)+\sum_{k=1}^{q}\phi_k(s,Z_{ik})+\varepsilon_i(s).\tag{3.10.7}$$

在有限时间点 $s_{i1},\cdots,s_{in_i}$ 观察响应变量, 则模型 (3.10.6) 变成

$$Y_{il}=\sum_{j=1}^{p}g_j\left(\widetilde{\theta}_{ijl}^\top\eta_j\right)+\sum_{k=1}^{q}\phi_k(s_l,Z_{ik})+\varepsilon_{il},i=1,\cdots,n,l=1,\cdots,n_i,\tag{3.10.8}$$

其中 $Y_{il}=Y_i(s_l)$, $\widetilde{\theta}_{ijl}=\widetilde{\theta}_{ij}(s_l)$, ε_{il} 假设对所有 i 和 l 独立. 惩罚最小二乘标准为

$$\begin{aligned}&\frac{1}{2}\sum_{i=1}^{n}\int\left[Y_i(s)-\sum_{j=1}^{p}g_j(\widetilde{\theta}_{ijl}^\top\eta_j)-\sum_{k=1}^{q}\phi_k(s,Z_{ik})\right]^2ds\\&+\lambda\left[\sum_{j=1}^{p}\rho(\|f_j\|)+\sum_{k=1}^{q}\rho(\|\phi_k\|)\right],\end{aligned}\tag{3.10.9}$$

其中 $\|f_j\|^2=\sum_{i=1}^{n}\int f_j^2(s,X_{ij})ds$, $f_j(s,X_{ij})=g_j(\widetilde{\theta}_{ijl}^{\top}\eta_j)$, $\|\phi_k\|^2=\sum_{i=1}^{n}\int \phi_k^2(s,Z_{ik})ds$, $\rho(\cdot)$ 是惩罚函数. 如果响应变量 $Y_i(s)$ 在时间点 $s_1,s_2,\cdots,s_L$ 抽样, 则用

$$\begin{aligned}&\frac{1}{2L}\sum_{i=1}^{n}\sum_{l=1}^{L}\int\left[Y_{il}-\sum_{j=1}^{p}g_j(\widetilde{\theta}_{ijl}^{\top}\eta_j)-\sum_{k=1}^{q}\phi_k(s_l,Z_{ik})\right]^2ds\\&+\lambda\left[\sum_{j=1}^{p}\rho(\|f_j\|)+\sum_{k=1}^{q}\rho(\|\phi_k\|)\right]\end{aligned}\tag{3.10.10}$$

渐近模型 (3.10.8), 其中

$$\|f_j\|^2=\sum_{i=1}^{n}\sum_{l=1}^{L}\int g_j^2(\widetilde{\theta}_{ijl}^{\top}\eta_j),\quad \|\phi_k\|^2=\sum_{i=1}^{n}\sum_{l=1}^{L}\phi_k^2(s_l,Z_{ik}).$$

§3.11 大数据与算法介绍

§3.11.1 大数据面临的挑战

大数据给现代社会和数据科学家带来了新的机会和挑战. 一方面, 大数据有助于发现灵活的总体方式和小数据不可能发现的异质性, 另一方面, 大样本容量和高维度带来了计算和统计挑战, 包括测量和存贮瓶颈, 噪声累积, 虚假相关, 附带内生性和测量误差. 这些挑战是突出的, 要求新的计算和统计模式. 对于大数据来说, 不仅要发展有效的统计分析方法精确预测未来值, 而且要探索特征和响应变量之间的关系, 探索数据子总体的内在结构, 抽取不同子总体的重要共同特征. Fan, Han & Liu (2014) 采用高维和大样本容量两个特征刻画大数据, 分析了大数据面临的三个挑战: (i) 高维带来了噪声累积, 虚假相关和附带同质性; (ii) 高维结合大样本容量产生了繁重的计算花费和不稳定算法; (iii) 大样本由不同方法搜集不同时间点的多个个体的样本构成, 会产生异质性、试验方差和统计偏差等. 因此, 大样本容量和高维带来了异质性、噪声累积、虚假相关和附带内生性等问题.

异质性: 大数据由对应不同子总体的多个数据源产生, 每个子总体可能展示其他总体不具备的唯一特征. 当样本容量比较小或适中时, 来自小总体的数据点常被看成奇异值, 当观察值不充分时很难建模. 在大数据背景下, 大样本容量有助于更好地理解异方差. 大数据有助于理解子总体的异质性, 也允许人们发展子总体之间的弱共性. 当然, 大数据的异质性对统计推断提出了新挑战 (Khalili & Chen, 2007, Städler, Bühlmann & van de Geer, 2010).

噪声累积：当统计决策或预测规则依赖大量参数时，估计误差逐渐增加. 高维情形下噪声累积特别严重，有时盖过真实信号. Donoho (2000), Hastie, Tibshirani & Friedman (2009)、Bühlmann & van de Geer (2011) 等采用稀疏假设处理噪声累积现象. 由于存在许多弱的、对降低分类误差没有影响的特征，高维分类表现并不好，故使用稀疏模型和变量选择方法克服噪声累积影响，得到最佳信噪比的特征子集及其分类模型，改进分类表现. 对于分类和回归预测来说，变量选择在克服噪声累积方面起了关键作用.

虚假相关：在高维问题中，许多不相关变量可能具有高的样本相关. 高维带来的虚假相关可能会产生虚假的科学发现和错误的统计推断. 为了处理噪声累积问题，当线性模型的维数与样本容量相匹配甚至更大时，一般假设只有少量变量对响应变量有影响，即参数向量是一个稀疏向量. 在这个稀疏假设下，执行变量选择可以避免噪声累积，改进预测表现，提高模型的解释能力. 但如果存在虚假相关，即使是简单的高维线性模型，变量选择也很难实现. Fan & Lv (2008) 证明了，当维数很高时，重要变量和本质无关的伪变量高度相关.

附带内生性：在回归背景下，内生性表示一些预测变量和残差噪声相关. 外生性表示残差误差和所有预测变量无关. 对包括变量选择相合性的绝大多数现有统计方法的有效性来说，外生假设很关键. 而在高维情形中，由于一些预测变量与模型误差相关，外生假设被破坏，使得大多数高维统计方法无效. 一般来讲，由于选择偏差、测量误差和忽视变量等原因会导致内生现象的存在. Fan & Liao (2012) 证实了内生性会引起模型选择的不相合性.

许多传统的方法对于适当的样本容量表现得很好，但在分析高维数据时会面临很多挑战. 为了设计有效的统计方法来探索和预测大数据，需要解决异质性、噪声累积、虚假相关、附带内生性以及平衡统计精度和计算效率等大数据问题，需要新的统计思考和计算方法. 例如，(1) 惩罚拟似然. 模型的拟合优度加惩罚项，其中惩罚函数包括硬门限惩罚 (hard-thresholding penalty)，软门限惩罚 (soft thresholding penalty), SCAD 和 MCP (minimax concavity penalty) 等惩罚，而 SCAD 或 MCP 结合了硬门限惩罚和软门限惩罚的优点. (2) 独立筛选. 大数据的惩罚拟似然估计在计算上不可行，因此使用筛选变量的边际回归将大尺度问题变成中尺度问题，并采用更复杂的变量选择方法. 确定独立筛选的两个基本思想: (i) 用协变量的边际分布探索联合模型的重要性; (ii) 不是选择最重要的变量，而是清除不重要的变量. 该方法具有确定筛选性质和优于 LASSO 的理论性质，计算上很吸引人. Fan & Lv (2008) 和 Fan & Song (2010) 给出了确定筛选性质成立和误选率控制的条件. (3) 处理附带内生性. 大数据带来的附带内生性导致最流行的正则方法无效, 因此需要发展新方法处理高维内生问题. Fan & Liao (2012) 证明了高维线性模型的任何惩罚估计具有变量选择相合性的必要条件是模型误差与协变量不相关, 利用过度识别条件引入聚焦广义矩方法 (FGMMs, focused generalized method of moments) 选择重要变量集 S.

除了大样本容量和高维挑战外, 大数据还面临其他挑战: (1) 复杂数据挑战, 即大数据来自多个数据源, 会展示重尾和相依行为; (2) 噪声数据挑战, 即大数据通常包含多种类型的测量误差、奇异值和缺失值; (3) 相依数据挑战, 例如金融时间序列的磁共振成像和微阵列等相依样本只有相对弱的信号.

基于计算算法研究统计性质是大数据未来发展的一个有趣方向. 下面简要介绍高维数据的非光滑优化算法.

§3.11.2 非光滑优化的一阶算法

对于绝大多数损失函数来说, 高维稀疏线性模型的惩罚拟似然问题没有封闭解, 需要迭代方法求解. 最常用的凸最优算法是梯度下降法. Avriel (2003) 通过计算目标函数在每个点的导数找到解序列收敛的最优解. 当维数很高时, 计算导数很费时. Friedman, Hastie & Höfling (2007) 提出顺向坐标下降算法计算惩罚伪似然估计, 没有沿着整个导数方向最优化, 而是沿着一个坐标计算导数方向. 好处是即使整个最优化问题没有封闭解, 但所有单变量子问题都存在简单封闭解, 在计算上容易实现, 且具有类似梯度下降的收敛性质, 参看 Nesterov (2012). Efron, Hastie & Johnstone (2004) 的最小角回归算法 (LARS), Daubechies, Defrise & De Mol (2004) 的迭代收缩门限算法是坐标下降算法的替代算法. 当惩罚函数非凸时, Fan & Li (2001) 提出了局部二次渐近算法 (LQA), 使用二次函数渐近惩罚得到封闭解; Zou & Li (2008) 提出了局部线性渐近算法 (LLA), 使用线性函数而不是二次函数渐近惩罚改进估计. 对非凸惩罚似然, Wang, Liu & Zhang (2014) 提出了渐近正则路径追随算法 (approximate regularization path following method), 对算法得到的任意局部解提供了明确的统计和计算收敛速度. 从计算上来讲, 渐近正则路径追随算法达到了计算所有正则解的全局几何收敛速度. 就迭代复杂性而言, 渐近正则路径追随算法可能是所有一阶算法里最快的算法. 从统计上来讲, 这个算法得到的任意局部解达到了 oracle 性质, 且具有最快的收敛速度.

渐近正则路径追随算法

惩罚 M 估计可以表示成一个可能非凸优化问题的解,

$$\widehat{\beta} \in \arg\min_{\beta \in R^p} \left\{ L(\beta) + R_\lambda(\beta) \right\}, \tag{3.11.1}$$

其中 $L(\beta)$ 是损失函数, $R_\lambda(\beta)$ 是正则参数为 λ 的惩罚项. 一般采用可分惩罚

$$R_\lambda(\beta) = \sum_{j=1}^{p} p_\lambda(\beta_j).$$

例如, l_1 (或 LASSO) 惩罚为

$$R_\lambda(\beta) = \lambda \|\beta\|_1 = \lambda \sum_{j=1}^{p} |\beta_j|. \tag{3.11.2}$$

对于绝对值较大的参数来说, l_1 惩罚带来了显著的估计偏差. 而 SCAD 惩罚为

$$p_\lambda(\beta_j) = \lambda \int_0^{|\beta_j|} \left\{ 1(z \leqslant \lambda) + \frac{(a\lambda - z)_+}{(a-1)\lambda} 1(z > \lambda) \right\} dz, a > 2, \tag{3.11.3}$$

MCP 惩罚为

$$p_\lambda(\beta_j) = \lambda \int_0^{|\beta_j|} \left(1 - \frac{z}{\lambda b} \right)_+ dz, b > 0. \tag{3.11.4}$$

这些非凸惩罚消除了估计偏差, 达到了具有更高收敛速度的 oracle 性质. 具有非凸正则化的最小二乘回归, 具有非凸正则化的广义线性模型和稀疏椭圆随机设计回归等许多重要估计都属于惩罚 M 估计. 这些问题具有非凸公式, 很难计算全局解. 这些非凸惩罚可以表示成一个 l_1 惩罚和一个凹部分之和

$$p_\lambda(\beta_j) = \lambda|\beta_j| + q_\lambda(\beta_j), \tag{3.11.5}$$

其中凹部分 $q_\lambda(\beta_j)$ 满足以下正则条件:

条件 3.36 $q'_\lambda(\beta_j)$ 单调、利普希茨连续, 即对 $\beta'_j > \beta_j$, 存在两个常数 $\zeta_- \geqslant 0$ 和 $\zeta_+ \geqslant 0$ 使得

$$-\zeta_- \leqslant \frac{q'_\lambda(\beta'_j) - q'_\lambda(\beta_j)}{\beta'_j - \beta_j} \leqslant -\zeta_+ \leqslant 0.$$

条件 3.37 $q_\lambda(\beta_j)$ 对称, 即对任意 β_j, $q_\lambda(-\beta_j) = q_\lambda(\beta_j)$.

条件 3.38 $q_\lambda(\beta_j)$ 和 $q'_\lambda(\beta_j)$ 穿过原点, 即 $q_\lambda(0) = q'_\lambda(0) = 0$.

条件 3.39 $q'_\lambda(\beta_j)$ 是有界的, 即对任意 β_j, $|q'_\lambda(\beta_j)| \leqslant \lambda$.

条件 3.40 $q'_\lambda(\beta_j)$ 关于 λ 具有有界差分: 对任意 β_j, $|q'_{\lambda_1}(\beta_j)-q'_{\lambda_2}(\beta_j)|\leqslant|\lambda_1-\lambda_2|$.

对 SCAD 来说, $\zeta_-=1/(a-1)$ 和 $\zeta_+=0$, 而对 MCP 来说, $\zeta_-=1/b$ 和 $\zeta_+=0$.

由 (3.11.5) 得

$$R_\lambda(\beta)=\sum_{j=1}^p P_\lambda(\beta_j)=\lambda\|\beta\|_1+\sum_{j=1}^p q_\lambda(\beta_j).$$

定义

$$\Im_\lambda(\beta)\equiv\sum_{j=1}^p q_\lambda(\beta_j)=R_\lambda(\beta)-\lambda\|\beta\|_1. \tag{3.11.6}$$

因此, $\Im_\lambda(\beta)$ 表示非凸惩罚 $R_\lambda(\beta)$ 的可分凹部分. 惩罚最小二乘估计定义为

$$\begin{aligned}\widehat{\beta}&\in\arg\min_{\beta\in\mathbf{R}^p}\left\{\frac{1}{2n}\|Y-X\beta\|_2^2+R_\lambda(\beta)\right\}\\&=\arg\min_{\beta\in\mathbf{R}^p}\left\{\frac{1}{2}(1,-\beta^\top)\widehat{S}(1,-\beta^\top)^\top+R_\lambda(\beta)\right\},\end{aligned} \tag{3.11.7}$$

其中 $X=(x_1,\cdots,x_n)^\top\in\mathbf{R}^{n\times p}$, $y=(y_1,\cdots,y_n)^\top\in\mathbf{R}^n$, $\widehat{S}=(y,x)^\top(y,x)/n$ 是随机向量 $(Y,X^\top)^\top\in\mathbf{R}^{p+1}$ 的样本协差阵. 当设计矩阵 X 包含重尾数据时, 样本协差阵 $\widehat{S}$ 不是有效估计. 处理重尾分布的方法是求助椭圆随机设计回归方法. 具体来说, 用一个比椭圆分布族更有效的可秩基协差阵估计 $\widehat{K}$ 取代 $\widehat{S}$. 在半参数椭圆设计回归中, 由于不能保证 $\widehat{K}$ 的半正定性, 损失函数

$$L(\beta)=(1,-\beta^\top)\widehat{K}(1,-\beta^\top)^\top \tag{3.11.8}$$

可能是非凸的. 一般不能直接计算全局最优解, 只能采用标准最优化方法得到满足一阶 Karush-Kuhn-Tucker (KKT) 条件

$$0\in\partial\left\{L(\widehat{\beta}_\lambda)+R_\lambda(\widehat{\beta}_\lambda)\right\} \tag{3.11.9}$$

的局部最优解, 其中 ∂ 表示次微分算子. 一些数值方法已经被用来寻找非凸惩罚最小二乘回归的局部解. 例如, 局部二次渐近 (LQA, Fan & Li, 2001), 极小极大算法 (MM, Hunter & Li, 2005), 局部线性渐近 (LLA, Zou & Li, 2008) 和坐标下降算法 (Breheny & Huang, 2011; Mazumder et al., 2011). 由这些算法得到的局部解的理论性质一般没有建立. 只有 Zhang & Zhang (2012) 证明了以 LASSO 解为初值的梯度下降算法得到唯一局部解, 具有全局解相同的统计

性质; Zhang (2010) 把 LLA 方法看成多步凸放松, 每一步要求精确的 LASSO 解, 在实际应用中根本行不通, 因此 LLA 算法的整个计算复杂性不清楚; 这些工作主要关注统计发现, 计算复杂性不明确, 没有考虑非凸损失函数, 统计分析假设所有计算可执行. 鉴于计算方法只能在有限时间达到有限数值精度, 因此实际计算很难实现. 因此, Wang, Liu & Zhang (2014) 提出了渐近正则路径追随算法解目标函数非凸的高维线性模型的惩罚似然最优化问题.

渐近正则路径追随算法与现有的方法只达到单个正则参数的几何收敛速度不同, 该算法使用相同的复杂迭代计算整个正则路径, 提供了改进的复杂迭代界刻画正则路径上每个阶段的表现. 考虑递减的正则参数序列 $\{\lambda_t\}_{t=0}^N$, λ_0 对应零解, $\lambda_N=\lambda_{tgt}$ 是保证估计达到最优收敛速度的目标正则参数. 对每个 λ_t, 建立每个损失函数 $L(\beta)$ 的局部二次渐近序列, 利用 Nesterov (2013) 提出的近端梯度法 (proximal-gradient method) 更新迭代值

$$\beta_t^{k+1}\leftarrow \arg\min_{\beta\in R^p}\left\{L(\widehat{\beta})+\nabla L(\beta_t^k)T(\beta-\beta_t^k)+\frac{L_t^k}{2}\|\beta-\beta_t^k\|_2^2+R_\lambda(\beta)\right\}, \tag{3.11.10}$$

其中 $k=1,2,\cdots$. 这里 β_t^k 和 L_t^k 对应近端梯度法取正则参数 λ_t 的第 k 次迭代, L_t^k 由适应性线性搜索方法选择.

计算上, 渐近正则路径追随算法对非凸稀疏学习问题提出了保证全局几何收敛速度的最优算法. N 表示路径追随阶段的总数目, ε_{opt} 表示渐近局部解 $\widetilde{\beta}_N$ 想要的最优精度, 只需要 (3.11.10) 定义的近端梯度更新迭代值的对数来计算整个路径.

$$\text{近端梯度法迭代的总数目}\leqslant C\log\left(\frac{1}{\varepsilon_{opt}}\right),$$

其中 $C>0$ 是一个常数. 这个全局几何收敛速度是所有一阶方法中最优的, 因为达到了强凸光滑目标函数一阶方法的下界.

统计上, 沿着整个正则路径, 估计真实参数向量 β^* 时, 由渐近正则路径追随算法得到的所有渐近局部解具有想要的统计收敛速度. s^* 表示 β^* 的非零元个数, 渐近局部解 $\widetilde{\beta}_t$ 以高概率满足

$$\|\widetilde{\beta}_t-\beta^*\|_2\leqslant C\lambda_t\sqrt{s^*}, t=1,\cdots,N. \tag{3.11.11}$$

特别在第 N 步路径追随阶段, $\lambda_N=\lambda_{tgt}=C'\sqrt{\log p/n}$. 这里 C 和 C' 是不依赖 p 和 n 的正常数. 在 $p\geqslant n$ 的超高维情形, 最后的渐近局部解 $\widetilde{\beta}_N$ 达到了最优的统计收敛速度. 在第 t 步路径追随阶段, (3.11.10) 产生的迭代解序列 $\{\beta_t^k\}_{k=0}^\infty$ 收敛于唯一精确的局部解 $\widehat{\beta}_{\lambda_t}$, 该解具有更精确的 oracle 统计性质. s_1^*

表示 β^* 的非零大系数的个数, $s_2^* = s^* - s_1^*$ 表示 β^* 的非零小系数的个数, 渐近局部解 $\widetilde{\beta}_{\lambda_t}$ 以高概率满足

$$\|\widetilde{\beta}_{\lambda_t} - \beta^*\|_2 \leqslant C\sqrt{\frac{s_1^*}{n}} + C'\sqrt{s_2^*}\lambda_t, t = 1, \cdots, N. \tag{3.11.12}$$

特别在最后路径追随阶段, $\lambda_N = \lambda_{tgt} = C''\sqrt{\log p/n}$. 这里 C, C' 和 C'' 是不依赖 p 和 n 的正常数. 当 β^* 的非零系数的绝对值大于 $C'''\sqrt{\log p/n}$ 时, $\widetilde{\beta}_{\lambda_t}$ 恰好找到了 β^* 的支撑, 即

$$supp(\widetilde{\beta}_{\lambda_t}) = supp(\beta^*).$$

迭代局部适应极大极小化 (I-LAMM) 算法

惩罚 M 估计定义为

$$\widehat{\beta} = \arg\min_{\beta \in R^p} \{L(\beta) + R_\lambda(\beta)\}. \tag{3.11.13}$$

这个框架包括平方损失、逻辑损失、高斯图模型负对数似然损失、Huber 损失和折叠凹惩罚. 下面主要考虑 $R(\beta) = \|\beta\|_1$. 控制计算复杂性的同时找最优统计方法是近二十年来高维统计学习的努力方向. $R_\lambda(\beta)$ 的常用选择是 LASSO 惩罚——一个凸惩罚. 凸惩罚不仅会引入不可忽视的估计偏差, 而且很难解决全局最小值的算法问题. SCAD 和 MCP 等非凸惩罚消除了估计偏差并得到具有更优收敛速度的 oracle 性质. 由于惩罚函数的非凸性, 很难得到估计的理论性质. 有关非凸惩罚 M 估计的工作将理论性质和实际算法分开讨论. 一方面, 对实际算法无法得到的假设全局最优解或某个局部最小值建立统计性质; 另一方面, 实际工作者对非凸最优问题发展了一些没有理论保证的探索性算法.

当拟合高维统计模型时, Fan et al. (2018) 提出了同时控制算法复杂性和统计误差的 I-LAMM 算法, 即一族交叉凹惩罚拟似然的局部线性渐近的两步算法: 第一步解一个具有粗略精度容忍限的凸规划问题得到一个粗糙的初始估计; 第二步对具有更小的精度容忍限的凸规划序列进行迭代, 得到更高精度的解. 理论上, 建立了一个分阶段进行的转化: 第一步具有一个次线性迭代复杂性, 而第二步得到了一个改进的线性收敛速度. 该算法对一大类非凸最优问题提供了具有最优统计表现和控制算法复杂性的解. 该方法依赖稀疏特征值条件的局部版本. 由于对稀疏学习问题的创新局部分析, 该方法要求的条件比较弱. 该算法考虑了渐近最优误差, 从理论上保证了由该算法能够计算得到估计. 该方法还对适应性 LASSO 和交叉凹惩罚回归提供了新的理论观点, 并使用统一

的框架将两种方法联系在一起. 与现有的方法相比, I-LAMM 算法对未知真实参数没有施加任何限制.

使用 I-LAMM 算法解具有预先固定最优精度的凸规划序列

$$\arg\min_{\beta\in R^p}\left\{L(\beta)+R(\lambda^{(l-1)}\odot\beta)\right\}, \tag{3.11.14}$$

其中 $\lambda^{(l-1)}=(\lambda\omega(|\widetilde{\beta}_1^{(l-1)}|),\cdots,\lambda\omega(|\widetilde{\beta}_p^{(l)}|))^\top$, $\widetilde{\beta}^{l-1}$ 是 (3.11.4) 的第 l 个最优问题的一个渐近解, $\omega(\cdot)$ 是加权函数, $\odot$ 表示 Hadamard 积, $R(\cdot)$ 是可分的凸惩罚函数 $\sum\limits_{j=1}^{p}p_\lambda(|\beta_j|)$, $p_\lambda(\cdot)$ 是 folded 凹惩罚, 例如 SCAD 或 MCP. 要求函数 $\omega(\cdot)$ 来自紧函数类

$$\mho=\{\omega(\cdot)\in M:\omega(t_1)\leqslant\omega(t_2),\forall t_1\geqslant t_2\geqslant 0, 0\leqslant\omega(t)\leqslant 1, t\geqslant 0, \omega(t)=0, t\leqslant 0\}.$$

如果 (3.11.13) 的惩罚似然函数关于 β 是 folded 凹的, 则很难计算极大值. Fan et al. (2018) 提出惩罚函数的适应局部线性渐近方法 (适应 LLA) 解

$$\arg\min_{\beta\in R^p}\left\{L(\beta)+\sum_{j=1}^{p}p'_\lambda(|\widetilde{\beta}_j^{(l-1)}|)|\beta_j|\right\}, 1\leqslant l\leqslant T, \tag{3.11.15}$$

其中 $\widetilde{\beta}_j^{(l-1)}$ 是 $\widetilde{\beta}^{(l-1)}$ 的第 j 个元, $\widetilde{\beta}^0$ 是初值. 如果假设 $\omega(\cdot)\equiv\lambda^{-1}p'_\lambda(\cdot)\in\mho$, 例如 SCAD 或 MCP, 则适应性 LLA 算法可看成 (3.11.14) 的特殊情形. 注意适应性 LLA 算法不包含具有 $l_q(q<1)$ 惩罚的 LLA 算法, 因为 l_q 惩罚的导数在原点无界, 因此 $\lambda^{-1}p'_\lambda(\cdot)\overline{\in}\mho$. Fan et al. (2018) 提出局部适应极小极大 (LAMM) 方法解最优化问题 (3.11.15):

$$\begin{aligned}\arg\min_{\beta\in R^p}&\left\{L(\widetilde{\beta}^{(l-1)})+\langle\nabla L(\widetilde{\beta}^{(l-1)}),\beta-\widetilde{\beta}^{(l-1)}\rangle\right.\\&\left.+\frac{\phi}{2}\|\beta-\widetilde{\beta}^{(l-1)}\|_2^2+\sum_{j=1}^{p}p'_\lambda(|\widetilde{\beta}_j^{(l-1)}|)|\beta_j|\right\}.\end{aligned} \tag{3.11.16}$$

对于 $\lambda^{(l-1)}=\left(p'_\lambda(|\widetilde{\beta}_1^{(l-1)}|),\cdots,p'_\lambda(|\widetilde{\beta}_p^{(l-1)}|)\right)^\top$, (3.11.16) 的最小值为

$$\beta^{(l,1)}=T_{\lambda^{(l-1)},\phi}(\widetilde{\beta}^{(l-1)})\equiv S\left(\widetilde{\beta}^{(l-1)}-\phi^{-1}\nabla L(\widetilde{\beta}^{(l-1)}),\phi^{-1}\lambda^{(l-1)}\right), \tag{3.11.17}$$

其中 $S(x,\lambda)\equiv(sign(x_j)\cdot\max\{|x_j|-\lambda_j,0\})$ 是软门限算子. LAMM 算法只解局部极大值. 解 (3.11.15) 需要迭代使用 LAMM, 即使用初值 $\beta^{(l,k-1)}$ 计算解序列 $\beta^{(l,k)}$, 称为迭代 LAMM 算法 (I-LAMM).

根据最优化理论, (3.11.15) 的第 l 个子问题的任意精确解 $\widehat{\beta}^{(l)}$ 满足一阶最优条件:

$$\nabla L(\widetilde{\beta}^{(l-1)}) + \lambda^{(l-1)} \odot \xi = 0, \xi \in \partial \|\widehat{\beta}^{(l)}\|_1 \in [-1,1]^p, \tag{3.11.18}$$

其中 ∂ 表示次微分算子. 函数 $f: \mathbf{R}^p \to \mathbf{R}$ 在点 x_0 的次微分集, 记为 $\partial f(x_0)$, 定义向量 ξ 的集合: 对任意 x, $f(x) - f(x_0) \geqslant \xi^\top (x - x_0)$. β 的次最优度量定义为

$$\omega_{\lambda^{(l-1)}}(\beta) = \min_{\xi \in \partial \|\beta\|_1} \{\|\nabla L(\beta) + \lambda \odot \xi\|_\infty\}. \tag{3.11.19}$$

对预先固定的最优误差 ε, 当 $\omega_{\lambda^{(l-1)}}(\beta^{(l,k)}) \leqslant \varepsilon$ 时, 在第 l 步子问题中算法停止. 称 $\widetilde{\beta}^{(l)} \equiv \beta^{(l,k)}$ 为 ε 最优解.

I-LAMM 算法的图说明

$$\lambda^0: \quad \beta^{(1,0)} = 0 \Rightarrow^{LAMM} \beta^{(1,1)} \Rightarrow^{LAMM} \cdots \Rightarrow^{LAMM} \beta^{(1,k_1)} = \widetilde{\beta}_1, k_1 \lesssim \varepsilon_c^{-2};$$
$$\lambda^1: \quad \beta^{(2,0)} = \widetilde{\beta}^{(1)} \Rightarrow^{LAMM} \beta^{(2,1)} \Rightarrow^{LAMM} \cdots \Rightarrow^{LAMM} \beta^{(2,k_2)} = \widetilde{\beta}_2, k_2 \lesssim \log(\varepsilon_t^{-1});$$
$$\vdots$$
$$\lambda^{T-1}: \beta^{(T,0)} = \widetilde{\beta}^{(T-1)} \Rightarrow^{LAMM} \beta^{(T,1)} \Rightarrow^{LAMM} \cdots \Rightarrow^{LAMM} \beta^{(T,k_T)} = \widetilde{\beta}_T, k_T \lesssim \log(\varepsilon_t^{-1});$$

$k_l, 1 \leqslant l \leqslant T$ 是 (3.11.15) 第 l 个最优化迭代指标, ε_c 和 ε_t 表示收缩和收紧的精度参数.

第四章 广义半变系数模型的统计推断

§4.1 广义半变系数模型

§4.1.1 模型

假设 Y 是响应变量, (X, Z, U) 是协变量, $\mu(x, z, u) = E(Y|X = x, Z = z, U = u)$, 则广义半变系数模型表示为

$$g\{\mu(x, z, u)\} = X^\top\beta + Z^\top\alpha(U), \tag{4.1.1}$$

其中 $g(\cdot)$ 是已知联结函数, β 是 p 维参数向量, $\alpha(\cdot)$ 是 q 维未知函数向量. (4.1.1) 是半参数模型, 参数部分是 $X^\top\beta$, 非参数部分是 $Z^\top\alpha(U)$, 表示 Z 和 U 的交互影响. 给定设计矩阵 X, Z, U, 响应变量 Y 的条件分布属于典型指数分布族, 密度函数为

$$f_{Y|U,X,Z}(Y|U, X, Z; \beta, \alpha(U)) = \exp\left\{\frac{y\vartheta - b(\vartheta)}{a(\phi)} + c(Y|U, X, Z; \beta, \alpha(U))\right\},$$

其中 ϑ 为自然参数, ϕ 是离差参数. 广义半变系数模型不仅是半变系数模型对连续和离散响应变量的自然推广, 也是广义线性模型 $g[\mu(x) = E(Y|X = x)] = X^\top\beta$ 和广义变系数模型 $g[\mu(z, u) = E(Y|Z = z, U = u)] = Z^\top\alpha(U)$ 的推广形式. 该模型允许系数函数 $\alpha(U)$ 随着 U 变化而发生变化, 不仅具有广义线性模型的解释能力, 而且具有非参数模型 $Y = m(X) + \varepsilon$ 的灵活性. 因此, 当部

分系数函数没有随着 U 发生变化时, 广义半变系数模型比广义变系数模型更有效, 不仅能得到更有效的估计, 而且具有更好的解释能力. 人们已经研究了 (4.1.1) 的变量选择、估计、算法和分位数回归等问题. 例如, Li & Liang (2008) 采用非凹惩罚似然提出了一类变量选择方法, 建立了估计的收敛速度和渐近正态性; Lam & Fan (2008) 建立了剖面似然估计的渐近正态性, 提出了加速剖面核算法等.

§4.1.2 斯普林菲尔德第五国家银行的性别歧视问题

Lam & Fan (2008) 收集了斯普林菲尔德第五国家银行 208 个员工的 8 个变量:

1. 薪水.

2. 工作级别 Y: 1—6 表示由低到高的工作水平.

$$Y = \begin{cases} 1, & \text{工作级别大于 } 4, \\ 0, & \text{工作级别小于等于 } 4. \end{cases}$$

3. 性别 (X_1): $X_1 = \begin{cases} 1, & \text{女雇员}, \\ 0, & \text{男雇员}. \end{cases}$

4. 与计算机相关的工作 (X_2): $X_2 = \begin{cases} 1, & \text{工作与计算机相关}, \\ 0, & \text{工作与计算机无关}. \end{cases}$

5. 教育水平 $(X_i, i = 3, 4, 5, 6, 7)$: $X_i = \begin{cases} X_3, & \text{中学毕业}, \\ X_4, & \text{大学肄业}, \\ X_5, & \text{大学毕业}, \\ X_6, & \text{研究生肄业}, \\ X_7, & \text{研究生毕业}. \end{cases}$

6. 年龄 (U).

7. 在第五国家银行的工龄.

8. 在另一家银行的工龄总工龄 (Z): $Z =$ 在第五国家银行的工龄 $+$ 在另一家银行的工龄.

为了测试 (1) 年龄对薪水的非线性影响和 (2) 年龄与雇员的总工龄对薪水的交互影响, Lam & Fan (2008) 采用广义半变系数模型

$$\operatorname{logit}(p_H) = \log\left(\frac{p_H}{1 - p_H}\right) = \beta_1 X_1 + \beta_2 X_2 + \sum_{i=3}^{7} \beta_i X_i + \alpha_1(U) + \alpha_2(U)Z, \tag{4.1.2}$$

其中 $p_H = P(Y = 1|X = x, Z = z, U = u)$ 表示银行员工获得高级别工作的概率, 工作级别 Y 服从概率 p_H 的两点分布, $\alpha_1(U)$ 表示年龄 U 对工作级别 Y 的非线性影响, $\alpha_2(U)Z$ 表示年龄 U 与银行员工的总工龄 Z 对工作级别 Y 的交互影响. 为了研究女雇员比男雇员得到的薪水是否更少, 主要检验

$$H_0 : \beta_1 = 0 \longleftrightarrow H_1 : \beta_1 < 0. \tag{4.1.3}$$

用广义似然比方法检验问题 (4.1.3), 检验统计量的 p 值分别为 0.0001 和 0.0002. 显著性水平为 $\alpha = 0.01 > P$. 因此拒绝 H_0, 接受 H_1, 认为女雇员很难有晋升机会.

§4.1.3 广义半变系数模型的变量选择

变量选择作为一种常用的降维方法, 在高维统计建模中起了关键作用. 近年来, 人们发展了选择变量同时能够估计模型参数的统计算法. 例如, Li & Liang (2008) 研究了具有 SCAD 惩罚的广义半变系数模型的变量选择问题.

假设 $\{U_i, X_i, Z_i, Y_i\}_{i=1}^n$ 是独立同分布样本. 给定样本 (U_i, X_i, Z_i) 时, Y_i 的条件拟似然函数定义为

$$Q\{\mu(U_i, X_i, Z_i), Y_i\},$$

其中拟似然函数为

$$Q(\mu, y) = \int_\mu^y \frac{s-y}{V(s)} ds, \tag{4.1.4}$$

$V(s)$ 为给定方差函数. 观察数据 $\{U_i, X_i, Z_i, Y_i\}_{i=1}^n$ 的拟似然函数为

$$l(\alpha, \beta) = \sum_{i=1}^n Q\left[g^{-1}\{X_i^\top \beta + Z_i^\top \alpha(U_i)\}\right], \tag{4.1.5}$$

惩罚拟似然函数为

$$L(\alpha, \beta) = l(\alpha, \beta) - n\sum_{j=1}^p p_{\lambda_j}(|\beta_j|), \tag{4.1.6}$$

其中 $p_{\lambda_j}(\cdot)$ 是收缩参数为 λ_j 且 $\gamma = 3.5$ 的 SCAD 惩罚函数, 即

$$p_{\lambda,\gamma}(\|\beta\|_1) = \begin{cases} \lambda\|\beta\|_1, \|\beta\|_1 \leqslant \lambda, \\ \dfrac{2\lambda\gamma\|\beta\|_1 - (\|\theta\|_1^2 + \lambda^2)}{2(\gamma-1)}, \quad \lambda < \|\beta\|_1 \leqslant \lambda\gamma, \\ \dfrac{\lambda^2(\gamma^2-1)}{2(\gamma-1)}, \|\beta\|_1 > \lambda\gamma. \end{cases}$$

或对 $\gamma > 2, \lambda > 0$,

$$\begin{aligned} p'_{\lambda,\gamma}(\|\beta\|_1) &= \lambda\left\{I(\beta \leqslant \lambda) + \frac{(\gamma\lambda - \beta)_+}{(\gamma-1)\lambda} I(\beta > \lambda)\right\} \\ &= \begin{cases} \lambda, \|\beta\|_1 \leqslant \lambda, \\ \dfrac{\lambda\gamma - \|\beta\|_1}{\gamma - 1}, \lambda < \|\beta\|_1 \leqslant \lambda\gamma, \\ 0, \|\beta\|_1 > \lambda\gamma. \end{cases} \end{aligned}$$

对 u 某个邻域内的点 U, 采用局部线性渐近

$$\alpha_j(U) \approx \alpha_j(u) + \alpha'_j(u)(U-u) \equiv a_j + b_j(U-u), j = 1, \cdots, q.$$

局部似然方法就是求局部似然函数

$$\sum_{i=1}^{n} Q\left[g^{-1}\{X_i^\top \beta + Z_i^\top a + Z_i^\top b(U_i - u)\}\right] K_h(U_i - u) \tag{4.1.7}$$

的极大值, 其中 $\alpha = (a_1, \cdots, a_q)$, $b = (b_1, \cdots, b_q)$, $K(\cdot)$ 是核函数, h 是带宽, $K_h(\cdot) = K(\cdot/h)/h$. 取 $\{\widetilde{a}, \widetilde{b}, \widetilde{\beta}\}$ 为 (4.1.7) 的解, 则 $\widetilde{\alpha}(u) = \widetilde{a}$. $\widetilde{a}$ 是 $\sqrt{nh}$ 相合的. 用局部数据估计的 $\widetilde{\beta}$ 没有 $\sqrt{n}$ 收敛性质. 为了提高效率, 用全局似然估计 β: $\widetilde{a}$ 取代模型 (4.1.7) 的 $\alpha(U)$ 得到惩罚似然

$$L_p(\beta) = \sum_{i=1}^{n} Q\left\{g^{-1}\{X_i^\top \beta + Z_i^\top \widetilde{\alpha}(U_i)\}, Y_i\right\} - n\sum_{j=1}^{p} p_{\lambda_j}(|\beta_j|). \tag{4.1.8}$$

求 $L_p(\beta)$ 的极大值得到惩罚似然估计 $\widehat{\beta}_\lambda$. 这里使用广义交叉核实 (GCV) 方法选择收缩参数 λ_j. 在 Newton-Raphson 的最后迭代步, 计算有效参数个数

$$e(\lambda_1, \cdots, \lambda_d) = tr[\{l''(\widehat{\beta}) - n\Sigma_\lambda(\widehat{\beta})\}^{-1} l''(\widehat{\beta})],$$

$$l''(\beta) = \partial^2 l(\widetilde{\alpha}, \beta)/\partial\beta\partial\beta^\top, \quad \Sigma_\lambda(\widehat{\beta}) = \mathrm{diag}\{p'_{\lambda_1}(|\widehat{\beta}_{\lambda_1}|)/|\widehat{\beta}_1|, \cdots, p'_{\lambda_d}(|\widehat{\beta}_{\lambda_d}|)/|\widehat{\beta}_d|\}.$$

GCV 统计量定义为

$$GCV(\lambda_1, \cdots, \lambda_d) = \frac{\sum\limits_{i=1}^{n} D\{Y_i, g^{-1}(X_i^\top \widehat{\beta}_\lambda + Z_i^\top \widehat{\alpha}(U_i))\}}{n\{1 - e(\lambda_1, \cdots, \lambda_d)/n\}^2},$$

其中 $D(y, \mu)$ 表示调整参数为 λ 的拟合模型和 Y 的偏差.d 维空间的最小值问题很难计算. 但是, λ_j 的大小与 β_j 的非惩罚极大伪部分似然估计应该成比例关系, 因此常取 $\lambda_j = \lambda SE(\widehat{\beta}_j^\mu)$, 其中 $SE(\widehat{\beta}_j^\mu)$ 是 $\widehat{\beta}_j^\mu$ 的估计标准误差. Li & Liang (2008) 证明了 $\widehat{\beta}_\lambda$ 具有渐近 oracle 性质.

§4.2　广义半变系数纵向数据混合效应模型

§4.2.1　引言

混合效应模型经常用来建模面板数据或分组横截面数据. 例如, Breslow & Clayton (1993), Fahrmeir & Tutz (2001) 和 Jiang & Lahiri (2006) 等研究了广义线性混合效应模型及其在林业、农业、经济、生物医学和社会科学等领域的广泛应用; Ghosh & Rao (1994), Ghosh et al. (1998) 和 Rao (2003) 等研究了小区域估计方法. 这里小区域通常指一个小地理区域, 例如县、地区或小区域. 小区域推断对公共和私营领域来说很重要. 例如, 美国农业部基于农业和土地价值发布了 48 个州农场房地产价值的年度估计. Lombardía & Sperlich (2008) 引入了广义部分线性混合效应模型, 结合似然方法和核方法提出了新的估计方法, 利用自助法建立了两个模型识别检验方法, 在适当条件下发展了估计和模型识别统计量的渐近理论; Lombardía & Sperlich (2012) 将固定效应、混合效应和部分线性模型统一起来提出了广义半混合效应模型, 基于西班牙加利西亚省真实的旅游花费研究了小区域分析. 因此, 混合效应模型在小区域统计学中很流行. Hu & Yang (2019) 提出了广义半变系数混合效应模型建模相依变量 Y、回归变量 $\{X=(X_1,\cdots,X_p)^\top,\ Z=(Z_1,\cdots,Z_q)^\top,U\}$ 和随机效应 b 之间的关系. 给定 $\{X,Z,U\}$, Y 的条件期望为 $g(X^\top\beta+Z^\top\alpha(U)+Hb)$, 其中 $\beta=(\beta_1,\cdots,\beta_p)^\top$ 是未知参数向量, $\alpha(U)=(\alpha_1(U),\cdots,\alpha_q(U))^\top$ 是未知光滑函数向量, $H\subseteq(1,X^\top)^\top$, b 是不能观察的随机效应, g 是已知函数. 当随机效应 b 不存在时, Li & Liang (2008) 使用非凹惩罚似然提出了变量选择方法; Lam & Fan (2008) 针对参数个数增加的情况发展了剖面似然估计, 提出了加速剖面核算法等.

对半参数混合效应模型, Lin & Zhang (1999) 研究了广义可加混合模型, 用光滑样条估计非参数函数, 用边际拟似然同时估计光滑参数和方差分量; Zhang (2004) 提出了具有变系数的广义线性混合效应纵向数据模型, 采用双稳健拟似然方法估计变系数和方差分量; Su & Ullah (2006) 研究了具有外生回归因子的固定效应部分线性面板数据模型; Sun, Carroll & Li (2009) 研究了具有固定效应的变系数面板数据模型, 提出了检验随机效应和固定效应的检验统计量; Liang (2009) 研究了具有误测协变量的广义部分线性混合效应模型, 得到了参数估计和非参数曲线估计; Li, Gao & Chen (2013) 研究了部分线性单指标固定效应面板数据模型, 提出了半参数最小平均方差估计方法; Hu & Yang (2019) 将广义剖面似然和加权似然方法结合研究了广义半变系数混合效应模型的小区域推断. 加权似然概念最早出现在 Staniswalis (1989), 主要对光滑回归函数 $\lambda = m(x)$ 建立了非参数核估计

$$\widehat{\lambda}_0 = m_n(x_0, h_n) = \sum_{i=1}^{n} Y_i K\left[(x_0 - x_i)/h_n\right] / \sum_{i=1}^{n} K\left[(x_0 - x_i)/h_n\right],$$

其中 $\widehat{\lambda}_0$ 使加权似然函数 $W(\lambda) = \sum\limits_{i=1}^{n} K[(x_0 - x_i)/h_n]\log f(Y_i; \lambda)$ 达到极大值, K 是对称核, 具有紧支撑, h_n 是控制光滑程度的带宽序列, f 是 Y_i 的密度函数. 对于小样本, $m_n(x_0, h_n)$ 的偏差比通常的核估计要小. 实际上, $p > 0$ 次多项式估计优于通常的核估计 ($p = 0$, 局部常数估计). 多项式估计的最吸引人的特点是该方法能够自动适应设计点的边界, 因此可以在不增加方差的情况下降低偏差. 局部多项式估计还具有灵敏性和优良的渐近表现, 是一种比核估计方法更流行的非参数回归估计方法. Severini & Wong (1992) 提出了广义剖面似然的概念: 如果 $\theta \in \Theta$ 是感兴趣的实值参数, λ_θ 是一最不利曲线, $\widehat{\lambda}_\theta$ 是 λ_θ 的相合估计, 则 $L_n(\theta, \widehat{\lambda}_\theta) = \sum \log f(Y_i; \theta, \widehat{\lambda}_\theta)$ 称为 θ 的广义剖面似然, 其中 $f(Y_i; \theta, \widehat{\lambda}_\theta)$ 是 Y_i 的密度函数. 广义剖面似然方法是先固定参数部分 θ, 再通过求加权似然函数 $W(\lambda)$ 的极大值得到最不利曲线 λ_θ 的相合估计, 最后通过求广义剖面似然 $L_n(\theta, \widehat{\lambda}_\theta)$ 的极大值得到参数估计 $\widehat{\theta}$. 该方法的优点在于它把估计问题有效地分为两部分, 以便最不利曲线用加权似然方法估计, 而渐近有效的参数估计用参数方法得到. 因为剖面似然要求计算无穷维空间的极大值, 这个值可能不存在或者不能导致参数部分的相合估计, 所以在半参数问题中使用广义剖面似然方法. 例如, Severini & Wong (1992) 通过计算广义剖面似然的极大值得到了参数部分的估计方法, 建立了估计的相合性和渐近正态性; Severini & Staniswalis (1994) 用拟似然和广义剖面似然方法建立了半参数模型的参数估计和光滑曲线估计及其渐近分布理论; Rodríguez-Póo, Sperlich & Vieu (2003) 用广义剖面似然估计了可分模型的不同部分, 建立了估计的渐近性质; Lombardía & Sperlich (2008) 研究了广义部分线性混合效应模型, 提出了估计方法和模型识别检验方法, 并提出自助法模拟检验统计量的临界值等. Hu & Yang (2019) 将广义剖面似然和核方法结合建立了半参数小区域估计理论, 对零假设为参数混合效应模型而备择假设为广义半变系数混合效应模型的检验问题提出了两类模型识别统计量及其自助统计量.

§4.2.2 模型和假设

假设响应变量 Y 在地区 i 的第 j 个个体为 Y_{ij}. 协变量 U_{ij}, X_{ij}, Z_{ij} 和 H_{ij} 是可观察的回归变量, 其中 $U_{ij} \in \Upsilon \subset \mathbf{R}$ 与非线性效应相关, $X_{ij} = (X_{ij1}, \cdots, X_{ijp})^\top \in \Psi \subset \mathbf{R}^p$ 与固定效应相关, $Z_{ij} = (Z_{ij1}, \cdots, Z_{ijq})^\top \in \Gamma \subseteq \mathbf{R}^q$ 与非线性交互效应相关, $H_{ij} = (H_{ij1}, \cdots, H_{ijr})^\top \subseteq (1, X_{ij}^\top)^\top$ 与随机效应相关. 广义半变系数纵向数据混合效应模型表示为

$$g\left(E[Y_{ij}|b_i, U_{ij}, X_{ij}, Z_{ij}]\right) = X_{ij}^\top\beta + Z_{ij}^\top\alpha(U_{ij}) + H_{ij}^\top b_i, i = 1, \cdots, m; j = 1, \cdots, n_i, \tag{4.2.1}$$

其中 $g(\cdot)$ 是具有逆函数 $G(\cdot)$ 的联结函数, $Y_{ij} \in \mathbf{R}$, $U_{ij} \in \Upsilon \subset \mathbf{R}$, $X_{ij} \in \Psi \subset \mathbf{R}^p$, $Z_{ij} \in \Gamma \subseteq \mathbf{R}^q$, β 是 p 维未知回归系数向量, $\alpha(\cdot)$ 是 q 维未知光滑函数向量, $H_{ij} \subseteq (1, X_{ij}^\top)^\top$, $b_i \in \mathbf{R}^r$ 是不可观察的区域效应, m 是小区域的数目, n_i 是区域 i 的小样本容量, $n = \sum\limits_{i=1}^m n_i$. 由于 n_i 比较小, m 比较大, 故 b_i 可看成随机效应. 随机效应表示个体效应 b_i 与 (X_{ij}, Z_{ij}, U_{ij}) 没有相关关系. 固定效应表示个体效应 b_i 与 (X_{ij}, Z_{ij}, U_{ij}) 具有未知相关关系.

模型基本假设

假设 4.1 给定 $(b_i, U_{ij}, X_{ij}, Z_{ij})$, Y_{ij} 条件独立.

假设 4.2 随机效应 b_i 独立同分布, 均值为 0, 协差阵为对角阵 $\Sigma_b \in \mathbf{R}^{r\times r}$.

假设 4.3 U, X 和 Z 分别来自紧集 $\Upsilon \subset \mathbf{R}$, $\Psi \subset \mathbf{R}^p$ 和 $\Gamma \subset \mathbf{R}^q$, 且 U, X, Z 与 b_i 独立.

评论 4.1 假设 4.1—4.2 可放松, 假设 4.3 是常用的关键假设. Lombardía & Sperlich (2008) 讨论了随机区域效应, 对广义部分线性混合效应模型放松了假设 4.3. 这里考虑随机效应 b, 对参数 β 和变系数函数 $\alpha(U)$ 建立了估计方法.

定义条件期望 $\mu_{ij} = g[X_{ij}^\top\beta + Z_{ij}^\top\alpha(U_{ij}) + H_{ij}^\top b_i]$. Y 是代表元为 Y_{ij} 的 $n\times1$ 向量, X 是行为 $X_{ij}^\top$ 的 $n\times p$ 矩阵, Z 是行为 $Z_{ij}^\top$ 的 $n\times q$ 矩阵, U 是行为 U_{ij} 的 $n\times1$ 矩阵, $H = \mathrm{diag}\{H_i^\top, i = 1, \cdots, m\}$ 是对角块为 $H_i = (H_{i1}^\top, \cdots, H_{in_i}^\top)^\top$ 的 $n\times rm$ 块矩阵, $b = \mathrm{diag}\{b_i, i = 1, 2, \cdots, m\}$ 是随机效应的 $rm\times m$ 块矩阵. 定义条件均值向量 $\mu = E[Y|b, U, X, Z]$ 的代表元为 μ_{ij}, 条件协差阵 $\Sigma = Var[Y|b, U, X, Z]$ 的代表元为 σ_{ij}^2, $V = Var[Y|U, X, Z]$. 用矩阵形式表示半变系数预测为 $X\beta + Z\alpha(U) + Hb$, 其中 $\beta = (\beta_1, \cdots, \beta_p)^\top$ 是 $p\times1$ 参数向量, $\alpha(U) = (\alpha_1(U), \cdots, \alpha_q(U))^\top$ 是 $q\times1$ 变系数函数.

§4.2.3 半参数小区域估计

这里研究随机效应存在时相依变量 $Y \in \mathbf{R}$ 与解释变量 $\{U, X, Z\} \in \mathbf{R}^{1+p+q}$ 之间的关系, 考虑 $\forall i = 1, \cdots, m, \sigma_{ij}^2 = \sigma_e^2, j = 1, \cdots, n_i$ 的情形. 对一般情形 σ_{ij}^2, 方法类似, 但由于参数增加, 方法更困难、计算更复杂. 记方差分量 $\theta = ((\mathrm{vec}(\Sigma_b))^\top, \sigma_e^2)$ 和 $\delta = (\beta^\top, \theta)$. 这里 $\mathrm{vec}(\Sigma_b)$ 把 Σ_b 的不同元拉成一个 $r^2 \times 1$ 的列向量. 对随机效应 b, $\mathrm{p}(b; \Sigma_b)$ 表示均值为 0、对角协差阵为 $\Sigma_b \in \Delta_b$ 的正态密度. 目的是要估计参数向量 $\delta = (\beta^\top, \theta)$ 和光滑曲线 $(\alpha_1(\cdot), \cdots, \alpha_q(\cdot))^\top$. 如果给定 $\{b, U, X, Z\}$, Y 的条件分布属于密度函数族

$$\{f(Y|b, U, X, Z; \alpha_1(\cdot) \in M_1, \cdots, \alpha_q(\cdot) \in M_q, \delta \in \Delta_\delta)\}$$

$M_1, \cdots, M_q$ 和 Δ_δ 都是紧集, 则可以得到似然函数

$$\prod_{i=1}^{m} \prod_{j=1}^{n_i} f(Y_{ij}|b_i, U_{ij}, X_{ij}, Z_{ij}; \alpha_1(\cdot), \cdots, \alpha_q(\cdot), \delta).$$

这个族的重要成员是条件指数密度族

$$f_{Y|b,U,X,Z}(Y|b, U, X, Z; \vartheta, \phi) = \exp\left\{\frac{y\vartheta - b(\vartheta)}{a(\phi)} + c(Y|b, U, X, Z; \phi)\right\},$$

ϑ 是自然参数, ϕ 是离差参数. 同时估计参数向量 $\delta = (\beta^\top, \theta)$ 和光滑曲线 $(\alpha_1(\cdot), \cdots, \alpha_q(\cdot))^\top$, 可以选择积分方法, 即通过积分去掉随机效应求边际条件密度

$$\begin{aligned} & f(Y_{ij}|U_{ij}, X_{ij}, Z_{ij}; \alpha_1(\cdot), \cdots, \alpha_q(\cdot), \delta) \\ = & \int_{R^r} f(Y_{ij}|b, U_{ij}, X_{ij}, Z_{ij}; \alpha_1(\cdot), \cdots, \alpha_q(\cdot), \delta)\mathrm{p}(b; \Sigma_b) db \end{aligned} \tag{4.2.2}$$

的最大值. 定义似然函数

$$L(Y; \alpha_1(\cdot), \cdots, \alpha_q(\cdot), \delta) = \prod_{i=1}^{m} \prod_{j=1}^{n_i} f(Y_{ij}|U_{ij}, X_{ij}, Z_{ij}; \alpha_1(\cdot), \cdots, \alpha_q(\cdot), \delta)$$

和非光滑对数似然函数

$$l(Y; \alpha_1(\cdot), \cdots, \alpha_q(\cdot), \delta) = \sum_{i=1}^{m} \sum_{j=1}^{n_i} \log f(Y_{ij}|U_{ij}, X_{ij}, Z_{ij}; \alpha_1(\cdot), \cdots, \alpha_q(\cdot), \delta), \tag{4.2.3}$$

再关于参数向量 δ 求极大值. 一些作者已经讨论了无穷维讨厌参数或光滑曲线存在时有限维参数的估计问题. 这里主要借助 Severini & Wong (1992) 提出的广义剖面似然方法估计模型. 为了应用广义剖面似然方法估计参数 δ, 先引入最不利曲线: 如果对任意具有 $\alpha_{1\delta_0}=\alpha_0$ 的其他光滑曲线 $\delta\to\alpha_{1\delta}$,

$$E_0\left[\frac{d}{d\delta}l(Y;\alpha_\delta,\delta)|_{\delta=\delta_0}\right]^2\leqslant E_0\left[\frac{d}{d\delta}l(Y;\alpha_{1\delta},\delta)|_{\delta=\delta_0}\right]^2,$$

则称具有 $\alpha_0=\alpha_{\delta_0}$ 的曲线 $\delta\to\alpha_\delta$ 为最不利曲线. 为了得到最不利曲线 $\alpha_\delta(U)$ 的相合估计, 先固定 U_0, 再估计 $\alpha_\delta(U)$. 根据 Staniswalis (1989), Rodríguez-Póo, Sperlich & Vieu (2003) 和 Severini & Wong (1992) 的工作, 最不利曲线 $\alpha_\delta(U)$ 的局部估计用下面第一步中的加权似然方法得到, 参数向量 $\widehat{\delta}$ 用第 1—2 步中的广义剖面似然方法得到.

方法 A (三步估计法):

第一步. 对给定的 U_0 和固定的 δ, 求加权似然函数

$$\begin{aligned}&W(\alpha_\delta(U_0))=W(\alpha_{1,\delta}(U_0),\cdots,\alpha_{q,\delta}(U_0))\\&=\sum_{i=1}^m\sum_{j=1}^{n_i}\log f(Y_{ij}|U_{ij},X_{ij},Z_{ij};\alpha_{1,\delta}(U_0),\cdots,\alpha_{q,\delta}(U_0),\delta)K\{(U_{ij}-U_0)/h_n\}\end{aligned}\tag{4.2.4}$$

的最大值得到 $\alpha_\delta(U_0)=(\alpha_{1,\delta}(U_0),\cdots,\alpha_{q,\delta}(U_0))^\top$ 的相合估计 $\widetilde{\alpha}_\delta(U_0)$, 其中

$$f(Y_{ij}|U_{ij},X_{ij},Z_{ij};\alpha_{1,\delta}(U_0),\cdots,\alpha_{q,\delta}(U_0),\delta)$$

定义在公式 (4.2.2) 中, 即

$$\begin{aligned}\widetilde{a}_\delta(U_0)&=(\widetilde{a}_{1,\delta}(U_0),\cdots,\widetilde{a}_{q,\delta}(U_0))^\top\\&=\max_{\alpha_{1,\delta}(\cdot)\in M_1,\cdots,\alpha_{q,\delta}(\cdot)\in M_q}W(\alpha_{1,\delta}(U_0),\cdots,\alpha_{q,\delta}(U_0)).\end{aligned}$$

第二步. 给定估计 $\widetilde{a}_\delta(U_0)$, 得到 δ 的简单极大似然估计

$$\widehat{\delta}=\max_{\delta\in\Delta_\delta}\sum_{i=1}^m\sum_{j=1}^{n_i}\log f(Y_{ij}|U_{ij},X_{ij},Z_{ij};\widetilde{a}_{1,\delta}(U_0),\cdots,\widetilde{a}_{q,\delta}(U_0),\delta),\tag{4.2.5}$$

其中

$$\begin{aligned}&f(Y_{ij}|U_{ij},X_{ij},Z_{ij};\widetilde{a}_{1,\delta}(U_0),\cdots,\widetilde{a}_{q,\delta}(U_0),\delta)\\&=\int_{R^r}f(Y_{ij}|b,U_{ij},X_{ij},Z_{ij};\widetilde{a}_{1,\delta}(U_0),\cdots,\widetilde{a}_{q,\delta}(U_0),\delta)\mathrm{p}(b;\Sigma_b)db\end{aligned}$$

是 Y_{ij} 的边际条件密度函数, 具有未知参数向量 δ.

第三步. 基于 $\widetilde{a}_{j,\delta}(U_0)$ 和 $\widehat{\delta}$, 重新估计非参数部分如下:

$$\widehat{a}_j(U_0) = \max_{a_j(\cdot)\in M_j} \sum_{i=1}^{m}\sum_{j=1}^{n_i} \log f(Y_{ij}|U_{ij}, X_{ij}, Z_{ij}; \widetilde{a}_{1,\delta}(U_0), \cdots,$$
$$a_j(U_0), \cdots, \widetilde{a}_{q,\delta}(U_0), \widehat{\delta}) K\{(U_{ij}-U_0)/h_n\}, j = 1, \cdots, q,$$

记 $\widehat{a}(U_0) = (\widehat{a}_1(U_0), \cdots, \widehat{a}_q(U_0))^{\top}$.

评论 4.2 Severini & Wong (1992) 提出的广义剖面似然方法得到的前两步也可以推广到 $\delta, \alpha(\cdot)$, X 和 Z 是多维情形, 其中第一步得到最不利曲线 $\alpha_\delta(U)$, 第二步得到 δ 的 $\sqrt{n}$ 相合有效估计, 第三步降低了非参数部分的维数灾难, 并且是 oracle 有效的, 即第三步得到的非参数估计与一个感兴趣的非参数部分未知而其他非参数部分已知得到的估计一样有效. 因此, 第三步改进了初始估计 $\widetilde{a}_\delta(U_0)$ 的效率.

§4.2.4 假设和渐近分布

Hu & Yang (2019) 建立了广义剖面似然估计 $\widehat{\delta}$ 和非参数估计 $\widehat{\alpha}(U_0)$ 的渐近正态分布.

条件 4.1 对任意固定的 $\delta_1, \alpha_1^+, \cdots, \alpha_q^+$, $\delta_1 \in \Delta_\delta$ 和 $\alpha_1^+ \in M_1, \cdots, \alpha_q^+ \in M_q$, 令

$$\rho(\alpha_1, \cdots, \alpha_q, \delta_1) = \int l(y; \alpha_1^+, \cdots, \alpha_q^+, \delta) f(y|b, U, X, Z; \alpha_1, \cdots, \alpha_q, \delta_1) dy$$

$\delta \in \Delta_\delta$ 和 $\alpha_1 \in M_1, \cdots, \alpha_q \in M_q$. 如果 $\delta \neq \delta_1$, 则 $\rho(\alpha_1, \cdots, \alpha_q, \delta) < \rho(\alpha_1^+, \cdots, \alpha_q^+, \delta_1)$.

条件 4.2 对所有 $\delta \in \Delta_\delta$ 和 $\alpha(\cdot) \in M$, 假设 δ 的边际费希尔信息矩阵

$$\begin{aligned} I_\delta(\alpha_1, \cdots, \alpha_q, \delta) = E_U \Bigg\{ & E_{X,Z,b,U}\left[\frac{\partial}{\partial \delta} l(Y; \alpha, \delta) \frac{\partial}{\partial \delta^{\top}} l(Y; \alpha, \delta)\right] \\ & - E_{X,Z,b}\left[\frac{\partial}{\partial \delta} l(Y; \alpha, \delta) \frac{\partial}{\partial \alpha} l(Y; \alpha, \delta)|U\right] \\ & E_{X,Z,b}\left[\frac{\partial}{\partial \alpha} l(Y; \alpha, \delta) \frac{\partial}{\partial \alpha} l(Y; \alpha, \delta)|U\right]^{-1} \\ & E_{X,Z,b}\left[\frac{\partial}{\partial \alpha} l(Y; \alpha, \delta) \frac{\partial}{\partial \delta^{\top}} l(Y; \alpha, \delta)|U\right] \Bigg\} \end{aligned} \quad (4.2.6)$$

正定, 其中 $E_A[\cdot]$ 是关于变量 A 的数学期望,

$$l(Y;\alpha,\delta)=l(Y;\alpha_1,\cdots,\alpha_q,\delta)=\log f(Y|b,U,X,Z;\alpha_1,\cdots,\alpha_q,\delta)+\log \mathrm{p}(b,\sigma_b^2),$$

$$\frac{\partial}{\partial\alpha}l(Y;\alpha_1,\cdots,\alpha_q,\delta)=\begin{pmatrix}\dfrac{\partial}{\partial\alpha_1}l(Y;\alpha_1,\cdots,\alpha_q,\delta)\\ \vdots\\ \dfrac{\partial}{\partial\alpha_q}l(Y;\alpha_1,\cdots,\alpha_q,\delta)\end{pmatrix},$$

$$\frac{\partial}{\partial\delta}l(Y;\alpha_1,\cdots,\alpha_q,\delta)=\begin{pmatrix}\dfrac{\partial}{\partial\beta_1}l(Y;\alpha_1,\cdots,\alpha_q,\delta)\\ \vdots\\ \dfrac{\partial}{\partial\beta_p}l(Y;\alpha_1,\cdots,\alpha_q,\delta)\\ \dfrac{\partial}{\partial\sigma_b^2}l(Y;\alpha_1,\cdots,\alpha_q,\delta)\\ \dfrac{\partial}{\partial\sigma_e^2}l(Y;\alpha_1,\cdots,\alpha_q,\delta)\end{pmatrix}.$$

条件 4.3 对向量 $|r_\alpha|\leqslant 4$, $|s_\delta|\leqslant 4$ 和 $|r_\alpha|+|s_\delta|\leqslant 4$, 假设函数

$$D^{r_\alpha}D^{s_\delta}l(Y;\alpha_1,\cdots,\alpha_q,\delta)=\frac{\partial^{r_\alpha}}{\partial\alpha^{r_\alpha}}\frac{\partial^{s_\delta}}{\partial\delta^{s_\delta}}l(Y;\alpha_1,\cdots,\alpha_q,\delta)$$

存在且 $E\{\sup\limits_{\alpha}\sup\limits_{\delta}\mid D^{r_\alpha}D^{s_\delta}l(Y;\alpha_1,\cdots,\alpha_q,\delta)\mid^2\}<\infty$ 成立.

评论 4.3 条件 4.1 和条件 4.2 是密度函数族

$$\{f(Y|b,U,X,Z;\alpha_1(\cdot)\in M_1,\cdots,\alpha_q(\cdot)\in M_q,\delta\in\Delta_\delta)\}$$

的识别条件, 它们与 Severini & Wong (1992) 的条件 I 或 Rodríguez-Póo, Sperlich & Vieu (2003) 的条件 (A.1) 等价. 条件 4.3 是似然相关问题的标准条件. 当

$$\int l(y;\alpha_1,\cdots,\alpha_q,\delta)f(y|b,U,X,Z;\alpha_1^+,\cdots,\alpha_q^+,\delta_1)dy$$

可微时, 条件 4.3 允许微分和积分互换.

下面引入非参数方法的光滑假设.

假设 4.4 对每个 $\delta\in\Delta_\delta$ 和 $u\in\Upsilon$,

$$\sup_{\alpha_1,\cdots,\alpha_q,\delta,u}\mid D^{r_\alpha}D^{s_\delta}D^{t_u}h(\alpha_1,\cdots,\alpha_q,\delta,u)\mid<\infty,$$

其中 $2 \leqslant |r_\alpha| \leqslant 4$, $|s_\delta| \leqslant 2$, $|t_u| \leqslant 1$ 和 $|r_\alpha| + |s_\delta| + |t_u| \leqslant 4$,

$$h(\alpha_1, \cdots, \alpha_q, \delta, u) = E\left[l(Y; \alpha_1, \cdots, \alpha_q, \delta)|U = u\right].$$

假设 4.5 对每个固定的 δ 和 u, 假设向量 $\overline{\alpha}_\delta(u) = (\overline{\alpha}_{1,\delta}(u), \cdots, \overline{\alpha}_{q,\delta}(u))^\top$ 是

$$\partial h(\delta, \alpha_1, \cdots, \alpha_q, u)/\partial \alpha = 0$$

关于 α 的唯一解, 则对任意常数 $\varepsilon > 0$, 存在 $\nu > 0$ 使得 $\sup_\delta \sup_u | \partial h(\delta, \overline{\alpha}_\delta(u), u)/\partial \alpha_j | \leqslant \nu$ 蕴含了 $\sup_\delta \sup_u |\overline{\alpha}_{j,\delta}(u) - \alpha_{j,\delta}(u)| \leqslant \varepsilon$, $j = 1, \cdots, q$.

假设 4.6 令 $f(u)$ 为 u 的密度函数, $f_{\alpha,\delta}^{(r_\alpha, s_\delta)}(y, b, x, z|u)$ 表示给定 $U = u$ 时

$$D_{\alpha,\delta}^{r_\alpha, s_\delta}(Y) = D^{r_\alpha} D^{s_\delta} l(Y; \alpha_1, \cdots, \alpha_q, \delta)$$

的条件密度. 假设下列条件成立:

(a) 对 $| r_\alpha | \leqslant 5$ 和 $| s_\delta | \leqslant 3$, $E[\sup_\alpha \sup_\delta | D_{\alpha,\delta}^{r_\alpha, s_\delta}(Y) |] < \infty$;

(b) 对 $| r_\alpha | \leqslant 3$, $| s_\delta | \leqslant 4$ 和偶数 $s \geqslant 10$, $\sup_\alpha \sup_\delta E[| D_{\alpha,\delta}^{r_\alpha, s_\delta}(Y) |^s] < \infty$;

(c) 对 $| r_\alpha | \leqslant 4$ 和 $| s_\delta | \leqslant 3$, $\sup_\alpha \sup_\delta \sup_{y,b,x,z} | f_{\alpha,\delta}^{r_\alpha, s_\delta}(y, b, x, z \mid u) | < \infty$;

(d) $\sup_u | f^{(r)}(u) | < \infty, r = 0, \cdots, 4$;

(e) $0 < \inf_u f(u) < \sup_u f(u) < \infty$.

评论 4.4 这些光滑假设影响不同部分 $\alpha_1(u), \cdots, \alpha_q(u)$ 的非参数估计的收敛速度. 假设 4—6 充分保证了第一步得到的非参数估计 $\widetilde{\alpha}_{j,\delta}(u)$ 具有下列性质:

(i) $n^{1/4}$ 相合条件 $\sup_{u \in \Upsilon} |\widetilde{a}_{j,\delta}(u) - \alpha_j(u)| = o_p(n^{-1/4})$;

(ii) $\widetilde{\alpha}_{j,\delta}(u)$ 是最不利曲线 $\alpha_{j,\delta}(u)$ 的相合估计.

性质 (i) 提供了最慢收敛速度, 其中非参数估计允许第 2 步得到的 $\widehat{\delta}$ 达到 $\sqrt{n}$ 速度. 性质 (ii) 在参数估计和非参数估计之间施加了一个渐近正交条件. 这暗含了 $\widehat{\delta}$ 的渐近分布不受 $\widehat{a}_1(u), \cdots, \widehat{a}_q(u)$ 的分布影响, 因此参数估计达到了 δ 的边际费希尔信息.

为了得到主要结果, 引入下面假设:

假设 4.7 当 $m \to \infty$, $n = \sum_{i=1}^m n_i \to \infty$ 时, $nh_n \to \infty$ 和 $nh_n^5 \to 0$.

假设 4.8 核 $K(\cdot)$ 满足

$$\int K(u)du = 1, \quad \int uK(u)du = 0,$$
$$\int u^2K(u)du < \infty, \quad \sup_u |K^{(r)}(u)| < \infty, r = 0, \cdots, 4.$$

假设 4.9 对 $j = 1, \cdots, q$, 定义 $l_j^{(1)}(Y; \alpha_1, \cdots, \alpha_q, \delta) = \partial l(Y; \alpha_1, \cdots, \alpha_q, \delta)/\partial\alpha_j$. 则

$$E\left[l_j^{(1)}(Y; \alpha_1, \cdots, \alpha_q, \delta)|U = U_0\right] = 0.$$

评论 4.5 假设 4.7—4.9 是非参数回归的标准条件. 例如, 当样本容量增加时, 假设 4.7 使方差和偏差趋近 0, 其中条件 $nh_n^5 \to 0$ 可以减弱为 $h_n \to 0$, 而假设 4.9 是一个识别条件.

引理 4.1 给定模型 (4.2.1) 满足假设 4.1—4.3, $m \to \infty$ 的速度为 $O(n)$, 条件 4.1—4.3 和假设 4.4—4.6 成立. 则求加权似然 (4.2.3) 的极大值提供了最不利曲线的有效估计.

定理 4.1 当 $n = \sum_{i=1}^{m} n_i \to \infty$ 时, 在引理 4.1 的条件下,

$$\sqrt{n}(\widehat{\delta} - \delta_0) \to^D N(0, I_\delta^{-1}(\alpha_1, \cdots, \alpha_q, \delta)),$$

$\widehat{\delta}$ 是第二步得到的剖面似然估计, 其中

$$\begin{aligned} I_\delta(\alpha_1, \cdots, \alpha_q, \delta) = E_U\Bigg\{ & E_{X,Z,b,U}\left[\frac{\partial}{\partial\delta}l(Y; \alpha, \delta)\frac{\partial}{\partial\delta^\top}l(Y; \alpha, \delta)\right] \\ & - E_{X,Z,b}\left[\frac{\partial}{\partial\delta}l(Y; \alpha, \delta)\frac{\partial}{\partial\alpha}l(Y; \alpha, \delta)|U\right] \\ & \cdot E_{X,Z,b}\left[\frac{\partial}{\partial\alpha}l(Y; \alpha, \delta)\frac{\partial}{\partial\alpha}l(Y; \alpha, \delta)|U\right]^{-1} \\ & \cdot E_{X,Z,b}\left[\frac{\partial}{\partial\alpha}l(Y; \alpha, \delta)\frac{\partial}{\partial\delta^\top}l(Y; \alpha, \delta)|U\right]\Bigg\}. \end{aligned}$$

评论 4.6 半参数估计 $\widehat{\delta}$ 达到了半参数有效界, 其中渐近方差借助黑塞矩阵来渐近.

评论 4.7 如果连接函数 $g(\cdot)$ 是恒等函数, 即 (4.2.1) 变为半变系数随机效应模型

$$Y_{ij} = X_{ij}^\top\beta + Z_{ij}^\top\alpha(U_{ij}) + H_{ij}^\top b_i + \varepsilon_{ij}, \tag{4.2.7}$$

如果 $b_i \sim N(0, \sigma_b^2), \varepsilon_{ij} \in N(0, \sigma_e^2)$, 则 $Var(\widehat{\beta}) = I_\beta^{-1}$, 其中信息矩阵

$$I_\beta = E_U\left\{\left[X - \frac{E(XZ^\top|U)}{E(ZZ^\top|U)}Z\right]^\top V^{-1}(Y|b, U, X, Z)\left[X - \frac{E(XZ^\top|U)}{E(ZZ^\top|U)}Z\right]\right\}.$$

定理 4.2 在定理 4.1 的条件下, 假设 4.7—4.9 成立, U_0 是 U 的支撑 Υ 的一个内点, $f(\cdot)$ 是 U 的密度函数, $n=\sum\limits_{i=1}^{m} n_i \to \infty$,

$$\sqrt{nh}\left(\widehat{\alpha}(U_0)-\alpha(U_0)-B_\alpha(U_0)\right) \to^D N\left(0, \frac{\int K^2(u)du}{f(U_0)Z(\alpha(U_0),\delta_0)}\right), \quad (4.2.8)$$

其中 $B_\alpha(U_0)=O(h^2)$, $Z(\alpha(U_0),\delta_0)=E\left[\frac{\partial}{\partial\alpha}\ell^{(1)}(Y;\alpha(\cdot),\delta_0)^2|U=U_0\right]$.

如果 Y 的条件密度为指数分布族的密度函数

$$f_{Y|b,U,X,Z}(Y|b,U,X,Z;\vartheta,\phi)=\exp\left\{\frac{y\vartheta-b(\vartheta)}{a(\phi)}+c(Y|b,U,X,Z;\phi)\right\},$$

ϑ 和 ϕ 分别是自然参数和散度参数, 则 $Z(\cdot)$ 简化为

$$I'(\alpha(U_0),\delta_0)=E[g^{(1)}(X\beta_0+Z\alpha(U_0)+Hb)^2]Var^{-1}(Y|b,U_0,X,Z),$$

渐近方差简化为

$$\frac{\int K^2(u)du\cdot Var[Y|b,U_0,X,Z]}{f(U_0)E[g^{(1)}(X\beta_0+Z\alpha(U_0)+Hb)^2]}.$$

§4.2.5 两个检验统计量

考虑齐次检验问题:

$$H_0:\alpha_1(\cdot)=a_1,\cdots,\alpha_q(\cdot)=a_q.$$

在零假设 H_0 下, 广义半变系数混合效应模型 (4.2.1) 变为广义线性混合效应模型

$$G\left(E[Y_{ij}|b_i,U_{ij},X_{ij},Z_{ij}]\right)=X_{ij}^\top\beta+Z_{ij}^\top a+H_{ij}^\top b_i, \quad i=1,\cdots,m; \quad j=1,\cdots,n_i,$$

其中 $\beta=(\beta_1,\cdots,\beta_p)^\top$, $a=(a_1,\cdots,a_q)^\top$. 通过比较模型 (4.1.1) 的半参数估计和广义线性混合效应模型的参数估计建立检验统计量. 用

$$(\widetilde{a},\widetilde{b},\widetilde{\delta})=\arg\max_{a,b,\delta}\left\{\sum_{i=1}^{m}\sum_{j=1}^{n_i}\log f(Y_{ij}|U_{ij},X_{ij},Z_{ij};a,b,\delta)\right\}$$

记广义线性混合效应模型的参数对数似然估计, 其中 $\widetilde{a}=(\widetilde{a}_1,\cdots,\widetilde{a}_q)^\top$, $b=\text{diag}\{b_i,i=1,2,\cdots,m\}$, $\widetilde{b}=\text{diag}\{\widetilde{b}_i,i=1,2,\cdots,m\}$ 且 $\widetilde{\delta}=(\widetilde{\beta},\widetilde{\theta})$.

方法 B.

1. 计算人造数据 $\widetilde{Y}_{ij}=g(X_{ij}^\top\widetilde{\beta}+Z_{ij}^\top\widetilde{\alpha}+H_{ij}^\top\widetilde{b}_i)$.

2. 用估计 $\widetilde{\delta}$ 取代未知参数值 δ, 令

$$\widetilde{\alpha}(U)=\arg\max_{\alpha_\delta(U)\in M}\left\{\sum_{i=1}^{m}\sum_{j=1}^{n_i}K_h(U_{ij}-U)\log f(\widetilde{Y}_{ij}|U_{ij},X_{ij},Z_{ij};\alpha_\delta(U),\widetilde{\delta})\right\}. \tag{4.2.9}$$

3. 与半参数估计直接比较的估计是 $(\widetilde{\alpha}(U),\widetilde{\delta})$.

因为 α 和 δ 的估计采用不同的似然函数 (光滑和非光滑函数) 计算, 因此不能采用传统的似然比检验方法. Lombardía & Sperlich (2008) 引入了替代统计量来检验参数混合效应模型和广义部分线性混合效应模型, 证实了适当样本情况下检验方法可行且表现良好. 根据 Lombardía & Sperlich (2008), 引入两个统计量

$$R_{1w}=\sum_{i=1}^{m}\sum_{j=1}^{n_i}H\{\widehat{\alpha}(U_{ij}),\widehat{\delta}\}[X_{ij}^{\top}(\widehat{\beta}-\widetilde{\beta})+Z_{ij}^{\top}\{\widehat{\alpha}(U_{ij})-\widetilde{\alpha}(U_{ij})\}]^2\pi(U_{ij}), \tag{4.2.10}$$

$$R_1=\sum_{i=1}^{m}\sum_{j=1}^{n_i}[X_{ij}^{\top}(\widehat{\beta}-\widetilde{\beta})+Z_{ij}^{\top}\{\widehat{\alpha}(U_{ij})-\widetilde{\alpha}(U_{ij})\}]^2\pi(U_{ij}), \tag{4.2.11}$$

识别参数混合效应模型和广义半变系数混合效应模型, 其中 $\pi(\cdot)$ 是加权函数,

$$H\{\alpha(U_{ij}),\delta\}=\frac{\partial}{\partial\alpha}l(Y_{ij};\alpha,\delta)^2.$$

基于 Lombardía & Sperlich (2008) 的工作得到检验统计量的渐近分布.

条件 4.4 对任意小的 $u>0$, 拉普拉斯转换 $E\exp u|Y_{ij}|$ 有限.

与 Lombardía & Sperlich (2008) 的条件 4 类似, 条件 4.4 对推论 4.1 的渐近展开起关键作用.

推论 4.1 在 H_0 下, 定理 4.1 的假设和条件 4.4 成立,

(i) 对加权情形, $V_{1w}^{-1}(R_{1w}-B_{1w})\to^D\mathcal{N}(0,1)$, 其中

$$B_{1w}=h^{-1}\int K^2(u)du\cdot E[\pi(U)f^{-1}(U)]+o(1),$$

$$V_{1w}^2=2h^{-1}\int[K^{(2)}(u)]^2du\cdot E[\pi^2(U)f^{-1}(U)].$$

这里 $\mathrm{K}^{(2)}$ 指核 K 的两倍卷积.

(ii) 对于非加权情形, $V_1^{-1}(R_1-B_1)\to^D\mathcal{N}(0,1)$, 其中

$$B_1=h^{-1}\int K^2(u)du\cdot E[H^{-1}\{\alpha(U),\delta_0\}\pi(U)f^{-1}(U)]+o(1),$$

$$V_1^2=2h^{-1}\int[K^{(2)}(u)]^2du\cdot E[H^{-2}\{\alpha(U),\delta_0\}\pi^2(U)f^{-1}(U)].$$

评论 4.8 注意到这些渐近表示在渐近分布中是未知的. 即使用估计取代这些未知量, 对应的渐近分布也不一定接近真实的有限样本分布. 因此用参数自助法模拟临界值.

方法 C.

1. 由样本计算 $\theta=(\sigma_b^2,\sigma_e^2)$ 的相合估计 $\widetilde{\theta}=(\widetilde{\sigma}_b^2,\widetilde{\sigma}_e^2)$.

2. 由具有 $E[\omega_1]=0$ 和 $E[\omega_1^2]=1$ 或具有亚指数尾的变量生成 m 个独立样本构成向量 ω_1, 其中亚指数尾是指: 对常数 C_1, $E[\exp\{|\omega_1|/C_1\}]\leqslant C_1 1_\rho$ 成立. 建立均值向量为 0_m, 协差阵为 $\widetilde{\Sigma}_b=\widetilde{\sigma}_b^2 I_m$ 的向量 $b^*=\widetilde{\sigma}_b\omega_1$.

3. 由具有 $E[\omega_2]=0$ 和 $E[\omega_2^2]=1$ 或具有亚指数尾的变量生成 m 个独立样本构成向量 ω_2. 建立与 b^* 独立的向量 $e^*=\widetilde{\sigma}_e\omega_2$, 均值为 0, 方差为 $\widetilde{\sigma}_e^2$.

4. 假设 H_0 为真, 令 $Y_{ij}^*=g(X_{ij}^\top\widetilde{\beta}+Z_{ij}^\top\widetilde{\alpha}+H_{ij}^\top b_i^*)+e_{ij}^*, i=1,\cdots,m, j=1,\cdots,n_i$.

5. 由自助样本 (Y^*,X,Z) 计算两个检验统计量.

评论 4.9 如果二元应变量 Y_{ij} 是具有参数 μ_{ij} 的贝努利分布, 则从具有参数 $\widehat{\mu}_{ij}$ 的贝努利分布重新抽样是合理的. 特别对逻辑斯谛半参数混合效应模型引入了参数自助法 **C′**.

方法 C′.

1. 由样本计算 σ_b^2 的一个相合估计 $\widetilde{\sigma}_b^2$.

2. 由具有 $E[\omega_1]=0$ 和 $E[\omega_1^2]=1$ 或具有亚指数尾的变量生成 m 个独立样本构成向量 ω_1. 建立均值向量为 0_m, 协差阵为 $\widetilde{\Sigma}_b=\widetilde{\sigma}_b^2 I_m$ 的向量 $b^*=\widetilde{\sigma}_b\omega_1$.

3. 假设 H_0 为真, 由参数为 n_{ij} 和概率为

$$p_{ij}^*=\frac{\exp\{X_{ij}^\top\widetilde{\beta}+Z_{ij}^\top\widetilde{\alpha}+H_{ij}^\top b_i^*\}}{1+\exp\{X_{ij}^\top\widetilde{\beta}+Z_{ij}^\top\widetilde{\alpha}+H_{ij}^\top b_i^*\}}, i=1,\cdots,m, j=1,\cdots,n_i,$$

的二项式分布生成观察值.

4. 由自助样本 (Y^*,X,Z) 计算两个检验统计量.

评论 4.10 $R_l(l=1w,1)$ 分布函数的分位数用蒙特卡罗方法计算:

产生 B 个独立自助样本集 $(Y^{*(b)},X,Z), b=1,\cdots,B$. 分布 R_l 的 $(1-\alpha)$ 分位数用

$$R_l^{*(b)}=R_l^*(Y^{*(b)},X,Z)(b=1,\cdots,B)$$

的第 $\{[(1-\alpha)B]+1\}$ 个顺序统计量估计.

定理 4.3 推论 4.1 的假设成立, 对 $l=1w,1$,

$$d_k(F_{R_l^*}^*,F_{R_l})\to 0, \tag{4.2.12}$$

其中 F_{R_l} 是 R_l 的分布, $F^*_{R_l^*}$ 是 R_l^* 的条件分布, d_k 是两个概率测度 ν 和 τ 在实直线上的柯尔莫哥洛夫距离

$$d_k(\nu,\tau)=\sup_{t\in\mathbf{R}}|\nu(X\leqslant t)-\tau(X\leqslant t)|.$$

§4.3 高维广义变系数模型的变量选择

Lian (2012) 考虑了高维变系数模型的变量选择问题, 提出了多项式样条基方法同时清除不相关的预测变量并估计非零系数. 在大 p 和小 n 的情形, 证实了适当正则条件下估计的收敛速度, 特别证明了适应性组 LASSO 估计以概率 1 正确选择重要变量, 非零系数的收敛速度和 oracle 估计相同. 为了自动选择正则参数, 使用推广贝叶斯信息准则 (eBIC) 有效控制虚假正确的个数.

响应变量 Y 的条件均值 μ 依赖预测变量 $X=(X_1,\cdots,X_p)$:

$$g(E(Y|Z))=g(\mu)=Z^\top\beta, \tag{4.3.1}$$

其中 g 是已知连结函数, $\beta=(\beta_1,\cdots,\beta_p)$ 是未知回归系数, Y 的方差是均值的函数, 即

$$V(Y|Z)=V(\mu)=V(g^{-1}(Z^\top\beta)). \tag{4.3.2}$$

Cai, Fan & Li (2000) 用依赖指标变量 U 的光滑非参数函数取代系数 β 得到

$$g(E(Y|Z,U))=g(\mu)=Z^\top\alpha(U), \tag{4.3.3}$$

其中 $\alpha(U)=(\alpha_1(U),\cdots,\alpha_q(U))^\top$. 拟似然函数定义为

$$Q(\mu,y)=\int_\mu^y\frac{y-s}{V(s)}ds, \tag{4.3.4}$$

则 n 个观察的拟似然函数为

$$\sum_{i=1}^n Q\{g^{-1}[Z_i^\top\alpha(U_i),Y_i]\}. \tag{4.3.5}$$

采用多项式 B 样条渐近变系数 $\alpha(U_i),1\leqslant i\leqslant q$. 对于标准 B 样条基

$$\{B_1(u),\cdots,B_K(u)\},K=K'+q,$$

满足 $B_k(u)\geqslant 0,k=1,\cdots,K,\sum_{k=1}^K B_k(u)\equiv 1$, 使用样条展开得到 $\alpha_j(u)\approx\sum_k a_{jk}B_k(u)$, 则似然函数为

$$\sum_{i=1}^n Q\left\{g^{-1}\left[\left(\sum_{j=1}^J\sum_{k=1}^K Z_{ij}a_{jk}B_k(U_i)\right),Y_i\right]\right\}=\sum_{i=1}^n Q(g^{-1}(L_i^\top a,Y_i)), \tag{4.3.6}$$

其中

$$L_i = (Z_{i1}B_1(U_i), \cdots, Z_{i1}B_K(U_i), \cdots, Z_{iJ}B_K(U_i))^\top,$$
$$a = (a_1^\top, \cdots, a_q^\top)^\top = (a_{11}, \cdots, a_{1K}, a_{21}, \cdots, a_{pK})^\top.$$

基于惩罚拟似然提出的估计方法如下:

$$\widehat{a} = \arg\min_a \left\{ \sum_{i=1}^n Q(g^{-1}(L_i^\top a, Y_i)) + n\lambda \sum_{j=1}^J \omega_j \|a_j\| \right\}, \tag{4.3.7}$$

其中 λ 是正则参数, $\omega = (\omega_1, \cdots, \omega_J)$ 是加权向量. 基于组 LASSO 惩罚的初始估计

$$\widetilde{a} = \arg\min_a \left\{ \sum_{i=1}^n Q(g^{-1}(L_i^\top a, Y_i)) + \lambda_0 \sum_{j=1}^J \|a_j\| \right\}, \tag{4.3.8}$$

取 $\omega_j = 1/\|\widetilde{a}_j\|$, 采用 eBIC 选择 λ 使

$$\frac{2}{n}\sum_{i=1}^n Q(g^{-1}(L_i^\top \widehat{a}_\lambda, Y_i)) + d_1 \frac{\log(n/K)}{n/K} + \frac{2}{n/K}\log\binom{p}{d_1} \tag{4.3.9}$$

达到最小值, 其中 $\widehat{a}_\lambda$ 和 d_1 分别表示模型 (4.3.7) 的最小值和非零系数的个数.

§4.4 超高维广义半变系数模型

Li, Ke & Zhang (2015) 研究了潜在变量个数大于样本容量的超高维广义半变系数模型, 利用 LASSO 惩罚似然方法得到泛函系数的初始估计, 使用局部对数似然函数的二次渐近和适应性组 LASSO 惩罚, 借助泛函系数的初始估计引入惩罚加权最小二乘方法, 选择重要变量, 识别常数系数, 建立模型选择和估计方法的渐近性: 稀疏性和 oracle 性质等.

给定 (U, X), y 的条件期望为 $m(U, X) = E(y|U, X)$, 对数条件密度函数为

$$C_1(\phi_1)\ell(m(U, X), y) + C_2(y, \phi_2), \quad g(m(U, X)) = \sum_{j=1}^{d_n} \alpha_j(U)x_j, \tag{4.4.1}$$

其中 $g(\cdot), \ell(\cdot,\cdot), C_1(\cdot)$ 和 $C_2(\cdot,\cdot)$ 已知, 泛函系数 $\alpha_1(\cdot), \cdots, \alpha_{d_n}(\cdot)$ 未知, $C_1(\phi_1) > 0$, ϕ_1, ϕ_2 是未知讨厌参数. 为了简单, 进一步假设给定 (U, X), y 的对数条件密度函数为

$$\ell(m(U, X), y), \quad g(m(U, X)) = \sum_{j=1}^{d_n} \alpha_j(U)x_j, \tag{4.4.2}$$

而且假设单指标 U 的支撑是 $[0,1]$. 假设样本为 $(U_i, X_i, y_i), i=1,\cdots,n$. 对每个给定的 $k, k=1,\cdots,n$, 对 $\alpha_j(\cdot)$, $j=1,\cdots,d_n$ 采用泰勒展开:

$$\alpha_j(U_i) \approx \alpha_j(U_k) + \alpha_j'(U_k)(U_i - U_k),$$

其中 $U_i, i=1,\cdots,n$, 位于 U_k 的小邻域. 用局部渐近建立局部对数似然函数

$$L_{nk}(a_k, b_k) = \frac{1}{n}\sum_{i=1}^{n} \ell\left(g^{-1}\left\{\sum_{j=1}^{d_n}[a_{jk} + b_{jk}(U_i - U_k)]x_{ij}\right\}, y_i\right) K_h(U_i - U_k) \tag{4.4.3}$$

估计 $\alpha_j(U_k)$ 和 $\alpha_j'(U_k)$, 其中 $a_k = (a_{1k}, \cdots, a_{d_n k})^\top$ 和 $b_k = (b_{1k}, \cdots, b_{d_n k})^\top$.

当未知非参数部分超过观察个数时, 引入惩罚局部对数似然方法解这种超高维问题. 不失一般性, 假设存在 $1 \leqslant s_{n1} \leqslant s_{n2} < d_n$ 使得, 对于 $1 \leqslant j \leqslant s_{n1}$, $\alpha_j(\cdot)$ 是泛函系数; 对于 $s_{n1}+1 \leqslant j \leqslant s_{n2}$, $\alpha_j(\cdot) \equiv c$ 是常数系数; 对于 $s_{n2}+1 \leqslant j \leqslant d_n$, $\alpha_j(\cdot) \equiv 0$. 假设 s_{n2} 随样本容量收缩, 并且比样本容量 n 和整个协变量的维数 d_n 少得多. 定义 LASSO 惩罚局部对数似然函数

$$Q_{nk}(a_k, b_k) = L_{nk}(a_k, b_k) - \lambda_1 \sum_{j=1}^{d_n} |a_{jk}| - \lambda_2 \sum_{j=1}^{d_n} h|b_{jk}|, \tag{4.4.4}$$

其中 λ_1 和 λ_2 是两个调整参数.

第五章　随机逻辑扩散方程的估计理论与模型识别

§5.1　随机逻辑扩散方程

间接推断 (Smith, 1993; Gouriéroux et al., 1993; Gouriéroux & Monfort, 1996; Gouriéroux, Renault & Touzi, 2000; Heggland & Frigessi, 2004) 是一种模拟统计推断方法. Czellar, Karolyi & Ronchetti (2007) 对短期利率过程提出了间接稳健估计修正离散化和模型误指带来的偏差. Hu (2017b) 首次采用间接推断方法研究随机逻辑总体增长模型. 使用间接推断方法的唯一要求是随机微分方程可以被模拟. 与其他偏差减少方法不同, 间接推断方法通过模拟调整偏差函数, 不要求给定偏差函数或其扩展的具体形式. 因此, 间接推断方法不仅可应用到一大类含非线性模型的一般模型中, 而且可以和其他估计方法结合使用, 并继承初始估计的优良性质.

假设结构模型 F_θ 是随机逻辑扩散模型

$$dN(t) = N(t)(\alpha - \beta N(t))dt + \sigma N(t)dB(t), \quad N(0) = N_0 > 0, \quad t \in [0, T], \tag{5.1.1}$$

其中 $N(t)$ 表示 t 时刻的总种群数目, $\alpha > 0$ 表示自然出生率, $\beta > 0$ 表示自然死亡率, α/β 表示负载能力, 通常表示环境资源所能支持的最大种群数目, $\sigma > 0$ 表示噪声对 $N(t)$ 动态的影响, $B(t)$ 表示标准布朗运动. 初始条件 N_0 是一个与 B_t 独立的正随机变量, 存在一个 $p > 2$ 使得 $E[N_0^p] < \infty$. 模型 (5.1.1)

可以建模细胞的增长, 例如, 女性乳腺癌细胞和中国仓鼠卵巢细胞的增长.

对于轻微不同模型 $dN(t) = N(t)[\alpha + \beta N(t)]dt + \sigma N(t)dB(t), N(0) = N_0 > 0, t \in [0,T], \alpha > 0, \beta > 0, \sigma > 0$, Mao, Marion & Renshaw (2002) 证明了对任意小的正数 σ, 该模型的解不会在有限时间内爆炸. 对随机逻辑增长模型 (5.1.1), Jiang et al. (2007) 研究了正解的存在性、唯一性和全局吸引性, 建立了模型参数的极大似然估计 (MLE); Campillo, Joannides & Larramendy-Valverde (2013) 建立了 Fokker-Planck 方程描述过程的规律和未知模型参数的似然函数; Heydari et al. (2014) 引入了具有乘法或可加噪声的两个模型, 使用 Kalman 滤波递归计算边际似然, 建立了随机逻辑增长模型的快速贝叶斯参数估计等.

当模型正确指明时, 优先选择的估计和推断方法是 MLE 方法 (Aït-Sahalia, 2002; Fan, 2005; Hurn et al., 2007). 因此, Jiang et al. (2007) 建立了 α, β 和 σ^2 的 MLE. 但是, Phillips & Yu (2007) 指出, 所有 MLE 方法都存在样本估计偏差. Gouriéroux et al. (1993, 1996, 2002) 发展了间接推断方法修正模型离散化引起的偏差. 这些工作证明了间接推断方法是一种有效的偏差减少方法. 这里应用间接方法到随机逻辑增长模型, 建立了两类间接估计及其渐近性质. 与别的方法相比, 间接方法提供了下面的优点:

1. 容易计算. 间接方法计算更简单或更方便.

2. 模型误指影响的信息量. 当一个单纯估计由一个忽视模型复杂性的单纯模型得到时, 间接方法提供了模型误指影响的信息——捆绑关系提供了单纯模型和数据生成的假设真实模型的动态关系.

3. 稳健性. 间接推断方法对奇异值稳健.

下面对漂移和扩散系数包含出生率和死亡率的随机逻辑增长模型发展了两类能修正离散偏差的间接估计方法和似然比间接检验方法, 在适当条件下建立了间接估计和间接检验统计量的渐近性质.

§5.1.1　两类间接估计

假设模型 (5.1.1) 生成的观察样本为 $\{N_t\}_{t=1,\cdots,m}$. 考虑参数为 $\mu = (\alpha, \beta, \sigma^2)^\top$ 的辅助模型 $\widetilde{F}_\mu$, 即模型 (5.1.1) 的简单离散化. 为了描述间接推断方法, 先区分初始模型 (5.1.1) 和渐近模型

$$N_t = (1 + \alpha - \beta N_{t-1})N_{t-1} + \sigma N_{t-1}\varepsilon_t \tag{5.1.2}$$

的参数, 其中 $\{\varepsilon_t\}$ 是标准正态随机变量. 记模型 (5.1.1) 的参数向量 $(\alpha,\beta,\sigma^2)^\top$ 为真实参数 θ, 模型 (5.1.2) 的参数向量 $(\alpha,\beta,\sigma^2)^\top$ 为辅助参数 μ.

辅助参数 μ 用极大似然方法估计: 用观察数据计算条件密度函数 $f(N_t|N_{t-1};\mu)$ 的似然函数, 再求对数似然函数的极大值得到参数的极大似然估计:

$$\widetilde{\mu}=\arg\max_{\mu}\left\{\sum_{t=1}^{m}\log f(N_t|N_{t-1};\mu)\right\},$$

其中条件密度函数为

$$f(N_t|N_{t-1};\mu)=\frac{1}{\sqrt{2\pi}\sigma N_{t-1}}\exp\left\{-\frac{1}{2\sigma^2N_{t-1}^2}\left[N_t-(1+\alpha-\beta N_{t-1})N_{t-1}\right]^2\right\},$$

联合概率密度函数为

$$\begin{aligned}&f(N_1,\cdots,N_m|N_0;\mu)\\&=\prod_{t=1}^{m}\frac{1}{\sqrt{2\pi}\sigma N_{t-1}}\exp\left\{-\frac{1}{2\sigma^2N_{t-1}^2}[N_t-(1+\alpha-\beta N_{t-1})N_{t-1}]^2\right\}.\end{aligned}$$

对数似然函数为

$$Q_m(\{N_t\}_{t=1}^m;\mu)=-\frac{m}{2}\ln\sigma^2-\sum_{t=1}^{m}\ln N_{t-1}-\frac{1}{2\sigma^2}\sum_{t=1}^{m}\frac{[N_t-(1+\alpha-\beta N_{t-1})N_{t-1}]^2}{N_{t-1}^2}. \tag{5.1.3}$$

给定初始值 N_0, μ 的渐近 MLE

$$\widetilde{\mu}_m=\arg\max_{\mu}\{Q_m(\{N_t\}_{t=1}^m;\mu)\}, \tag{5.1.4}$$

因此, β,α 和 σ^2 的 MLE 分别为

$$\widetilde{\beta}=\frac{m\sum\limits_{t=1}^{m}N_t-\sum\limits_{t=1}^{m}N_{t-1}\sum\limits_{t=1}^{m}\frac{N_t}{N_{t-1}}}{\left(\sum\limits_{t=1}^{m}N_{t-1}\right)^2-m\sum\limits_{t=1}^{m}N_{t-1}^2}, \tag{5.1.5}$$

$$\widetilde{\alpha}=\frac{1}{m}\sum_{t=1}^{m}\frac{N_t}{N_{t-1}}+\widetilde{\beta}\left(\frac{1}{m}\sum_{t=1}^{m}N_{t-1}\right)-1, \tag{5.1.6}$$

$$\widetilde{\sigma}^2=\frac{1}{m}\sum_{t=1}^{m}\frac{[N_t-(1+\widetilde{\alpha}-\widetilde{\beta}N_{t-1})N_{t-1}]^2}{N_{t-1}^2}. \tag{5.1.7}$$

因为辅助模型 $\widetilde{F_\mu}$ 和条件转换密度函数 $f(N_t|N_{t-1};\mu)$ 是误指的形式, 渐近 ML 估计 $\widetilde{\mu}_m$ 一般是不相合的. 由于 $\widetilde{\beta},\widetilde{\alpha}$ 和 $\widetilde{\sigma}^2$ 具有复杂形式, $\widetilde{\mu}_m$ 的渐近偏差很

难计算. 比较模型 (5.1.1) 和几何布朗运动 $dy_t = \mu y_t dt + \sigma y_t dW_t$, 发现几何布朗运动中参数 μ 和 σ 的渐近 ML 估计是不相合的, 且容易得到渐近偏差 (看 Gouriéroux & Monfort, 1996, p.123), 而基于离散化 (5.1.2) 的渐近 ML 估计不相合且渐近偏差不容易计算. 下面的间接估计方法使用模型 (5.1.1) 下的模拟值来调整 $\widetilde{\mu}_m$ 的渐近偏差.

间接估计的主要步骤如下:

(1) 根据公式 (5.1.5)—(5.1.7), 用观察数据 $\{N_t\}_{t=1,\cdots,m}$ 和初值 N_0 计算辅助估计 $\widetilde{\mu}_m$.

(2) 给定 θ, 基于标准正态随机变量 ε_t 和初始值 N_0^s, 将 $\Delta t = 1$ 细分成 $k = 1/\delta$ 建立 (5.1.1) 的精确离散化模型, 再通过这个精确模型建立 S 条模拟路径

$$\{N_t^s(\theta, N_0^s)\}_{t=1}^m, \quad s = 1, \cdots, S, \quad S \geqslant 1, \tag{5.1.8}$$

$$\begin{aligned} N_t^s(\theta, N_0^s) = &\{1 + \delta[\alpha - \beta N_{t-1}^s(\theta, N_0^s)]\} N_{t-1}^s(\theta, N_0^s) \\ &+ \sqrt{\delta}\sigma N_{t-1}^s(\theta, N_0^s)\varepsilon_t, \quad t = 1, \cdots, m. \end{aligned} \tag{5.1.9}$$

(3) 对每个 s, 计算伪辅助估计

$$\widetilde{\mu}_m^s(\theta, N_0^s) = \arg\max_{\mu}\{Q_m(\{N_t^s(\theta, N_0^s)\}_{t=1}^m; \mu)\}, \quad s = 1, \cdots, S, \tag{5.1.10}$$

其中伪对数似然 $Q_m(\{N_t^s(\theta, N_0^s)\}_{t=1}^m; \mu)$ 表示为

$$\begin{aligned} &-\frac{m}{2}\ln \delta\sigma^2 - \sum_{t=1}^m \ln N_{t-1}^s(\theta, N_0^s) \\ &-\frac{1}{2\delta\sigma^2}\sum_{t=1}^m \frac{\{N_t^s(\theta, N_0^s) - [1 + \delta(\alpha - \beta N_{t-1}^s(\theta, N_0^s))]N_{t-1}^s(\theta, N_0^s)\}^2}{(N_{t-1}^s(\theta, N_0^s))^2}. \end{aligned}$$

(4) 间接估计 $\widehat{\theta}_{Sm}^A(\Omega)$ 是辅助估计 $\widetilde{\mu}_m$ 和平均伪辅助估计 $\frac{1}{S}\sum\limits_{s=1}^S \widetilde{\mu}_m^s(\theta, N_0^s)$ 距离达到最小的解, 即

$$\widehat{\theta}_{Sm}^A(\Omega) = \arg\min_{\theta}\left\{\left[\widetilde{\mu}_m - \frac{1}{S}\sum_{s=1}^S \widetilde{\mu}_m^s(\theta, N_0^s)\right]^\top \widetilde{\Omega}\left[\widetilde{\mu}_m - \frac{1}{S}\sum_{s=1}^S \widetilde{\mu}_m^s(\theta, N_0^s)\right]\right\}, \tag{5.1.11}$$

其中正定矩阵 $\widetilde{\Omega}$ 收敛于正定矩阵 Ω, 例如 $\widetilde{\mu}_m$ 的渐近方差估计. 一般最优加权矩阵 Ω^* 未知, 需要建立相合估计, 例如,

$$\widetilde{\Omega}^* = \left[\frac{1}{m}\sum_{t=1}^m \frac{\partial m_t(\widetilde{\mu}_m, \widehat{N})}{\partial \mu}\right]^\top \left[\Gamma_0 + \sum_{j=1}^J \omega_j(\Gamma_j + \Gamma_j^\top)\right]^{-1}\left[\frac{1}{m}\sum_{t=1}^m \frac{\partial m_t(\widetilde{\mu}_m, \widehat{N})}{\partial \mu}\right],$$

其中 m_t 表示

$$m(\mu,N)=Q_m(\{N_t\}_{t=1}^m;\mu)-\frac{1}{S}\sum_{s=1}^{S}Q_m(\{N_t^s(\theta,N_0^s)\}_{t=1}^m;\mu)$$

的 t 行, $\Gamma_j=\frac{1}{m}\sum\limits_{t=j+1}^{m}m_t(\widetilde{\mu}_m,\widehat{N})m_{t-j}^\top(\widetilde{\mu}_m,\widehat{N}),\widehat{N}=(N_1,\cdots,N_m)^\top$, 且权 ω_j 选为 Bartlett 权 $\omega_j=1-j/(J+1)$ 或 Parzen 权

$$\omega_j=\begin{cases}1-6x^2+6|x|^3, & \text{如果 } 0\leqslant|x|=|1-j/(J+1)|\leqslant 0.5,\\ 2(1-|x|)^3, & \text{如果 } 0.5\leqslant|x|=|1-j/(J+1)|\leqslant 1.\end{cases}$$

评论 5.1 θ 的渐近等价间接估计可以得到, 如果 $\frac{1}{S}\sum\limits_{s=1}^{S}\widetilde{\mu}_m^s(\theta,N_0^s)$ 用 $\widetilde{\mu}_{Sm}(\theta)$ 取代, $\widetilde{N}_1=N_1,\cdots,\widetilde{N}_m=N_m,\cdots,\widetilde{N}_{(S-1)m+1}=N_1,\cdots,\widetilde{N}_{Sm}=N_m$, 其中

$$\widetilde{\mu}_{Sm}(\theta)=\arg\max_{\mu}\left\{Q_m(\{\widetilde{N_t}\}_{t=1}^{Sm};\mu)\right\}$$

或

$$\widetilde{\mu}_{Sm}(\theta)=\arg\max_{\mu}\left\{\sum_{s=1}^{S}Q_m(\{N_t^s(\theta,N_0^s)\}_{t=1}^m;\mu)\right\}.$$

间接估计的另一种定义是基于辅助模型 $\widetilde{F}_\mu$ 的得分函数选择 θ 值使得

$$\begin{aligned}\widehat{\theta}_{Sm}^B(\Sigma)=\arg\min_{\theta}\Bigg\{&\left[\sum_{s=1}^{S}\frac{\partial Q_m(\{N_t^s(\theta,N_0^s)\}_{t=1}^m;\widetilde{\mu}_m)}{\partial\mu}\right]^\top\\ &\Sigma\left[\sum_{s=1}^{S}\frac{\partial Q_m(\{N_t^s(\theta,N_0^s)\}_{t=1}^m;\widetilde{\mu}_m)}{\partial\mu}\right]\Bigg\}.\end{aligned}\tag{5.1.12}$$

评论 5.2 选择

$$\widetilde{\mu}_S(\theta)=\frac{1}{S}\sum_{s=1}^{S}(\widetilde{\mu}\{N_t^{(s)}(\theta)\}_{t=1,\cdots,m})\quad\text{或}\quad\widetilde{\mu}_S(\theta)=\widetilde{\mu}(\{N_t(\theta)\}_{t=1,\cdots,Sm})$$

可以定义其他模拟基间接估计, 其中 $\{N_t(\theta)\}_{t=1,\cdots,Sm}$ 是长度为 Sm 的伪数据序列. 例如, 对应三类假设检验: Wald, 似然比 (LR) 和拉格朗日乘子 (LM) 检验可以定义三类间接估计:

(A) 基于 Wald 方法的间接估计使辅助估计 $\widetilde{\mu}$ 和伪辅助估计 $\widetilde{\mu}_S(\theta)$ 距离达到最小:

$$\widehat{\theta}_{II}^{Wald}=\arg\min_{\theta}\{(\widetilde{\mu}-\widetilde{\mu}_S(\theta))^\top\widehat{\Omega}(\widetilde{\mu}-\widetilde{\mu}_S(\theta))\},\tag{5.1.13}$$

其中正定矩阵 $\widehat{\Omega}$ 收敛于正定矩阵 Ω, 如辅助估计的渐近协差阵的逆.

(B) 基于 LR 方法的间接估计使用辅助模型的似然函数组成一个度量:

$$\widehat{\theta}_{II}^{LR} = \arg\min_{\theta}\left\{\left(\sum_{t=1}^{m}\log f(N_t|N_{t-1};\widetilde{\mu}) - \sum_{t=1}^{m}\log f(N_t|N_{t-1};\widetilde{\mu}_S(\theta)\right)\right\}. \tag{5.1.14}$$

(C) 基于 LM 方法的间接估计使用辅助模型对数似然函数的导数组成一个度量:

$$\widehat{\theta}_{II}^{LM} = \arg\min_{\theta}\left\{\left[\sum_{s=1}^{S}\sum_{t=1}^{m}\frac{\partial}{\partial\theta}\log f(N_t^{(s)}|N_{t-1}^{(s)};\widetilde{\mu})\right]^{\top}\right.$$
$$\left.\widehat{\Omega}\left[\sum_{s=1}^{S}\sum_{t=1}^{m}\frac{\partial}{\partial\theta}\log f(N_t^{(s)}|N_{t-1}^{(s)};\widetilde{\mu})\right]\right\}. \tag{5.1.15}$$

§5.1.2　渐近性质

为了建立渐近性质, 我们引入下列假设:

假设 5.1　N_t 是一个马尔可夫过程, 其样本路径几乎一定连续, 初始条件 N_0 是与 $B_t, t>0$ 独立的正随机变量, 存在一个 $p>2$ 使得 $E[N_0^p]<\infty$.

假设 5.2　真实参数 $\theta_0\in\Theta^0\subseteq\Theta$, 其中 Θ 的内点 Θ^0 非空.

假设 5.3　函数 $Q_m(\{N_t\}_{t=1}^m;\mu)$ 渐近趋向一个非随机极限:

$$\lim_{m\to\infty} Q_m(\{N_t\}_{t=1}^m;\mu) = Q_\infty(\theta;\mu). \tag{5.1.16}$$

假设 5.4　极限函数 $Q_\infty(\theta;\mu)$ 关于 μ 具有唯一极大值:

$$\mu_0 = b(\theta_0) := \arg\max_{\mu}\{Q_\infty(\theta_0;\mu)\}. \tag{5.1.17}$$

假设 5.5　捆绑函数 $b(\cdot)$ 是一一映射, $\frac{\partial b(\cdot)}{\partial\theta^\top}|_{\theta=\theta_0}$ 是列满秩的.

假设 5.6

$$\xi_m = \sqrt{m}\left[\frac{\partial Q_m(\{N_t\}_{t=1}^m;\mu_0)}{\partial\mu} - \frac{1}{S}\sum_{s=1}^{S}\frac{\partial Q_m(\{N_t^{(s)}(\theta_0,N_0^s)\}_{t=1}^m;\mu_0)}{\partial\mu}\right] \tag{5.1.18}$$

是渐近正态的, 均值为 0, 渐近协差阵为 $W=\lim\limits_{m\to\infty}Var(\xi_m)$, 且与初值 $N_0^s, s=1,\cdots,S$ 独立.

假设 5.7

$$\lim_{m\to\infty} Var\left[\sqrt{m}\frac{\partial Q_m(\{N_t^{(s)}(\theta_0,N_0^s)\}_{t=1}^m;\mu_0)}{\partial\mu}\right] = I_0 \tag{5.1.19}$$

与 N_0^s 独立.

假设 5.8 对 $s_1 \neq s_2$,

$$\lim_{m\to\infty} Cov\left(\sqrt{m}\left[\frac{\partial Q_m(\{N_t^{(s_1)}(\theta_0, N_0^{s_1})\}_{t=1}^m; \mu_0)}{\partial\mu}\right],\right.$$

$$\left.\sqrt{m}\left[\frac{\partial Q_m(\{N_t^{(s_2)}(\theta_0, N_0^{s_2})\}_{t=1}^m; \mu_0)}{\partial\mu}\right]\right) = K_0 \tag{5.1.20}$$

与 $N_0^{s_1}, N_0^{s_2}$ 独立.

假设 5.9

$$p\lim_{m\to\infty}\left[-\frac{\partial^2 Q_m(\{N_t^{(s)}(\theta_0, N_0^s)\}_{t=1}^m; \mu_0)}{\partial\mu\partial\mu^\top}\right] = -\frac{\partial^2 Q_\infty(\theta_0;\mu_0)}{\partial\mu\partial\mu^\top} = J_0 \tag{5.1.21}$$

与 N_0^s 独立.

由 (5.1.19) 和 (5.1.20), 我们得到

$$\bar{I}_0 = \lim_{m\to\infty} Var\left[\sqrt{m}\cdot\frac{\partial Q_m(\{N_t\}_{t=1}^m;\mu_0)}{\partial\mu} - E\left(\sqrt{m}\cdot\frac{\partial Q_m(\{N_t\}_{t=1}^m;\mu_0)}{\partial\mu}\right)\right].$$

评论 5.3 假设 5.1 是随机逻辑增长模型的通常假设. 假设 5.2—5.9 与 Gouriéroux et al. (1993) 的假设类似. 这些假设在间接推断中很经典, 其中假设 5.2—5.5 保证两类间接估计的相合性, 而假设 5.6—5.9 保证间接估计的渐近分布存在, 可以参考 Gouriéroux et al. (1993) 的命题 1 和命题 3.

定理 5.1 (相合性) 假设 5.1—5.5 成立, 间接估计是相合的, 即当 S 固定且 m 趋于无穷时, $\widehat{\theta}_{Sm}^A(\Omega) \to \theta_0$ 和 $\widehat{\theta}_{Sm}^B(\Sigma) \to \theta_0$.

定理 5.2 (渐近正态性) 在假设 5.1—5.9 下,

(1) 当 S 固定且 m 趋于无穷时, $\widehat{\theta}_{Sm}^A(\Omega)$ 是渐近正态的, 即

$$\sqrt{m}\left(\widehat{\theta}_{Sm}^A(\Omega) - \theta_0\right) \to^D N\left[0, W(S,\Omega)\right],$$

$$W(S,\Omega) = \left(1+\frac{1}{S}\right)\Gamma^{-1}(\theta)\frac{\partial b^\top(\theta_0)}{\partial\theta}\Omega J_0^{-1}\bar{I}_0 J_0^{-1}\Omega\frac{\partial b(\theta_0)}{\partial\theta^\top}\Gamma^{-1}(\theta),$$

$$\Gamma(\theta) = \frac{\partial b^\top(\theta_0)}{\partial\theta}\Omega\frac{\partial b(\theta_0)}{\partial\theta^\top}.$$

(2) 估计 $\widehat{\theta}_{Sm}^B(\Sigma)$ 和 $\widehat{\theta}_{Sm}^A(J_0\Sigma J_0)$ 渐近等价:

$$\sqrt{m}\left[\widehat{\theta}_{Sm}^B(\Sigma) - \widehat{\theta}_{Sm}^A(J_0\Sigma J_0)\right] = o_p(1), \tag{5.1.22}$$

其中

$$p\lim_{m\to\infty}\left[-\frac{\partial^2 Q_m(\{N_t^{(s)}(\theta_0, N_0^s)\}_{t=1}^m; \mu_0)}{\partial\mu\partial\mu^\top}\right] = -\frac{\partial^2 Q_\infty(\theta_0;\mu_0)}{\partial\mu\partial\mu^\top} = J_0.$$

§5.1.3 似然比型间接检验统计量

间接估计方法可以用来检验参数 θ. 假设参数 θ 可以分为 $\theta=(\theta_1,\theta_2)^\top$, 其中 $\dim(\theta_1)=p_1$, $\dim(\theta_2)=p_2$ 和 $\dim(\theta)=p_1+p_2=p$. 给定参数 θ_1 的一个值 θ_{10}, 考虑零假设 $H_0:\theta_1=\theta_{10}$. 为了定义似然比型间接检验统计量, 引入最优间接估计 $\widehat{\theta}_{Sm}^{A}=(\widehat{\theta}_{Sm}^{A,1},\widehat{\theta}_{Sm}^{A,2})^\top$, 并在零假设 $H_0:\theta_1=\theta_{10}$ 下得到最优受限间接估计 $\widehat{\theta}_{Sm}^{A,0}=(\theta_{10},\widehat{\theta}_{Sm}^{A,20})^\top$.

似然比型间接检验统计量定义为

$$\begin{aligned}LR_{Sm}(\theta_{10})=&\frac{Sm}{S+1}[(\widetilde{\mu}_m-\widetilde{\mu}_{Sm}(\widehat{\theta}_{Sm}^{A,0}))^\top\widetilde{\Omega}^*(\widetilde{\mu}_m-\widetilde{\mu}_{Sm}(\widehat{\theta}_{Sm}^{A,0}))\\&-(\widetilde{\mu}_m-\widetilde{\mu}_{Sm}(\widehat{\theta}_{Sm}^{A}))^\top\widetilde{\Omega}^*(\widetilde{\mu}_m-\widetilde{\mu}_{Sm}(\widehat{\theta}_{Sm}^{A}))],\end{aligned}\qquad(5.1.23)$$

其中 $\widetilde{\Omega}^*$ 是 Ω^* 的一个相合估计.

定理 5.3 假设 5.1—5.9 成立, 在 H_0 下, $LR_{Sm}(\theta_{10})\to^D\chi^2_{p_1}$.

评论 5.4 优先使用基于定理 5.3 的似然比型间接检验而不是 Wald 型检验或 Score 型检验是因为该检验具有更简单的形式, 不要求计算导数、目标函数或捆绑函数.

§5.2 轻微污染的随机逻辑扩散方程

实际问题的观察数据经常包含奇异值. 例如, 总体密度数据增量存在大奇异值和高峰, 说明具有标准正态密度增量的模型 (5.1.1) 是误指模型. 增量服从标准正态分布渐近成立是因为这只描述了增量的主要部分, 还有增量服从不同分布. Hu (2017c) 考虑轻微污染的随机逻辑扩散模型, 其中增量来自标准正态分布的 ε 邻域:

$$B(t)-B(t-1)=\epsilon_t\sim G_\epsilon=(1-\epsilon)N(0,1)+\epsilon G,\qquad(5.2.1)$$

其中 $0\leqslant\epsilon<1$, G 是未知分布. 具有混合增量 (5.2.1) 的模型 (5.1.1) 可产生大奇异值和高峰 (Czellar, Karolyi & Ronchetti, 2007), 如果继续使用极大似然原理进行统计推断, 则会得到有偏估计和误导的检验结果, 细节参考 Aït-Sahalia (2002), Nielsen, Madsen & Young (2000), Fan (2005) 和 Hurn, Jeisman & Lindsay (2007) 等. 特别 Phillips & Yu (2007) 发现对均值回归参数, 包含精确方法在内的所有 MLE 方法都具有有限样本估计偏差. 随着计算能力的提高, 稳健统计学越来越受到重视 (Huber, 1981). 例如, Genton & de Luna (2000) 提出了稳健间接估计修正模型误指带来的偏差, 在一般框架下建立了影响函数;

Ronchetti & Trojani (2001) 建立了稳健广义矩 (RGMM) 估计的灵活算法和稳定 GMM 检验统计量; Genton & Ronchetti (2003) 对许多模型发展了稳健间接推断, 建立了影响函数、水平和功效函数. 为了修正模型离散化和模型误指带来的偏差, Czellar, Karolyi & Ronchetti (2007) 应用稳健间接 GMM (RIGMM) 估计来分析短期利率过程. 为了改进有限样本精度, Czellar & Ronchetti (2010) 提出了具有渐近卡方分布的间接鞍点检验 (IST) 方法, 也对污染扩散模型提出了稳健检验. 为了结合稳健性质和小样本精度, Lô & Ronchetti (2012) 对矩条件存在轻微误指的模型提出了稳健指数倾斜估计和稳健指数倾斜检验. Hu (2017c) 研究模型 (5.1.1) 和 (5.2.1) 的稳健推断, 不仅建立了参数的稳健间接推断广义矩估计和稳健指数倾斜估计, 而且提出了似然比型间接统计量、稳健间接广义矩鞍点统计量和稳健指数倾斜统计量来检验 (5.1.1) 的参数, 还建立了稳健估计和稳健检验统计量的具体算法.

§5.2.1 稳健间接 GMM 估计

为了方便, 用 N_t 定义 $N(t)$, 假设结构模型 F_θ 是 (5.1.1), 辅助模型 $\widetilde{F}_\mu$ 是 (5.1.1) 的粗糙离散化, 即

$$N_t = (1+\alpha-\beta N_{t-1})N_{t-1} + \sigma N_{t-1}\varepsilon_t, \tag{5.2.2}$$

其中 ε_t 是标准正态随机变量, $\mu=(\alpha,\beta,\sigma^2)$. 辅助模型 $\widetilde{F}_\mu$ 的渐近极大似然估计 $\widetilde{\mu}=(\widetilde{\beta},\widetilde{\alpha},\widetilde{\sigma}^2)$, 其中 $\widetilde{\beta}$, $\widetilde{\alpha}$ 和 $\widetilde{\sigma}^2$ 分别定义在 (5.1.5), (5.1.6) 和 (5.1.7) 中. 当模型存在偏差时, 渐近极大似然估计 $\widetilde{\mu}$ 并不稳健. 而且, 基于粗等离散化的估计 $\widetilde{\mu}$ 是有偏的. 因此引入模型 (5.1.1)—(5.2.1) 的 RIGMM 估计.

§5.2.2 辅助稳健 GMM 估计

Genton & Ronchetti (2003) 证明了间接估计 $\widehat{\mu}$ 继承了辅助估计的稳健性. 但是, 辅助渐近极大似然估计 $\widetilde{\mu}$ 不稳健. 因此, 需要辅助稳健估计 $\widetilde{\mu}_R$ 得到稳健间接估计 $\widehat{\mu}_R$. Ronchetti & Trojani (2001) 发展了建立 RGMM 估计的灵活算法. 下面采用这种算法建立辅助估计 $\widetilde{\mu}$ 的稳健版本, 即辅助稳健估计 $\widetilde{\mu}_R$.

根据 (5.1.5), (5.1.6) 和 (5.1.7), 参数 $\mu=(\alpha,\beta,\sigma^2)$ 的辅助渐近极大似然估计 $\widetilde{\mu}$ 可以重写为 GMM 估计:

$$\sum_{t=1}^m \bar{h}(N_t,N_{t-1};\mu)=\frac{1}{m}\sum_{t=1}^m\begin{pmatrix} N_t/N_{t-1}-(1+\alpha)-\beta N_{t-1} \\ N_t-(1+\alpha)N_{t-1}+\beta N_{t-1}^2 \\ [N_t/N_{t-1}-(1+\alpha-\beta N_{t-1})]^2-6^2 \end{pmatrix}=0. \tag{5.2.3}$$

如果 μ_* 是模型 (5.1.1) 的真实参数, 则有

$$E_F h(N_t, N_{t-1}; \mu_*) = 0. \tag{5.2.4}$$

注意到进入 (5.2.3) 的正交条件是观察 N_{t-1} 的二次多项式. 因此, 部分模型参数的 GMM 估计的影响函数在某些污染方向是陡峭的. 根据 Ronchetti & Trojani (2001), GMM 估计稳健的充要条件是正交条件有界. 因此, 稳健 GMM 估计是一个 GMM 估计, 其中 H 维正交条件 $h(N_t, N_{t-1}; \mu)$ 用截尾正交条件来代替: 对给定的界 $c \geqslant \sqrt{H}$,

$$h_c^{A,\tau}(N_t, N_{t-1}; \mu) = A\left[h(N_t, N_{t-1}; \mu) - \tau\right] w_c\left(A\left[h(N_t, N_{t-1}; \mu) - \tau\right]\right), \tag{5.2.5}$$

其中 Huber 函数定义为

$$\omega_c(y) = \begin{cases} \min\left(1, \dfrac{c}{\|y\|}\right), & y \neq 0, \\ 1, & y = 0, \end{cases} \tag{5.2.6}$$

非奇异矩阵 $A \in \mathbf{R}^H \times \mathbf{R}^H$ 和向量 $\tau \in \mathbf{R}^H$ 由潜在方程

$$E_F h_c^{A,\tau}(N_t, N_{t-1}; \mu_*) = 0, \tag{5.2.7}$$

$$E_F h_c^{A,\tau}(N_t, N_{t-1}; \mu_*)\left[h_c^{A,\tau}(N_t, N_{t-1}; \mu_*)\right]^\top = I \tag{5.2.8}$$

决定. 因此, $h_c^{A,\tau}(N_t, N_{t-1}; \mu)$ 有界. 由有界正交函数 $h_c^{A,\tau}(N_t, N_{t-1}; \mu)$ 确定的 GMM 估计, 多次迭代计算辅助 RGMM 估计 $\widetilde{\mu}_R$, 看 Ronchetti & Trojani (2001). 辅助 RGMM 估计定义为

$$\widetilde{\mu}_R = \arg\min_{\mu}\{g(\{N_t\}; \mu)\}, \tag{5.2.9}$$

其中

$$g(\{N_t\}; \mu) = \left[\frac{1}{m}\sum_{t=1}^{m} h_c^{A,\tau}(N_t, N_{t-1}; \mu)\right]^\top \frac{1}{m}\sum_{t=1}^{m} h_c^{A,\tau}(N_t, N_{t-1}; \mu). \tag{5.2.10}$$

下面定义 RIGMM 估计, 即由辅助 RGMM 估计 $\widetilde{\mu}_R$ 计算的间接估计.

§5.2.3　RIGMM 估计

计算 RIGMM 估计 $\widehat{\theta}_R$ 的步骤如下:

(1) 基于初始观察数据 $\{N_t\}_{t=1,\cdots,m}$ 和初始值 N_0, 计算常数矩阵 A, 向量 τ 和辅助稳健 GMM 估计 $\widetilde{\mu}_R$.

(2) 将时间区间 $\Delta t=1$ 分成长为 δ 的 $k=1/\delta$ 子区间得到模型 (5.1.1) 的精确离散化, 再由此模拟伪观察. 对应于时间区间 δ 的欧拉渐近是过程 $\{N_{(t+1)\delta}\}_{l=0,1,2,\cdots,mk}$:

$$N_{(t+1)\delta}=[1+\delta(\alpha-\beta N_{t\delta})]N_{t\delta}+\sqrt{\delta}\sigma N_{t\delta}\varepsilon_t, \tag{5.2.11}$$

其中 ε_t 是标准正态变量. 选择 $t\delta$ 时刻的数据, 模拟 S 个伪数据或观察 $\{N_t\}_{t=1,\cdots,m}$ 的 S 条模拟路径:

$$\{N_t^{(s)}(\theta)\}_{t=1,\cdots,m}, s=1,\cdots,S, S\geqslant 1. \tag{5.2.12}$$

(3) 对每个 s, 计算辅助伪稳健估计

$$\widetilde{\mu}_R^S(\theta)=\arg\min_{\mu}\left\{\sum_{s=1}^{S}g(\{N_t^s(\theta)\};\mu)\right\}, \tag{5.2.13}$$

$$g(\{N_t^s(\theta)\};\mu)=\left[\frac{1}{m}\sum_{t=1}^{m}h_c^{A,\tau}\left(N_t^s(\theta),N_{t-1}^s(\theta);\mu\right)\right]^{\top}\frac{1}{m}\sum_{t=1}^{m}h_c^{A,\tau}\left(N_t^s(\theta),N_{t-1}^s(\theta);\mu\right).$$

(4) RIGMM 估计 $\widehat{\theta}_R$ 是辅助稳健 GMM 估计 $\widetilde{\mu}_R$ 与伪辅助稳健 GMM 估计 $\widetilde{\mu}_R^S(\theta)$ 之间距离的最小值:

$$\widehat{\theta}_R=\arg\min_{\theta\in\Theta}\{(\widetilde{\mu}_R-\widetilde{\mu}_R^S(\theta))^{\top}\Omega(\widetilde{\mu}_R-\widetilde{\mu}_R^S(\theta))\}, \tag{5.2.14}$$

其中 Ω 是对称正定矩阵, 例如辅助估计 $\widetilde{\mu}_R$ 的渐近协差阵的逆矩阵.

§5.2.4 稳健间接检验

稳健检验的目的有两个: 首先, 当轻微偏离零假设时, 检验水平应该平稳 (即效度稳健); 其次, 当轻微偏离备择假设时, 检验应该有良好的功效 (即效率稳健). 为了研究间接检验的渐近局部稳定性, 这里借鉴 Heritier & Ronchetti (1994) 发展的方法. 其关键思想是当潜在零分布 F_{θ_0} 的局部污染为

$$F_{\varepsilon,n,G}^0=(1-\frac{\varepsilon}{\sqrt{n}})F_{\theta_0}+\frac{\varepsilon}{\sqrt{n}}G \tag{5.2.15}$$

时, 其中 G 是任意分布, 要求辅助估计的影响函数有界.

根据 Gouriéroux et al. (1993), 在 $H_0:\theta_1=\theta_{10}\in\mathbf{R}^{p_1}, p_1\leqslant p, \theta=(\theta_1,\theta_2)^\top$, 似然比型间接检验 (LRT) 统计量

$$\xi_{LRT}=\frac{Sm}{S+1}\left[(\widetilde{\mu}-\widetilde{\mu}^S(\widehat{\theta}_0))^\top\Omega^*(\widetilde{\mu}-\widetilde{\mu}^S(\widehat{\theta}_0))-(\widetilde{\mu}-\widetilde{\mu}^S(\widehat{\theta}))^\top\Omega^*(\widetilde{\mu}-\widetilde{\mu}^S(\widehat{\theta}))\right] \tag{5.2.16}$$

是自由度为 p_1 的渐近 $\chi^2_{p_1}$ 分布, 其中

$$\begin{aligned}\widetilde{\mu}^S(\widehat{\theta}_0)=\arg\min_{\mu}&\left\{\sum_{s=1}^{S}\left[\frac{1}{m}\sum_{t=1}^{m}h\left(N_t^{(s)}(\widehat{\theta}_0),N_{t-1}^{(s)}(\widehat{\theta}_0);\mu\right)\right]^\top\right.\\&\left.\left[\frac{1}{m}\sum_{t=1}^{m}h\left(N_t^{(s)}(\widehat{\theta}_0),N_{t-1}^{(s)}(\widehat{\theta}_0);\mu\right)\right]\right\},\\\widetilde{\mu}^S(\widehat{\theta})=\arg\min_{\mu}&\left\{\sum_{s=1}^{S}\left[\frac{1}{m}\sum_{t=1}^{m}h\left(N_t^{(s)}(\widehat{\theta}),N_{t-1}^{(s)}(\widehat{\theta});\mu\right)\right]^\top\right.\\&\left.\left[\frac{1}{m}\sum_{t=1}^{m}h\left(N_t^{(s)}(\widehat{\theta}),N_{t-1}^{(s)}(\widehat{\theta});\mu\right)\right]\right\},\end{aligned}$$

Ω^* 是 $\widetilde{\mu}-\widetilde{\mu}^S(\widehat{\theta})$ 的渐近协差阵的逆矩阵, 受限的间接估计 $\widehat{\theta}_0=(\theta_{10},\widehat{\theta}_{20})^\top$ 定义为

$$\widehat{\theta}=\arg\min_{\theta}\{(\widetilde{\mu}-\widetilde{\mu}_S(\theta))^\top\Omega^*(\widetilde{\mu}-\widetilde{\mu}_S(\theta))\}. \tag{5.2.17}$$

不受限制的间接估计 $\widehat{\theta}=(\widehat{\theta}_1,\widehat{\theta}_2)^\top$ 定义为

$$\begin{aligned}\widehat{\theta}&=\arg\min_{\theta}\{(\widetilde{\mu}-\widetilde{\mu}^S(\theta))^\top\Omega^*(\widetilde{\mu}-\widetilde{\mu}^S(\theta))\},\\\widetilde{\mu}^S(\theta)&=\arg\min_{\mu}\left\{\sum_{s=1}^{S}\left[\frac{1}{m}\sum_{t=1}^{m}h\left(N_t^{(s)}(\theta),N_{t-1}^{(s)}(\theta);\mu\right)\right]^\top\right.\\&\qquad\left.\left[\frac{1}{m}\sum_{t=1}^{m}h\left(N_t^{(s)}(\theta),N_{t-1}^{(s)}(\theta);\mu\right)\right]\right\}.\end{aligned}$$

§5.2.5 稳健似然比型间接检验

当样本容量适中或很小时, 渐近 χ^2 分布是 (5.2.16) 定义的间接检验统计量的分布函数的一个不精确渐近. 因此, 引入 (5.2.16) 的稳健版本, 即稳健似然比型间接检验统计量 (RLRT).

令 $\widetilde{\mu}_R=(\widetilde{\alpha}_R,\widetilde{\beta}_R,\widetilde{\sigma}^2_R)^\top$ 为截断正交条件 $h_c^{A,\tau}$ 和 $\tau=0$ 定义的辅助 RGMM 估计. $\widehat{\theta}_R=(\widehat{\alpha}_R,\widehat{\beta}_R,\widehat{\sigma}^2_R)^\top$ 用最优加权矩阵 $\widetilde{\Omega}^*$ 得到的 RIGMM 估计, 其中 $\widetilde{\Omega}^*$

是 Ω^* 的相合估计. 稳健似然比型间接检验 (RLRT) 统计量定义为

$$\xi_{RLRT}(\theta_{10}) = \frac{Sm}{S+1}\Big[(\widetilde{\mu}_R - \widetilde{\mu}_R^S(\widehat{\theta}_{R0}))^\top \widetilde{\Omega}^*(\widetilde{\mu}_R - \widetilde{\mu}_R^S(\widehat{\theta}_{R0})) - (\widetilde{\mu}_R - \widetilde{\mu}_R^S(\widehat{\theta}_R))^\top \widetilde{\Omega}^*(\widetilde{\mu}_R - \widetilde{\mu}_R^S(\widehat{\theta}_R))\Big], \tag{5.2.18}$$

$\widehat{\theta}_{R0} = (\theta_{10}^\top, \widehat{\theta}_{R20}^\top)^\top$ 是目标函数 (5.2.18) 在 $H_0: \theta_1 = \theta_{10} \in \mathbf{R}^{p_1}$ 下的受限稳健间接 GMM 估计. RLRT 检验形式更简单, 还不要求计算目标或捆绑函数的导数, 故优先使用 RLRT 检验而不是 Wald 或 Score 型检验.

§5.2.6 稳健间接鞍点检验

Czellar & Ronchetti (2010) 证明了当偏离假设模型时, 基于 RLRT 的推断可能是误导的, 对适量样本和 RLRT 分布的尾部来说, 采用 χ^2 渐近不精确. 故引入在假设模型存在偏差和样本容量适中时会导致精确推断的稳健间接鞍点检验 (RIIST). 该检验基于 Robinson, Ronchetti & Young (2003) 提出的检验和辅助稳健间接估计产生.

由于 (5.1.3) 中矩条件个数等于感兴趣的参数个数, 在最优问题 (5.2.13) 精确指明的条件下, 辅助稳健 GMM 估计 $\widetilde{\mu}_R$ 为 $\sum\limits_{t=1}^m h_c^{A,\tau}(N_t, N_{t-1}; \widetilde{\mu}_R) = 0$ 定义的 M 估计. 考虑

$$\zeta(N_t, N_{t-1}; \theta) = h_c^{A,\tau}(N_t, N_{t-1}; \widetilde{\mu}_R^S(\theta)) \tag{5.2.19}$$

定义的函数 $\zeta(\cdot, \theta)$. 为了检验假设 $H_0: \theta_1 = \theta_{10} \in \mathbf{R}^{p_1}$, $\theta = (\theta_1, \theta_2)^\top \in \mathbf{R}^p$, 考虑稳健 II 鞍点检验统计量

$$\zeta^{RIIST}(\widehat{\theta}_{R,1}),$$

$\widehat{\theta}_R = (\widehat{\theta}_{R,1}, \widehat{\theta}_{R,2})^\top \in \mathbf{R}^p$, $\theta^* = (\theta_{10}, \theta_2)^\top$, ζ^{RIIST} 定义为

$$\zeta^{RIIST}(z) = \inf_{\theta_2} \sup_{\lambda} \{-K_\zeta[\lambda; (z, \theta_2)]\}, \tag{5.2.20}$$

$$K_\zeta(\lambda; (z, \theta_2)) = \log E_{F_{\theta^*}}\left[e^{\lambda^\top \zeta(N_t, N_{t-1}; (z, \theta_2))}\right]. \tag{5.2.21}$$

Czellar & Ronchetti (2010) 把 Robinson, Ronchetti & Young (2003) 提出的 M 估计的鞍点检验推广到间接估计. 这里可以结合 Robinson, Ronchetti & Young (2003) 的定理 1 和 Czellar & Ronchetti (2010) 的命题证明, 在 H_0 下,

$$2m\zeta^{RIIST}(\widehat{\theta}_{R,1}) \sim \chi_{p_1}^2. \tag{5.2.22}$$

由于累积生成函数 $K_{\zeta}[\lambda;(z,\theta_2)] = \log E_{F_{\theta^*}}\left[e^{\lambda^{\top}\zeta(N_t,N_{t-1};(z,\theta_2))}\right]$ 涉及数字积分, 这个积分具有挑战性, 且计算量大. 因此, Robinson, Ronchetti & Young (2003) 对 M 估计的鞅点检验定义了一个经验版本. 最近, Czellar & Ronchetti (2010) 把这个经验版本应用到间接估计. 这里用稳健间接估计 $\widehat{\theta}_R$ 代替 (5.2.19) 中的 M 估计, 计算 ζ^{RIIST} 如下:

- **权 $w_1,\cdots,w_m$ 的计算**

给定观察样本 $N_1,\cdots,N_m$, 先计算

$$\theta_2^* = \arg\min_{\theta_2}\left\{-k(\lambda(\theta_{10},\theta_2);(\theta_{10},\theta_2))\right\}, \tag{5.2.23}$$

其中 $k(\lambda;\theta) = \log\left[\frac{1}{m}\sum\limits_{t=1}^{m}\exp\left(\lambda^{\top}\zeta(N_t,N_{t-1};\theta)\right)\right]$, $\lambda(\theta) = \arg\max\limits_{\lambda}[-k(\lambda;\theta)]$, 函数 $\zeta(N_t,N_{t-1};\theta)$ 由 (5.2.19) 定义. 定义 $\theta^* = (\theta_{10},\theta_2^*)^{\top}$, 则权 w_t 定义为

$$w_t = \frac{\exp\left[\lambda^{\top}(\theta^*)\zeta(N_t,N_{t-1};\theta^*)\right]}{\sum\limits_{t=1}^{m}\exp\left(\lambda^{\top}[\theta^*)\zeta(N_t,N_{t-1};\theta^*)\right]}, \quad t=1,\cdots,m. \tag{5.2.24}$$

- **函数 $\widetilde{\zeta}^{RIIST}(z)$ 的计算**

假设 (5.2.24) 的权 $\{w_t\}_{t=1}^m$ 固定, $\widetilde{\zeta}^{RIIST}(z)$ 是 $\zeta^{RIIST}(z)$ 的估计, 则

$$\widetilde{\zeta}^{RIIST}(z) = \inf_{t_2}\sup_{\lambda}\left\{-K_w(\lambda;(z,t_2))\right\}, \tag{5.2.25}$$

$$K_w(\lambda;\theta) = \log\left\{\sum_{t=1}^{m} w_t\exp\left[\lambda^{\top}\zeta(N_t,N_{t-1};\theta)\right]\right\} \tag{5.2.26}$$

是 (5.2.19) 定义的离散分布累积生成函数. $K_w(\lambda;\theta)$ 取代了鞍点检验的经验版本 (5.2.21).

§5.2.7 稳健指数倾斜推断

Imbens, Spady & Johnson (1998) 和 *Journal of Econometrics* 2002 年 3 月的专版介绍了采用信息和熵计量方法来改进 GMM 估计和 GMM 检验的有限样本精度. 为了结合指数倾斜估计的有限样本性质和稳健 GMM 估计的稳健性质, 下面采用 Lô & Ronchetti (2012) 提出的稳健指数倾斜方法分析模型 (5.1.1)—(5.2.1).

定义 $h_c^{A,\tau}(N_t,N_{t-1};\mu)$ 的经验累积生成函数如下:

$$K_c(\lambda;\mu) = \log\left(\frac{1}{m}\sum_{t=1}^{m} e^{\lambda^{\top}h_c^{A,\tau}(N_t,N_{t-1};\mu)}\right), \tag{5.2.27}$$

其中 $h_c^{A,\tau}(N_t, N_{t-1};\mu)$ 由 (5.2.5), (5.2.6), (5.2.7) 和 (5.2.8) 定义. 稳健指数倾斜估计 $\widehat{\mu}_c^{ret}$ 由最优化问题定义:

$$\max_{\lambda,\mu} K_c(\lambda;\mu), \tag{5.2.28}$$

$$\begin{cases} (a) \quad \sum_{t=1}^{m} h_c^{A,\tau}(N_t, N_{t-1};\mu) e^{\lambda^\top h_c^{A,\tau}(N_t,N_{t-1};\mu)} = 0, \\ (b) \quad E_F\left[h_c^{A,\tau}(N_t, N_{t-1};\mu)\right] = 0, \\ (c) \quad \frac{1}{m}\sum_{t=1}^{m}\left[h_c^{A,\tau}(N_t, N_{t-1};\mu)\right]\left[h_c^{A,\tau}(N_t, N_{t-1};\mu)\right]^\top = I, \end{cases}$$

其中函数 $h_c^{A,\tau}$ 的有界性保留了稳健性, 而指数倾斜版本改进了有限样本表现.

与 Lô & Ronchetti (2012) 类似, 稳健指数倾斜统计量

$$-2mK_c(\lambda;\widehat{\mu}_c^{ret}) \tag{5.2.29}$$

在零假设 $H_0:\theta_1=\theta_{10}\in\mathbf{R}^{p_1}$ 下服从渐近 $\chi^2_{p_1}$.

类似 Lô & Ronchetti (2012), 给定界 $c>\sqrt{H}$, 稳健指数倾斜估计 $\widehat{\mu}_c^{ret}$ 计算如下:

◇ 求 $\left[\frac{1}{m}\sum_{t=1}^{m} h(N_t, N_{t-1};\mu)\right]^\top\left[\frac{1}{m}\sum_{t=1}^{m} h(N_t, N_{t-1};\mu)\right]$ 的最小值得到初始的相合估计 $\widetilde{\mu}_0$. 固定 $\tau_0 := 0$ 和 A_0 使得

$$(A_0^\top A_0)^{-1} = \frac{1}{m}\sum_{t=1}^{m} h(N_t, N_{t-1};\widetilde{\mu}_0)h^\top(N_t, N_{t-1};\widetilde{\mu}_0).$$

◇ 计算新值 τ_1 和 A_1: $\tau_1 = \frac{E_F[h(N_t,N_{t-1};\widetilde{\mu}_0)w_c(A_0(h(N_t,N_{t-1};\widetilde{\mu}_0)-\tau_0))]}{E_F w_c(A_0(h(N_t,N_{t-1};\widetilde{\mu}_0)-\tau_0))}$ 和

$$(A_1^\top A_1)^{-1} = \frac{1}{m}\sum_{t=1}^{m}[(h(N_t, N_{t-1};\widetilde{\mu}_0)-\tau_0)(h^\top(N_t, N_{t-1};\widetilde{\mu}_0)-\tau_0)$$
$$\omega_c^2(A_0(h(N_t, N_{t-1};\widetilde{\mu}_0)-\tau_0))].$$

◇ 计算与正交函数 $h_c^{A_1,\tau_1}$ 相关的最优指数倾斜估计, 即解具有限制 (a) 的 (5.2.28) 的最优解.

◇ 用 τ_1 和 A_1 取代 τ_0 和 A_0, 反复迭代第 2 步和第 3 步, 直到收敛停止.

指数倾斜估计 $\widehat{\mu}^{et}$ 可看成估计方程 $\sum_{t=1}^{m}\rho^{et}(N_t,N_{t-1};\widehat{\mu}^{et},\widehat{\lambda}^{et})=0$ 的 M 估计, 其影响函数 (IF) 定义为

$$IF(N_t,N_{t-1};\widehat{\mu}^{et},F)=E\left[-\frac{\partial\rho^{et}}{\partial(\mu^\top,\lambda^\top)}(N_t,N_{t-1};\widehat{\mu}^{et},\lambda)\right]^{-1}\rho^{et}(N_t,N_{t-1};\widehat{\mu}^{et},\lambda),\tag{5.2.30}$$

$$\rho^{et}(N_t,N_{t-1};\mu,\lambda)=\begin{pmatrix}\lambda^\top\dfrac{\partial}{\partial\mu}h(N_t,N_{t-1};\mu)\exp\left(\lambda^\top h(N_t,N_{t-1};\mu)\right)\\ h(N_t,N_{t-1};\mu)\exp\left(\lambda^\top h(N_t,N_{t-1};\mu)\right)\end{pmatrix}.\tag{5.2.31}$$

指数倾斜估计的影响函数有界当且仅当 ρ^{et} 关于 N_t 有界. 显然, $h_c^{A,\tau}(N_t,N_{t-1};\mu)$ 有界. 因此, 如果 $\partial h_c^{A,\tau}(N_t,N_{t-1};\mu)/\partial\mu$ 有界, 估计 $\widehat{\mu}_c^{ret}$ 稳健. 与 Lô & Ronchetti (2012) 类似,

$$\partial h_c^{A,\tau}(N_t,N_{t-1};\mu)/\partial\mu$$

关于 N_t 有界当且仅当

$$\begin{cases}\dfrac{\partial h(N_t,N_{t-1};\mu)}{\partial\mu}\ \text{有界},\quad \text{当}\ \|y\|\leqslant c\ \text{时},\\ \dfrac{1}{\|y\|}\frac{\partial h(N_t,N_{t-1};\mu)}{\partial\mu}\ \text{有界},\quad \text{当}\ \|y\|>c\ \text{时},\end{cases}\tag{5.2.32}$$

其中 $y=A(\mu)[h(N_t,N_{t-1};\mu)-\tau(\mu)]$. 当 $\frac{\partial h(N_t,N_{t-1};\mu)}{\partial\mu}$ 处处有界时, 最后两个条件满足, 即对模型 (5.1.1)—(5.2.1), 当矩向量 $h(N_t,N_{t-1};\mu)$ 关于参数 μ 的导数有界时, 估计 $\widehat{\mu}_c^{ret}$ 的稳健性质成立. 如果条件不成立, 则必须核实 (5.2.32) 定义的条件有界性, 确保估计和检验统计量的稳健性质.

稳健检验统计量 $-2mK_c(\lambda;\widehat{\mu}_c^{ret})$ 在零假设 $H_0:\theta_1=\theta_{10}\in\mathbf{R}^{p_1}$ 下服从渐近 $\chi^2_{p_1}$.

第六章　非平稳高维统计模型的空间分析

对非平稳非线性复杂数据进行统计建模是当前高维数据分析的研究热点. 传统的统计分析通常假定时序数据、纵向数据、测量误差数据、缺失数据和删失数据等复杂数据满足平稳性条件, 采用经典的极限理论对参数、非参数和半参数模型进行统计分析. 而实际数据很难满足平稳或混合相依条件, 并且采用传统的差分方法处理非平稳数据容易导致大量有用信息的损失. 因此, Phillips, Band, Park 和 Wang 等人基于空间密度和占位停时公式等描述工具对非平稳连续时间过程和非平稳离散时间序列提出了全新的空间分析方法, 这里空间密度具有时不变边缘密度和样本容量的双重作用, 而占位停时公式能够实现时间积分和空间积分的转换. 由于局部时间刻画非平稳过程的局部特征并提供有用的数量信息, 因此局部停时估计是非平稳过程空间推断的必要步骤.

与平稳过程的统计分析相比, 非平稳过程的空间分析刚刚起步. 例如, 对非平稳连续扩散过程, Bandi (2002) 对短期利率扩散建立了空间密度和空间风险率的非参数估计; Bandi & Phillips (2003) 利用 Nadaraya-Watson 核方法得到了漂移函数和扩散函数的泛函估计; Bandi & Phillips (2007) 对非平稳单参数扩散过程提出了简单稳健的参数估计方法; Xu (2009) 利用局部停时、经验似然和局部线性估计建立了漂移函数和扩散函数的逐点经验似然置信区间; Aït-Sahalia & Park (2012) 研究了非平稳扩散过程的边缘密度基模型识别问题等. 对非平稳离散时间序列, Phillips & Park (1998) 研究了随机游动的核密度估计和非平稳一阶自回归核估计的相合性和渐近混合正态分布; Park & Phillips (1999) 研究了由可积离散时间序列的可积、渐近齐次和爆炸函数三类泛函生成的随机过程的渐近理论; Park & Phillips (2001) 研究了参数非线性回归核估计的弱相合性和依赖布朗运动局部停时的渐近混合正态分布; Phillips (2001) 对具有确定趋势和长记忆性质的非平稳过程发展了空间风险函数估计、空间密度总体矩估计、均值空间密度计算公式和一般过程的局部停时概念, 并分析了通货膨胀、汇率和民意调查数据; Cai, Li & Park (2009) 研究了非平稳泛函系数模型的系数函数估计及其收敛速度和依赖布朗运动局部停时的混合正态分布; Wang & Philips (2009) 使用局部停时收敛方法研究了具有相依非平稳协变量的非线性结构协整回归模型的非参数估计及渐近性质; Wang & Philips (2012) 对非线性非平稳模型提供了一类用于模型识别的核光滑 U 统计量及其依赖高斯过程自相交局部停时的极限理论; Kasparis, Andreou & Phillipas (2015) 假设预测变量是具有未知可积性质的平稳或非平稳变量, 对非参数预测回归提出两种容易执行的非参数 F 检验方法等. 对于非平稳半参数模型, Chen, Li & Gao (2012) 研究了非平稳部分线性模型的半参数最小二乘估计方法及其渐近性质; Gao & Phillips (2013a) 研究了具有非平稳三角序列的多元部分线性模型的半参数最小二乘或工具变量估计; Gao & Phillips (2013b) 研究了具有非参数和半参数协整的泛函系数非平稳回归模型的半参数估计; Dong, Gao & Peng (2018) 研究了非平稳变系数面板数据模型等. 显然, 非平稳高维统计模型的空间分析是新近发展的研究方向, 相关理论和方法很不完善, 亟须人们展开深入细致的研究.

§6.1 非平稳时序模型

§6.1.1 非平稳非线性回归

考虑可积时间序列:

$$Z_t = Z_{t-1} + v_t, \tag{6.1.1}$$

其中 v_t 是均值为 0, 方差为 ω^2 的独立同分布随机变量序列. 对 v_t 应用 Donsker 定理得到

$$V_n \to^D V, \tag{6.1.2}$$

其中 $V_n \equiv V_n(r) = \frac{1}{\sqrt{n}} \sum\limits_{t=1}^{[nr]} v_t$, $r \in [0,1]$, $[nr]$ 表示 nr 的整数部分, V 表示区间 $[0,1]$ 上的布朗运动, 方差为 ω^2. 布朗运动 V 的局部停时 L 是具有时间 t 和位

置 s 两个参数的随机过程, 定义为

$$L(t,s)=\lim_{\varepsilon\to 0}\frac{1}{2\varepsilon}\int_0^t 1\{|V(r)-s|<\varepsilon\}dr, r\in[0,1]. \tag{6.1.3}$$

局部停时 $L(t,s)$ 表示到时刻 t 为止, 布朗运动 V 在位置 s 的某个邻域花费的时间.

Park (2003) 研究了非平稳非线性回归

$$Y_t=\phi(Z_t)+u_t, \tag{6.1.4}$$

其中 Z_t 是 (6.1.1) 定义的可积变量, u_t 是平稳误差, ϕ 是可积函数或渐近齐次函数. 非参数函数 ϕ 的 Nadaraya-Watson 核估计

$$\widehat{\phi}_n(z)=\frac{\sum\limits_{t=1}^n K\left(\frac{Z_t-z}{h}\right)Y_t}{\sum\limits_{t=1}^n K\left(\frac{Z_t-z}{h}\right)}, \tag{6.1.5}$$

其中 K 是核函数, h 是带宽参数. 假设二阶核 K 满足

$$\int_{-\infty}^{\infty}K(s)ds=1, \int_{-\infty}^{\infty}sK(s)ds=0, \int_{-\infty}^{\infty}s^2K(s)ds\neq 0,$$

当 $n\to\infty$ 时, 带宽 h 满足 $h\to 0$. 将二次连续可微函数 ϕ 的 Nadaraya-Watson 核估计进行分解, 得到

$$\widehat{\phi}_n(z)=\frac{\sum\limits_{t=1}^n K\left(\frac{Z_t-z}{h}\right)\phi(Z_t)}{\sum\limits_{t=1}^n K\left(\frac{Z_t-z}{h}\right)}+\frac{\sum\limits_{t=1}^n K\left(\frac{Z_t-z}{h}\right)u_t}{\sum\limits_{t=1}^n K\left(\frac{Z_t-z}{h}\right)}. \tag{6.1.6}$$

Park (2003) 证明了: 当 $n\to\infty$ 时,

$$\frac{1}{\sqrt{nh^2}}\sum_{t=1}^n K\left(\frac{Z_t-z}{h}\right)\to^D L(0,1), \tag{6.1.7}$$

$$\frac{1}{\sqrt{nh^2}}\sum_{t=1}^n K\left(\frac{Z_t-z}{h}\right)\phi(z_t)=^D L(0,1)\left(\phi(z)+\frac{1}{2}h^2\phi''(z)\int_{-\infty}^{\infty}s^2K(s)ds\right)+o_p(h^2), \tag{6.1.8}$$

$$\frac{1}{\sqrt{nh^2}}\sum_{t=1}^n K^2\left(\frac{Z_t-z}{h}\right)\to^D L(0,1)\int_{-\infty}^{\infty}K^2(s)ds, \tag{6.1.9}$$

$$\frac{1}{\sqrt[4]{nh^2}}\sum_{t=1}^n K\left(\frac{Z_t-z}{h}\right)u_t\to^D MN\left(0, L(0,1)\int_{-\infty}^{\infty}K^2(s)ds\right). \tag{6.1.10}$$

§6.1.2 非平稳非线性协整回归模型

非线性协整回归模型

$$Y_t = \phi(Z_t) + u_t, t = 1, 2, \cdots, n, \tag{6.1.11}$$

其中 Y_t 是平稳或非平稳的响应变量, Z_t 是非平稳变量, u_t 是平稳误差. 假设 $K(z)$ 是非负实函数, $K_h(z) = h^{-1}K(z/h)$, $h \to 0$. $\phi(z)$ 的传统核估计为

$$\widehat{\phi}(z) = \frac{\sum\limits_{t=1}^{n} Y_t K_h(Z_t - z)}{\sum\limits_{t=1}^{n} K_h(Z_t - z)}. \tag{6.1.12}$$

如果 $Z_t = \rho Z_{t-1} + \eta_t, Z_0 = 0, \rho = 1 + k/n$, k 是一个常数, $\eta_t = \sum\limits_{k=0}^{\infty} \phi_k \varepsilon_{t-k}$, $\sum\limits_{k=0}^{\infty} \phi_k \neq 0$ $\sum\limits_{k=0}^{\infty} |\phi_k| < \infty$. 通过调整位置系数 k, Z_t 是单位根 $(k = 0)$ 或靠近单位根 $(k \neq 0)$ 的非平稳回归变量. Wang & Phillips (2009) 对这类非参数回归建立了核估计极限理论: 如果带宽 h 满足 $nh^2 \to \infty$ 和 $h \to 0$, 则

$$\widehat{\phi}(z) \to^p \phi(z).$$

如果带宽 h 满足 $nh^2 \to \infty$ 和 $nh^{2(1+2\gamma)} \to 0$, 则

$$\left(h \sum_{t=1}^{n} K_h(Z_t - z)\right)^{1/2} \widehat{\phi}(z) \to^D N\left(0, \sigma^2\right),$$

其中 $\sigma^2 = E(u_{m_0}^2) \int_{-\infty}^{\infty} K^2(s)ds / \int_{-\infty}^{\infty} K(z)dz$.

如果 Z_t 是可积过程, $K_h(\cdot) = h^{-1}K(\cdot/h)$ 是依赖带宽 h 的核函数, Z_t 的非参数回归的渐近理论研究涉及两个序列 $(n \to \infty, h \to 0)$ 的部分和:

$$\sum_{t=1}^{n} K_h(Z_t - z), \quad \sum_{t=1}^{n} K_h^2(Z_t - z),$$

其极限结果包含了与邻域 $Z_t \sim z$ 相关的极限随机过程的局部特征.

假设 Z_t 是一个三角排列, $Z_{k,n}, 1 \leqslant k \leqslant n, n \geqslant 1$, 而且存在一个 Skorohold 空间 $D[0,1]$ 上的连续极限高斯过程 $G(t), 0 \leqslant t \leqslant 1$ 满足

$$Z_{[nt],n} \Rightarrow G(t), \tag{6.1.13}$$

其中 $[a]$ 表示 a 的整数部分, $\Rightarrow$ 表示 Skorohold 空间 $D[0,1]$ 上的弱收敛. 定义 $Z_{k,n}$ 的感兴趣泛函 S_n 为样本均值

$$S_n = \frac{c_n}{n}\sum_{k=1}^{n}\phi(c_n Z_{k,n}), \tag{6.1.14}$$

其中 c_n 是一个正常数序列, ϕ 是 $\mathbf{R}$ 上的实函数. 当 $c_n \to \infty$, $n/c_n \to \infty$ 时, 对函数 ϕ 和过程 $Z_{k,n}$ 施加一般条件,

$$S_n \to_D \int_{-\infty}^{\infty}\phi(z)dzL(1,0), \tag{6.1.15}$$

其中 $L(t,s)$ 是过程 $G(t)$ 在空间点 s 的局部停时. 当函数 ϕ 是核密度时,

$$\int_{-\infty}^{\infty}\phi(z)dz = 1,$$

(6.1.15) 的极限是 G 在原点的局部停时. 一个非平稳时间序列的非参数核密度的极限是高斯过程 $G(t)$ 的局部停时, 一个标准非平稳时间序列弱收敛于该高斯过程. 当排列 $Z_{k,n}$ 的中心位置远离原点的某个空间点时, (6.1.15) 极限的局部停时的中心位置在某个空间点. 当 $c_n = 1$ 时,

$$\frac{1}{n}\sum_{k=1}^{n}\phi(Z_{k,n}) \to_D \int_0^1 \phi(G(t))dt = \int_{-\infty}^{\infty}\phi(s)L_G(1,s)ds, \tag{6.1.16}$$

其中 $L_G(1,s)$ 是在时间区间 $[0,1]$ 的极限过程 G 在空间点 s 的局部停时.

当 $n \to \infty$ 时, c_m 固定, 则由 (6.1.16) 得到

$$\begin{aligned} S_{m,n} &= \frac{c_m}{n}\sum_{k=1}^{n}\phi(c_m Z_{k,n}) \to^D c_m\int_0^1 \phi(c_m G(t))dt = c_m\int_{-\infty}^{\infty}\phi(c_m s)L_G(1,s)ds \\ &= \int_{-\infty}^{\infty}\phi(r)L_G(1,r/c_m)dr := S_{m,\infty}. \end{aligned}$$

显然, $S_{m,\infty} \to^D \int_{-\infty}^{\infty}\phi(r)L_G(1,0)dr$.

过程 $\{L_\zeta(t,s), t \geqslant 0, s \in \mathbf{R}\}$ 称为可测过程 $\{\zeta(t), t \geqslant 0\}$ 的局部停时, 如果对任意局部可积函数 $T(z)$, 以概率 1 成立

$$\int_0^t T[\zeta(s)]ds = \int_{-\infty}^{\infty}T(s)L_\zeta(t,s)ds, \quad 对所有\ t \in \mathbf{R}. \tag{6.1.17}$$

方程 (6.1.17) 称为局部停时公式. 严格来讲, $L_\zeta(t,s)$ 是一个空间密度, 记录了时间区间 $[0,t]$ 内过程 $\zeta(t)$ 在空间点 s 的相对逗留时间.

假设 6.1　$|\phi(z)|$ 和 $\phi^2(z)$ 是 $\mathbf{R}$ 上的勒贝格可积函数，具有 $\tau \equiv \int \phi(z)dz \neq 0$.

假设 6.2　存在一个随机过程 $G(t)$, 具有连续局部停时 $L_G(t,s)$, 使得在 $D[0,1]$ 上

$$Z_{[nt],n} \Rightarrow G(t),$$

其中弱收敛分布是空间 $D[0,1]$ 上的 Skorohold 拓扑.

假设 6.2*　在一个适当概率空间上，存在一个随机过程 $G(t)$, 具有一个连续局部停时 $L_G(t,s)$, 使得 $\sup\limits_{0\leqslant t\leqslant 1}|Z_{[nt],n}-G(t)| = o_p(1)$.

假设 6.3　对所有 $0 \leqslant k < l \leqslant n, n \geqslant 1$, 存在常数序列 $0 < d_{l,k,n}$ 和 σ 域 $F_{k,n}$ (平凡 σ 域 $F_{0,n} = \sigma\{\phi, \Omega\}$) 使得

(a) 对某个 $m_0 > 0$ 和 $C > 0$, 当 $n \to \infty$ 时,

$$\inf_{(l,k)\in\Omega_n(\eta)} d_{l,k,n} \geqslant \eta^{m_0}/C,$$

$$\lim_{\eta\to 0}\lim_{n\to\infty}\frac{1}{n}\sum_{l=(1-\eta)n}^{n} d_{l,0,n}^{-1} = 0,$$

$$\lim_{\eta\to 0}\lim_{n\to\infty}\frac{1}{n}\max_{0\leqslant k\leqslant(1-\eta)n}\sum_{l=k+1}^{k+\eta n} d_{l,k,n}^{-1} = 0,$$

$$\limsup_{n\to\infty}\frac{1}{n}\max_{0\leqslant k\leqslant n-1}\sum_{l=k+1}^{n} d_{l,k,n}^{-1} < \infty,$$

其中 $\Omega_n(\eta) = \{(l,k) : \eta n \leqslant k \leqslant (1-\eta)n, k+\eta n \leqslant l \leqslant n\}, 0 \leqslant \eta \leqslant 1$.

(b) $z_{k,n}$ 关于 $F_{k,n}$ 适应，给定 $F_{k,n}$, $(Z_{l,n} - Z_{k,n})/d_{l,k,n}$ 具有密度函数 $h_{l,k,n}(z)$, 满足

(i) $\sup\limits_{l,k}\sup\limits_{z} h_{l,k,n}(z) = C < \infty$;

(ii) 对某个 $k_0 > 0$,

$$\lim_{\delta\to 0}\lim_{n\to\infty}\sup_{(l,k)\in\Omega_n[\delta^{1/2k_0}]}\sup_{|u|\leqslant\delta}|h_{l,k,n}(u) - h_{l,k,n}(0)| = 0,$$

首先 $n \to \infty$, 接着 $\delta \to 0$.

定理 6.1 (Wang & Phillips, 2009)　假设 6.1—6.3 成立. 对任意 $c_n \to \infty$, $c_n/n \to 0$ 和 $r \in [0,1]$,

$$\frac{c_n}{n}\sum_{k=1}^{[nr]}\phi(c_n Z_{k,n}) \to^D \tau L_G(r,0).$$

如果用假设 6.2* 取代假设 6.2, 则对任意 $c_n \to \infty$, $c_n/n \to 0$,

$$\sup_{0\leqslant r\leqslant 1}\left|\frac{c_n}{n}\sum_{k=1}^{[nr]}\phi(c_n Z_{k,n}) - \tau L_G(r,0)\right| \to^p 0.$$

假设 6.4 核 $K(\cdot)$ 满足 $\int_{-\infty}^{\infty} K(s)ds = 1$ 和 $\sup_s K(s) < \infty$.

假设 6.5 给定 z, 存在一个实函数 $f_1(s,z)$ 和 $0<\gamma\leqslant 1$ 使得, 当 h 充分小时, 对所有 $y\in \mathbf{R}$, $|f(hy+z)-f(z)|\leqslant h^{\gamma} f_1(y,z)$, $\int_{-\infty}^{\infty} K(s)f_1(s,z)ds<\infty$.

假设 6.6 当 $t\to\infty$ 时, $(u_t, F_t, 1\leqslant t\leqslant n)$ 关于 $E(u_t^2|F_{t-1}) \to^{a.s.} \sigma^2$ 是鞅差, 且对某个 $q>2$,

$$\sup_{1\leqslant t\leqslant n} E(|u_t|^q|F_{t-1}) < \infty \quad \text{a.s..}$$

假设 6.7 存在序列 $0<d_n\to\infty$, $d_n = o(n)$ 使得 $Z_{i,n} = Z_i/d_n, 1\leqslant i\leqslant n, n\geqslant 1$, 满足假设 6.3.

假设 6.8 存在一个连续高斯过程 $G(t)$, 具有一个连续局部停时 $L_G(t,s)$ 使得

$$Z_{[nt],n} \Rightarrow G(t),$$

$d_n, Z_{i,n} = Z_i/d_n$ 定义在假设 6.7 中.

定理 6.2 (Wang & Phillips, 2009) 假设 6.4—6.8 满足, $(Z_t)_1^n$ 与 $(u_t)_1^n$ 独立, 带宽 h 满足

$$nh/d_n \to \infty, h\to 0, \widehat{\phi}(z) \to^p \phi(z).$$

如果带宽 h 满足 $nh/d_n\to\infty$ 和 $nh^3/d_n \to 0$, $\sigma_1^2 = \sigma^2\int_{-\infty}^{\infty} K^2(s)ds$, 则

$$\left(h\sum_{t=1}^{n} K_h(Z_t - z)\right)^{1/2}\left(\widehat{\phi}(z) - \phi(z)\right) \to^D N(0,\sigma_1^2).$$

在 $D[0,1]$ 上定义随机过程 U_n 和 V_n:

$$U_n(r) = Z_{[nr],n}, \quad V_n(r) = \frac{1}{\sqrt{n}}\sum_{t=1}^{[nr]} u_t,$$

d_n 和 $Z_{i,n} = Z_i/d_n$ 定义在假设 6.7 中.

定理 6.3 (Wang & Phillips, 2009)　假设 6.4—6.7 成立. 对每个 $n \geqslant 2$, $Z_{i,n}$ 关于 $F_{i-1}, 2 \leqslant i \leqslant n$ 适应, 当 $n \to \infty$ 时, 在 $D[0,1]^2$ 上 $(U_n, V_n) \Rightarrow^D (U, V)$, (U, V) 是相关向量布朗运动. 如果带宽 h 满足 $nh/d_n \to \infty$ 和 $nh^3/d_n \to 0$, 则

$$\left(h\sum_{t=1}^{n} K_h(Z_t - z)\right)^{1/2} \left(\widehat{\phi}(z) - \phi(z)\right) \to^D N(0, \sigma_1^2).$$

§6.1.3　非平稳部分线性模型

非平稳部分线性模型

$$Y_t = X_t^\top \beta + g(Z_t) + \varepsilon_t, \tag{6.1.18}$$

其中 β 是未知参数, $g(\cdot)$ 是未知函数, $X_t = (X_{t1}, \cdots, X_{tp})^\top$ 是平稳或非平稳回归变量, Z_t 是 ξ 零常返马尔可夫过程, ε_t 是平稳或非平稳误差过程, 且方差为异方差.

ξ 零常返　马尔可夫链 $\{Z_t\}$ 是 ξ 零常返马尔可夫过程, 如果存在小的非负函数 $f(\cdot)$, 初始测度 λ, 常数 $\xi \in (0,1)$ 和缓慢变化的函数 $L_f(\cdot)$ 使得, 当 $n \to \infty$ 时,

$$E_\lambda\left[\sum_{t=0}^{n} f(Z_t)\right] \sim \frac{1}{\Gamma(1+\xi)} n^\xi L_f(n), \tag{6.1.19}$$

其中 E_λ 表示初始分布为 λ 的数学期望, $\Gamma(\cdot)$ 表示伽马函数.

任意给定 β, 定义 $g(z)$ 的核估计

$$g_n(z;\beta) = \sum_{t=1}^{n} \omega_{nt}(z;\beta)(Y_t - X_t^\top \beta), \tag{6.1.20}$$

其中加权函数序列

$$\omega_{nt}(z;\beta) = \frac{K_{z,h}(Z_t)}{\sum\limits_{t=1}^{n} K_{z,h}(Z_t)}, K_{z,h}(Z_t) = \frac{1}{h} K\left(\frac{Z_t - z}{h}\right), \tag{6.1.21}$$

$K(\cdot)$ 是核函数, $h = h_n$ 是带宽参数. 用 $g_n(z;\beta)$ 取代模型 (6.1.18) 的 $g(Z_t)$, 应用加权最小二乘法得到 β 的核光滑基半参数最小二乘估计 (SIS)

$$\overline{\beta}_n = \left(\overline{X}^\top \overline{X}\right)^{-1} \overline{X}^\top \overline{Y} = \arg\min\left\{\frac{1}{n}\sum_{t=1}^{n}\left(Y_t - X_t^\top \beta - g_n(Z_t;\beta)\right)^2\right\}, \tag{6.1.22}$$

其中

$$\overline{X} = (\widetilde{X}_1, \cdots, \widetilde{X}_n), \quad \widetilde{X}_t = X_t - \sum_{t=1}^{n} \omega_{nt}(Z_t; \beta) X_t,$$

$$\overline{Y} = (\widetilde{Y}_1, \cdots, \widetilde{Y}_n), \quad \widetilde{Y}_t = Y_t - \sum_{t=1}^{n} \omega_{nt}(Z_t; \beta) Y_t.$$

$g(\cdot)$ 可以用

$$\overline{g}_n(\cdot) = g_n(\cdot; \overline{\beta}_n) \tag{6.1.23}$$

估计. 由于 ξ 是零常返的, 马尔可夫链 $\{Z_t\}$ 的不变分布没有紧支撑, 随机分母包含 $\omega_{nt}(\cdot)$, 因此难以得到估计 (6.1.22) (6.1.23) 的渐近结果. 下面采用加权最小二乘估计方法. 令

$$p_n(z) = \frac{1}{N(n)} \sum_{k=1}^{n} K_{z,h}(V_k),$$

其中对只取 0 和 1 的序列 $\{T_n\}$,

$$\tau_k = \begin{cases} \inf\{n \geqslant 0 : T_n = 1\}, & k = 0, \\ \inf\{n \geqslant \tau_{k-1} : T_n = 1\}, & k \geqslant 1, \end{cases}$$

$$N(n) = \begin{cases} \max\{k : \tau_k \leqslant n\}, & \tau_0 \leqslant n, \\ 0, & \text{其他}. \end{cases}$$

定义

$$F_t := F_{nt} = I(|p_n(Z_t)| > b_n), \tag{6.1.24}$$

其中 $\{b_n\}$ 是满足一些条件的正数序列. 令

$$\widetilde{X}^{\top} = (\widetilde{X}_1 F_1, \cdots, \widetilde{X}_n F_n), \quad \widetilde{Y}^{\top} = (\widetilde{Y}_1 F_1, \cdots, \widetilde{Y}_n F_n).$$

β 的估计为

$$\widetilde{\beta}_n = (\widetilde{X}^{\top} \widetilde{X})^{-1} \widetilde{X}^{\top} \widetilde{Y}, \tag{6.1.25}$$

而 $g(\cdot)$ 可以用估计

$$\widetilde{g}_n(\cdot) = g_n(\cdot; \widetilde{\beta}_n). \tag{6.1.26}$$

α **混合** 平稳序列 $\{V_t, t = 0, \pm 1, \cdots\}$ 称为 α 混合, 如果当 $n \to \infty$ 时,

$$\alpha(n) = \sup_{A \in F_{-\infty}^{0}, B \in F_{n}^{\infty}} |P(AB) - P(A)P(B)| \to 0,$$

F_k^j 是由 $\{V_t, k \leqslant t \leqslant j\}$ 生成的 σ 代数序列.

假设 6.9　存在未知函数 $H(v)$ 和平稳过程 U_t 使得 $X_t = H(Z_t) + U_t$.

假设 6.10

(i) 假设 $\{U_t\}$ 是平稳遍历马尔可夫过程, $E[U_1]=0$. 对 $\gamma_1>0$, $E[\|U_1\|^{4+\gamma_1}]<\infty$. 假设 $\Sigma := E[U_1U_1^\top]$ 正定, $\{U_t\}$ 是 α 混合,

$$\sum_{t=1}^{\infty} \alpha_U^{\frac{\gamma_1}{4+\gamma_1}}(t) < \infty,$$

$\alpha_U(t)$ 是 $\{U_t\}$ 的 α 混合系数.

(ii) 假设 $\{\varepsilon_t\}$ 是平稳遍历马尔可夫过程:

$$E[\varepsilon_1] = 0, \sigma^2 := E[\varepsilon_1^2] > 0, E[|\varepsilon_1|^{2+\gamma_2}] < \infty$$

对某个 $\gamma_2 > 0$. $\{\varepsilon_t\}$ 是 α 混合:

$$\sum_{t=1}^{\infty} \alpha_\varepsilon^{\frac{\gamma_2}{2+\gamma_2}}(t) < \infty,$$

$\alpha_\varepsilon(t)$ 是 $\{\varepsilon_t\}$ 的 α 混合系数.

假设 6.11

(i) ξ 零常返马尔可夫链 $\{Z_t\}$ 的不变测度 π_s 具有一致连续密度函数 $p_s(\cdot)$.

(ii) $\{U_t\}$, $\{Z_t\}$ 和 $\{\varepsilon_t\}$ 是相互独立的.

假设 6.12　$f_{i,k}(\cdot)$ 是 $Z_{i,k} = \varphi_{i-k}(Z_i - Z_k), i > k$ 的密度函数,

$$\varphi_m = m^{\xi-1}L_s(m), m \geqslant 1, \inf_{\delta>0} \limsup_{m\to\infty} \sup_{i\geqslant 1} \sup_{|v|\geqslant\delta} f_{i+m,i}(z) < \infty.$$

存在 σ 代数序列 $\{F_t, t\geqslant 0\}$ 使得 $\{Z_t\}$ 关于 F_t 适应. 以概率 1 成立

$$\inf_{\delta>0} \limsup_{m\to\infty} \sup_{i\geqslant 1} \sup_{|v|\geqslant\delta} f_{i+m,i}(z|F_i) < \infty,$$

其中 $f_{i+m,i}(z|F_i)$ 是给定 F_i 时 $Z_{i,k}$ 的条件密度函数.

假设 6.13

(i) 函数 $g(v)$ 可微, 导数在 $v\in\mathbf{R}$ 连续. 对足够大的 n,

$$\sum_{t=1}^{n} \int (g'(\varphi_t^{-1}v))^2 f_{t,0}(v)dv = O(nh^{-1}),$$

其中 $g'(\cdot)$ 表示 $g(\cdot)$ 的导数, φ_t 和 $f_{t,0}(v)$ 定义在假设 6.12 中.

(ii) 函数 $H(v)$ 可微, 导数在 $v \in \mathbf{R}$ 连续. 对足够大的 n,

$$\sum_{t=1}^{n} \int \|H'(\varphi_t^{-1}v)\| f_{t,0}(v)dv = O(nh^{-1}),$$

$$\sum_{t=1}^{n} \int \|g'(\varphi_t^{-1}v)H'(\varphi_t^{-1}v)\| f_{t,0}(v)dv = O(n^{1/2-\delta_1}b_n^2 h^{-2}),$$

其中 $\delta_1 > 0$ 足够小.

假设 6.14

(i) 概率核函数 $K(\cdot)$ 是具有紧支撑的连续对称函数.

(ii) 序列 $\{h_n\}$ 和 $\{b_n\}$ 满足: 当 $n \to \infty$ 时, 对某个 $0 < \varepsilon_0 < \beta/2$,

$$h_n \to 0, b_n \to 0, n^{\varepsilon_0} h_n b_n^{-4} \to 0, n^{\delta-\varepsilon_0} h_n b_n^{-4} \to 0.$$

$$\sum_{t=1}^{n} P\left(p_n(Z_t) \leqslant b_n\right) = o(n).$$

定理 6.4 (Chen, Gao & Li, 2012) 假设 6.9—6.13(i) 和 6.14 成立, 存在正定矩阵

$$\Sigma_{\varepsilon,U} := \sigma^2\Sigma + 2\sum_{t=2}^{\infty} E[\varepsilon_1\varepsilon_t]E[U_1 U_t^{\top}].$$

(i) 如果 $\{X_t\}$ 严格平稳, 与 $\{Z_t\}$ 独立, 则当 $n \to \infty$ 时,

$$\sqrt{n}(\widehat{\beta}_n - \beta) \to^D N(0, \Sigma^{-1}\Sigma_{\varepsilon,U}\Sigma^{-1}).$$

(ii) 假设 $\{X_t\}$ 与 $\{Z_t\}$ 都不平稳, 而且假设 6.13(ii) 成立, 则当 $n \to \infty$ 时,

$$\sqrt{n}(\widehat{\beta}_n - \beta) \to^D N(0, \Sigma^{-1}\Sigma_{\varepsilon,U}\Sigma^{-1}).$$

定理 6.5 (Chen, Gao & Li, 2012) (i) 定理 6.5(i) 的条件成立.$g(\cdot)$ 二次可微, 二阶导数 $g''(v)$ 在 v 连续, 且对某个 $\varsigma > 0$, $n^{\xi/5+\varsigma}h = o(1)$, 则当 $n \to \infty$ 时,

$$\sqrt{\sum_{t=1}^{n} K\left(\frac{Z_t - z}{h}\right)}(\widehat{g}_n(z) - g(z)) \to^D N\left(0, \sigma^2 \int K^2(u)du\right).$$

(ii) 定理 6.5 (ii) 的条件成立. $g(\cdot)$ 二次可微, 二阶导数 $g''(v)$ 在 v 连续, 且对某个 $\varsigma > 0$, $n^{\xi/5+\varsigma}h = o(1)$, 则当 $n \to \infty$ 时,

$$\sqrt{\sum_{t=1}^{n} K\left(\frac{Z_t - z}{h}\right)}(\widehat{g}_n(z) - g(z)) \to^D N\left(0, \sigma^2 \int K^2(u)du\right).$$

§6.1.4 非平稳非参数预测回归

Kasparis, Andreou & Phillips (2015) 对非平稳非参数预测回归

$$y_t = f(x_{t-v}) + u_t, f(x) = \mu + g(x), \tag{6.1.27}$$

提出了两种非参数 F 检验方法, 其中 g 是未知回归函数, v 是延迟整数, u_t 是鞅差项, x_t 是具有未知可积性质的非平稳预测变量, 常采用下面形式:

$$x_t = (1 + c/n)x_{t-1} + v_t, x_0 = 0, \tag{6.1.28}$$

其中 c 是常数. 模型 (6.1.27) 的回归函数 f 的 Nadaraya-Watson 核估计为

$$\widehat{f}(x) = \frac{\sum\limits_{t=v+1}^{n} K_h(x_{t-v} - x)y_t}{\sum\limits_{t=v+1}^{n} K_h(x_{t-v} - x)}, \tag{6.1.29}$$

其中 $K_h(\cdot) = K(\cdot/h), K(\cdot)$ 是核函数, h 是带宽, 当 $n \to \infty$ 时, $h = h_n \to 0$.

如果 y_t 由 (6.1.27)(6.1.28) 生成, 则在适当条件下, 有

$$\sqrt{\frac{nh}{d_n}} \left(\widehat{f}(x) - f(x)\right) \to^D MN\left(0, \frac{\sigma_u^2 \int_{-\infty}^{\infty} K^2(s)ds}{L_G(1,0)\int_{-\infty}^{\infty} K(s)ds}\right), \tag{6.1.30}$$

$$\left(\sum_{t=v+1}^{n} K\left(\frac{x_{t-v} - x}{h_n}\right)\right)^{1/2} \left(\widehat{f}(x) - f(x)\right) \to^D MN\left(0, \sigma_u^2 \int_{-\infty}^{\infty} K^2(s)ds\right). \tag{6.1.31}$$

§6.1.5 非平稳变系数模型

平稳变系数模型

$$Y_t = X_t^\top \beta(Z_t) + \varepsilon_t, \tag{6.1.32}$$

其中 Y_t, Z_t 和 ε_t 是平稳单变量, $X_t = (X_{t1}, \cdots, X_{tp})^\top$ 是协变量向量, 上标 $^\top$ 表示向量或矩阵的转置, $\beta(\cdot)$ 是一个 $p\times 1$ 维的列向量. 根据观察 $\{(X_t, Z_t, Y_t)\}_{t=1}^n$, 使用局部线性拟合估计 $\beta(\cdot)$. 假设 $\beta(z)$ 二次连续可微. 给定格点 z, 采用 $\beta(z)+\beta^{(1)}(z)(Z_t - z)$ 局部渐近 $\beta(Z_t)$, 其中 $\beta^{(s)}(z) = d^s\beta(z)/dz^s$. 定义

$$\begin{pmatrix} \widehat{\theta}_0 \\ \widehat{\theta}_1 \end{pmatrix} = \arg\min_{\theta_0,\theta_1} \left\{\sum_{t=1}^{n} \left(Y_t - X_t^\top\theta_0 - (Z_t - z)\theta_1^\top X_t\right) K_h(Z_t - z)\right\}, \tag{6.1.33}$$

其中 $K_h(u)=h^{-1}K(u/h)$, $K(\cdot)$ 是核函数, $\widehat{\theta}_0=\widehat{\beta}(z)$ 估计 $\beta(z)$, $\widehat{\theta}_1=\widehat{\beta}^{(1)}(z)$ 估计 $\beta^{(1)}(z)$. $\widehat{\beta}(z)$ 和 $\widehat{\beta}^{(1)}(z)$ 可表示为

$$\begin{pmatrix}\widehat{\beta}(z)\\ \widehat{\beta}^{(1)}(z)\end{pmatrix}=\left[\sum_{t=1}^{n}\begin{pmatrix}X_t\\ (Z_t-z)X_t\end{pmatrix}^{\otimes 2}K_h(Z_t-z)\right]^{-1}\sum_{t=1}^{n}\begin{pmatrix}X_t\\ (Z_t-z)X_t\end{pmatrix}Y_tK_h(Z_t-z). \tag{6.1.34}$$

Cai, Li & Park (2009) 研究了非平稳变系数模型

$$Y_t=X_t^{\top}\beta(Z_t)+\varepsilon_t, \tag{6.1.35}$$

其中 $X_t=(X_{t1},\cdots,X_{tp})^{\top}$ 是平稳变量, Z_t 是非平稳 $I(1)$ 回归因子. 假设 $\beta(z)$ 二次连续可微. $\beta(z)$ 的局部线性估计为

$$\begin{pmatrix}\widehat{\beta}(z)\\ \widehat{\beta}^{(1)}(z)\end{pmatrix}=\left[\sum_{t=1}^{n}\begin{pmatrix}X_t\\ (Z_t-z)X_t\end{pmatrix}^{\otimes 2}K_h(Z_t-z)\right]^{-1}\sum_{t=1}^{n}\begin{pmatrix}X_t\\ (Z_t-z)X_t\end{pmatrix}Y_tK_h(Z_t-z). \tag{6.1.36}$$

Z_t 是 $I(1)$ 过程:

$$Z_t=Z_{t-1}+u_t=Z_0+\sum_{s=1}^{t}u_s,$$

u_t 是均值为 0 且方差为 σ_u^2 的混合过程. 假设 $\lim\limits_{n\to\infty}Var\left(n^{-1/2}\sum\limits_{t=1}^{n}u_t\right)$ 是有限正常数. 假设过程 $\{X_t,u_t\}$ 是平稳混合过程, $\{u_t\}$ 是线性过程: $u_t=\sum\limits_{j=0}^{\infty}c_j\omega_{t-j}$, 其中 ω_j 是白噪声, 均值为 0, 方差为 $\sigma_\omega^2=Var(\omega_j)<\infty$, c_j 满足下面条件, 对某个 $0<\tau\leqslant 1$,

$$\sum_{j=0}^{\infty}|c_j|^{\top}<\infty,\sum_{j=0}^{\infty}c_j=1. \tag{6.1.37}$$

因此, $\sigma_u^2=Var(u_t)=\sigma_\omega^2\sum\limits_{j=0}^{\infty}c_j^2$ 和 $Cov(u_s,u_{s+t})=\sigma_\omega^2\sum\limits_{j=0}^{\infty}c_jc_{j+t},\forall s,t$. 根据 Donsker's 定理, 在一些正则条件下, 对 $0\leqslant r\leqslant 1$,

$$Z_{[nr]}/\sqrt{n}\Rightarrow W_u(r), \tag{6.1.38}$$

其中 $W_u(\cdot)$ 是 $[0,1]$ 上的布朗运动, $\sigma_u^{-1}W_u(r)=W(r)$ 是 $[0,1]$ 上的标准布朗运动. 定义标准布朗运动的局部停时

$$L(t,x)=\lim_{\varepsilon\to 0}\frac{1}{2\varepsilon}\int_0^t I(|W(s)-x|\leqslant\varepsilon)ds, \tag{6.1.39}$$

其中 $W(\cdot)$ 是一个标准布朗运动. 令 $V_t = X_t X_t^\top$, $\xi_{t,z} = t^{-1/2}(Z_t - z)$, $f_{t,z}(\cdot)$ 表示 $\xi_{t,z}$ 的密度, $f_{t,s,z}(\cdot)$ 表示 $(\xi_{t,z}, \xi_{s,z})$ 的联合密度函数, $b_{t,s,z}(\cdot)$ 表示给定 V_s, $(\xi_{t,z}, \xi_{s,z})$ 的条件密度函数, F_t 表示 $\{Y_s, X_s, Z_s\}_{s=-\infty}^{t}$ 生成的最小 σ 域. 引入下面的假设:

假设 6.15 $E(\varepsilon_t|X_t, Z_t, F_{t-1}) = 0$, $E(\varepsilon_t^2|X_t, Z_t, F_{t-1}) = \sigma_\varepsilon^2$, $E(\varepsilon_t^4|X_t, Z_t, F_{t-1}) < C$, a.s.. $\{X_t, u_t\}$ 是平稳混合过程, 其中 σ_ε^2, C 和 σ_u^2 是有限正常数.

$$\lim_{n\to\infty} Var\left(n^{-1/2}\sum_{t=1}^{n} u_t\right)$$

存在有限.

假设 6.16 对某个 $d > 3$ 和 $1 \leqslant i, j \leqslant p$, $E[|V_{t,ij}|^{2d}] < \infty$.

假设 6.17 $f_{t,z}(\cdot)$, $f_{t,s,z}(\cdot)$ 和 $b_{t,s,z}(\cdot)$ 具有有界的连续导数函数.

假设 6.18 $E(V_t|Z_t)$ 具有下面的表示:

$$E(V_t|Z_t) = E(V_t) + \delta_t g_t(Z_t), \tag{6.1.40}$$

其中 $E[\delta_t g_t(Z_t)] = 0$, $E[|g_t(Z_t)|^{2q}] = O(1)$, $\delta_t = O(t^{-1/2})$, $g_t(\cdot)$ 与 V_t 有相同的维数, $g_{t,ij}(\cdot)$ 表示 $g_t(\cdot)$ 的第 (i,j) 个元, 满足 $\sup_t |g_{t,ij}(u)| \leqslant C(u)$, $C(u)$ 是一个连续函数. 对 $t > s$, 假设

$$E(V_t|Z_t, Z_s, V_s) = E(V_t) + \delta_{t,s} g_{t,s}(Z_t, Z_s, V_s), \tag{6.1.41}$$

其中 $g_{t,s}(\cdot,\cdot,\cdot)$ 是 $p\times p$ 维的, $E[\delta_{t,s} g_{t,s}(Z_t, Z_s, V_s)] = 0$, $E[|g_{t,s}(Z_t, Z_s, V_s)|^{2q}] = O(1)$, 对 $t > s$, $\delta_{t,s} = O(t^{-1/2} + s^{-1/2}) = O(s^{-1/2})$.

假设 6.19 $K(\cdot)$ 是支撑为 $[-1, 1]$ 的对称连续密度函数.

假设 6.20 $nh^{8q-2} \to \infty$, $q = d/(d-1) < 3/2$, $d > 3$ 定义在假设 6.16 中.

定理 6.6 (Cai, Li & Park, 2009) 假设 6.15—6.20 成立. 对 $B_\beta(z) = \mu_2(K)\beta^{(2)}(z)/2$, $\mu_2(K) = \int K^2(z)dz$,

$$\sqrt{n^{1/2}h}\left[\widehat{\beta}(z) - \beta(z) - h^2 B_\beta(z)\right] \to^D MN(0, \Sigma_1),$$

其中 $MN(0, \Sigma_1)$ 是一个均值为 0 且条件协方差为

$$\Sigma_1 = \sigma_\varepsilon^2 \sigma_u \nu_0(K)\left[E(X_t X_t^\top) L(1,0)\right]^{-1}$$

的混合正态分布.

§6.1.6 非平稳半参数可加模型

非平稳半参数可加模型

$$Y_t = X_t^\top \beta + \sum_{l=1}^{q} g_l(Z_t^{(l)}) + u_t \tag{6.1.42}$$

或

$$m(X_t, Z_t) = E(Y_t|X_t, Z_t) = X_t^\top \beta + \sum_{l=1}^{q} g_l(Z_t^{(l)}), \tag{6.1.43}$$

其中 $\beta = (\beta_1, \cdots, \beta_p)^\top$ 是未知参数, $g_l(\cdot), l = 1, \cdots, q$, 是未知函数, $X_t = (X_{t,1}, \cdots, X_{t,p})^\top$ 和 $Z_t = (Z_t^{(1)}, \cdots, Z_t^{(q)})^\top$ 表示联合相依的非平稳回归因子, u_t 是零均值的平稳误差. 为了识别 $m(X_t, Z_t)$, 要求 $E[g_l(Z_t^{(l)})] = 0$, $l = 1, \cdots, q$.

§6.2 非平稳随机微分方程的研究现状

随机微分方程是建模随机动态系统的有力工具. 20 世纪 70 年代, Phillips, Hansen 和 Aït-Sahalia 等计量经济学家将随机微分方程应用于计量经济和金融等领域, 做了许多开创性工作: Aït-Sahalia (1996) 对平稳扩散过程发展了基于边缘密度和基于转换密度的模型识别方法; Fan (2005) 概述了平稳随机微分方程的非参数方法; Chen, Gao & Tang (2008) 利用转换密度基核估计发展了平稳参数扩散过程的模型识别方法, 通过经验似然和带宽选择建立模型识别检验统计量及其自助统计量; Aït-Sahalia, Fan & Peng (2009) 比较了转换密度的非参数估计与参数估计, 对跳扩散过程发展了转换密度基识别检验方法, 建立了检验统计量的渐近分布和功效函数的计算公式; Aït-Sahalia & Hansen (2009) 概述了随机微分方程在经济、金融和计量经济等领域的研究进展; Chang & Chen (2011) 利用封闭形式的渐近方法建立了平稳参数扩散过程的极大似然估计方法; Hu (2017b, 2017c) 利用间接推断和稳健方法研究了随机逻辑扩散方程及其轻微污染模型的参数估计和模型识别等. 但是, 建模股价的几何布朗运动、短期利率扩散、鞅扩散和 Bessel 过程等常用过程都是非平稳随机微分方程. 因此, 非平稳随机微分方程的统计推断是更能满足实际需求的重要课题.

近年来, Phillips 等计量经济学家对非平稳常返连续时间过程进行了深入细致的研究. 他们提出了空间密度 (或局部停时、逗留时) 和占位停时公式等描述工具, 对具有哈里斯常返 (Harris recurrent) 的非平稳随机微分方程发展了全新的空间分析方法, 其中空间密度具有时不变边缘密度和样本容量的双重作用, 而占位停时公式能够实现时间积分和空间积分的转换. 对于模型估计, Bandi (2002) 应用泛函方法研究了短期利率过程, 对漂移函数、扩散函数、空间密度和空间风险率建立了非参数密度估计及其极限理论; Bandi & Phillips (2003) 基于观察的离散样本对非平稳齐次随机微分方程的漂移函数和扩散函数建立了泛函估计和识别方法, 并在观察频率增加和时间跨度拉长两种情形下分别证明了估计的强相合性和渐近混合正态性质 (混合变量依赖扩散过程的按时间前后顺序排列的局部时间), 且估计方法和渐近结果可同时应用于平稳和非平稳常返过程; Bandi & Nguyen (2003) 研究了非平稳常返跳扩散过程, 对具有不连续样本轨迹的连续时间模型建立了无穷小矩的泛函估计及其渐近理论, 结论不仅用于非平稳跳扩散过程, 也可用于平稳跳扩散过程; Bandi & Phillips (2007) 研究了非平稳常返单变量时齐随机微分方程, 采用标准非线性最小二乘方法建立了漂移函数和扩散函数的核估计, 在填充和长跨度渐近两种情形下得到了估计的极限理论; Xu (2009) 研究非平稳常返扩散过程的区间估计问题, 在观察频率增加和时间跨度拉长两种情形下分别对漂移函数和扩散函数建立了非平稳经验对数似然比统计量及其逐点经验似然置信区间, 结果可同时应用于平稳和非平稳常返扩散过程; Aït-Sahalia & Park (2016) 不仅对非平稳扩散过程建立了局部停时、漂移函数、扩散函数的非参数核估计和局部线性估计, 而且发展了非平稳最优带宽选择方法等. 而对非平稳连续时间过程的模型识别问题, 目前主要有 Aït-Sahalia & Park (2012) 对非平稳扩散过程 (包括可积过程和爆炸过程) 发展了平稳密度基识别检验及其渐近行为等. 显然, 非平稳扩散过程的模型识别研究刚刚起步. 此外, 尽管 Aït-Sahalia 等人 (Aït-Sahalia & Jacod (2009)、Corsi, Pirino & Reno (2010) 和 Aït-Sahalia, Jacod & Li (2012)) 在半鞅框架下研究了平稳随机微分方程的跳检验, 但对更一般的非平稳随机微分方程的跳检验问题尚未展开研究.

§6.3　单变量扩散过程的参数估计和模型识别

在对数据生成过程最小要求的情况下, Bandi & Phillips (2003) 基于观察的离散样本对齐次随机微分方程提出了泛函估计方法. 当观察频率增加和时间跨度拉长时, 展示了估计的渐近行为. 估计方法和渐近结果可用于平稳和非平稳常过程.

随机微分方程 (SDE)

$$dX_t = \mu(X_t)dt + \sigma(X_t)dW_t, \tag{6.3.1}$$

确定连续时间扩散过程 $\{X_t, a \leqslant t \leqslant T\}$, 其中初始条件 $X_0 = \overline{X}$, $\mu(\cdot)$ 和 $\sigma^2(\cdot) > 0$ 分别是漂移函数和扩散函数, $\{W_t, a \leqslant t \leqslant T\}$ 是标准布朗运动. 假设 $X_1, \cdots, X_{n+1}$ 是这个扩散过程的 $n+1$ 个观察. 定义左连续 σ 代数

$$\widetilde{\Im}_t := \sigma(\overline{X}) \vee \widetilde{\Im}_t^B = \sigma(\overline{X}, B_s; 0 \leqslant s \leqslant t), 0 \leqslant t < \infty$$

和零集

$$\aleph := \{N \subseteq \Omega; \exists G \in \overline{\Im}_\infty, N \subseteq G, P(G) = 0\}.$$

建立扩充 σ 代数 $\widetilde{\Im}_t^X := \sigma(\widetilde{\Im}_t \cup \aleph), 0 \leqslant t < \infty$.

假设 6.21 (i) 函数 $\mu(x)$ 和 $\sigma^2(x)$ 在 D 的内部无限阶可微, 满足局部利普希茨和增长条件, 即对每个紧子集 $E \subset D$, 存在常数 C_1^J 和 C_2^J, 使得对 $x, y \in E$,

$$|\mu(x) - \mu(y)| + |\sigma(x) - \sigma(y)| \leqslant C_1^J |x - y|, |\mu(x)| + |\sigma(x)| \leqslant C_2^J (1 + |x|).$$

(ii) 在 D 中, $\sigma^2(\cdot) > 0$.

(iii) 定义自然刻度函数

$$S(a) = \int_c^a \exp\left\{\int_c^y \left[-\frac{2\mu(x)}{\sigma^2(x)}\right] dx\right\} dy$$

且满足 $\lim\limits_{a \to l} S(a) = -\infty, \quad \lim\limits_{a \to u} S(a) = \infty$, 其中 $c \in D$ 是固定数.

假设 6.22 (常返) 对所有 x 和 D 内的 y, $P(T_y < \infty | X_0 = x) = 1$.

常返表示不管从过程的哪个点出发, 总能以概率 1 回到过程域内部的空间点.

如果假设 6.21 成立, 则随机微分方程 (6.3.1) 具有关于 $\widetilde{\Im}_t^X$ 适应的唯一强解

$$X_t = \overline{X} + \int_0^t \mu(X_s) ds + \int_0^t \sigma(X_s) dW_t, a.s., \tag{6.3.2}$$

其中 $\int_0^t E[X_s^2] ds < \infty$.

§6.3.1 连续半鞅的局部停时

连续半鞅是一个连续过程 $M_t = LM_t + A_t$, 其中 LM_t 是一个连续局部鞅, A_t 是一个方差有限的连续适应过程.

Tanaka 公式　对任意实数 a, 存在一个非降连续过程 $L_M(\cdot, a)$, 即 M_t 在 a 的局部停时, 使得

$$|M_t - a| = |M(0) - 0| + \int_0^t \operatorname{sgn}(M_s - a)dM_s + L_M(t, a),$$

$$(M_t - a)^+ = (M(0) - a)^+ + \int_0^r 1(M_s > a)dM_s + (1/2)L_M(t, a),$$

$$(M_t - a)^- = (M(0) - a)^- - \int_0^r 1(M_s \leqslant s)dM_s + (1/2)L_M(t, a),$$

其中 $|M_t - a|, (M_t - a)^+, (M_t - a)^-$ 是连续半鞅, $1(A)$ 是 A 的示性函数, 当 $x > 0, x \leqslant 0$ 时, $\operatorname{sgn}(x)$ 分别为 $1, -1$.

半鞅局部停时的连续性　对任意连续半鞅 M_t, 如果存在一个局部停时使得映射

$$(t, a) \to L_M(t, a)$$

关于 t 几乎必然连续, 关于 a 是右连左极过程.

占位停时公式　M_t 是具有二次方过程 $[M]_t$ 的连续半鞅, $L_M(\cdot, a)$ 是 M 在 a 的局部停时. 则对每个博雷尔可测函数 f,

$$\int_0^t f(M_s, a)d[M]_s = \int_{-\infty}^{\infty} da \int_0^t f(a, s)dL_M(s, a). \tag{6.3.3}$$

如果 f 是齐次的, 则可简化为,

$$\int_0^t f(M_s)d[M]_s = \int_{-\infty}^{\infty} f(a)L_M(t, a)da. \tag{6.3.4}$$

局部停时公式　如果 M_t 是连续半鞅, 则

$$L_M(t, a) = \lim_{\varepsilon \to 0} \frac{1}{\varepsilon} \int_0^t 1_{[a, a+\varepsilon[}(M_s)d[M]_s \quad \forall a, t. \tag{6.3.5}$$

如果 M_t 是连续局部半鞅, 则

$$L_M(t, a) = \lim_{\varepsilon \to 0} \frac{1}{2\varepsilon} \int_0^t 1_{[a-\varepsilon, a+\varepsilon[}(M_s)d[M]_s \quad \forall a, t. \tag{6.3.6}$$

过程 $L_M(t, a)$ 称为 M_t 在点 a 在时间区间 $[0, t]$ 的局部停时.

由 (6.3.6), 标准布朗运动 W_t 的局部停时为

$$L_W(t, a) = \lim_{\varepsilon \to 0} \frac{1}{2\varepsilon} \int_0^t 1(|W_s - a| < \varepsilon)ds, a.s. \forall a, t. \tag{6.3.7}$$

局部方差为 σ^2 的布朗运动 $B_t = \sigma W_t$ 的局部停时可写为

$$L_B(t,a) = \lim_{\varepsilon\to 0}\frac{1}{2\varepsilon}\int_0^t 1(|B_s - a| < \varepsilon)\sigma^2 ds = \sigma L_w\left(t,\frac{a}{\sigma}\right), a.s.\forall a,t. \tag{6.3.8}$$

B_t 按时间顺序排列的局部停时定义为

$$\overline{L}_B(t,a) = \lim_{\varepsilon\to 0}\frac{1}{2\varepsilon}\int_0^t 1(|B_s - a| < \varepsilon)ds = \sigma^{-2}L_B(t,p), a.s.\forall a,t. \tag{6.3.9}$$

$\overline{L}_B(t,a)$ 度量了过程花费在空间点 a 邻域的时间. 布朗运动按顺序排列的局部停时在核回归渐近中起了关键作用. 一般过程按时间顺序排列的局部停时定义为

$$\overline{L}_X(t,a) = \frac{1}{\sigma^2(a)}\lim_{\varepsilon\to 0}\frac{1}{\varepsilon}\int_0^t 1_{[a,a+\varepsilon[}(X_s)\sigma^2(X_s)ds = \frac{1}{\sigma^2(a)}L_X(t,a), a.s.\forall a,t. \tag{6.3.10}$$

扩散局部停时的极限理论 X_t 是 (6.3.1) 定义的随机过程且满足假设 1 和假设 2. r 和 $a > 0$ 为固定实数. $\{L_X(t, r + (a/\lambda)) - L_X(t,r)\}$ 是一个关于 (t,a) 的双指标随机过程. 则当 $\lambda\to\infty$ 时,

$$\frac{1}{2}\sqrt{\lambda}\{L_X(t, r + (a/\lambda)) - L_X(t,r)\} \Rightarrow B\left(L_X(t,r), a\right), \tag{6.3.11}$$

其中 $B(t,a)$ 是和 X_t 独立的布朗运动 sheet. 如果 $a < 0$, 则

$$\frac{1}{2}\sqrt{\lambda}\{L_X(t, r + (a/\lambda)) - L_X(t,r)\} \Rightarrow B\left(L_X(t,r), -a\right). \tag{6.3.12}$$

§6.3.2 计量经济估计

(6.3.1) 的漂移函数和扩散函数具有以下定义:

$$E^X[X_t - x] = t\mu(x) + o(t), \tag{6.3.13}$$

$$E^X[(X_t - x)^2] = t\sigma^2(x) + o(t), \tag{6.3.14}$$

其中 x 是初始条件, E^x 是从 x 开始的过程的期望算子. (6.3.13) 和 (6.3.14) 分别表示当 $X_t = x$ 时过程的瞬时条件均值和瞬时条件方差. 令

$$\widetilde{\mu}_{n,T}(x) = \frac{1}{m_{n,T}(i\Delta_{n,T})\Delta_{n,T}}\sum_{j=0}^{m_{n,T}(i\Delta_{n,T})-1}\left[X_{t(i\Delta_{n,T})_j+\Delta_{n,T}} - X_{t(i\Delta_{n,T})_j}\right], \tag{6.3.15}$$

$$\widetilde{\sigma}^2_{n,T}(x)=\frac{1}{m_{n,T}(i\Delta_{n,T})\Delta_{n,T}}\sum_{j=0}^{m_{n,T}(i\Delta_{n,T})-1}\left[X_{t(i\Delta_{n,T})_j+\Delta_{n,T}}-X_{t(i\Delta_{n,T})_j}\right]^2, \tag{6.3.16}$$

则 (6.3.15) 和 (6.3.16) 的估计为

$$\widehat{\mu}_{n,T}(x)=\frac{\sum\limits_{i=1}^{n}K\left(\frac{X_{i\Delta_{n,T}}-x}{h_{n,T}}\right)\widetilde{\mu}_{n,T}(x)}{\sum\limits_{i=1}^{n}K\left(\frac{X_{i\Delta_{n,T}}-x}{h_{n,T}}\right)}, \tag{6.3.17}$$

$$\widehat{\sigma}^2_{n,T}(x)=\frac{\sum\limits_{i=1}^{n}K\left(\frac{X_{i\Delta_{n,T}}-x}{h_{n,T}}\right)\widetilde{\sigma}^2_{n,T}(x)}{\sum\limits_{i=1}^{n}K\left(\frac{X_{i\Delta_{n,T}}-x}{h_{n,T}}\right)}, \tag{6.3.18}$$

其中 $K(\cdot)$ 是标准核函数, $\{t(i\Delta_{n,T})_j\}$ 是随机停时序列, 定义如下

$$t(i\Delta_{n,T})_0=\inf\{t\geqslant 0:|X_t-X_{i\Delta_{n,T}}|\leqslant\varepsilon_{n,T}\}, \tag{6.3.19}$$

$$t(i\Delta_{n,T})_{j+1}=\inf\{t\geqslant t(i\Delta_{n,T})_j+\Delta_{n,T}:|X_t-X_{i\Delta_{n,T}}|\leqslant\varepsilon_{n,T}\}, \tag{6.3.20}$$

$m_{n,T}(i\Delta_{n,T})\leqslant n$ 计算了与 $X_{i\Delta_{n,T}}$ 相关的停时, 定义为

$$m_{n,T}(i\Delta_{n,T})=\sum_{j=1}^{n}1_{[|X_{j\Delta_{n,T}}-X_{i\Delta_{n,T}}|\leqslant\varepsilon_{n,T}]},\forall i\leqslant n, \tag{6.3.21}$$

其中 1_A 表示集合 A 的示性函数, $\varepsilon_{n,T}$ 是一个带宽参数, 依赖时间跨度和样本容量, 核函数 $K(\cdot)$ 满足下面的假设条件:

假设 6.23 核函数 $K(\cdot)$ 是一个连续可微、对称的非负函数, 其导数 K' 是绝对可积的, 满足

$$\int_{-\infty}^{\infty}K(s)ds=1,\quad \int_{-\infty}^{\infty}K^2(s)ds<\infty,\quad \sup_s K(s)<C_3, \tag{6.3.22}$$

$$\int_{-\infty}^{\infty}s^2K(s)ds<\infty. \tag{6.3.23}$$

§6.3.3 极限理论

定理 6.7 (Bandi & Phillips, 2003) (几乎必然收敛于按时间顺序排列的局部停时) 如果 $n\to\infty$, T 固定 $(=\overline{T})$, $h_{n,\overline{T}}\to 0$ (当 $n\to\infty$ 时),

$$(1/h_{n,\overline{T}})(\Delta_{n,\overline{T}}\log(1/\Delta_{n,\overline{T}}))^{1/2}=o(1),$$

则

$$\frac{\Delta_{n,\overline{T}}}{h_{n,\overline{T}}}\sum_{i=1}^{n}K\left(\frac{X_{i\Delta_{n,T}}-x}{h_{n,T}}\right)$$

以概率 1 收敛于 $\overline{L}_X(\overline{T},x)$.

定理 6.8 (Bandi & Phillips, 2003) (几乎必然收敛于漂移项) 如果 $n\to\infty$, $T\to\infty$, $\Delta_{n,T}\to 0$, $h_{n,T}\to 0$ (当 $n,T\to\infty$ 时),

$$\frac{\overline{L}_X(T,x)}{h_{n,T}}(\Delta_{n,T}\log(1/\Delta_{n,T}))^{1/2}=o_{a.s.}(1),$$

只要 $\varepsilon_{n,T}\to 0$(当 $n,T\to\infty$ 时) 使得

$$\frac{\overline{L}_X(T,x)}{\varepsilon_{n,T}}(\Delta_{n,T}\log(1/\Delta_{n,T}))^{1/2}=o_{a.s.}(1),\quad \varepsilon_{n,T}\overline{L}_X(T,x)\to^{a.s.}\infty,$$

则

$$\widehat{\mu}_{n,T}(x)=\frac{\sum\limits_{i=1}^{n}K\left(\frac{X_{i\Delta_{n,T}}-x}{h_{n,T}}\right)\widetilde{\mu}_{n,T}(x)}{\sum\limits_{i=1}^{n}K\left(\frac{X_{i\Delta_{n,T}}-x}{h_{n,T}}\right)}$$

以概率 1 收敛于真实漂移函数.

定理 6.9 (Bandi & Phillips, 2003) (漂移估计的极限分布) 如果 $n\to\infty$, $T\to\infty$, $\Delta_{n,T}\to 0$, $h_{n,T}\to 0$ (当 $n,T\to\infty$ 时),

$$\frac{\overline{L}_X(T,x)}{h_{n,T}}(\Delta_{n,T}\log(1/\Delta_{n,T}))^{1/2}=o_{a.s.}(1),$$

只要 $\varepsilon_{n,T}\to 0$ (当 $n,T\to\infty$ 时) 使得

$$\frac{\overline{L}_X(T,x)}{\varepsilon_{n,T}}(\Delta_{n,T}\log(1/\Delta_{n,T}))^{1/2}=o_{a.s.}(1),\quad \varepsilon_{n,T}\overline{L}_X(T,x)\to^{a.s.}\infty$$

和 $\varepsilon_{n,T}^5\overline{L}_X(T,x)\to^{a.s.}o_{a.s.}(1)$, 则漂移函数估计的渐近分布为

$$\sqrt{\varepsilon_{n,T}\widehat{\overline{L}}_X(T,x)}\{\widehat{\mu}_{(n,T)}(x)-\mu(x)\}\Rightarrow N(0,K_2^{ind}\sigma^2(x)),\tag{6.3.24}$$

如果 $h_{n,T}=o(\varepsilon_{n,T})$, $K_2^{ind}=\frac{1}{4}\int_{-\infty}^{\infty}1_{\{|a|\leqslant 1\}}^2da=\frac{1}{2}$. 如果 $h_{n,T}=O(\varepsilon_{n,T})$, $h_{n,T}/\varepsilon_{n,T}\to\phi>0$, 则

$$\sqrt{\varepsilon_{n,T}\widehat{\overline{L}}_X(T,x)}\{\widehat{\mu}_{(n,T)}(x)-\mu(x)\}\Rightarrow N\left(0,\frac{1}{2}\theta_\phi\sigma^2(x)\right),\tag{6.3.25}$$

其中 $\theta_\phi = \frac{1}{2}\int_{-\infty}^{\infty}\int_{-(z-1)/\phi}^{(z+1)/\phi}\int_{-(z-1)/\phi}^{(z+1)/\phi} K(a)K(e)dzdade$. 在相同的条件下, 如果

$$\varepsilon_{n,T}^5 \overline{L}_X(T,x) \to^{a.s.} O_{a.s.}(1),$$

则漂移估计的极限分布具有渐近偏差

$$\Gamma_\mu(x) = \varepsilon_{n,T}^2 K_1^{ind}\left[\mu'(x)\frac{s'(x)}{s(x)} + \frac{1}{2}\mu''(x)\right], \tag{6.3.26}$$

如果 $h_{n,T} = o(\varepsilon_{n,T})$, $K_1^{ind} = \frac{1}{2}\int_{-\infty}^{\infty} a_{\{|a|\leqslant 1\}}^2 da = \frac{1}{3}$, 如果 $h_{n,T} = O(\varepsilon_{n,T})$, $h_{n,T}/\varepsilon_{n,T} \to \phi > 0$,

$$\Gamma_\mu^{(\phi)}(x) = \varepsilon_{n,T}^2(K_1\phi^2 + K_1^{ind})\left[\mu'(x)\frac{s'(x)}{s(x)} + \frac{1}{2}\mu''(x)\right], \tag{6.3.27}$$

其中 $K_1 = \int_{-\infty}^{\infty} a^2K(a)da$, $s(x) = 2/S'(x)\sigma^2(x)$ 为过程 X_t 的速度函数.

定理 6.10 (Bandi & Phillips, 2003) (几乎必然收敛于扩散项) 如果 $n \to \infty$, $T \to \infty$, $\Delta_{n,T} \to 0$, $h_{n,T} \to 0$ (当 $n, T \to \infty$ 时),

$$\frac{\overline{L}_X(T,x)}{h_{n,T}}(\Delta_{n,T}\log(1/\Delta_{n,T}))^{1/2} = o_{a.s.}(1),$$

只要 $\varepsilon_{n,T} \to 0$ (当 $n, T \to \infty$ 时) 使得

$$\frac{\overline{L}_X(T,x)}{\varepsilon_{n,T}}(\Delta_{n,T}\log(1/\Delta_{n,T}))^{1/2} = o_{a.s.}(1), \quad \varepsilon_{n,T}\overline{L}_X(T,x) \to^{a.s.} \infty,$$

则

$$\widehat{\sigma}_{n,T}^2(x) = \frac{\sum\limits_{i=1}^n K\left(\frac{X_{i\Delta_{n,T}} - x}{h_{n,T}}\right)\widetilde{\sigma}_{n,T}^2(x)}{\sum\limits_{i=1}^n K\left(\frac{X_{i\Delta_{n,T}} - x}{h_{n,T}}\right)}$$

以概率 1 收敛于真实的扩散函数.

定理 6.11 (Bandi & Phillips, 2003) (扩散估计的极限分布) 如果

$$n \to \infty, T \to \infty, \Delta_{n,T} \to 0, h_{n,T} \to 0$$

(当 $n, T \to \infty$ 时),

$$\frac{\overline{L}_X(T,x)}{h_{n,T}}(\Delta_{n,T}\log(1/\Delta_{n,T}))^{1/2} = o_{a.s.}(1),$$

只要 $\varepsilon_{n,T} \to 0$ (当 $n, T \to \infty$ 时),

$$\frac{\overline{L}_X(T,x)}{\varepsilon_{n,T}}(\Delta_{n,T}\log(1/\Delta_{n,T}))^{1/2} = o_{a.s.}(1), \quad \varepsilon_{n,T}^5\overline{L}_X(T,x)/\Delta_{n,T} \to^{a.s.} o_{a.s.}(1),$$

则漂移函数估计的渐近分布为

$$\sqrt{\varepsilon_{n,T}\widehat{\overline{L}}_X(T,x)}\{\widehat{\sigma}^2_{(n,T)}(x)-\sigma^2(x)\}\Rightarrow N(0,4K_2^{ind}\sigma^4(x)), \tag{6.3.28}$$

如果 $h_{n,T}=o(\varepsilon_{n,T})$, $K_2^{ind}=\frac{1}{4}\int_{-\infty}^{\infty}1^2_{|a|\leqslant 1}da=\frac{1}{2}$. 如果 $h_{n,T}=O(\varepsilon_{n,T})$, $h_{n,T}/\varepsilon_{n,T}\to\phi>0$, 则

$$\sqrt{\varepsilon_{n,T}\widehat{\overline{L}}_X(T,x)}\{\widehat{\sigma}^2_{(n,T)}(x)-\sigma^2(x)\}\Rightarrow N(0,2\theta_\phi\sigma^4(x)), \tag{6.3.29}$$

其中 $\theta_\phi=\frac{1}{2}\int_{-\infty}^{\infty}\int_{-(z-1)/\phi}^{(z+1)/\phi}\int_{-(z-1)/\phi}^{(z+1)/\phi}K(a)K(e)dzdade$. 在相同的条件下, 如果

$$\varepsilon^5_{n,T}\overline{L}_X(T,x)/\Delta_{n,T}\to^{a.s.}O_{a.s.}(1),$$

则扩散估计的极限分布具有一个渐近偏差

$$\Gamma_{\sigma^2}(x)=\varepsilon^2_{n,T}K_1^{ind}\left[\mu'(x)(\sigma^2(x))'\frac{s'(x)}{s(x)}+\frac{1}{2}(\sigma^2(x))''\right], \tag{6.3.30}$$

如果 $h_{n,T}=o(\varepsilon_{n,T})$, $K_1^{ind}=\frac{1}{2}\int_{-\infty}^{\infty}a^2_{\{|a|\leqslant 1\}}da=\frac{1}{3}$, 如果 $h_{n,T}=O(\varepsilon_{n,T})$, $h_{n,T}/\varepsilon_{n,T}\to\phi>0$,

$$\Gamma_\mu^{(\phi)}(x)=\varepsilon^2_{n,T}(K_1\phi^2+K_1^{ind})\left[\mu'(x)\frac{s'(x)}{s(x)}+\frac{1}{2}\mu''(x)\right], \tag{6.3.31}$$

其中 $K_1=\int_{-\infty}^{\infty}a^2K(a)da$, $s(x)=2/S'(x)\sigma^2(x)$ 为过程 X_t 的速度函数.

§6.4 跳扩散过程

§6.4.1 定义

Bandi & Nguyen (2003) 研究了跳扩散过程

$$dX_t=[\mu(X_{t-})-\lambda(X_{t-})]\int_Y c(X_{t-},y)\Pi(dy)dt+\sigma(X_{t-})dW_t+dJ_t \tag{6.4.1}$$

的泛函估计, 其中 $\{J_t:t\geqslant 0\}$ 是独立跳过程, 发生跳的条件密度是 $\nu(\cdot)$. 跳过程与标准布朗运动 $\{W_t:t\geqslant 0\}$ 独立, 令跳的条件影响为 $c(\cdot,y)$, 其中 y 是概率分布为 $\pi(\cdot)$ 的随机变量. 假设 $\Pi(\cdot)$ 的支撑是 S, 则 0 不属于 S. 令 $N_t^\phi(\omega)=\sum_{j=1}1\{t_j\leqslant t,y_{t_j}\in\phi\}(\omega)$, 其中 $\omega\in\Omega$ 表示具体的事件, $\{t_j\leqslant t:j=1,2,\cdots\}$ 表示跳发生的时间点, 则 N_t^E 表示跳的随机泊松可数测度. 因此,

$$dP_t=\Delta X_t=X_t-X_{t-}=\int c(X_{t-},y)N(dt,dy),$$

$$dX_t=\mu(X_{t-})dt+\sigma(X_{t-})dW_t+\int_S c(X_{t-},y)N(dt,dy),$$

其中 $\Gamma(dt,dy):=N(dt,dy)-E(N(dt,dy))=N(dt,dy)-\lambda(X_{t-})\pi(dy)dt$ 是一个补偿泊松随机测度.

§6.4.2　模型假设

假设 6.24　(i) $\mu(\cdot)$, $\sigma(\cdot)$, $c(\cdot,y)$ 和 $\lambda(\cdot)$ 是马尔可夫状态的至少二阶连续可微函数, 且满足局部利普希茨和增长条件, 即对过程范围 D 的每个紧子集 E, 存在常数 c_1,c_2, 对 $x,y\in E$,

$$|\mu(x)-\mu(y)|+|\sigma(x)-\sigma(y)|+\lambda(x)\int_Y|c(x,y)-c(z,y)|\Pi(dy)\leqslant c_1|x-y|, \tag{6.4.2}$$

$$|\mu(x)|+|\sigma(x)|+\lambda(x)\int_Y|c(x,y)|\Pi(dy)\leqslant c_2(1+|x|). \tag{6.4.3}$$

(ii) 对给定的 $\alpha>2$, 存在常数 c_3 使得对 $\forall x\in E$,

$$\lambda(x)\int_Y|c(x,y)|^\alpha\Pi(dy)\leqslant c_3\{1+|x|^\alpha\}. \tag{6.4.4}$$

(iii) 在过程范围 D, $\lambda(\cdot)\geqslant 0$ 和 $\sigma^2(\cdot)>0$.

给定 (i), (ii) 和 (iii), 方程 (6.4.1) 的无穷小条件矩可表示成 $\mu(\cdot)$, $\sigma(\cdot)$, $c(\cdot,y)$ 和 $\lambda(\cdot)$ 的函数.

$$M^1(a)=\lim_{\Delta\to 0}\frac{1}{\Delta}E[X_{t+\Delta}-X_t|X_t=a]=\mu(a), \tag{6.4.5}$$

$$M^2(a)=\lim_{\Delta\to 0}\frac{1}{\Delta}E[(X_{t+\Delta}-X_t)^2|X_t=a]=\sigma^2(a)+\lambda(a)E_Y[c^2(a,y)], \tag{6.4.6}$$

$$M^k(a)=\lim_{\Delta\to 0}\frac{1}{\Delta}E[(X_{t+\Delta}-X_t)^k|X_t=a]=\lambda(a)E_Y[c^k(a,y)],\forall k>2. \tag{6.4.7}$$

假设 6.25　方程 (6.4.1) 的解是哈里斯常返的.

假设 6.26　方程 (6.4.1) 的解是正哈里斯常返的.

假设 6.27　(i) (对称核函数) 核 $K^{\oplus}(\cdot):\mathbf{R}\to\mathbf{R}^+$ 连续可微、有界且关于 0 对称, 满足

$$\int_R K^{\oplus}(s)ds=1, K_2^{\oplus}=\int_R(K^{\oplus}(s))^2ds<\infty, K_1^{\oplus}=\int_R s^2K^{\oplus}(s)ds<\infty, \tag{6.4.8}$$

$$\int_R|K_{(1)}^{\oplus}(s)|ds<\infty, \tag{6.4.9}$$

其中 $K_{(1)}^{\oplus}(s)=\partial K^{\oplus}(s)/\partial s$.

(ii) (非对称核) 核 $K^{\pm}(\cdot):\mathbf{R}^{\pm}\to\mathbf{R}^{+}$ 是连续可微的有界函数,

$$\int_{R^{\pm}} K^{\pm}(s)ds=1, \tag{6.4.10}$$

$$\int_{R^{\pm}} |K^{\pm}_{(1)}(s)|ds<\infty, \tag{6.4.11}$$

其中 $K^{\pm}_{(1)}(s)=\partial K^{\pm}(s)/\partial s$.

§6.4.3 半鞅局部停时

Tanaka 公式 X 是半鞅, $L_X(\cdot,a)$ 是 a 点的局部停时, 则

$$\begin{aligned}(X_t-a)^+-(X_0-a)^+=&\int_{0+}^t 1(X_{t-}>a)dX_s+\sum_{0<s\leqslant t}1(X_{s-}>a)(X_t-a)^-\\&+\sum_{0<s\leqslant t}1(X_{s-}\leqslant a)(X_s-a)^++\frac{1}{2}L_X(t,a),\\(X_t-a)^--(X_0-a)^-=&-\int_{0+}^t 1(X_{t-}\leqslant a)dX_s+\sum_{0<s\leqslant t}1(X_{s-}>a)(X_t-a)^-\\&+\sum_{0<s\leqslant t}1(X_{s-}\leqslant a)(X_s-a)^++\frac{1}{2}L_X(t,a).\end{aligned}$$

半鞅局部停时的连续性 半鞅 X 满足 $\sum\limits_{0<s\leqslant t}|\Delta X_s|<\infty, a.s.\forall t>0$. 如果存在

$$(t,a,\varpi)\to L_X(t,a,\varpi)$$

的 $\Im(D)\otimes\Im$ 可测版本, 即关于 a 右连续, 关于 t 连续, 其中 $\Im(D)$ 表示 D 的博雷尔可测函数, 则极限

$$L_X(t,a)=\lim_{b\to a,b<a}L_X(t,b)$$

以概率 1 存在.

占位停时公式 X 为半鞅, 具有局部停时 $(L_X(\cdot,a))_{a\in D}$. g 是一个有界的博雷尔可测函数, 则

$$\int_{-\infty}^{\infty}L_X(t,a)g(a)da=\int_0^t g(X_{t-})d[X]_s^c, \tag{6.4.12}$$

其中 $[X]_s^c$ 是 X 的二次方的连续部分.

局部停时 如果半鞅 X 满足 $\sum_{0<s\leqslant t}|\Delta X_s|<\infty, a.s.\forall t>0$, 则对 $\forall(a,t)$,

$$L_X(t,a+)=L_X(t,a)=\lim_{\varepsilon\to 0}\frac{1}{\varepsilon}\int_0^t 1\{a\leqslant X_t\leqslant a+\varepsilon\}d[X]_s^c \quad a.s. \tag{6.4.13}$$

$$L_X(t,a-)=\lim_{\varepsilon\to 0}\frac{1}{\varepsilon}\int_0^t 1\{a-\varepsilon\leqslant X_t\leqslant a\}d[X]_s^c \quad a.s. \tag{6.4.14}$$

$$\frac{L_X(t,a+)+L_X(t,a-)}{2}=\lim_{\varepsilon\to 0}\frac{1}{2\varepsilon}\int_0^t 1\{|X_t-a|\leqslant\varepsilon\}d[X]_s^c:=L_X^{\oplus}(t,a) \quad a.s. \tag{6.4.15}$$

是局部停时的对称形式.

§6.4.4 模型估计

假设过程 X_t 在 $\{t_1=\Delta_{n,T},t_2=2\Delta_{n,T},\cdots,t_n=n\Delta_{n,T}\},\Delta_{n,T}=T/n$ 的 n 个观察是

$$X_t=X_{\Delta_{n,T}},X_{2\Delta_{n,T}},\cdots,X_{n\Delta_{n,T}}.$$

假设时间跨度 $T=\overline{T}$ 固定. (6.4.13)—(6.4.15) 在空间点 a 和 $\overline{T}$ 的泛函估计为

$$\widehat{\overline{L}}_X(\overline{T},a+)=\widehat{\overline{L}}_X(\overline{T},a)=\frac{\Delta_{n,\overline{T}}}{h_{n,\overline{T}}}\sum_{i=1}^n K^+\left(\frac{X_{i\Delta_{n,\overline{T}}}-a}{h_{n,\overline{T}}}\right), \tag{6.4.16}$$

$$\widehat{\overline{L}}_X(\overline{T},a-)=\frac{\Delta_{n,\overline{T}}}{h_{n,\overline{T}}}\sum_{i=1}^n K^-\left(\frac{X_{i\Delta_{n,\overline{T}}}-a}{h_{n,\overline{T}}}\right), \tag{6.4.17}$$

$$\widehat{\overline{L}}_X^{\oplus}(\overline{T},a)=\frac{\Delta_{n,\overline{T}}}{h_{n,\overline{T}}}\sum_{i=1}^n K^{\oplus}\left(\frac{X_{i\Delta_{n,\overline{T}}}-a}{h_{n,\overline{T}}}\right), \tag{6.4.18}$$

(6.4.5)—(6.4.7) 的无穷小矩的非参数估计为

$$\widehat{M}_{n,T}^1(a)=\frac{\frac{1}{h_{n,T}}\sum_{i=1}^{n-1}K^{\oplus}\left(\frac{X_{i\Delta_{n,T}}-a}{h_{n,T}}\right)\left[X_{(i+1)\Delta_{n,T}}-X_{i\Delta_{n,T}}\right]}{\frac{\Delta_{n,T}}{h_{n,T}}\sum_{i=1}^{n}K^{\oplus}\left(\frac{X_{i\Delta_{n,T}}-a}{h_{n,T}}\right)}, \tag{6.4.19}$$

$$\widehat{M}_{n,T}^2(a)=\frac{\frac{1}{h_{n,T}}\sum_{i=1}^{n-1}K^{\oplus}\left(\frac{X_{i\Delta_{n,T}}-a}{h_{n,T}}\right)\left[X_{(i+1)\Delta_{n,T}}-X_{i\Delta_{n,T}}\right]^2}{\frac{\Delta_{n,T}}{h_{n,T}}\sum_{i=1}^{n}K^{\oplus}\left(\frac{X_{i\Delta_{n,T}}-a}{h_{n,T}}\right)}, \tag{6.4.20}$$

$$\widehat{M}^k_{n,T}(a) = \frac{\frac{1}{h_{n,T}} \sum_{i=1}^{n-1} K^{\oplus}\left(\frac{X_{i\Delta_{n,T}}-a}{h_{n,T}}\right)\left[X_{(i+1)\Delta_{n,T}} - X_{i\Delta_{n,T}}\right]^k}{\frac{\Delta_{n,T}}{h_{n,T}} \sum_{i=1}^{n} K^{\oplus}\left(\frac{X_{i\Delta_{n,T}}-a}{h_{n,T}}\right)}. \tag{6.4.21}$$

Bandi & Nguyen (2013) 证明了局部停时过程估计的相合性和无穷小矩估计的渐近性质, 看下面两个定理:

定理 6.12 (Bandi & Nguyen, 2003) 假设 6.24 和假设 6.27 成立. 如果 $n \to \infty (T = \overline{T})$ 和 $h_{n,\overline{T}} \to 0$ 使得 $(1/h_{n,\overline{T}})(\Delta_{n,\overline{T}} \log(1/\Delta_{n,\overline{T}}))^{1/2} = o(1)$, 则

$$\widehat{\overline{L}}_X(\overline{T}, a\pm) \to^{a.s.} \overline{L}_X(\overline{T}, a\pm), \tag{6.4.22}$$

$$\overline{L}_X(\overline{T}, a+) = \overline{L}_X(\overline{T}, a) = \frac{1}{\sigma^2(a)} \lim_{\varepsilon\to 0} \frac{1}{\varepsilon} \int_0^{\overline{T}} 1_{\{a \leqslant X_s \leqslant a+\varepsilon\}} \sigma^2(X_s) ds \quad a.s., \tag{6.4.23}$$

$$\overline{L}_X(\overline{T}, a-) = \frac{1}{\sigma^2(a)} \lim_{\varepsilon\to 0} \frac{1}{\varepsilon} \int_0^{\overline{T}} 1_{\{a-\varepsilon \leqslant X_s \leqslant a\}} \sigma^2(X_s) ds \quad a.s.. \tag{6.4.24}$$

$$\widehat{\overline{L}}^{\oplus}_X(\overline{T}, a) \to^{a.s.} \overline{L}^{\oplus}_X(\overline{T}, a\pm), \tag{6.4.25}$$

$$\overline{L}^{\oplus}_X(\overline{T}, a\pm) = \frac{\overline{L}_X(\overline{T}, a+) + \overline{L}_X(\overline{T}, a-)}{2} = \frac{\overline{L}_X(\overline{T}, a) + \overline{L}_X(\overline{T}, a-)}{2}, \tag{6.4.26}$$

$$\overline{L}^{\oplus}_X(\overline{T}, a\pm) = \frac{1}{\sigma^2(a)} \lim_{\varepsilon\to 0} \frac{1}{2\varepsilon} \int_0^{\overline{T}} 1_{\{|X_s - a| \leqslant \varepsilon\}} \sigma^2(X_s) ds \quad a.s.. \tag{6.4.27}$$

定理 6.13 (Bandi & Nguyen, 2003) 假设 6.24—6.25 和假设 6.27(i) 成立. 如果 $n \to \infty, T \to \infty$, $T/n \to 0$ 和 $h_{n,T} \to 0$ 使得

$$\overline{L}^{\oplus}_X(T, a)/h_{n,T}(\Delta_{n,T} \log(1/\Delta_{n,T})^{1/2}) = o_{a.s.}(1),$$
$$h_{n,T}\overline{L}^{\oplus}_X(T, a) \to^{a.s.} \infty, \forall a \in D,$$

则

$$\widehat{M}^k_{n,T}(a) \to^{a.s.} M^k_{n,T}(a), \forall k \geqslant 1, \forall a \in D. \tag{6.4.28}$$

如果 $h^5_{n,T}\overline{L}^{\oplus}_X(T, a) = o_{a.s.}(1), \forall a \in D$, 则

$$\sqrt{h_{n,T}\overline{L}^{\oplus}_X(T, a)}(\widehat{M}^k_{n,T}(a) - M^k_{n,T}(a)) \Rightarrow N(0, K^{\oplus}_2 M^{2k}(a)), \forall k \geqslant 1, \forall a \in D, \tag{6.4.29}$$

$K^{\oplus}_2 = \int_{\mathbf{R}} (K^{\oplus}(s))^2 ds.$

§6.5 非平稳扩散过程的平稳基识别检验

Aït-Sahalia & Park (2012) 研究了非平稳扩散过程中边际密度的核估计及其渐近行为, 发现核密度估计收敛的极限涉及扩散过程的局部停时, 并应用这些结果研究非平稳扩散过程模型识别检验的相合性等. 下面介绍他们的研究方法和主要结论.

§6.5.1 引言

考虑

$$dX_t = \mu(X_t, \theta)dt + \sigma(X_t, \theta)dW_t, \tag{6.5.1}$$

其联合参数族为

$$P \equiv \{(\mu(\cdot, \theta), \sigma^2(\cdot, \theta))|\theta \in \Theta\}, \tag{6.5.2}$$

其中 Θ 是 $\mathbf{R}^K$ 的紧子集. 如果真实过程是漂移函数和扩散函数分别为 $(\mu_0(\cdot),\sigma_0^2(\cdot))$ 的扩散过程, 则识别检验就是检验函数 $(\mu_0(\cdot), \sigma_0^2(\cdot))$ 是否属于参数族 P. 零假设和备择假设分别为

$$H_0 : \exists\theta_0 \in \Theta,\ \text{使得}\ \mu(\cdot, \theta_0) = \mu_0(\cdot), \sigma^2(\cdot, \theta_0) = \sigma_0^2(\cdot) \Leftrightarrow H_1 : (\mu_0(\cdot), \sigma_0^2(\cdot))\overline{\in}P. \tag{6.5.3}$$

假设 $\pi(\cdot, \theta)$ 是参数模型 (6.4.29) 的边际密度, $p(\Delta, \cdot|\cdot, \theta)$ 是转换密度. 在适当正则条件下, $(\mu(\cdot), \sigma^2(\cdot))$ 唯一刻画离散时间区间的边际密度和转换密度. μ 和 σ^2 的任意参数化 P 对应边际和转换密度的参数化

$$\Pi \equiv \{(\pi(\cdot, \theta), p(\Delta, \cdot|\cdot, \theta))|(\mu(\cdot, \theta), \sigma^2(\cdot, \theta)) \in P, \theta \in \Theta\}. \tag{6.5.4}$$

§6.5.2 扩散过程的局部停时

时齐扩散过程 X_t

$$dX_t = \mu(X_t)dt + \sigma(X_t)dW_t, \tag{6.5.5}$$

其中 μ 和 σ^2 分别表示漂移和扩散函数. 令 $D = (\underline{x}, \overline{x})$ 表示扩散 X_t 的域.

假设 6.28 随机微分方程 (6.5.5) 依概率存在唯一弱解. 在 D 取值的解过程 $\{X_t, t \geqslant 0\}$ 允许转换密度 $p(t, y|x)$ 关于 t 连续可微, 关于 y 和 x 无限可微.

D 的内点 x 处的局部停时 L 定义为

$$L(T, x) = \lim_{\varepsilon\to 0} \frac{1}{2\varepsilon} \int_0^T 1\{|X_t - x| < \varepsilon\}dt. \tag{6.5.6}$$

$L(T,x)$ 表示在 0 到 T 时间内 X 在点 x 的邻域花费的时间, 因此常称为逗留时. 对 $\mathbf{R}$ 上的任意非负函数 f, 局部停时满足 Tanaka 占位停时公式

$$\int_0^T f(X_t)dt = \int_{-\infty}^{\infty} f(x)L(T,x)dx, \tag{6.5.7}$$

允许时间和空间积分之间的转化.

引理 6.1 过程局部停时的条件期望和条件方差与转换密度之间关系如下:

$$E[L(T,y)|X_0 = x] = \int_0^T p(t,y|x)dt, \tag{6.5.8}$$

$$E[L^2(T,y)|X_0 = x] = 2\int_0^T \int_0^t p(t,y|x)p(t-s,y|x)dsdt. \tag{6.5.9}$$

引理 6.2 如果鞅扩散

$$dX_t = c|X_t|^{-r/2}dW_t, r > -1, c > 0, \tag{6.5.10}$$

产生 X, 则对所有 $x \in D$,

$$L(T,x) =^d T^k L(1, T^{-(1-k)}x), \tag{6.5.11}$$

其中 $k = (r+1)/(r+2)$.

假设 6.29 存在 $k \in [0,1]$ 使得对每个 $x \in D$, 当 $T \to \infty$ 时, $L(T,x) \sim T^k$.

假设 6.30 k 定义在假设 6.29. a_p 是 p 阶齐次, $p = 0,1,2$, b 是一个有界可积函数. 假设对于 $q = 1,2,3,4$, 当 $T \to \infty$ 时,

$$\int_{-\infty}^{\infty} a_p(x)L^q(T,x)dx \sim T^{(p+1)(1-k)+qk}, \tag{6.5.12}$$

$$\int_{-\infty}^{\infty} b(x)L^q(T,x)dx \sim T^{qk}. \tag{6.5.13}$$

§6.5.3 核密度和局部停时估计的渐近性

引理 6.3 $f = a_p$ 或 b, 其中 a_p 或 b 定义在假设 6.30 中. f 二阶连续可微且满足 (a) 或 (b):

(a) $f = a_p$, 对某个常数 c_1 和 c_2, $|\mu(x)| \leqslant c_1|x|^r$, $|\sigma^2(x)| \leqslant c_2|x|^{r+1}$, 其中 r 满足

$$\Delta T^{(r-1)(1-k)} \to 0;$$

(b) $f=b$ 具有导数 b' 和 b'' 使得 $\mu b',\sigma b'$ 和 $\sigma^2 b''$ 有界可积.

$$\Delta\sum_{i=1}^{n} f(X_{i\Delta}) \approx \int_0^T f(X_t)dt \quad a.s.. \tag{6.5.14}$$

对于平稳遍历扩散, 对任意 f, 如果密度 π 有界, f 具有有限期望, 则

$$\begin{aligned}\frac{\Delta}{T}\sum_{i=1}^{n} f(X_{i\Delta}) &= \frac{1}{T}\int_0^T f(X_t)dt + o(1) \quad a.s.\\ &= \int_{-\infty}^{\infty} f(x)\frac{L(T,x)}{T}dx + o(1) \quad a.s.\\ &\to \int_{-\infty}^{\infty} f(x)\pi(x)dx \quad a.s..\end{aligned}$$

对于鞅扩散 (6.5.10), 如果 $f=a_p$, 则

$$\begin{aligned}\frac{\Delta}{T^{p(1-k)+1}}\sum_{i=1}^{n} a_p(X_{i\Delta}) &= \frac{1}{T^{p(1-k)+1}}\int_0^T a_p(X_t)dt + o(1) \quad a.s.\\ &= \frac{1}{T^{p(1-k)+1}}\int_{-\infty}^{\infty} a_p(x)L(T,x)dx + o(1) \quad a.s.\\ &\to \int_{-\infty}^{\infty} a_p(x)L(1,x)dx \quad a.s..\end{aligned}$$

如果 $f=b$, 则

$$\begin{aligned}\frac{\Delta}{T^k}\sum_{i=1}^{n} b(X_{i\Delta}) &= \frac{1}{T^k}\int_0^T b(X_t)dt + o(1) \quad a.s.\\ &= \frac{1}{T^k}\int_{-\infty}^{\infty} b(x)L(T,x)dx + o(1) \quad a.s.\\ &\to_d L(1,0)\int_{-\infty}^{\infty} b(x)dx.\end{aligned}$$

对于非平稳过程来说, 时不变边际密度不存在, 因此核密度估计只对平稳过程有意义. 但是, 可以考虑更一般的局部停时 $L(T,x)$ 的核估计

$$\widehat{L}(T,x) = \frac{\Delta}{h}\sum_{i=1}^{n} K\left(\frac{X_{i\Delta}-x}{h}\right), \tag{6.5.15}$$

其中 K 是核函数, h 是带宽参数. 对于平稳和非平稳过程来说, 局部停时估计 (6.5.15) 是局部停时的相合估计. 局部停时的核估计是核密度估计的 T 倍:

$$\widehat{\pi}(x) = \frac{1}{nh}\sum_{i=1}^{n} K\left(\frac{X_{i\Delta}-x}{h}\right), \tag{6.5.16}$$

通常用来估计平稳扩散过程的时不变边际密度. 在平稳和遍历条件下, 可以推出

$$\widehat{\pi}(x)=\frac{\widehat{L}(T,x)}{T}=\frac{L(T,x)}{T}+o(1)\quad a.s.\to\pi(x)\quad a.s..$$

假设 6.31 K 是有界的, 二阶连续可微,

$$\int_{-\infty}^{\infty}K(x)dx=1,\int_{-\infty}^{\infty}xK(x)dx=0,\int_{-\infty}^{\infty}x^2|K(x)|dx<\infty.$$

连续应用局部停时公式、变量转换和 $L(T,\cdot)$ 的连续性,

$$\begin{aligned}\widehat{L}(T,x)\approx\frac{1}{h}\int_0^T K\left(\frac{X_t-x}{h}\right)dt&=\frac{1}{h}\int_{-\infty}^{\infty}K\left(\frac{u-x}{h}\right)L(T,u)du\\&=\int_{-\infty}^{\infty}K(u)L(T,x+hu)du\approx L(T,x),\end{aligned}$$

即 $\widehat{L}(T,x)$ 具有相合性.

引理 6.4 选择 h 使得 $h\to 0$, 当 $\Delta\to 0$ 时, $\Delta/h^2\to 0$, 对每个 T 和 x,

$$\widehat{L}(T,x)\approx L(T,x)\quad a.s..$$

令 $f=a_p$ 或 b, 定义 $m=[(\mu/\sigma^2)'+(\mu/\sigma^2)^2][(1/\sigma^2)+(1/\sigma^2)'']$. 假设对某个 $\delta>0$,

$$hL(T,x)^{1/3-\delta}\to\infty\quad a.s..$$

假设 (a)$f=a_p$, 对常数 c_1,c_2 和 c_3, $|m(x)|\leqslant c_1|x|^{r_1}$, $|\mu(x)|\leqslant c_2|x|^{r_2}$ 和 $|\sigma^2(x)|\leqslant c_3|x|^{r_3}$, 其中 r_1,r_2 和 r_3 满足 $h^2T^{r_1(1-k)}\to 0,\Delta h^{-1}T^{r_2(1-k)}\to 0$ 和 $\Delta h^{-2}T^{r_3(1-k)}\to 0$, $h\to 0$, 或者 (b)$f=b$, $mb,\mu b$ 和 $\sigma^2 b$ 有界可积, $h\to 0$, $\Delta/h^2\to 0$, 则有

$$\int_{-\infty}^{\infty}f(x)\widehat{L}^q(T,x)dx\approx\int_{-\infty}^{\infty}f(x)L^q(T,x)dx\quad a.s..$$

对于平稳扩散, 如果 π 有界, f 允许有限期望,

$$\begin{aligned}\frac{1}{T^q}\int_{-\infty}^{\infty}f(x)\widehat{L}^q(T,x)dx&=\frac{1}{T^q}\int_{-\infty}^{\infty}f(x)L^q(T,x)dx+o(1)\quad a.s.\\&=\int_{-\infty}^{\infty}f(x)\left[\frac{L(T,x)}{T}\right]^q dx+o(1)\quad a.s.\\&\to\int_{-\infty}^{\infty}f(x)\pi^q(x)dx\quad a.s..\end{aligned}$$

对于鞅扩散 (6.5.10), 如果 $f = a_p$, 则

$$
\begin{aligned}
&\frac{1}{T^{(p+1)(1-k)+q_k}}\int_{-\infty}^{\infty} a_p(x)\widehat{L}^q(T,x)dx \\
&= \frac{1}{T^{(p+1)(1-k)+q_k}}\int_{-\infty}^{\infty} a_p(x)L^q(T,x)dx + o(1) \quad a.s. \\
&\to_d \int_{-\infty}^{\infty} a_p(x)L^q(1,x)dx.
\end{aligned}
$$

如果 $f = b$, 则

$$
\begin{aligned}
\frac{1}{T^{q_k}}\int_{-\infty}^{\infty} b(x)\widehat{L}^q(T,x)dx &= \frac{1}{T^{q_k}}\int_{-\infty}^{\infty} b(x)L^q(T,x)dx + o(1) \quad a.s. \\
&\to_d L^q(1,0)\int_{-\infty}^{\infty} b(x)dx.
\end{aligned}
$$

假设 6.32 假设 Θ 是紧集, 对所有 $x \in D$, $\pi(x,\theta)$ 关于 $\theta \in \Theta$ 连续, $\sup\limits_{\theta\in\Theta}\pi(\cdot,\theta)$ 有界可积.

§6.5.4 非平稳扩散过程边际识别检验的相合性

考虑 Aït-Sahalia (1996) 提出的边际密度基识别检验. 令

$$
\Pi_M \equiv \{\pi(\cdot,\theta)|(\mu(\cdot,\theta),\sigma^2(\cdot,\theta)) \in P, \theta \in \Theta\}
$$

为识别参数模型 (6.5.1) 的边际密度参数族, 对应 $\{(\mu(\cdot,\theta),\sigma^2(\cdot,\theta)) \in P, \theta \in \Theta\}$ 的密度

$$
\pi(x,\theta) = \frac{\xi(\theta)}{\sigma^2(x,\theta)}\exp\left\{\int^x \frac{2\mu(u,\theta)}{\sigma^2(u,\theta)}du\right\}. \tag{6.5.17}
$$

如果过程的真实边际密度为

$$
\pi_0(x) = \frac{\xi_0}{\sigma_0^2(x)}\exp\left\{\int^x \frac{2\mu_0(u)}{\sigma_0^2(u)}du\right\}, \tag{6.5.18}
$$

则可以检验

$$
H_{M0}: \exists\theta_0 \in \Theta \text{使得} \pi(\cdot,\theta_0) = \pi_0(\cdot) \Leftrightarrow H_{M1}: \pi_0(\cdot)\overline{\in}\Pi_M. \tag{6.5.19}
$$

Aït-Sahalia (1996) 使用密度间的距离测度检验 H_{M0}:

$$
M \equiv \min_{\theta\in\Theta}\left\{\int_{\underline{x}}^{\overline{x}} (\pi(x,\theta) - \pi_0(x))^2\pi_0(x)\omega(x)dx\right\}, \tag{6.5.20}
$$

其中 ω 是一个加权函数. 检验统计量是

$$\widehat{M} = nh \min_{\theta\in\Theta} \left\{ \int_D (\pi(x,\theta) - \widehat{\pi}(x))^2 \widehat{\pi}(x)\omega(x)dx \right\}, \tag{6.5.21}$$

其中 $\widehat{\pi}$ 是用带宽 h 计算的 π_0 的非参数密度估计. 当检验统计量 $\widehat{M}$ 足够大时, 拒绝零假设. 利用最可能估计

$$\widehat{\theta}_M = \arg\min_{\theta\in\Theta} \left\{ \int_D (\pi(x,\theta) - \widehat{\pi}(x))^2 \widehat{\pi}(x)\omega(x)dx \right\} \tag{6.5.22}$$

检验评价密度之间的距离. 如果 $\widehat{M}$ 取一个大值, 检验拒绝参数识别 $\pi(\cdot,\theta)$. 在平稳条件下, $\widehat{M}$ 是渐近正态分布, 水平为 α 的检验临界值 $c(\alpha)$ 为

$$\widehat{c}(\alpha) = \widehat{E}_M + z_{1-\alpha} h^{1/2} \widehat{V}_M^{-1/2},$$

其中 $z_{1-\alpha}$ 是标准正态分布的 $1-\alpha$ 分数位.

$$\widehat{E}_M = c_1 \int_{-\infty}^{\infty} \widehat{\pi}^2(x)\omega(x)dx, \quad \widehat{V}_M = c_2 \int_{-\infty}^{\infty} \widehat{\pi}^2(x)\omega(x)dx, \tag{6.5.23}$$

其中常数 c_1 和 c_2 只依赖核函数:

$$c_1 = \int_{-\infty}^{\infty} K^2(x)dx, \quad c_2 = 2\int_{-\infty}^{\infty} \left\{ \int_{-\infty}^{\infty} K(u)K(u+x)du \right\}^2 dx. \tag{6.5.24}$$

选择 h 满足 $h = c\widehat{\sigma}n^{-2/9}/\ln(n)$, 其中 $\widehat{\sigma}$ 是数据的标准差, c 是常数.

命题 6.1 假设 $\omega(x) \equiv 1$. 如果 $\Delta = o(hT + h^{1/2}T^{(5k-3)/2})$, 则检验具有相合性. 如果对某个 $\delta > 0$, $\Delta = o(T^{(9k-5)/4-\delta})$, $h = c\widehat{\sigma}n^{-2/9}/\ln(n)$, 对某个 $r > 0$, $\Delta T^r \to \infty$, 则检验具有相合性.

命题 6.2 假设 $\omega(x) \equiv 1\{|x| \leqslant c\}$. 如果 $\Delta = o(hT^{2-k} + h^{1/2}T^{3k-2})$, 则检验具有相合性. 如果对某个 $\delta > 0$, $\Delta = o(T^{(45k-29)/16-\delta})$, $h = c\widehat{\sigma}n^{-2/9}/\ln(n)$, 对某个 $r > 0$, $\Delta T^r \to \infty$, 则检验具有相合性.

§6.5.5 几乎可积扩散过程检验的渐近分布

命题 6.3 对于均值回归参数为 $\beta = a/T, a \geqslant 0$ 和扩散参数为 $\gamma > 0$ 的 Ornstein-Uhlenbeck 过程:

$$dX_t = -\frac{a}{T}X_t dt + \gamma dW_t, \tag{6.5.25}$$

当 $h \to 0, \Delta/h^2 \to 0$ 和 $T \to \infty$ 时,

$$\frac{\Delta}{h\sqrt{T}}\widehat{M} \to^D L_a(1,0) \min_{\theta\in\Theta} \left\{ \int_{-\infty}^{\infty} \pi^2(x,\theta)\omega(x)dx \right\}.$$

引理 6.5　对于均值回归参数为 $\beta = a/T, a \geqslant 0$ 和扩散参数为 $\gamma = \frac{b}{\sqrt{T}}, b > 0$ 的 Ornstein-Uhlenbeck 过程:

$$dX_t = -\frac{a}{T}X_t dt + \frac{b}{\sqrt{T}}dW_t, \tag{6.5.26}$$

当 $h \to 0, \Delta/h^2 \to 0, T \to \infty$ 时,

$$\widehat{\pi}(x) \to^D L_{a,b}(1, x). \tag{6.5.27}$$

命题 6.4　对于 Ornstein-Uhlenbeck 过程 (6.5.26), 当 $h \to 0, \Delta/h^2 \to 0$ 和 $T \to \infty$ 时,

$$\frac{\Delta}{h\sqrt{T}}\widehat{M} \to^D \min_{\theta\in\Theta}\left\{\int_{-\infty}^{\infty}(\pi(x,\theta) - L_{a,b}(1,x))^2 L_{a,b}(1,x)\omega(x)dx\right\},$$

$$\widehat{c}(a) \to^D \int_{-\infty}^{\infty} K^2(x)dx \int_{-\infty}^{\infty} L_{a,b}^2(1,x)\omega(x)dx.$$

第七章　高维分类模型的统计推断

分类本质上是响应变量取离散值的特殊回归问题. 给定一个新观察, 分类的目的是找到一个分类函数, 使用尽可能精确可行的训练样本预测新观察的类指标. 响应变量使用指标变量编码, 使用尽可能准确的训练样本预测新观察的类指标. 著名的分类方法包括费希尔线性判别分析、逻辑斯谛回归、朴素贝叶斯、k 最近邻域、神经网络和支撑向量机等. 这些分类方法主要用于特征数远小于样本容量的情形. 在现代统计应用中, 特征数经常大于样本容量. 例如, 金融上数百只股票的投资组合涉及数以万计的参数协差阵, 而样本容量只有数百个; 微阵列的维数通常数以千计, 而样本容量只有几十个. 这些变量个数远大于样本容量的高维数据集给统计分析带来了前所未有的挑战和机会. Hastie, Tibshirani & Wainwright (2015) 和 Efron & Hastie (2017) 系统阐述了统计学近年来发展的从基因组学、神经科学、健康科学到经济、金融和机器学习等不同领域的高维数据学习方法和有效算法等.

高维数据结构复杂, 高维线性回归不能有效探索数据潜在的非线性特征, 高维非参数回归降低建模偏差的同时带来了虚假相关, 因此许多传统的统计方法很难直接用于变量个数远大于样本容量的超高维问题. Fan, Han & Liu (2014) 概述了高维统计面临的挑战: (i) 高维带来了噪声累积和虚假相关; (ii) 高维结合大样本容量产生了繁重的计算负担和不稳定的算法; (iii) 不同方法搜集不同时间点的多个个体样本构成的大样本会产生试验方差和统计偏差; (iv) 基于惩罚似然的变量选择方法如 LASSO、SCAD 和 MCP 等涉及计算便利、统计精度和算法稳定的挑战; (v) 复杂数据、噪声数据和相依数据的挑战等. 高维数据分析需要新的统计思考和可行算法. 为了设计有效的统计方法探索高维数据, 必须解决噪声累积、虚假相关、异方差、内生性、平衡统计精度与计算效率等问题. 例如, 对高维数据模型作稀疏假定, 要求回归函数只依赖小量预测变量, 采用正则方法表示预测变量和响应变量之间的稀疏关系, 提高模型拟合精度和解释能力. 但绝大多数正则方法针对高维回归设计, 而忽略了经常出现在经济金融、机器学习、基因组学、人脸识别、脑图像和医学等领域中的高维分类问题. 费希尔判别分析、逻辑斯谛回归、神经网络和支撑向量机等低维分类方法不能直接用于高维分类问题, 原因至少有三个: 第一, 变量个数远大于样本容量时样本协差阵发生退化, 奇异协差阵使线性或二次判别分析分类器失效; 第二, 当特征维数很大时, 使用所有特征的高维分类不仅会引起解释困难, 而且估计大量参数产生的噪声累积会恶化分类表现; 第三, 超高维分类的计算负担繁重. 统计学家对高维分类问题提出了能够避免噪声累积的稀疏独立规则 (或称朴素贝叶斯分类器), 计算响应变量的最大后验概率, 预测新观察的类指标.

高维分类的主要困难在于存在许多噪声特征不能降低误分类率. Fan & Lv (2008) 证实, 即使对独立分类规则, 由于估计高维特征空间的总体质心造成的噪声累积, 故使用所有特征的分类方法和几乎所有线性判别器都像随机猜测一样表现很差. 例如, 使用基因表示或蛋白质数据对肿瘤进行分类, 由于噪声累积和解释能力等原因, 不可能使用整个特征空间对数据进行明确分类. 经典分类方法不能用于输入特征空间维数很大的情形. 一个办法是利用主成分分析、偏最小二乘法和切片逆回归等投影对高维分类问题降维, 找到分类误差较小的方向. 例如, Cannings & Samworth (2017) 将特征向量投影到低维空间, 提出随机投影 ensemble 分类方法等. 另一个办法是对高维分类模型引入正则方法, 通过惩罚拟似然等方法选择影响分类表现的重要特征. 例如, Zhu & Hastie (2004) 使用惩罚逻辑斯谛回归研究微阵列分类问题; Tutz & Gertheiss (2016) 回顾了分类数据的惩罚方法, 包括预测变量和响应变量为分类数据两种情形等; Vogt & Linton (2016) 研究了非参数纵向数据回归的 K 类分类问题; Fan et al. (2018) 提出了非参数特征扩充的高维分类方法等.

§7.1 高维数据的降维方法

非参数回归和半参数回归利用了局部光滑思想. 当解释变量 X 的维数越来越高时, 局部光滑所需的观察数目呈指数扩大, 而落在研究区域的数据点变得很稀疏, 此时除非有一个巨大样本, 否则像核估计和局部邻域估计等方法都会失效. 为了克服这种 "维数祸根" 问题, 人们希望从低维投影中获取高维数据的重要特征.

Duan & Li (1991)、Li (1991, 1992)、Friedman & Stuetzle (1981) 和 Cook & Weisberg (1991) 等人分别提出了切片逆回归 (sliced inverse regression,SIR)、主黑塞方向 (principle Hessian direction, pHd)、投影追踪回归 (projection pursuit regression, PPR) 和切片逆方差估计 (sliced inverse variance estimator, SIVE) 等降维方法.

假设 β 是一个 $p\times d$ 矩阵, $d\leqslant p$, y 通过一个低维向量 $\beta^\top x$ 依赖 x. 更精确地说, 给定 $\beta^\top x$ 的条件下, y 与 x 相互独立, 记为

$$y \amalg x|\beta^\top x. \tag{7.1.1}$$

降维的目的就是估计 β 的列向量方向或 β 的列空间. 对任意 $p\times p$ 满秩矩阵 A, 如果用 βA 取代 β, 关系 (7.1.1) 不变. 因此, 在降维问题中感兴趣的对象是 β 的列空间而不是 β 本身. 降维空间提供了 x 的所有线性组合中重要预测变量的集合, 用这个降维空间执行数据分析或回归分析, 不必拟合具有大量预测变量的非参数回归.

下面介绍 SIR 和 pHd 两种降维方法.

考虑模型

$$y=f(\beta_1x,\cdots,\beta_Kx,\varepsilon), \tag{7.1.2}$$

其中 y 是响应变量, x 是 p 维列向量, $\beta=(\beta_1,\cdots,\beta_K)$ 是 p 维行向量, ε 与 x 相互独立, f 是定义在 $\mathbf{R}^{K+1}$ 空间的未知函数. 当模型 (7.1.2) 成立时, p 维解释变量 x 到 K 维子空间 $(\beta_1x,\cdots,\beta_Kx)^\top$ 的投影捕获了 y 的所有信息. 当 K 很小时, 估计 β 达到了数据降维的目的.

有效降维方向: $\beta_i, i=1,\cdots,K$ 的任一线性组合称为有效降维方向.

条件均值的降维空间: 由 β's 生成的线性空间 B 称为有效降维空间.

有效降维空间: 如果存在 $p\times d(d\leqslant p)$ 矩阵使得 $E(y|x)=E(y|\beta^\top x)$, 则称 β 的列空间是条件均值 $E(y|x)$ 的降维空间.

Σ_{xx} 表示 x 的协差阵, $z=\Sigma_{xx}^{-1/2}[x-E(x)]$ 表示 x 的标准化, 则模型 (7.1.2) 可写为

$$y=f(\eta_1z,\cdots,\eta_Kz,\varepsilon),\eta_k=\beta_k\Sigma_{xx}^{-1/2}(k=1,\cdots,K). \tag{7.1.3}$$

标准有效降维方向: $\eta_k, k=1,\cdots,K$ 的任一线性组合称为标准有效降维方向.

逆回归曲线: 当 y 发生变化时, $E(x|y)$ 在 $\mathbf{R}^p$ 中表示一条曲线, 称为逆回归曲线.

标准逆回归曲线: 当 y 发生变化时, $E(z|y)$ 在 $\mathbf{R}^p$ 中表示一条曲线, 称为标准逆回归曲线.

条件 7.1　对任意 $b \in \mathbf{R}^p$, 条件期望 $E(bx|\beta_1^\top x, \cdots, \beta_K^\top x)$ 是 $\beta_1^\top x, \cdots, \beta_K^\top x$ 的线性函数, 即对某个常数 $c_0, c_1, \cdots, c_K$,

$$E(bx|\beta_1^\top x, \cdots, \beta_K^\top x) = c_0 + c_1\beta_1^\top x + \cdots + c_K\beta_K^\top x. \tag{7.1.4}$$

当 x 是椭圆对称分布 (例如正态分布) 时, 条件 7.1 成立.

在 (7.1.3) 和 (7.1.4) 下, 标准有效降维方向 $\eta_k, k = 1, \cdots, K$ 生成的线性空间包含标准逆回归曲线 $E(z|y)$.

SIR 方法的基本步骤:

1) 标准化自变量:

$$\widetilde{x}_i = \widehat{\Sigma}_{xx}^{-1/2}(x_i - \overline{x}), i = 1, \cdots, n,$$

其中 $\widehat{\Sigma}_{xx} = \frac{1}{n-1}\sum\limits_{i=1}^{n}(x_i - \bar{x})(x_i - \bar{x})^\top$ 是样本协方差阵, $\overline{x} = \frac{1}{n}\sum\limits_{i=1}^{n} x_i$ 是样本均值向量.

2) 将 y 的取值区间分成 H 个切片: $I_1, \cdots, I_H$; y_i 落入第 h 个切片的比值记为 $\widehat{p}_h$:

$$\widehat{p}_h = \frac{1}{n}\sum_{i=1}^{n}\delta_h(y_i), \quad \delta_h(y_i) = \begin{cases} 1, & y_i \in I_h, \\ 0, & \text{其他}. \end{cases}$$

3) 在每一个切片内, 计算 $\widetilde{x}_i$ 的样本均值 $\widehat{m}_h$:

$$\widehat{m}_h = \frac{1}{n\widehat{p}_h}\sum_{y_i \in I_h}\widetilde{x}_i, h = 1, \cdots, H.$$

4) 对数据 $\widehat{m}_h$ 做加权主成分分析: 建立加权协差阵

$$\widehat{V} = \sum_{h=1}^{H}\widehat{p}_h\widehat{m}_h\widehat{m}_h^\top,$$

再找出 $\widehat{V}$ 的特征值和特征向量.

5) 记 $\widehat{\eta}_k$ 为从大到小排序的前 K 个特征向量, 输出 $\widehat{\beta}_k = \widehat{\eta}_k\Sigma_{xx}^{-1/2}(k = 1, \cdots, K)$.

第 2) 步和第 3) 步产生标准逆回归曲线 $E(z|y)$ 的初始估计. 更多细节参考 Li (1991).

pHd 方法—主黑塞方向的估计

用独立同分布样本 $(y_1, x_1), \cdots, (y_n, x_n)$ 计算样本均值 $\overline{x}$ 和样本协差阵 $\widehat{\Sigma}_{xx}$, 再估计主黑塞方向:

1) 计算矩阵

$$\widehat{\Sigma}_{yxx} = \frac{1}{n}\sum_{i=1}^{n}(y_i - \overline{y})(x_i - \overline{x})(x_i - \overline{x})^\top.$$

2) $\widehat{\Sigma}_{yxx}$ 关于 $\widehat{\Sigma}_{xx}$ 作特征值分解:

$$\widehat{\Sigma}_{yxx}\widehat{b}_{yj} = \widehat{\lambda}_{yj}\widehat{\Sigma}_{xx}\widehat{b}_{yj},$$
$$|\widehat{\lambda}_{y1}| \geqslant \cdots \geqslant |\widehat{\lambda}_{yp}|.$$

3) 如果 $\widehat{a}$ 和 $\widehat{b}_{ls}$ 表示 $y = a + b^\top x$ 中截距 a 和斜率 b 的最小二乘估计, 则模型残差为

$$\widehat{r}_i = y_i - \widehat{a} - \widehat{b_{ls}^\top} x_i, \quad i = 1, \cdots, n.$$

用这个残差 $\widehat{r}_i = y_i - \widehat{a} - \widehat{b_{ls}^\top} x_i$ 取代 $y_i - \overline{y}$, 构造协差阵

$$\widehat{\Sigma}_{rxx} = \frac{1}{n}\sum_{i=1}^{n}\widehat{r}_i(x_i - \overline{x})(x_i - \overline{x})^\top.$$

$\widehat{\Sigma}_{rxx}$ 关于 $\widehat{\Sigma}_{xx}$ 作特征值分解:

$$\widehat{\Sigma}_{rxx}\widehat{b}_{rj} = \widehat{\lambda}_{rj}\widehat{\Sigma}_{xx}\widehat{b}_{rj}, \quad j = 1, \cdots, p,$$
$$|\widehat{\lambda}_{r1}| \geqslant \cdots \geqslant |\widehat{\lambda}_{rp}|.$$

§7.2 分类模型

分类经常出现在生物信息和机器学习中, 例如使用微阵列或 SNPs 等高通量数据进行疾病分类, 使用文本分类或图像识别等. 分类是一种监督学习方法, 主要由输入特征和类结果构成数对组成训练数据学习一个函数. 这个函数可以预测有效输入特征的类指标. 著名的分类方法包括逻辑斯谛回归、费希尔判别分析、第 k 个最近邻域分类器和支撑向量机等. 高维分类的困难是由于存在许多对减少分类误差没有帮助的噪声特征引起的. 对于超高维分类问题, 如何有效地选择重要特征是很关键的问题. 通常引入惩罚方法和独立学习方法选取特征. 例如, 对于高维分类问题, 人们提出了独立规则避免发散谱, 提出了稀疏独立规则避免噪声累积.

假设输入空间为 X, 输出空间为 Y, 独立训练样本 $(X_i, Y_i) \in (X, Y)$ 来自未知分布 P, 其中 Y_i 是响应变量 Y 的第 i 个观察值, X_i 是相关特征或协变量. 在分类问题中, 响应变量是定性的, 集合 Y 取有限个值. 注意到响应变量使用指标变量编码. 不失一般性, 假设有 K 个类, $Y = \{1, 2, \cdots, K\}$. 给定新观察 X, 分类的目的是找到分类函数 $g: X \mapsto Y$, 使用尽可能精确可行的训练样本预测新观察的类指标.

§7.2.1　最简单的二类逻辑斯谛回归

$\pi(x) = E(Y|x)$ 表示给定 x 时 Y 的条件均值. 对于线性回归,

$$\pi(x) = \beta_0 + \beta_1 x, \tag{7.2.1}$$

最简单的二类逻辑斯谛回归模型表示为

$$\pi(x) = \frac{e^{\beta_0+\beta_1 x}}{1+e^{\beta_0+\beta_1 x}} = Pr(Y=1|x) := p(x). \tag{7.2.2}$$

该模型主要用来描述二元数据, 是一类应用广泛的广义线性模型. 逻辑斯谛转换是指

$$g(x) = \ln\left[\frac{p(x)}{1-p(x)}\right] = \beta_0 + \beta_1 x, \tag{7.2.3}$$

即参数和 x 的线性变换, 可能是 $(-\infty, \infty)$ 的连续变化, 具体取值取决于 x.

线性回归和逻辑斯谛回归的主要区别:

(1) 逻辑斯谛回归的结果变量是二元变量.

(2) 结果变量的条件分布不同. 线性回归 $y = E(Y|x) + \varepsilon$, 通常假设模型误差 ε 服从均值为 0 的正态分布; 逻辑斯谛回归 $y = p(x) + \varepsilon$, 模型误差 ε 服从均值为 0、方差为 $p(x)[1-p(x)]$ 的二项分布.

Hosmer, Lemeshow & Sturdivant (2013) 详细介绍了应用逻辑斯谛回归的研究概况.

极大似然估计

假设有 n 个独立观察对 $(x_i, y_i), i = 1, \cdots, n$, y_i 是二元变量 y 的第 i 个值, x_i 是 x 的第 i 个值, 则 (x_i, y_i) 的似然函数为

$$[p(x_i)]^{y_i}[1-p(x_i)]^{1-y_i}. \tag{7.2.4}$$

似然函数为

$$\prod_{i=1}^{n}[p(x_i)]^{y_i}[1-p(x_i)]^{1-y_i}. \tag{7.2.5}$$

对数似然函数为

$$L(\beta) = \ln[l(\beta)] = \sum_{i=1}^{n} \{y_i \ln[p(x_i)] + (1 - y_i)\ln[1 - p(x_i)]\}\,. \tag{7.2.6}$$

求 $L(\beta)$ 关于 β_0 和 β_1 的偏导数, 得到似然方程:

$$\sum_{i=1}^{n}[y_i - p(x_i)] = 0, \tag{7.2.7}$$

$$\sum_{i=1}^{n} x_i[y_i - p(x_i)] = 0. \tag{7.2.8}$$

对于逻辑斯谛回归 (7.2.2) 来说, 似然方程 (7.2.7) 和 (7.2.8) 是 β_0 和 β_1 的非线性方程, 因此不能用通常的方法求解, 只能用迭代方法求解. Green (1984) 证明了似然方程 (7.2.7) 和 (7.2.8) 的解可以用迭代加权最小二乘法 (iteratively reweighted least squares, IRLS) 得到. 如果估计分别记为 $\widehat{\beta}_0$ 和 $\widehat{\beta}_1$, 则可得到概率估计

$$\widehat{p}_r(y = 1|x) = \widehat{p}(x) = \frac{e^{\widehat{\beta}_0 + \widehat{\beta}_1 x}}{1 + e^{\widehat{\beta}_0 + \widehat{\beta}_1 x}}.$$

§7.2.2 二类逻辑斯谛回归

二类逻辑斯谛回归表示为

$$Pr(Y = 1|X) = \frac{e^{\beta_0 + X^\top \beta_1}}{1 + e^{\beta_0 + X^\top \beta_1}}, \tag{7.2.9}$$

其中 $X = (X_1, \cdots, X_p)^\top$ 是 p 维预测向量, $\beta_1 = (\beta_{11}, \cdots, \beta_{1p})^\top$ 是 p 参数向量. logit 变换为

$$\log \frac{Pr(Y = 1|X)}{Pr(Y = 0|X)} = \beta_0 + X^\top \beta_1. \tag{7.2.10}$$

Green (1984) 结合极大似然和牛顿迭代法得到参数 β_0 和 β_1 的迭代加权最小二乘估计 $\widehat{\beta}_0$ 和 $\widehat{\beta}_1$. 因此, 概率估计为

$$\widehat{Pr}(Y = 1|X) = \widehat{p}(X) = \frac{e^{\widehat{\beta}_0 + X^\top \widehat{\beta}_1}}{1 + e^{\widehat{\beta}_0 + X^\top \widehat{\beta}_1}}. \tag{7.2.11}$$

混淆矩阵、总体精确率和 Kappa 统计量

混淆矩阵 (confusion matrix) 是观测类和预测类的交叉表, 主要对分类结果进行详细描述.

如果 TP 代表真阳性, FP 代表假阳性, TN 代表真阴性, FN 代表假阴性, 则二类混淆矩阵定义见表 7.1.

表 7.1　用于评价二类分类表现的混淆矩阵

	真实类 1 (观测发生)	真实类 2 (观测不发生)
预测类 1 (预测发生)	TP	FP
预测类 2 (预测不发生)	FN	TN

总体精确率是指预测正确的总体样本比例:

$$总体精确率 = \frac{TP+TN}{TP+TN+FP+FN}.$$

总体精确率是评估类预测最简单的指标. 实际应用中总体精确率不能体现不同错误对应的不同损失, 因此 Cohen 等人 1960 年提出了考察两个不同诊断方法在结果上是否具有一致性的 Kappa 统计量:

$$\text{Kappa} = \frac{P_0+P_e}{1-P_e},$$

其中 $P_0 = \frac{TP+TN}{n}$ 为实际预测一致率, $P_e = \frac{(TP+FP)(TP+FN)+(FN+TN)(FP+TN)}{n^2}$ 为简单偶然情况产生的一致率, $n = TP+TN+FP+FN$ 为总体样本数 (表 7.2).

表 7.2　Kappa 统计量的一致性说明

Kappa 值	小于 0	(0, 0.2)	(0.2, 0.4)	(0.4, 0.6)	(0.6, 0.8)	(0.8, 1.0)
说明	无一致性	略微一致	轻度一致	适度一致	强一致	几乎完全一致

Kappa 统计量可拓展到多类情况.

采用 R 程序包 fmsb 的 Kappa.test() 函数可以计算 Cohen 的 Kappa 统计量.

ROC 曲线

假设 $X_{11}, \cdots, X_{1n_1}$ 表示来自类 1 的 n_1 个观察, $X_{21}, \cdots, X_{2n_2}$ 表示来自类 2 的 n_2 个观察. 对于两类问题, ROC (receiver operating characteristic) 曲线提供了评估预测表现的通用方法. 基于两个统计量: (1) 真阳性率 (true positive rate, TPR) 和假阳性率 (false positive rate, FPR) 或 (2) 灵敏度 (sensitivity) 和

特异度 (specificity) 或 (3) 功效 (power) 和第一类错误 (type I error) 可以绘制 ROC 曲线. 即通过设定一系列预测结果阈值得到相应的真阳性率 (或灵敏度或功效) 和假阳性率 (或 1-特异度或第一类错误) 绘制成的曲线. 定义为单位正方形上的点集 $\{(TPR(c), FPR(c)), c \in (-\infty, \infty)\}$, 其中 $TPR(c) = P(X_1 < c)$ 表示在阈值 c 处的真阳性率, 而 $FPR(c) = P(X_2 < c)$ 表示在阈值 c 处的假阳性率. 真阳性率是灵敏度, 假阳性率是 1-特异度, 且

$$\begin{aligned}
\text{灵敏度} &= \text{正确预测为发生的样本数目/观察到发生的数目} \\
&= TP/(TP+FN), \\
\text{特异度} &= \text{正确预测为不发生的样本数目/观察到不发生的数目} \\
&= TN/(TN+FP).
\end{aligned}$$

ROC 曲线下的面积 (AUC) 被用作分类表现的总结指标, 等于概率 $P(X_1 < X_2)$, 即来自不同类的两个测量正确排序的概率.

ROC 方法有许多优点:

(1) ROC 有简单的总结测度 (AUC) 和简单的图表示.

(2) AUC 的值被清楚地指明.

(3) ROC 对决定变量的单调变化不变.

用 R 程序包 pROC 中的相应函数绘制 ROC 曲线并得到相关统计量.

§7.2.3 三类逻辑斯谛回归

非对称形式

$$Pr(G=1|x) = \exp\left(\beta_{10} + \beta_1^\top x\right) \Big/ \left[1 + \sum_{k=1}^{2} \exp\left(\beta_{k0} + \beta_k^\top x\right)\right],$$

$$Pr(G=2|x) = \exp\left(\beta_{20} + \beta_2^\top x\right) \Big/ \left[1 + \sum_{k=1}^{2} \exp\left(\beta_{k0} + \beta_k^\top x\right)\right],$$

$$Pr(G=3|x) = 1 \Big/ \left[1 + \sum_{k=1}^{2} \exp\left(\beta_{k0} + \beta_k^\top x\right)\right].$$

对称形式

$$Pr(G=1|x) = \exp\left(\beta_{10} + \beta_1^\top x\right) \Big/ \left[\sum_{k=1}^{3} \exp\left(\beta_{k0} + \beta_k^\top x\right)\right],$$

$$Pr(G=2|x) = \exp\left(\beta_{20} + \beta_2^\top x\right) \Big/ \left[\sum_{k=1}^{3} \exp\left(\beta_{k0} + \beta_k^\top x\right)\right],$$

$$Pr(G=3|x)=\exp\left(\beta_{30}+\beta_3^\top x\right)\Big/\left[\sum_{k=1}^{3}\exp\left(\beta_{k0}+\beta_k^\top x\right)\right].$$

ROC 曲面分析

ROC 分析可以推广到三类分类问题. 例如, Mossman (1999) 研究 ROC 曲面; Sampat et al. (2009) 研究了三类分类表现的评价方法; Coolen-Maturi, Elkhafifi & Coolen (2014) 对三类分类问题发展了三组 ROC 曲面分析和非参数预测方法; Yu, Kim & Park (2018) 基于工具变量提出一个倾向得分修正法估计 AUC 等 (表 7.3).

表 7.3　用于评价三类分类表现的混淆矩阵

	真实类 1: $Y_t(c)=1$	真实类 2: $Y_t(c)=2$	真实类 3: $Y_t(c)=3$	合计
预测类 1: $\widehat{Y}_t(c)=1$	$V(1,1)$	$V(1,2)$	$V(1,3)$	$V(1,\cdot)$
预测类 2: $\widehat{Y}_t(c)=2$	$V(2,1)$	$V(2,2)$	$V(2,3)$	$V(2,\cdot)$
预测类 3: $\widehat{Y}_t(c)=3$	$V(3,1)$	$V(3,2)$	$V(3,3)$	$V(3,\cdot)$
合计	$V(\cdot,1)$	$V(\cdot,2)$	$V(\cdot,3)$	$V(\cdot,\cdot)$

注: $V(k,l)$ 实际属于类 k 但被分到类 l 的个体数. $V(k,\cdot)$ 实际属于类 k 的个体数. $V(\cdot,l)$ 实际属于类 l 的个体数.

类 1 的灵敏度:

$$T_1=\frac{V(1,1)}{V(1,1)+V(2,1)+V(3,1)},$$

类 2 的灵敏度:

$$T_2=\frac{V(2,2)}{V(1,2)+V(2,2)+V(3,2)},$$

类 3 的灵敏度:

$$T_3=\frac{V(3,3)}{V(1,3)+V(2,3)+V(3,3)}.$$

类 1 的特异度:

$$1-F_1=\frac{V(2,2)+V(2,3)+V(3,2)+V(3,3)}{V(1,2)+V(2,2)+V(3,2)+V(1,3)+V(2,3)+V(3,3)},$$

类 2 的特异度:

$$1-F_2=\frac{V(1,1)+V(3,1)+V(1,3)+V(3,3)}{V(1,1)+V(2,1)+V(3,1)+V(1,3)+V(2,3)+V(3,3)},$$

类 3 的特异度:

$$1 - F_3 = \frac{V(1,1)+V(2,1)+V(1,2)+V(2,2)}{V(1,1)+V(2,1)+V(3,1)+V(1,2)+V(2,2)+V(3,2)}.$$

设定一系列预测结果阈值, 根据灵敏度和 1-特异度绘制 ROC 曲线. 在三维空间中改变决策区的定义, 画真实的分类比率 T_k 得到的图形是单位立方体的 ROC 曲面. ROC 曲面通过在三维空间上画点 $(F_1(c_1), F_2(c_2)-F_2(c_1), 1-F_3(c_2))$ 建立.

考虑三类 G^{x_1}, G^{x_2} 和 G^{x_3}.

记类 G^{x_1} 的观察检验结果为 $x_{11},\cdots,x_{1n_1}$, 类 G^{x_2} 的观察检验结果为 $x_{21},\cdots,x_{2n_2}$, 类 G^{x_3} 的观察检验结果为 $x_{31},\cdots,x_{3n_3}$. 类 G 的检验结果的累积分布函数为 F_k. 两个决定阈值 $c_1 < c_2$ 把一个研究对象分到三组中的一个组, 采用下列规则: 研究对象 i 的检验结果为 T_i, 如果 $T_i \leqslant c_1$, 研究对象 i 被分到组 G^{x_1}; 如果 $c_1 < T_i \leqslant c_2$, 研究对象 i 被分到组 G^{x_2}; 如果 $T_i > c_2$, 研究对象 i 被分到组 G^{x_3}.

对于阈值 (c_1, c_2), 正确分类的概率是 $p_1 = P(X_1 \leqslant c_1) = F_1(c_1)$, $p_2 = P(c_1 < X_2 \leqslant c_2) = F_2(c_2) - F_2(c_1)$, $p_3 = P(X_3 > c_2) = 1 - F_3(c_2)$. 检验数据由明确知道属于某个组的个体观察值组成. ROC 曲面 ROC_s 通过对所有实值 $c_1 < c_2$ 画 (p_1, p_2, p_3) 的图来建立. ROC 曲面是区分三个有序类检验能力的有用诊断工具.

对于 $p_1, p_3 \in [0,1]$,

$$ROC_s(p_1,p_3) = \begin{cases} F_2(F_3^{-1}(1-p_3)) - F_2(F_2^{-1}(p_1)), & F_1^{-1}(p_1) \leqslant F_3^{-1}(1-p_3), \\ 0, & \text{其他}, \end{cases}$$

$F^{-1}(p)$ 表示分布函数 F 的逆函数. 用经验分布函数取代累积分布函数可以得到 ROC 曲面 ROC_s 的经验估计:

$$\widehat{ROC}_s(p_1,p_3) = \begin{cases} \widehat{F}_2(\widehat{F}_3^{-1}(1-p_3)) - \widehat{F}_2(\widehat{F}_1^{-1}(p_1)), & \widehat{F}_1^{-1}(p_1) \leqslant \widehat{F}_3^{-1}(1-p_3), \\ 0, & \text{其他}, \end{cases}$$

其中

$$\widehat{F}_1^{-1}(p) = \begin{cases} x_{1i}, p \in \left(\dfrac{i-1}{n_1}, \dfrac{i}{n_1}\right], & i = 1,\cdots,n_1, \\ -\infty, & p = 0, \end{cases}$$

$$\widehat{F}_3^{-1}(p) = \begin{cases} x_{3i}, p \in \left(\dfrac{i-1}{n_3}, \dfrac{i}{n_3}\right], & i = 1, \cdots, n_3, \\ -\infty, & p = 0. \end{cases}$$

ROC 曲面下的体积是区分三类检验能力的总度量. VUS 等于来自不同类的三个测量值正确排序的概率, 正确排序指的是第一类的观察值小于第二类的观察值, 而第二类的观察值小于第三类的观察值.

$$VUS = \int_0^1 \int_0^1 \left[F_2(F_3^{-1}(1-p_3)) - F_2(F_1^{-1}(p_1))\right] dp_1 dp_3.$$

VUS 的无偏非参数估计 (Nakas & Yiannoutsos, 2004, 2010)

$$\widehat{VUS} = \frac{1}{n_1 n_2 n_3} \sum_{i=1}^{n_1} \sum_{j=1}^{n_2} \sum_{l=1}^{n_3} I(x_{1i} < x_{2j} < x_{3l}).$$

选择阈值 c_1 和 c_2 的方法有好几种, 例如, Nakas et al. (2010) 引入了三组诊断检验的 Youden 指数 (Youden, 1950) 的极大值,

$$\begin{aligned} J(c_1, c_2) &= P(X_1 \leqslant c_1) + P(c_1 < X_2 \leqslant c_2) - P(X_3 \leqslant c_2) + 1 \\ &= F_1(c_1) + F_2(c_2) - F_2(c_1) - F_3(c_2) + 1. \end{aligned}$$

如果 F_1, F_2 和 F_3 完全相同, 则 $J(c_1, c_2) = 1$. 三组的完美分离 $P(X_1 < X_2 < X_3) = 1$ 导致 $J(c_1, c_2) = 3$.

§7.2.4 多类逻辑斯谛回归

非对称形式

$$Pr(G = 1|x) = \exp\left(\beta_{10} + \beta_1^\top x\right) / \left[1 + \sum_{k=1}^{K-1} \exp\left(\beta_{k0} + \beta_k^\top x\right)\right],$$

$$Pr(G = 2|x) = \exp\left(\beta_{20} + \beta_2^\top x\right) / \left[1 + \sum_{k=1}^{K-1} \exp\left(\beta_{k0} + \beta_k^\top x\right)\right],$$

$$\vdots$$

$$Pr(G = K-1|x) = \exp\left(\beta_{(K-1)0} + \beta_{K-1}^\top x\right) / \left[1 + \sum_{k=1}^{K-1} \exp\left(\beta_{k0} + \beta_k^\top x\right)\right],$$

$$Pr(G = K|x) = 1 / \left[1 + \sum_{k=1}^{K-1} \exp\left(\beta_{k0} + \beta_k^\top x\right)\right],$$

响应变量向量为

$$y_i^k = (y_i^1, \cdots, y_i^K)^\top = \begin{cases} (0, \cdots, 1(k), \cdots, 0)^\top, & g_i = k, k = 1, \cdots, K-1, \\ (0, \cdots, 0, \cdots, 0)^\top, & g_i = K. \end{cases}$$

概率函数为

$$f(y_i^k|x_i; \beta) = \prod_{k=1}^{K-1} [Pr(G = k|x_i)]^{y_i^k} [1 - Pr(G = k|x_i)]^{1 - \sum\limits_{k=1}^{K-1} y_i^k}.$$

对数似然函数

$$l(\beta) = \sum_{i=1}^{n} \log f(y_i^k|x_i; \beta).$$

对称形式

$$\begin{aligned} Pr(G = 1|x) &= \exp\left(\beta_{10} + \beta_1^\top x\right) / \left[\sum_{k=1}^{K} \exp\left(\beta_{k0} + \beta_k^\top x\right)\right], \\ Pr(G = 2|x) &= \exp\left(\beta_{20} + \beta_2^\top x\right) / \left[\sum_{k=1}^{K} \exp\left(\beta_{k0} + \beta_k^\top x\right)\right], \\ &\vdots \\ Pr(G = K-1|x) &= \exp\left(\beta_{(K-1)0} + \beta_{K-1}^\top x\right) / \left[\sum_{k=1}^{K} \exp\left(\beta_{k0} + \beta_k^\top x\right)\right], \\ Pr(G = K|x) &= \exp\left(\beta_{K0} + \beta_K^\top x\right) / \left[\sum_{k=1}^{K} \exp\left(\beta_{k0} + \beta_k^\top x\right)\right]. \end{aligned}$$

响应变量向量为

$$y_i^k = (y_i^1, \cdots, y_i^K)^\top = (0, \cdots, 1(k), \cdots, 0)^\top, g_i = k, i = 1, \cdots, n; k = 1, \cdots, K.$$

概率函数为

$$f(y_i^k|x_i; \beta) = \prod_{k=1}^{K} Pr(G = k|x_i)^{y_i^k}.$$

对数似然函数

$$l(\beta) = \sum_{i=1}^{n} \log f(y_i^k|x_i; \beta).$$

令 $\theta = \{\beta_{10}, \beta_1^\top, \cdots, \beta_{K0}, \beta_K^\top\}$, $Pr(G = k|x) = p_k(x; \theta)$, 则 n 个观察的对数似然函数是

$$\ell(\theta) = \sum_{i=1}^{n} \log p_{g_i}(x_i; \theta). \tag{7.2.12}$$

多项式逻辑斯谛回归模型主要用于多类分类问题，除了提供分类信息外，还能提供分类概率公式. 常用的估计方法是极大似然 (ML) 方法，但要求观察数目必须大于估计参数的个数. 而多项式逻辑斯谛回归模型对每个解释变量施加几个参数，故参数个数会随着预测变量个数快速增加，从而导致 ML 估计快速恶化并且解释能力不断下降. 通过变量选择可得到解释能力且可靠的多项式逻辑斯谛回归模型. LASSO, SCAD 和 MCP 等常用的变量选择方法只用于单变量响应变量模型，不能用于多项式逻辑斯谛回归模型. 此外，多项式逻辑斯谛回归模型中每个预测变量的影响通常由几个参数表示，故要区分变量选择和参数选择. 多项式逻辑斯谛回归模型很少用在方式认知和机器学习中. Böhning (1992) 基于 Böhning & Lindsay (1988) 的二次渐近单调算法，用全局下界取代黑塞矩阵得到多项式逻辑斯谛模型的调整 Newton-Raphson 算法，产生一个单调收敛的迭代序列; Krishnapuram et al. (2005) 基于多项式逻辑斯谛回归模型引入了真实的多类公式，再结合有界最优方法和逐点更新方法得到稀疏多类分类器的快速精确算法，可用于学习高维特征空间中训练样本和特征维数都很大的大数据集及其分类器; Kim, Kwon & Song (2006) 提出了稀疏逻辑斯谛回归的一个多类推广——SOVAL (sparse one-against-all logistic regression)，将多类问题变为多个两类问题，并用多个退化两类问题同时建立分类器，基因数据分析证明了所提方法在预测精度和基因选择方面优于标准多项式逻辑斯谛回归模型等.

对于二类问题，

$$g_i = \begin{cases} 1, & y_i = 1, \quad p_1(x;\theta) = p(x;\theta), \\ 2, & y_i = 0, \quad p_2(x;\theta) = 1 - p(x;\theta). \end{cases}$$

假设 $\beta = \{\beta_{10}, \beta_0\}$，则对数似然函数可写为

$$\begin{aligned} \ell(\beta) &= \sum_{i=1}^{n} \{y_i \log p(x_i;\theta) + (1-y_i)\log(1-p(x_i;\theta))\} \\ &= \sum_{i=1}^{n} \left\{ y_i \beta^\top x_i - \log(1+e^{\beta^\top x_i}) \right\}. \end{aligned} \tag{7.2.13}$$

得分方程为

$$\frac{\partial \ell(\beta)}{\partial \beta} = \sum_{i=1}^{n} x_i(y_i - p(x_i;\beta)) = 0. \tag{7.2.14}$$

(7.2.14) 是关于 β 的 $p+1$ 个非线性方程. 一般用 Newton-Raphson 算法解得分方程 (7.2.14), 这需要计算二阶导数或黑塞矩阵

$$\frac{\partial^2 \ell(\beta)}{\partial\beta\partial\beta^\top} = -\sum_{i=1}^n x_i x_i^\top p(x_i;\beta)(1-p(x_i;\beta)). \tag{7.2.15}$$

给定初值 β^{old}, 牛顿迭代值为

$$\beta^{new} = \beta^{old} + \left(\frac{\partial^2 \ell(\beta)}{\partial\beta\partial\beta^\top}\right)^{-1}|_{\beta=\beta^{old}} \frac{\partial \ell(\beta)}{\partial\beta}|_{\beta=\beta^{old}}. \tag{7.2.16}$$

引入记号

$$y = (y_1,\cdots,y_n), X = (x_1^\top,\cdots,x_n^\top)^\top, p = \{p(x_1;\beta^{old}),\cdots,p(x_n;\beta^{old})\},$$
$$W = \text{diag}\{p(x_1;\beta^{old})(1-p(x_1;\beta^{old})),\cdots,p(x_n;\beta^{old})(1-p(x_n;\beta^{old}))\}.$$

(7.2.14) 和 (7.2.15) 可以重写为

$$\frac{\partial \ell(\beta)}{\partial\beta} = X^\top(y-p) = 0. \tag{7.2.17}$$

$$\frac{\partial^2 \ell(\beta)}{\partial\beta\partial\beta^\top} = -X^\top W X. \tag{7.2.18}$$

因此, 牛顿迭代为

$$\begin{aligned}\beta^{new} &= \beta^{old} + (X^\top W X)^{-1} X^\top (y-p) \\ &= (X^\top W X)^{-1} X^\top W (X\beta^{old} + W^{-1}(y-p)).\end{aligned} \tag{7.2.19}$$

记调整响应变量为

$$z = X\beta^{old} + W^{-1}(y-p). \tag{7.2.20}$$

由于每次迭代解加权最小二乘问题

$$\beta^{new} \leftarrow \arg\min\{(z-X\beta)^\top W(z-X\beta)\}. \tag{7.2.21}$$

因此, Newton-Raphson 算法变为迭代加权最小二乘算法 (iteratively reweighted least squares, IRLS).

对多类问题 ($K \geqslant 3$), Newton-Raphson 算法可表示为迭代加权最小二乘算法.

§7.2.5 可加逻辑斯谛回归

第三章引入的 SPAM 向后拟合算法也可推广到非参数逻辑斯谛回归作分类研究. Ravikumar et al. (2009) 研究了可加逻辑斯谛回归

$$P_r(Y=1|Z) \equiv P(Z;\phi) = \frac{\exp\left(\sum\limits_{j=1}^{p}\phi_j(Z_j)\right)}{1+\exp\left(\sum\limits_{j=1}^{p}\phi_j(Z_j)\right)},$$

其中 $Y \in \{0,1\}$, 总体对数似然为

$$\ell(\phi) = E\left[Y\phi(Z) - \log(1+\exp\phi(Z))\right],$$

其中 $\phi(Z) = \sum\limits_{j=1}^{p}\phi_j(Z_j)$. 迭代计算当前估计 ϕ_0 的转换响应变量

$$\xi_i = \phi_0(Z_i) + \frac{Y_i - P(Z_i;\phi_0)}{P(Z_i;\phi_0)(1-P(Z_i;\phi_0))} \tag{7.2.22}$$

和权 $\omega(Z_i) = P(Z_i;\phi_0)(1-P(Z_i;\phi_0))$. 加权光滑为

$$\widehat{P}_j = \frac{S_j(\omega R_j)}{S_j(\omega)}. \tag{7.2.23}$$

对应的拉格朗日乘子法为

$$L(\Phi,\lambda,\mu) = E\left[\log(1+\exp\phi(Z)) - Y\phi(Z)\right] + \lambda\sum_{j=1}^{p}\sqrt{E(\phi_j^2(Z_j))} + \sum_{j=1}^{p}\mu_j E(\phi_j),$$

成分函数 ϕ_j 的平稳条件为 $E(p-Y|Z_j)+\lambda\nu_j = 0$, 其中 ν_j 是次梯度 $\partial\sqrt{E(\phi_j^2)}$ 的一员. 这个平稳条件是 ϕ_j 的非线性函数. 因此在 ϕ_0 附近求对数似然函数的线性梯度得到线性条件 $E[\omega(Z)(f(Z)-\xi)|Z_j] + \lambda\nu_j = 0$. 当 $E(\phi_j^2) \neq 0$ 时, 这个线性条件暗含了

$$\left(E(\omega|Z_j) + \frac{\lambda}{E(\phi_j^2)}\phi_j(Z_j)\right) = E(\omega R_j|Z_j). \tag{7.2.24}$$

在有限样本情形, 就光滑矩阵 S_j 而言, (7.2.24) 变为

$$\phi_j = \frac{S_j(\omega R_j)}{S_j\omega + \lambda/\sqrt{E(\phi_j^2)}}. \tag{7.2.25}$$

如果 $\|S_j(\omega R_j)\|_2 < \lambda$, $\phi_j = 0$; 否则的话, 迭代

$$\phi_j \leftarrow \frac{S_j(\omega R_j)}{S_j\omega + \lambda\sqrt{n}/\phi_j^2}, \tag{7.2.26}$$

直到收敛. 当 $\lambda = 0$ 时, 产生标准局部得分更新 (7.2.23).

§7.2.6 可加多项式逻辑斯谛回归

非对称形式的可加多项式逻辑斯谛回归:

$$p_{ki} = \frac{\exp\left(\sum\limits_{j=1}^{J} \phi_{kj}(Z_{ij})\right)}{1 + \sum\limits_{k=1}^{K-1} \exp\left(\sum\limits_{j=1}^{J} \phi_{kj}(Z_{ij})\right)}, k = 1, \cdots, K-1,$$

$$p_{Ki} = \frac{1}{1 + \sum\limits_{k=1}^{K-1} \exp\left(\sum\limits_{j=1}^{J} \phi_{kj}(Z_{ij})\right)},$$

其中所有的 ϕ_{kj} 是光滑函数. 对称形式的可加多项式逻辑斯谛回归:

$$p_{ki} = \frac{\exp\left(\sum\limits_{j=1}^{J} \phi_{kj}(Z_{ij})\right)}{\sum\limits_{k=1}^{K} \exp\left(\sum\limits_{j=1}^{J} \phi_{kj}(Z_{ij})\right)}, k = 1, \cdots, K.$$

§7.2.7 部分可加多项式逻辑斯谛回归

非对称形式的部分可加多项式逻辑斯谛回归:

$$p_{ki} = \frac{\exp\left(\sum\limits_{l=1}^{p} X_{il}\beta_{kl} + \sum\limits_{j=1}^{J} \phi_{kj}(Z_{ij})\right)}{1 + \sum\limits_{k=1}^{K-1} \exp\left(\sum\limits_{l=1}^{p} X_{il}\beta_{kl} + \sum\limits_{j=1}^{J} \phi_{kj}(Z_{ij})\right)}, k = 1, \cdots, K-1,$$

$$p_{Ki} = \frac{1}{1 + \sum\limits_{k=1}^{K-1} \exp\left(\sum\limits_{l=1}^{p} X_{il}\beta_{kl} + \sum\limits_{j=1}^{J} \phi_{kj}(Z_{ij})\right)}.$$

对称形式的部分可加多项式逻辑斯谛回归:

$$p_{ki} = \frac{\exp\left(\sum\limits_{l=1}^{p} X_{il}\beta_{kl} + \sum\limits_{j=1}^{J} \phi_{kj}(Z_{ij})\right)}{\sum\limits_{k=1}^{K} \exp\left(\sum\limits_{l=1}^{p} X_{il}\beta_{kl} + \sum\limits_{j=1}^{J} \phi_{kj}(Z_{ij})\right)}, k = 1, \cdots, K.$$

§7.2.8 变系数多项式逻辑斯谛回归

对称形式的变系数多项式逻辑斯谛回归:

$$p_{ki}=\frac{\exp\left(\sum\limits_{j=1}^{q}Z_{ij}\alpha_{kj}(U_i)\right)}{\sum\limits_{k=1}^{K}\exp\left(\sum\limits_{j=1}^{q}Z_{ij}\alpha_{kj}(U_i)\right)},k=1,\cdots,K.$$

非对称形式的变系数多项式逻辑斯谛回归:

$$p_{ki}=\frac{\exp\left(\sum\limits_{j=1}^{q}Z_{ij}\alpha_{kj}(U_i)\right)}{1+\sum\limits_{k=1}^{K-1}\exp\left(\sum\limits_{j=1}^{q}Z_{ij}\alpha_{kj}(U_i)\right)},k=1,\cdots,K-1,$$

$$p_{Ki}=\frac{1}{1+\sum\limits_{k=1}^{K-1}\exp\left(\sum\limits_{j=1}^{q}Z_{ij}\alpha_{kj}(U_i)\right)}$$

§7.2.9 半变系数多项式逻辑斯谛回归

对称形式的半变系数多项式逻辑斯谛回归:

$$p_{ki}=\frac{\exp\left(\sum\limits_{l=1}^{p}X_{il}\beta_{kl}+\sum\limits_{j=1}^{q}Z_{ij}\alpha_{kj}(U_i)\right)}{\sum\limits_{k=1}^{K}\exp\left(\sum\limits_{l=1}^{p}X_{il}\beta_{kl}+\sum\limits_{j=1}^{q}Z_{ij}\alpha_{kj}(U_i)\right)},k=1,\cdots,K.$$

非对称形式的半变系数多项式逻辑斯谛回归:

$$p_{ki}=\frac{\exp\left(\sum\limits_{l=1}^{p}X_{il}\beta_{kl}+\sum\limits_{j=1}^{q}Z_{ij}\alpha_{kj}(U_i)\right)}{1+\sum\limits_{k=1}^{K-1}\exp\left(\sum\limits_{l=1}^{p}X_{il}\beta_{kl}+\sum\limits_{j=1}^{q}Z_{ij}\alpha_{kj}(U_i)\right)},k=1,\cdots,K-1,$$

$$p_{Ki}=\frac{1}{1+\sum\limits_{k=1}^{K-1}\exp\left(\sum\limits_{l=1}^{p}X_{il}\beta_{kl}+\sum\limits_{j=1}^{q}Z_{ij}\alpha_{kj}(U_i)\right)},$$

Ke, Fu & Zhang (2016) 利用这个非对称多项式逻辑斯谛回归对疾病进行分类研究等.

§7.3 正则逻辑斯谛回归

随着计算能力和其他技术的发展, 科学家经常碰到微阵列、蛋白质组学、脑成像、录像、泛函数据和高频金融数据等超高维复杂数据. 一个共同的统计问题是基于 n 个样本, 对一个或多个输出变量与相关协变量进行建模, 其中维数 p 很大, 甚至比 n 大得多. 例如, 当 n 趋近于无穷时, p 作为 n 的一个函数. 当考虑交互特征时, 维数增加很快. 例如, 使用微阵列基因表示数据对疾病进行分类, 数组的个数是数十或数百, 而全基因表示通常数以万计; 研究蛋白质—蛋白质的交互影响时, 样本容量数以千计, 而特征数目数以百万计. Vapnik (1995), Fan & Fan (2008) 和 Hastie et al. (2009) 等研究了高维分类和高维回归中的噪声聚集现象. 常用惩罚最小二乘或惩罚似然基正则方法进行变量选择. 著名的例子有 LASSO (Tibshirani, 1996), SCAD (Fan & Li, 2001), MCP (Zhang, 2008) 和 Dantzig selector (Candès & Tao, 2007) 等. 这些方法吸引了大量理论研究和算法发展, 例如, Zhao & Yu (2006) 建立 LASSO 估计的模型选择相合性; Fan & Li (2001) 研究了维数固定的非凹惩罚似然的 oracle 性质; Fan & Lv (2008) 提出纯独立筛查方法; Lv & Fan (2009) 针对具有折叠凹惩罚函数的超高维情形建立了惩罚最小二乘估计的渐近弱 oracle 性质等. 因为同时涉及计算便利、统计精度和算法稳定性的挑战, 这些方法很难直接用于超高维统计问题.

变量个数远大于样本容量的数据集给统计分析带来了前所未有的挑战和机会. 为了使高维统计推断易于处理且具有解释能力, 一般采用惩罚 M 估计:

$$\widehat{\theta} = \arg\min_{\theta\in\Theta}\{L(\theta) + R_\lambda(\theta)\},$$

其中 $L(\cdot)$ 是光滑损失函数, $R_\lambda(\cdot)$ 是具有正则参数 λ 的稀疏诱导惩罚, $\Theta \subseteq \mathbf{R}^p$ 是参数 θ 的可行空间. 损失函数 $L(\cdot) \in F_L$ (一个凸损失函数族, 它包含了许多有趣的损失函数, 例如平方损失、逻辑损失、高斯图模型对数似然损失、Huber 损失、折叠凹惩罚族和二次可微凸组合似然损失等). 经典逻辑斯谛回归不能处理微阵列, 因为变量个数远大于观察数会导致多重共线性和过度拟合现象. 为了解决这类问题, 人们提出了正则或惩罚逻辑斯谛回归模型. 例如, Meier, van de Geer & Bühlmann (2008) 对逻辑斯谛回归采用组 LASSO 惩罚选择重要组变量; Breheny & Huang (2011) 对逻辑斯谛回归采用 SCAD 惩罚和 MCP 惩罚来选取生物特征; Wei & Zhu (2012) 对逻辑斯谛回归发展了组 MCP 和组 SCAD 估计; Breheny & Huang (2015) 对逻辑斯谛回归发展了组坐标下降算法等. 而对惩罚多项式逻辑斯谛模型, Simon, Friedman & Hastie (2013a) 提出了有效块坐标下降算法拟合组惩罚多项式 LASSO, R 的 glmnet 程序包结合该算法来解惩罚回归问题; Simon et al. (2013b) 对稀疏组 LASSO 提出了广义梯度下降算法并用于线性、逻辑斯谛回归和 Cox 回归等模型研究了多项式稀疏组 LASSO 分类器的表现; Vincent & Hansen (2014) 用组 LASSO 惩罚研究了高维稀疏多项式逻辑斯谛回归模型; Zahid & Tutz (2013) 和 Tutz, Pössnecker & Uhlmann (2015) 研究了多项式逻辑斯谛回归模型的变量选择; Tutz & Gertheiss (2016) 研究了分类数据的正则回归等.

一个好的正则或惩罚函数产生的估计应具有以下三种性质:

(a) 无偏性 (unbiasedness): 当真实的未知参数个数很大时, 所得估计几乎是无偏估计, 可以避免不必要的建模偏差;

(b) 稀疏性 (sparsity): 所得估计是一个门限规则, 自动将小的估计系数置为 0, 减少了模型复杂性;

(c) 连续性 (continuity): 所得估计是连续的, 避免了模型预测的不稳定性.

§7.3.1 常用惩罚函数

对参数向量为 $\theta=(\theta_1,\cdots,\theta_p)^\top$ 或组参数向量为 $\theta=((\theta_{(1)})^\top,\cdots,(\theta_{(s)})^\top)^\top$ 的高维线性模型和高维逻辑模型, 人们提出了一些重要的惩罚或收缩函数如下:

(1) L_1 或 LASSO 惩罚:

$$p_1(|\theta|)=\lambda|\theta|=\lambda\sum_{j=1}^{p}|\theta_j|,$$

其中绝对值函数 $h(x)=|x|, x\in\mathbf{R}$ 的次微分为 $\partial h(x)=\begin{cases}\{1\}, & x>0,\\ [-1,1], & x=0,\\ \{-1\}, & x<0.\end{cases}$

L_1 惩罚线性回归的解是软门限规则:

$$\mathrm{S}(\widetilde{\theta},\lambda)=\arg\min_{\theta}\left\{\frac{1}{2}(\theta-\widetilde{\theta})^2+\lambda|\theta|\right\}=\mathrm{sgn}(\widetilde{\theta})(|\widetilde{\theta}|-\lambda)_+,$$

其中 $\widetilde{\theta}_j=\mathrm{S}\left(\sum\limits_{i=1}^{n}(Y_i-\sum\limits_{k\neq j}X_{ik}\widetilde{\theta}_k)X_{ij},\lambda\right), j=1,\cdots,p.$

Zhao & Yu (2006) 证明了 LASSO 具有模型选择相合性: $Pr(\widehat{A}=A^0)\to 1$, 其中 A^0 表示真实模型中非零系数的集合, $\widehat{A}$ 表示 LASSO 发现的非零系数集合. Mazumder, Friedman & Hastie (2011) 通过举例说明了 LASSO 不能发现真实模型, 因此在模型选择方面是次最优的.

(2) 修剪 (clipped) L_1 惩罚:

$$P(|\theta|) = \lambda \min(|\theta|, \lambda),$$

修剪 L_1 惩罚线性回归

$$2^{-1} \|\mathbf{WY}_n - \boldsymbol{\theta}\|_2^2 + \lambda \sum_{i=1}^{n} P(|\theta_i|)$$

的解是软门限规则和硬门限规则的混合:

$$\widehat{\theta}_j = (|Z_j| - \lambda)_+ I\{|Z_j| \leqslant 1.5\lambda\} + |Z_j| I\{|Z_j| > 1.5\lambda\},$$

其中 Z_j 是小波系数向量 $Z = \mathbf{WY}_n$ 的第 j 个成分, 可参考 Antoniadis & Fan (2001).

(3) L_2 或岭惩罚:

$$P_2(\theta) = \lambda\|\theta\|_2^2, \lambda \geqslant 0.$$

Hoerl & Kennard (1970) 定义了岭估计 $\widehat{\boldsymbol{\theta}} = (\mathbf{X}^\top\mathbf{X} + \lambda\mathbf{I})^{-1}\mathbf{X}^\top\mathbf{Y}$.

(4) L_q 或 bridge 或 power 惩罚:

$$P(\theta; \lambda, \gamma) = \lambda|\theta|^\gamma, \gamma \geqslant 0.$$

当 $0 < \gamma \leqslant 1$ 时作变量选择, 当 $\gamma > 1$ 时收缩系数. Frank & Friedman (1993) 提出了 bridge 惩罚, 定义了 bridge 估计

$$\widehat{\theta} = \arg\min_{\boldsymbol{\theta}}\{(Y - \mathbf{X}^\top\boldsymbol{\theta})^2 + \lambda \sum_{j=1}^{p} |\theta_j|^q\}.$$

Park & Yoon (2011) 结合 Newton-Raphson 算法得到迭代估计

$$\widehat{\boldsymbol{\theta}}^{(m)} = \{\boldsymbol{X}^\top\boldsymbol{X} + \boldsymbol{\Sigma}_\lambda(\widehat{\boldsymbol{\theta}}^{(m-1)}t)\}^{-1}\boldsymbol{X}^\top\boldsymbol{Y},$$

其中 $\boldsymbol{\Sigma}_\lambda(\widehat{\boldsymbol{\theta}}^{(m-1)}) = \mathrm{diag}(\lambda q|\widehat{\theta}_1^{(m-1)}|^{-2}/2, \cdots, \lambda q|\widehat{\theta}_p^{(m-1)}|^{q-2}/2), m = 1, 2, \cdots$. Friedman (2012) 发展了 power 惩罚, 该惩罚包括了许多常见正则方法: $\gamma = 2$ 对应岭回归; $\gamma = 1$ 对应 LASSO 回归; $\gamma = 0$ 对应最优子集回归, 即 $\|\theta\|_0 = \sum\limits_{i=1}^{p} I(|\theta_i| > 0)$.

(5) EN (elastic net) 惩罚:

$$P(\theta; \alpha) = (1 - \alpha)\frac{1}{2}\|\theta\|_2^2 + \alpha|\theta| = \sum_{j=1}^{p} \left[\frac{1}{2}(1 - \alpha)\theta_j^2 + \alpha|\theta_j|\right],$$

其中 EN 惩罚是岭回归惩罚 ($\alpha = 1$) 和 LASSO 惩罚 ($\alpha = 0$) 的折中. 这个惩罚对 $p \gg n$ 的高维稀疏情形或模型具有许多相关预测变量的情形特别有用. 假设估计为 $\widetilde{\theta}_0$ 和 $\widetilde{\theta}_l, l \neq j$, 则 EN 惩罚最小二乘回归的坐标下降迭代估计为

$$\widetilde{\theta}_j \leftarrow \frac{S\left(\frac{1}{n}\sum\limits_{i=1}^{n} X_{ij}(Y_i - \widetilde{Y}_i^{(j)}), \lambda\alpha\right)}{1 + \lambda(1-\alpha)},$$

其中 $\widetilde{Y}_i^{(j)} = \widetilde{\theta}_0 + \sum\limits_{l \neq j} X_{i\ell}\widetilde{\theta}_l$, $Z_j = X_j(Y - \widetilde{Y}^{(j)})$, 软门限算子

$$S(Z_j, \lambda) = \text{sign}(Z_j)(|Z_j| - \lambda)_+ = \begin{cases} Z_j - \lambda, & Z_j > 0, \lambda < |Z_j|, \\ Z_j + \lambda, & Z_j < 0, \lambda < |Z_j|, \\ 0, & \lambda \geqslant |Z_j|. \end{cases}$$

(6) 熵惩罚:

$$P(|\theta|; \lambda) = \frac{1}{2}\lambda^2 I(|\theta| \neq 0),$$

熵惩罚最小二乘回归 $\frac{1}{2}(Z-\theta)^2 + P(\theta; \lambda)$ 的解是硬门限规则 $\widehat{\theta} = ZI(|Z| > \lambda)$.

(7) 硬门限惩罚:

$$P(|\theta|; \lambda) = \lambda^2 - (|\theta| - \lambda)^2 I(|\theta| \neq \lambda).$$

硬门限惩罚最小二乘回归 $\frac{1}{2}(Z-\theta)^2 + P(\theta; \lambda)$ 的解是硬门限规则 $\widehat{\theta} = ZI(|Z| > \lambda)$.

(8) SCAD 惩罚: 对 $\lambda > 0$ 和 $\gamma > 2$,

$$\begin{aligned} P_{SCAD}(\theta; \lambda, \gamma) &= \lambda \int_0^{|\theta|} \min\{1, (\gamma - \lambda x)_+/(\gamma - 1)\} dx \\ &= \begin{cases} \lambda\theta, & \theta \leqslant 2\lambda, \\ \dfrac{2\lambda\gamma\theta - (\theta^2 + \lambda^2)}{2(\gamma - 1)}, & \text{如果 } 2\lambda < \theta \leqslant \lambda\gamma, \\ \dfrac{\lambda^2(\gamma^2 - 1)}{2(\gamma - 1)}, & \text{如果 } \theta > \lambda\gamma. \end{cases} \end{aligned}$$

$$\begin{aligned} P'_{SCAD}(\theta; \lambda, \gamma) &= \lambda \left\{ I(\theta \leqslant \lambda) + \left[(\gamma\lambda - \theta)_+/(\gamma - 1)\lambda \right] I(\theta > \lambda) \right\} \\ &= \begin{cases} \lambda, & \text{如果 } \theta \leqslant \lambda, \\ (\gamma\lambda - \theta)/(\gamma - 1), & \text{如果 } \lambda < \theta \leqslant \lambda\gamma, \\ 0, & \text{如果} \theta > \lambda\gamma. \end{cases} \end{aligned}$$

SCAD 惩罚最小二乘回归 $\frac{1}{2}(Z-\theta)^2+p_\lambda(\theta)$ 的解是逐点线性门限 (γ 常取 3.7):

$$\widehat{\theta}_{SCAD}=\begin{cases} S(Z,\lambda)=\operatorname{sgn}(Z)(|Z|-\lambda)_+, & \text{如果 } |Z|\leqslant 2\lambda,\\ \dfrac{\gamma-1}{\gamma-2}S\left(Z,\dfrac{\gamma\lambda}{\gamma-1}\right)=\dfrac{(\gamma-1)Z-\gamma\lambda\operatorname{sgn}(Z)}{\gamma-2}, & \text{如果 } 2\lambda<|Z|\leqslant\gamma\lambda,\\ Z, & \text{如果 } |Z|>\gamma\lambda,\end{cases}$$

其中 $\operatorname{sgn}(Z)=-1,0,1$ 分别对应 $Z<0,=0,>0$.

(9) MCP (minimax concave penalty) 惩罚: 对 $\lambda>0$ 和 $\gamma>1$,

$$\begin{aligned} P_{MCP}(\theta;\lambda,\gamma)&=\lambda\int_0^{|\theta|}(1-x/(\lambda\gamma))_+\,dx\\ &=(\lambda\theta-\theta^2/2\gamma)I(\theta\leqslant\lambda\gamma)+(\gamma\lambda^2/2)I(\theta\geqslant\lambda\gamma)\\ &=\begin{cases}\lambda\theta-\theta^2/2\gamma, & \text{如果 } \theta\leqslant\lambda\gamma,\\ \gamma\lambda^2/2, & \text{如果 } \theta>\lambda\gamma,\end{cases}\\ P'_{MCP}(\theta;\lambda,\gamma)&=\lambda(1-\theta/(\lambda\gamma))_+\operatorname{sgn}(\theta)\\ &=\begin{cases}\lambda-\theta/\gamma, & \text{如果 } \theta\leqslant\lambda\gamma,\\ 0, & \text{如果 } \theta>\lambda\gamma.\end{cases}\end{aligned}$$

MCP 惩罚最小二乘回归 $\frac{1}{2}(Z-\theta)^2+p_\lambda(\theta)$ 的解是

$$\widehat{\theta}_{MCP}=\begin{cases}\dfrac{1}{1-1/\gamma}S(Z,\lambda), & \text{如果 } Z\leqslant\lambda,\\ Z, & \text{如果 } Z>\lambda.\end{cases}$$

(10) 适应性 LASSO 惩罚:

$$P(\theta;\lambda)=\lambda\sum_{j=1}^{p}\widehat{\omega}_j|\theta_j|,\widehat{\omega}=1/\widehat{\theta}^{\gamma},\ \text{如果 } \gamma>0,$$

其中 $\widehat{\theta}$ 是参数 θ 的 $\sqrt{n}$ 相合估计.

(11) 块可加惩罚:

$$P(\boldsymbol{\theta})=\sum_j P\left(\theta_{(j)}\right),P\left(\theta_{(j)}\right)=\lambda I\left\{\theta_{(j)}\neq 0_L\right\},$$

其中 $\theta_{(j)}=(\theta_{(j-1)L+1},\cdots,\theta_{(j)L})$ 是第 j 块系数向量, $Z_{(j)}=(Z_{(j-1)L+1},\cdots,Z_{(j)L})$ 是第 j 块经验小波系数向量. 惩罚最小二乘问题 $\ell(\boldsymbol{\theta})=\|\mathbf{Z}_n-\boldsymbol{\theta}\|_2^2+\lambda P(\boldsymbol{\theta})$ 的解是块门限估计

$$\widehat{\theta}_i=Z_iI\left\{\left\|Z_{(j)}\right\|_2>\lambda\right\},i\in(j),$$

其中 $\mathbf{Z}_n = W\mathbf{Y}_n$ 是经验小波系数. 块门限估计通过整合临近系数的信息来做同时的门限决策, 提高了估计精度. 硬门限块惩罚最小二乘回归 $\left\|Z_{(j)} - \theta_{(j)}\right\|_2^2 + P\left(\left\|\theta_{(j)}\right\|_2; \lambda\right)$ 的解是

$$\widehat{\theta}\left(Z_{(j)}\right) = Z_{(j)} I\left(\left\|Z_{(j)}\right\| \geqslant \lambda\right).$$

L_1 惩罚 $P(|\theta|;\lambda) = \lambda|\theta|$ 最小二乘回归 $\left\|Z_{(j)} - \theta_{(j)}\right\|_2^2 + p_\lambda\left(\left\|\theta_{(j)}\right\|_2\right)$ 的解是

$$\widehat{\theta}\left(Z_{(j)}\right) = \left(1 - \lambda / \left\|Z_{(j)}\right\|_2\right)_+ Z_{(j)}.$$

具体细节可参考 Antoniadis & Fan (2001).

(12) 组 LASSO 惩罚:

$$P_{\mathrm{gLASSO}}(\theta;\lambda) = \sum_{l=1}^{s} \lambda\sqrt{p_l}\|\theta_{(l)}\|_2,$$

p_l 表示参数向量 $\theta = ((\theta_{(1)})^\top, \cdots, (\theta_{(s)})^\top)^\top$ 的第 l 组参数 $\theta_{(l)}$ 的个数.

(13) 适应性组 LASSO 惩罚:

$$P(\theta;\lambda) = \sum_{l=1}^{s} \lambda\sqrt{p_l}\widehat{\omega}_l\|\theta_{(l)}\|_2, \widehat{\omega}_l = 1/\widehat{\theta}_l^\gamma, \gamma > 0.$$

(14) 组 SCAD 惩罚: 如果 $\lambda \geqslant 0, \gamma > 2$,

$$P_{\mathrm{gSCAD}}(\theta;\lambda,\gamma) = \sum_{l=1}^{s} P_{\mathrm{gSCAD}}(\|\theta_{(l)}\|_2; \lambda\sqrt{p_l}, \gamma),$$

其中

$$\begin{aligned}
&P_{\mathrm{gSCAD}}(\|\theta_{(l)}\|_2; \lambda\sqrt{p_l}, \gamma) \\
=&\lambda\sqrt{p_l}\int_0^{\|\theta_{(l)}\|_2} \min\{1, (\gamma - \lambda\sqrt{p_l}x)_+/(\gamma-1)\}dx \\
=&\begin{cases}
\lambda\sqrt{p_l}\|\theta_{(l)}\|_2, & \text{如果 } \|\theta_{(l)}\|_2 \leqslant \lambda\sqrt{p_l}, \\
\dfrac{2\lambda\sqrt{p_l}\gamma\|\theta_{(l)}\|_2 - (\|\theta_{(l)}\|_2^2 + \lambda^2 p_l)}{2(\gamma-1)}, & \text{如果 } \lambda\sqrt{p_l} < \|\theta_{(l)}\|_2 \leqslant \lambda\sqrt{p_l}\gamma, \\
\dfrac{\lambda^2 p_l(\gamma^2-1)}{2(\gamma-1)}, & \text{如果 } \|\theta_{(l)}^k\|_2 > \lambda\sqrt{p_l}\gamma.
\end{cases}
\end{aligned}$$

(15) 组 MCP 惩罚: 如果 $\lambda \geqslant 0, \gamma > 1$,

$$P_{\mathrm{gMCP}}(\theta;\lambda,\gamma) = \sum_{l=1}^{s} P_{\mathrm{gMCP}}(\|\theta_{(l)}\|_2; \lambda\sqrt{p_l}, \gamma),$$

其中

$$P_{\text{gMCP}}(\|\theta_{(l)}\|_2;\lambda\sqrt{p_l},\gamma)=\lambda\sqrt{p_l}\int_0^{\|\theta_{(l)}\|_2}(1-x/\lambda\sqrt{p_l}\gamma)_+dx$$
$$=\begin{cases}\lambda\sqrt{p_l}\|\theta_{(l)}\|_2-\|\theta_{(l)}^k\|_2^2/2\gamma, & \text{如果 } \|\theta_{(l)}\|_2\leqslant\lambda\sqrt{p_l}\gamma,\\ \lambda^2p_l\gamma/2, & \text{如果 } \|\theta_{(l)}\|_2>\lambda\sqrt{p_l}\gamma.\end{cases}$$

正则方法的选择相合性依赖调整参数的适当选择.

§7.3.2 岭估计

在逻辑斯谛回归中使用岭估计, 可以改进参数估计, 减少预测误差.

假设 n 个观察 (X_i,Y_i), Y_i 是相互独立的二元 (0-1) 响应变量, $P(X_i)$ 表示 $Y_i=1$ 的概率, X_i 是 d 维协变量向量. 概率函数 P 服从逻辑斯谛回归模型,

$$P(X_i)=\exp(X_i\beta)/\{1+\exp(X_i\beta)\},\tag{7.3.1}$$

其中 β 是 d 维参数向量. 数据 (X,Y) 的对数似然是

$$l(\beta)=\sum_i\left[Y_i\log P(X_i)+(1-Y_i)\log\{1-P(X_i)\}\right].\tag{7.3.2}$$

$l(\beta)$ 的极大值产生 β 的极大似然估计 $\widehat{\beta}$. 引入 ℓ_2 惩罚函数, 得到惩罚似然函数:

$$l^\lambda(\beta)=l(\beta)-\lambda\|\beta\|_2^2,\tag{7.3.3}$$

其中 $\|\beta\|_2^2=\sum\limits_j\beta_j^2$ 是参数向量 β 的 2 范数. 模型 (7.3.3) 的极大值记为 $\widehat{\beta}^\lambda$. 岭参数 λ 控制 β 范数的收缩量. 当 $\lambda=0$ 时, 解是通常的极大似然估计; 当 $\lambda\to\infty$ 时, β_j 趋近 0. 数目庞大的解释变量或解释变量之间的高度相关会产生不稳定的参数估计. 而 β 向 0 收缩且允许小量偏差会使系统更稳定, 提供的估计方差更小. 因此, 合理选择 λ, 在平均意义下估计 $\widehat{\beta}^\lambda$ 更接近真值 β 而不是 $\widehat{\beta}$, 即 $MSE(\widehat{\beta}^\lambda)<MSE(\widehat{\beta})$.

与极大似然估计类似, $\widehat{\beta}^\lambda$ 用 Newton-Raphson 算法得到. $l^\lambda(\beta)$ 的一阶导数是

$$U^\lambda(\beta)=\sum_i X_i^\top\{Y_i-P(X_i)\}-2\lambda\beta=U(\beta)-2\lambda\beta,\tag{7.3.4}$$

$U(\beta)$ 表示无限制对数似然的导数. $l^\lambda(\beta)$ 的二阶导数矩阵的负值为

$$\Omega^\lambda(\beta)=X^\top V(\beta)X+2\lambda I=\Omega(\beta)+2\lambda I,\tag{7.3.5}$$

其中 $V(\beta)=\{P(X_i)(1-P(X_i))\}$, $\Omega(\beta)=X^\top V(\beta)X$ 表示无限制对数似然的二阶导数矩阵的负值. 惩罚似然关于真实参数 β_0 的一阶导数的泰勒展开:

$$U^\lambda(\widehat{\beta}^\lambda)=U^\lambda(\beta_0)+(\widehat{\beta}^\lambda-\beta_0)^\top\Omega(\beta_0)+o(\|\widehat{\beta}^\lambda-\beta_0\|).$$

使用方程 (7.3.4), (7.3.5) 和 $U^\lambda(\widehat{\beta}^\lambda)=0$ 产生 $\widehat{\beta}^\lambda$ 的一阶渐近:

$$\begin{aligned}\widehat{\beta}^\lambda&=\beta_0+\{\Omega(\beta_0)+2\lambda I\}^{-1}\{\Omega(\beta_0)-2\lambda\beta_0\}\\&=\{\Omega(\beta_0)+2\lambda I\}^{-1}\{U(\beta_0)+\Omega(\beta_0)\beta_0\}.\end{aligned}$$

类似地可以证明 $\widehat{\beta}=\beta_0+\Omega^{-1}(\beta_0)U(\beta_0)$. 因此, $\widehat{\beta}^\lambda$ 的一阶估计为

$$\widehat{\beta}^\lambda=\{\Omega(\beta_0)+2\lambda I\}^{-1}\Omega(\beta_0)\widehat{\beta}. \tag{7.3.6}$$

$\widehat{\beta}^\lambda$ 的渐近方差为

$$\{\Omega(\beta_0)+2\lambda I\}^{-1}\Omega(\beta_0)\{\Omega(\beta_0)+2\lambda I\}^{-1}. \tag{7.3.7}$$

§7.3.3 迭代加权岭回归算法

惩罚二项式对数似然函数

$$L(\beta,\beta_0,\lambda)=-l(\beta,\beta_0)+\lambda\|\beta\|_2^2/2, \tag{7.3.8}$$

$l(\beta,\beta_0)$ 是二项式对数似然, λ 是调整参数. 惩罚逻辑斯谛回归采用 Newton-Raphson 算法导致迭代加权岭回归算法

$$\begin{aligned}\beta^{new}&=\beta^{old}-\left(\frac{\partial^2 L}{\partial\beta\partial\beta^\top}\right)^{-1}\frac{\partial L}{\partial\beta}\\&=(X^\top WX+\Lambda)^{-1}X^\top W\{X\beta^{old}+W^{-1}(Y-P)\}\\&=(X^\top WX+\Lambda)^{-1}X^\top WZ,\end{aligned}$$

其中 X 是 $n\times(p+1)$ 预测变量矩阵, Y 是 0/1 构成的响应变量向量, P 是响应变量等于 1 的概率, W 是对角元为 $P_i(1-P_i)$ 的对角矩阵, $i=1,\cdots,n$, Λ 是对角元为 $\{\lambda,\cdots,\lambda\}$ 的对角矩阵, $Z=X\beta^{old}+W^{-1}(Y-P)$ 是 IRRR 算法中的当前 "工作" 响应变量. 有效自由度为

$$df(\lambda)=tr[(X^\top WX+\Lambda)^{-1}X^\top WX].$$

系数方差用最后的迭代估计:

$$
\begin{aligned}
Var(\widehat{\beta}) &= Var[(X^\top WX + \Lambda)X^\top WZ] \\
&= (X^\top WX + \Lambda)^{-1} Var[X^\top (Y - P)](X^\top WX + \Lambda)^{-1} \\
&= \left(\frac{\partial^2 L}{\partial\beta\partial\beta^\top}\right)^{-1} I(\beta) \left(\frac{\partial^2 L}{\partial\beta\partial\beta^\top}\right)^{-1},
\end{aligned}
$$

其中 $I(\beta)$ 表示 Y 的信息矩阵.

§7.3.4 组 LASSO 逻辑斯谛回归

Meier, van de Geer & Bühlmann (2008) 首次研究了组 LASSO 逻辑斯谛回归. 线性逻辑斯谛回归

$$
\log \frac{P_\beta(X_i)}{1 - P_\beta(X_i)} = \beta_0 + \sum_{g=1}^{G} X_{i,g}^\top \beta_g := \eta_\beta(X_i), g = 1, \cdots, G \tag{7.3.9}
$$

建模条件概率 $P_\beta(X_i) = P_\beta(Y = 1|X_i)$, 其中 β_0 是截距, $\beta_g \in \mathbf{R}^{df_g}$ 是第 j 组预测变量对应的参数向量, $\beta = (\beta_0, \beta_1^\top, \cdots, \beta_G^\top)^\top$ 表示整个参数向量. 对数似然函数为

$$
l(\beta) = \sum_{i=1}^{n} \{Y_i \eta_\beta(X_i) - \log[1 + \exp(\eta_\beta(X_i))]\},
$$

组 LASSO 逻辑斯谛回归估计由凸函数

$$
S_\lambda(\beta) = -l(\beta) + \lambda \sum_{g=1}^{G} s(df_g)\|\beta_g\|_2 \tag{7.3.10}
$$

调整参数 $\lambda \geqslant 0$ 控制惩罚的大小. Meier, van de Geer & Bühlmann (2008) 的引理 1 证明了, 当 $0 < \sum\limits_{i=1}^{n} y_i < n$, $\lambda > 0$ 和 $s(d) > 0, d \in \mathbf{N}$ 时, 最优问题 (7.3.10) 具有最小值.

基于组坐标下降的组 LASSO 逻辑斯谛回归算法:

1. 令 $\beta \in \mathbf{R}^{p+1}$ 为初始参数向量.
2. $\beta_0 \leftarrow \arg\min_{\beta_0}\{S_\lambda(\beta)\}$.
3. 对 $g = 1, \cdots, G$, 如果 $\|X_g^\top (Y - P_{\beta_{-g}})\|_2 \leqslant \lambda s(df_g)$, 则 $\beta_g \leftarrow 0$, 否则,

$$
\beta_g \leftarrow \arg\min_{\beta_g}\{S_\lambda(\beta)\},
$$

其中 β_{-g} 指参数向量 β 的 $\beta_g = 0$, 其他部分保持不变.

4. 重复第二步和第三步直到满足某种收敛标准时停止.

§7.3.5 惩罚对数似然函数及其迭代估计

惩罚线性回归对数似然函数:

$$Q(\beta;\lambda,\gamma)=\frac{1}{2n}\|Y-\sum_{j=1}^{p}X_j\beta_j\|^2+\sum_{j=1}^{p}P\left(|\beta_j|;\lambda,\gamma\right).$$

LASSO 惩罚线性回归对数似然:

$$Q(\beta;\lambda,\gamma)=\frac{1}{2n}\|Y-\sum_{j=1}^{p}X_j\beta_j\|^2+\lambda\sum_{j=1}^{p}|\beta_j|.$$

SCAD 惩罚线性回归对数似然:

$$Q(\beta;\lambda,\gamma)=\frac{1}{2n}\|Y-\sum_{j=1}^{p}X_j\beta_j\|^2+\sum_{j=1}^{p}P_{SCAD}\left(|\beta_j|;\lambda,\gamma\right).$$

MCP 惩罚线性回归对数似然:

$$Q(\beta;\lambda,\gamma)=\frac{1}{2n}\|Y-\sum_{j=1}^{p}X_j\beta_j\|^2+\sum_{j=1}^{p}P_{MCP}\left(|\beta_j|;\lambda,\gamma\right).$$

Breheny & Huang (2011) 对惩罚线性回归引入坐标下降算法得到参数的迭代估计, 见表 7.4.

表 7.4 惩罚线性回归中坐标下降算法的迭代估计

惩罚函数	惩罚线性回归的迭代估计
记号和要求	$Z_j=n^{-1}X_j(Y-X_{-j}\beta_{-j})=n^{-1}X_jr+\beta_j, j=1,\cdots,p$ $r=Y-\sum_{j=1}^{p}X_j\beta_j, X_jX_k=0, j\neq k, X_jX_j=1, \sum_{i=1}^{n}Y_i=0$ $X_{-j}=(X_1,\cdots,X_{j-1},0,X_{j+1},\cdots,X_p),\ \beta_{-j}=(\beta_1,\cdots,\beta_{j-1},0,\beta_{j+1},\cdots,\beta_p)$
LASSO	$\widehat{\beta}_j^{LASSO}(\lambda)=S(Z_j,\lambda)=\begin{cases}Z_j-\lambda, & 如果\ Z_j>\lambda,\lambda\geqslant 0,\\ 0, & 如果\ \|Z_j\|\leqslant\lambda,\\ Z_j+\lambda, & 如果\ Z_j<-\lambda\end{cases}$
MCP	$\widehat{\beta}_j^{MCP}(Z_j;\lambda,\gamma)=\begin{cases}\frac{\gamma}{\gamma-1}S(Z_j,\lambda), & 如果\ \|Z_j\|\leqslant\lambda\gamma,\lambda\geqslant 0,\gamma>1,\\ Z_j, & 如果\ \|Z_j\|>\lambda\gamma\end{cases}$
SCAD	$\widehat{\beta}_j^{SCAD}(Z_j;\lambda,\gamma)=\begin{cases}S(Z_j,\lambda), & 如果\ \|Z_j\|\leqslant 2\lambda,\lambda\geqslant 0,\\ \frac{\gamma-1}{\gamma-2}S(Z_j,\gamma\lambda/(\gamma-1)), & 如果\ 2\lambda<\|Z_j\|\leqslant\lambda\gamma,\gamma>2,\\ Z_j, & 如果\ \|Z_j\|>\lambda\gamma\end{cases}$

注: 调用 R 程序包 ncvreg 可以计算相关结果.

逻辑斯谛回归负对数似然函数:

$$L(\beta_0,\beta)=-\frac{1}{n}\sum_{i=1}^{n}\{Y_i\log P_i+(1-Y_i)\log(1-P_i)\}$$
$$=-\frac{1}{n}\sum_{i=1}^{n}\left\{Y_i(\beta_0+X_i^\top\beta)-\log[1+\exp(\beta_0+X_i^\top\beta)]\right\},$$

其中

$$P_i=Pr(Y_i=1|X_i)=\exp(X_i^\top\beta)/[1+\exp(X_i^\top\beta)].$$

惩罚逻辑斯谛回归对数似然函数

$$Q(\beta_0,\beta;\lambda,\gamma)=L(\beta_0,\beta)+\sum_{j=1}^{p}P\left(|\beta_j|;\lambda,\gamma\right).$$

LASSO 惩罚逻辑斯谛回归对数似然:

$$Q(\beta_0,\beta;\lambda,\gamma)=L(\beta_0,\beta)+\sum_{j=1}^{p}\lambda|\beta_j|.$$

SCAD 惩罚逻辑斯谛回归对数似然:

$$Q(\beta_0,\beta;\lambda,\gamma)=L(\beta_0,\beta)+\sum_{j=1}^{p}P_{SCAD}\left(|\beta_j|;\lambda,\gamma\right).$$

MCP 惩罚逻辑斯谛回归对数似然:

$$Q(\beta_0,\beta;\lambda,\gamma)=L(\beta_0,\beta)+\sum_{j=1}^{p}P_{MCP}\left(|\beta_j|;\lambda,\gamma\right).$$

假设当前迭代为 $\beta^{(m)}$, 对回归系数进行泰勒展开得到 $L(\beta_0,\beta)$ 的二次渐近形式

$$-\frac{1}{2n}\sum_{i=1}^{n}W_i(\widetilde{Y}_i-\beta_0-X_i^\top\beta)^2+C(\{\beta_0^{(m)},\beta^{(m)}\}).$$

这等价于拟合广义线性模型的迭代加权最小二乘法, 即

$$Q(\beta_0,\beta;\lambda,\gamma)\approx\frac{1}{2n}\{\widetilde{Y}-X\beta\}W\{\widetilde{Y}-X\beta\}+\sum_{j=1}^{p}P\left(|\beta_j|;\lambda,\gamma\right),$$

其中 $\widetilde{Y}=X\beta^{(m)}+W^{-1}(Y-\widetilde{P})$ 为工作响应变量, $\widetilde{P}=\exp(X^\top\beta^{(m)})/[1+\exp(X^\top\beta^{(m)})]$ 为当前迭代估计概率, $W=\text{diag}\{W_i=\widetilde{P}_i(1-\widetilde{P}_i)\}$ 为加权对角

矩阵, $\widetilde{P}_i = \exp(X_i^\top \beta^{(m)})/[1+\exp(X_i^\top \beta^{(m)})]$ 为第 i 个当前迭代估计概率. 由迭代加权最小二乘法可以得到惩罚逻辑斯谛回归对数似然的最小值.

Breheny & Huang (2011) 对惩罚逻辑斯谛回归引入坐标下降算法得到表 7.5 的参数迭代估计.

表 7.5 惩罚逻辑斯谛回归中坐标下降算法的迭代加权最小二乘估计

惩罚函数	惩罚逻辑斯谛回归的迭代加权最小二乘估计
记号	$\nu_j = n^{-1}X_j^\top W X_j, j=1,\cdots,p, \widetilde{Y} = X^\top\beta^{(m)} + W^{-1}(Y-P)$ $Z_j = n^{-1}X_j^\top W(\widetilde{Y} - X_{-j}\beta_{-j}) = n^{-1}X_j^\top W r + \nu_j\beta_j^{(m)}$ $X_{-j} = (X_1,\cdots,X_{j-1},0,X_{j+1},\cdots,X_p),\ \beta_{-j} = (\beta_1,\cdots,\beta_{j-1},0,\beta_{j+1},\cdots,\beta_p)$
LASSO	$\widehat{\beta}_j^{LASSO}(Z_j;\lambda) = \frac{S(Z_j,\lambda)}{\nu_j}$
MCP	$\widehat{\beta}_j^{MCP}(Z_j;\lambda,\gamma) = \begin{cases} \frac{S(Z_j,\lambda)}{\nu_j - 1/\gamma}, & 如果\ \|Z_j\| \leqslant \nu\lambda\gamma, \\ \frac{Z_j}{\nu_j}, & 如果\ \|Z_j\| > \nu_j\lambda\gamma, \end{cases} \quad \gamma > 1/\nu_j$
SCAD	$\widehat{\beta}_j^{SCAD}(Z_j;\lambda,\gamma) = \begin{cases} \frac{S(Z_j,\lambda)}{\nu_j}, & 如果\ \|Z_j\| \leqslant \lambda(\nu_j+1), \\ \frac{S(Z_j,\gamma\lambda/(\gamma-1))}{\nu_j - 1/(\gamma-1)}, & 如果\ \lambda(\nu_j+1) < \|Z_j\| \leqslant \nu_j\lambda\gamma, \quad \gamma > 1+1/\nu_j, \\ \frac{Z_j}{\nu_j}, & 如果\ \|Z_j\| > \nu_j\lambda\gamma \end{cases}$

注: 调用 R 程序包 ncvreg 可以计算相关结果.

§7.3.6 组惩罚对数似然函数及其组迭代估计

假设系数向量 β 分为 J 组, 其中第 j 组 $\beta_{(j)} = (\beta_{d_{j-1}+1},\cdots,\beta_{d_j})^\top$ 为 d_j 维列向量.

组 LASSO 惩罚线性回归对数似然:

$$Q(\beta;\lambda,\gamma) = \frac{1}{2n}\|Y - \sum_{j=1}^J X_j\beta_{(j)}\|_2^2 + \lambda\sum_{j=1}^J \sqrt{d_j}\|\beta_{(j)}\|_2.$$

组 SCAD 惩罚线性回归对数似然:

$$Q(\beta;\lambda,\gamma) = \frac{1}{2n}\|Y - \sum_{j=1}^J X_j\beta_{(j)}\|_2^2 + \sum_{j=1}^J P_{SCAD}\left(\|\beta_{(j)}\|_2;\lambda\sqrt{d_j},\gamma\right).$$

组 MCP 惩罚线性回归对数似然:

$$Q(\beta;\lambda,\gamma) = \frac{1}{2n}\|Y - \sum_{j=1}^J X_j\beta_{(j)}\|_2^2 + \sum_{j=1}^J P_{MCP}\left(\|\beta_{(j)}\|_2;\lambda\sqrt{d_j},\gamma\right).$$

Yuan & Lin (2006) 和 Huang, Breheny & Ma (2012) 对组惩罚线性回归提出了组坐标下降算法得到组参数向量的迭代估计, 见表 7.6. 调用 R 程序包 grpreg 可以得到计算结果.

表 7.6 组惩罚线性回归中组坐标下降算法的组迭代估计

组惩罚函数	组惩罚线性回归的组迭代估计
记号和要求	$Z_j = n^{-1}X_j^\top(Y - X^\top\beta_{-(j)}) = n^{-1}X_j^\top r = Y - \sum_{j=1}^J X_j\beta_{(j)}, j = 1,\cdots,J$ $X_j^\top X_k=0, j\neq k, n^{-1}X_j^\top X_j=I_{d_j}, \beta_{-(j)}=(\beta_{(1)}^\top,\cdots,\beta_{(j-1)}^\top,0^\top,\beta_{(j+1)}^\top,\cdots,\beta_{(J)}^\top)$
组 LASSO	$\widehat{\beta}_{(j)}^{gLASSO}(Z_j,\sqrt{d_j}\lambda,\gamma)=S(Z_j,\sqrt{d_j}\lambda)=\left(1-\sqrt{d_j}\lambda/\lVert Z_j\rVert_2\right)_+ Z_j$
组 MCP	$\widehat{\beta}_{(j)}^{gMCP}(Z_j,\sqrt{d_j}\lambda,\gamma)=\begin{cases}\frac{\gamma}{\gamma-1}S(Z_j,\sqrt{d_j}\lambda), & \text{如果 } \lVert Z_j\rVert_2\leqslant\sqrt{d_j}\lambda\gamma,\gamma>1,\\ Z_j, & \text{如果 } \lVert Z_j\rVert_2>\sqrt{d_j}\lambda\gamma\end{cases}$
组 SCAD	$\widehat{\beta}_{(j)}^{gSCAD}(Z_j,\sqrt{d_j}\lambda,\gamma)$ $=\begin{cases}S(Z_j,\sqrt{d_j}\lambda), & \text{如果 } \lVert Z_j\rVert_2\leqslant 2\sqrt{d_j}\lambda,\\ \frac{\gamma-1}{\gamma-2}S\left(Z_j,\frac{\sqrt{d_j}\lambda\gamma}{\gamma-1}\right), & \text{如果 } 2\sqrt{d_j}\lambda<\lVert Z_j\rVert_2\leqslant\sqrt{d_j}\lambda\gamma,\gamma>2,\\ Z_j, & \text{如果 } \lVert Z_j\rVert_2>\sqrt{d_j}\lambda\gamma\end{cases}$

负组惩罚逻辑斯谛回归对数似然:

$$
\begin{aligned}
L(\eta) &= \frac{1}{n}\sum_{i=1}^n L(\eta_i) = -\frac{1}{n}\sum_{i=1}^n \{Y_i \log P_i + (1-Y_i)\log(1-P_i)\} \\
&= -\frac{1}{n}\sum_{i=1}^n \left\{Y_i\left(\beta_0 + \sum_{j=1}^J X_{ij}^\top\beta_{(j)}\right) - \log\left[1+\exp\left(\beta_0+\sum_{j=1}^J X_{ij}^\top\beta_{(j)}\right)\right]\right\},
\end{aligned}
$$

其中

$$
\eta = \beta_0 + \sum_{j=1}^J X_j^\top\beta_{(j)}, \eta_i = \beta_0 + \sum_{j=1}^J X_{ij}^\top\beta_{(j)},
$$

$$
\begin{aligned}
P_i &= Pr(Y_i = 1|X_i) \\
&= \exp\left(\beta_0 + \sum_{j=1}^J X_{ij}^\top\beta_{(j)}\right)\Bigg/\left[1+\exp\left(\beta_0+\sum_{j=1}^J X_{ij}^\top\beta_{(j)}\right)\right].
\end{aligned}
$$

组 LASSO 惩罚逻辑斯谛回归对数似然:

$$
Q(\beta;\lambda,\gamma) = L(\eta) + \sum_{j=1}^J \sqrt{d_j}\lambda\lVert\beta_{(j)}\rVert.
$$

组 SCAD 惩罚逻辑斯谛回归对数似然:

$$Q(\beta;\lambda,\gamma)=L(\eta)+\sum_{j=1}^{J}P_{SCAD}\left(\|\beta_{(j)}\|;\sqrt{d_j}\lambda,\gamma\right).$$

组 MCP 惩罚逻辑斯谛回归对数似然:

$$Q(\beta;\lambda,\gamma)=L(\eta)+\sum_{j=1}^{J}P_{MCP}\left(\|\beta_{(j)}\|;\sqrt{d_j}\lambda,\gamma\right).$$

Breheny & Huang (2015) 对组惩罚逻辑斯谛回归发展了组坐标下降算法, 其组迭代加权最小二乘估计见表 7.7, 而调用 R 程序包 grpreg 可以得到计算结果.

表 7.7 组惩罚逻辑斯谛回归中组坐标下降算法的组迭代加权最小二乘估计

组惩罚函数	组惩罚逻辑斯谛回归的组迭代估计
记号	$\nu=\max\limits_i\sup\limits_\eta\{\nabla^2L_i(\eta)\},L_i(\eta)=Y_i\eta_i-\log(1+e^{\eta_i})$
	$Z_j=X_j^\top(\widetilde{Y}-X_{-j}\beta_{-(j)}),j=1,\cdots,J,\ \widetilde{Y}=X^\top\beta^{(m)}+W^{-1}(Y-P)$
	$X_{-j}=(X_{(1)}^\top,\cdots,X_{(j-1)}^\top,0^\top,X_{(j+1)}^\top,\cdots,X_{(J)}^\top)$
	$\beta_{-(j)}=(\beta_{(1)}^\top,\cdots,\beta_{(j-1)}^\top,0^\top,\beta_{(j+1)}^\top,\cdots,\beta_{(J)}^\top)$
组 LASSO	$\widehat{\beta}_j^{gLASSO}=\frac{1}{\nu}S(\nu Z_j,\sqrt{d_j}\lambda)=\frac{1}{\nu}S(\nu\|Z_j\|,\sqrt{d_j}\lambda)\frac{Z_j}{\|Z_j\|}$
组 MCP	$\widehat{\beta}_j^{gMCP}=\begin{cases}\frac{\gamma}{\gamma-1}\cdot\frac{1}{\nu}S(\nu Z_j,\sqrt{d_j}\lambda), & 如果\ \|Z_j\|\leqslant\sqrt{d_j}\lambda\gamma,\gamma>1,\\ Z_j, & 如果\ \|Z_j\|>\sqrt{d_j}\lambda\gamma\end{cases}$
组 SCAD	$\widehat{\beta}_j^{gSCAD}=\begin{cases}\frac{1}{\nu}S(\nu Z_j,\sqrt{d_j}\lambda), & 如果\ \|Z_j\|\leqslant 2\sqrt{d_j}\lambda,\\ \frac{\gamma-1}{\gamma-2}\cdot\frac{1}{\nu}S\left(\nu Z_j,\frac{\sqrt{d_j}\lambda\gamma}{\gamma-1}\right), & 如果\ 2\lambda\sqrt{d_j}<\|Z_j\|\leqslant\sqrt{d_j}\lambda\gamma,\gamma>2,\\ Z_j, & 如果\ \|Z_j\|>\sqrt{d_j}\lambda\gamma\end{cases}$

§7.3.7 正则多类逻辑斯谛回归

$$\log\frac{Pr(G=l|X)}{Pr(G=K|X)}=\beta_{0l}+X^\top\beta_l,l=1,\cdots,K-1. \tag{7.3.11}$$

$$Pr(G=l|X)=\frac{\exp\{\beta_{0l}+X^\top\beta_l\}}{\sum\limits_{k=1}^{K}\exp\{\beta_{0k}+X^\top\beta_k\}}, k=1,\cdots,K-1. \tag{7.3.12}$$

令 $P_l(X_i)=Pr(G=l|X_i)$, $g_i\in\{1,2,\cdots,K\}$, 建立惩罚对数似然

$$\max_{\{\beta_{0l},\beta_l\}_1^K\in\mathbf{R}^{K(p+1)}}\left[\frac{1}{n}\sum_{i=1}^{n}\log P_{g_i}(X_i)-\lambda\sum_{l=1}^{K}P_\alpha(\beta_l)\right], \tag{7.3.13}$$

其中弹性网络惩罚

$$P_\alpha(\beta)=(1-\alpha)\frac{1}{2}\|\beta\|_2^2+\alpha\|\beta\|_1=\sum_{j=1}^{p}\left[\frac{1}{2}(1-\alpha)\beta_j^2+\alpha|\beta_j|\right] \tag{7.3.14}$$

是岭回归惩罚 ($\alpha=0$) 和 LASSO 惩罚 ($\alpha=1$) 的折中. 这个弹性网络惩罚对 $p\gg N$ 或具有相关预测变量的情形特别有效.

记 $Y=(Y_{il}=I(g_i=l))$ 为 $n\times K$ 的响应变量示性矩阵, 则对数似然 (7.3.13) 可写为

$$l(\{\beta_{0l},\beta_l\}_1^K)=\frac{1}{n}\sum_{i=1}^{n}\left[\sum_{l=1}^{K}Y_{il}(\beta_{0l}+X_i^\top\beta_l)-\log\left(\sum_{l=1}^{K}\exp\{\beta_{0l}+X_i^\top\beta_l\}\right)\right]. \tag{7.3.15}$$

一次允许一个类 (β_{0l},β_l) 变化, 执行牛顿法得到对数似然 (7.3.15) 的部分二次渐近形式:

$$l_{Ql}(\beta_{0l},\beta_l)=-\frac{1}{2n}\sum_{i=1}^{n}W_{il}(Z_{il}-\beta_{0l}-X_i^\top\beta_l)^2+C(\{\widetilde{\beta}_{0l},\widetilde{\beta}_l\}_1^K), \tag{7.3.16}$$

$$W_{il}=\widetilde{P}_l(X_i)(1-\widetilde{P}_l(X_i)), Z_{il}=\widetilde{\beta}_{0l}+X_i^\top\widetilde{\beta}_l+\frac{Y_{il}-\widetilde{p}_l(X_i)}{\widetilde{p}_l(X_i)(1-\widetilde{P}_l(X_i))}, \tag{7.3.17}$$

Friedman, Hastie & Tibshirani (2010) 提出坐标下降算法和 glmnet 程序包解下面的惩罚加权最小二乘问题

$$\min_{\{\beta_{0l},\beta_l\}_1^K\in\mathbf{R}^{K(p+1)}}\{-l_{Ql}(\beta_{0l},\beta_l)+\lambda P_\alpha(\beta_l)\}, \tag{7.3.18}$$

但这种情况下将坐标下降算法应用于正则多项式回归是否具有收敛性尚未得到证实.

§7.4 贝叶斯分类器

§7.4.1 贝叶斯规则

考虑概率密度族

$$F=\{f_\mu(x), x\in X, \mu\in\Omega\},$$

其中观察数据 x 是样本空间 X 的一个点, 不能观察的参数 μ 是参数空间 Ω 的一个点. 统计学家从 $f_\mu(x)$ 中观察 x, 推断 μ 的值. 常见的密度函数族是正态密度族

$$f_\mu(x)=\frac{1}{\sqrt{2\pi}}e^{-\frac{1}{2}(x-\mu)^2}, X=(-\infty,\infty), \Omega=(-\infty,\infty)$$

和泊松密度族

$$f_\mu(x)=e^{-\mu}\mu^x/x!, X=\{0,1,2,\cdots\}, \Omega=(0,\infty).$$

贝叶斯推断除了要求概率密度族之外, 还要求一个关键假设, 即先验密度

$$g(\mu), \mu\in\Omega.$$

$g(\mu)$ 是统计学家在观察 x 之前获得的有关参数 μ 的先验信息. 贝叶斯定理是将 $g(\mu)$ 的先验信息和 x 的当前信息结合起来的规则. $g(\mu|x)$ 表示 μ 的后验密度, 即结合观察 x 后先验密度 $g(\mu)$ 的更新. 贝叶斯规则提供了 $g(\mu|x)$ 的一个简单表示:

$$g(\mu|x)=g(\mu)f_\mu(x)/f(x), \mu\in\Omega, \tag{7.4.1}$$

其中 $f(x)$ 是 x 的边际密度,

$$f(x)=\int_\Omega f_\mu(x)g(\mu)d\mu. \tag{7.4.2}$$

§7.4.2 贝叶斯分类器

给定一个新观察 X, 分类的目的是找到一个分类函数 $g: X\mapsto Y$, 使用尽可能精确的、可行的训练样本预测这个新观察的类指标. 要评价分类的精度, 需要一个损失函数. 分类问题常用的损失函数是 0–1 损失:

$$L(y,g(x))=\begin{cases}0, & g(x)=y,\\ 1, & g(x)\neq y.\end{cases}$$

这个损失函数对所有的误分类给一个值 1. 因此, 分类函数 g 的风险 (即新观察的期望分类误差) 是

$$\overline{W}(g) = E\left[L(y,g(x))\right] = E\left[\sum_{k=1}^{K} L(k,g(X))P(Y=k|X)\right] = 1-P(Y=k|X),$$

其中 Y 是 X 的类指标. 因此, 使错误分类的概率达到最小的最优分类器是

$$g^*(x) = \arg\max_{k\in Y}\{P(Y=k|X=x)\}, \tag{7.4.3}$$

称为贝叶斯分类器. 通过使用响应变量的后验概率, 贝叶斯分类器将新观察分到可能性最大的类中. 在所有可测函数中, 贝叶斯分类器达到了最小误分类率:

$$\overline{W}(g^*) = \min_{g}\{\overline{W}(g)\}. \tag{7.4.4}$$

这个误分类率 $\overline{W}(g^*)$ 称为贝叶斯风险. 当训练样本的分布已知时, 贝叶斯风险具有最小误分类率. $f_k(x)$ 表示观察 X 落在第 k 类的条件密度, π_k 表示落在第 k 类的先验概率, $\sum\limits_{k=1}^{K}\pi_k = 1$, 根据贝叶斯定理, 观察 X 落在第 k 类的后验概率为

$$P(Y=k|X=x) = \frac{f_k(x)\pi_k}{\sum\limits_{i=1}^{K} f_i(x)\pi_i}. \tag{7.4.5}$$

贝叶斯分类器变为

$$g^*(x) = \arg\max_{k\in Y}\{f_k(x)\pi_k\}. \tag{7.4.6}$$

假设两个类的密度都是多元高斯分布 $N(\mu_1,\Sigma)$ 和 $N(\mu_2,\Sigma)$, 费希尔线性判别分析接近分类问题, 其中 $\mu_k, k=1,2$ 是类均值向量, Σ 是相同的协差阵. 如果观察 X 属于类 k, 则它的密度函数为

$$f_k(x) = (2\pi)^{-p/2}(det(\Sigma))^{-1/2}\exp\left\{-\frac{1}{2}(x-\mu_k)^\top\Sigma^{-1}(x-\mu_k)\right\}, \tag{7.4.7}$$

其中 p 是特征向量 X_i 的维数. 在这个假设下, 如果

$$f_1(x)\pi_1 > f_2(x)\pi_2, \tag{7.4.8}$$

贝叶斯分类器把 X 分到类 1. (7.4.8) 定义的分类规则与贝叶斯分类器相同. (7.4.8) 等价于

$$\log\frac{\pi_1}{\pi_2} + (x-\mu)^\top\Sigma^{-1}(\mu_1-\mu_2) \geqslant 0, \quad \mu = (\mu_1+\mu_2)/2, \tag{7.4.9}$$

函数

$$\delta_F(x) = (x-\mu)^\top \Sigma^{-1}(\mu_1 - \mu_2) \tag{7.4.10}$$

称为费希尔判别函数. 如果 $\delta_F(x) > \log \frac{\pi_2}{\pi_1}$, 费希尔判别函数把 X 分到类 1, 否则分到类 2. 费希尔判别函数是 x 的线性函数. 一般来说, 如果分类器的判别函数是特征向量的线性函数, 则称分类器是线性分类器. 知道判别函数 δ_F, 费希尔判别分析的分类函数可以写为

$$g_F(x) = 2 - I\left(\delta_F(x) \geqslant \log \frac{\pi_2}{\pi_1}\right). \tag{7.4.11}$$

因此, 分类函数由判别函数决定.

贝叶斯分类器通过比较响应变量的后验概率预测新观察的类指标. 根据贝叶斯定理,

$$P(Y=k|X=x) = \frac{P(X=x|Y=k)\pi_k}{\sum_{i=1}^{K} P(X=x|Y=i)\pi_i}. \tag{7.4.12}$$

由于 $P(X=x|Y=i)$ 和 $\pi_i, i=1,\cdots,K$ 实际上是未知的, 要执行贝叶斯分类器, 必须通过训练样本估计它们. 但是, 在特征维数 p 远大于训练样本 n 的高维分类问题中, 由于估计分布 $P(X|Y)$ 存在维数灾难和噪声累积, 这个方法实际上不可行. 另一方面, 通过作条件独立假设把建模 $P(X|Y)$ 时要估计的参数个数显著地降下来, 朴素贝叶斯分类器克服了这个困难. 朴素贝叶斯分类器采用下面的计算:

$$P(X=x|Y=k) = \prod_{j=1}^{p} P(X_j = x_j|Y=k), \tag{7.4.13}$$

其中 X_j 和 x_j 分别表示 X 和 x 的第 j 个元. 因此 p 个特征的条件联合分布只依赖它们的边际分布. 因此, 朴素贝叶斯分类器只利用了特征的边际分布去进行分类, 这缓和了执行分类时面临的 "维数灾难" 问题. 但是, 维数还是对分类表现有影响. 使用朴素贝叶斯分类器得到新观察的预测类指标如下:

$$g(x) = \arg\max_{k\in\ Y} \left\{\pi_k \prod_{j=1}^{p} P(X_j = x_j|Y=k)\right\}. \tag{7.4.14}$$

朴素贝叶斯分类器也称为独立规则 (independence rule). 一般来讲, 独立规则优于费希尔判别分析. 对于高维分类问题, 人们提出了独立规则来避免发散谱, 提出了稀疏独立规则来避免噪声累积问题. 关于高维分类的细节, 可参考

Fan, Fan & Wu (2011). 最近, Fan, Feng, Jian & Tong (2015) 提出了一个包括非参数特征扩充的高维分类方法. 由于边际密度比是最强大的单变量分类器, 因此使用比估计转换初始特征测量, 使用惩罚逻辑斯谛回归输入新转换的或扩充的特征. 该方法训练模型具有局部复杂性和全局简单性, 避免了维数灾难的同时创造了灵活的非线性判别边界, 这种方法称为非参数特征扩充和选择 (FANS, feature augmentation via nonparametrics and selection). 通过把联合密度的对数比写成边际密度的线性组合, 把朴素贝叶斯模型推广为 FANS, 发展了 FANS 的风险界.

FANS 的有效算法:

1. 将 n 对观察随机分成 2 部分.

2. 利用两部分的观察值计算可加逻辑斯谛回归中非参数函数的两类核密度估计.

3. 这两类核密度估计的对数差作为转化观察值.

4. 用 L_1 惩罚逻辑斯谛回归拟合转化数据, 用交叉核实拟合最优惩罚参数, 利用新观察估计转化特征, 代入拟合逻辑模型得到预测概率.

5. 重复执行 2—4 步 L 次, 使用 L 次平均预测概率作为预测概率. 如果预测概率大于 1/2, 新观察属于类 1, 否则属于类 2.

§7.5 非参数纵向数据模型的分类问题

非参数回归和半参数回归是统计、经济、金融、生物和气候等诸多领域建模纵向数据的灵活方法. Ruckstuhl, Welsh & Carroll (2000), Henderson, Carroll & Li (2008) 和 Mammen, Støve & Tjøstheim (2009) 等假设不同个体具有相同回归函数. 这个假设在许多应用中是不合理的. 特别当观察个体的数目很大时, 所有个体不可能具有相同回归函数. 而对具有相同或相似回归函数的个体分到同一个组是一种合理的建模方法. 对于线性面板模型, Su, Shi & Phillips (2016) 使用惩罚回归方法估计线性面板数据的潜在组结构, 对没有内生回归因子的模型采用惩罚最小二乘 (PLS) 方法, 对具有内生因子的模型采用惩罚广义矩估计 (PGMM), 提出了 C-LASSO (classifier-LASSO) 作分类并得到相合估计, 且分类展示了想要的一致相合性质. 对 PLS 估计, C-LASSO 达到了 oracle 性质, 即具体的组参数估计渐近等价于使用个体组识别信息得到的不可行估计. 对于 PGMM 估计, C-LASSO 只在一些特殊情况下保留了 oracle 性质. 而对非线性纵向数据模型, Vogt & Linton (2017) 在纵向数据框架下对非参数回归函数进行分类, 提出了门限迭代方法估计未知组结构, 利用组结构估计和迭代方法计算组非参数回归的均值函数估计, 证明了组结构估计具有相合性, 并得到了组非参数回归估计的极限分布等.

观察一个纵向或面板数据 $\{(Y_{it}, Z_{it}) : 1 \leqslant i \leqslant n, 1 \leqslant t \leqslant T\}$, 其中 i 表示第 i 个个体, t 表示观察的时间点. 假设时间序列维度 T 是大的或趋近无穷的, 典型维数 n 固定或不同. 假设数据来自非参数回归

$$Y_{it} = \phi_i(Z_{it}) + u_{it}, u_{it} = \gamma_i + \eta_t + \varepsilon_{it}, \tag{7.5.1}$$

其中 ϕ_i 是随着个体 i 变化的未知回归函数, 标准回归误差 ε_{it} 满足 $E(\varepsilon_{it}|Z_{it}) = 0$, γ_i 是个体误差, 控制智力和基因组成等不能观察且不随时间变化的个体特征, η_t 捕获不能观察的时间效应如日历影响和个体共同的趋势等. 在许多应用中, 个体效应 γ_i 和时间效应 η_t 和回归因子相关, 因此, 这里允许回归因子与个体效应 γ_i 和时间效应 η_t 相关, 即假设 $E[\gamma_i|Z_{i,T}] \neq 0$ 和 $E[\eta_t|Z_{i,T}] \neq 0$.

假设模型的组结构如下:

$G_1, \cdots, G_K$ 是把指标集 $\{1, \cdots, n\}$ 分成不相交集合的固定数, 即 $G_1 \dot{\bigcup} \cdots \dot{\bigcup} G_K = \{1, \cdots, n\}$. 假设对每个 $k \in \{1, \cdots, K\}$,

$$\phi_i = \phi_j, \quad \forall i, j \in G_k. \tag{7.5.2}$$

因此, 类 G_k 的成员具有相同的回归函数, 记为 g_k. 目的是要估计模型 (7.5.1) 和 (7.5.2) 的组 $G_1, \cdots, G_K$, 组数 K 和每组对应的回归函数 $\phi_1, \cdots, \phi_k$. 令 $Y_{it}^{fe} = Y_{it} - \gamma_i - \eta_t = \phi_i(Z_{it}) + \varepsilon_{it}$. Nadaraya-Watson 核估计可以写为

$$\phi_i^*(z) = \frac{\sum\limits_{t=1}^{T} K_h(Z_{it} - z) Y_{it}^{fe}}{\sum\limits_{t=1}^{T} K_h(Z_{it} - z)}, \tag{7.5.3}$$

其中 h 是带宽, K 是核函数, 满足 $K_h(\cdot) = h^{-1}K(\cdot/h)$. 为了得到 ϕ_i 的可行估计, 用

$$\widehat{Y}_{it}^{fe} = Y_{it} - \overline{Y}_i - \overline{Y}_t^{(i)} + \overline{\overline{Y}}^{(i)}$$

取代不可观察的 Y_{it}^{fe}, 其中

$$\overline{Y}_i = \frac{1}{T} \sum_{t=1}^{T} Y_{it}, \quad \overline{Y}_t^{(i)} = \frac{1}{n-1} \sum_{j=1, j \neq i}^{n-1} Y_{it}, \quad \overline{\overline{Y}}^{(i)} = \frac{1}{(n-1)T} \sum_{j=1, j \neq i}^{n-1} \sum_{t=1}^{T} Y_{it}.$$

ϕ_i 的可行估计为

$$\widehat{\phi}_i(z) = \frac{\sum_{t=1}^{T} K_h(Z_{it} - z)\widehat{Y}_{it}^{fe}}{\sum_{t=1}^{T} K_h(Z_{it} - z)}. \tag{7.5.4}$$

门限方法估计组 G_k

令 $S \subseteq \{1, \cdots, n\}$ 为某个指标集, 选一个指标 $i \in S$. 令 $G \in \{G_1, \cdots, G_k\}$ 为指标 i 所在的类. 假设 $G \subseteq S$, 想要推断 S 中哪些指标属于 G.

对某个权函数 π, 令

$$\Delta_{ij} = \int (\phi_i(z) - \phi_j(z))^{2\pi(z)}\, dz, \tag{7.5.5}$$

其估计为

$$\widehat{\Delta}_{ij} = \int \left(\widehat{\phi}_i(z) - \widehat{\phi}_j(z)\right)^{2\pi(z)} dz, \tag{7.5.6}$$

其中 $\widehat{\phi}_i$ 和 $\widehat{\phi}_j$ 核光滑. 将距离 $\{\Delta_{ij}, j \in S\}$ 和估计 $\{\widehat{\Delta}_{ij}, j \in S\}$ 从小到大排序:

$$\Delta_{i(1)} \leqslant \Delta_{i(2)} \leqslant \cdots \leqslant \Delta_{i(n_S)}, \quad \widehat{\Delta}_{i[1]} \leqslant \widehat{\Delta}_{i[2]} \leqslant \cdots \leqslant \widehat{\Delta}_{i[n_S]},$$

其中 $n_s = |S|$ 是 S 的基数. 有序距离 $\Delta_{i(j)}$ 具有下面的性质: 存在一个点 $p = p_{i,S}$ 使得

$$\Delta_{i(j)} \begin{cases} = 0, & j \leqslant p, \\ \geqslant c, & j > p, \end{cases}$$

其中 $c = \Delta_{i(p+1)} > 0$. 有序估计 $\widehat{\Delta}_{ij}$ 展示类似的性质: 由于 $\max_{1 \leqslant i,j \leqslant n}\{|\widehat{\Delta}_{ij} - \Delta_{ij}|\} = o_p(1)$,

$$\widehat{\Delta}_{i(j)} \begin{cases} = o_p(1), & j \leqslant p, \\ \geqslant c + o_p(1), & j > p. \end{cases}$$

这表明最初 p 个顺序统计量

$$\widehat{\Delta}_{i[1]}, \cdots, \widehat{\Delta}_{i[p]}$$

渐近 $\Delta_{i(1)}, \cdots, \Delta_{i(p)}$, 这反过来说明指标集 $\{[1], \cdots, [p]\}$ 与 $\{(1), \cdots, (p)\}$ 以概率 1 一致. 因此, 如果知道类 G 的大小 $p = |G|$, 用 $\widetilde{G} = \{[1], \cdots, [p]\}$ 估计 $G = \{(1), \cdots, (p)\}$. 因为 p 实际上不可观察, 必须估计 p. 这个可以用门限方法来完成: 令 $\{\tau_{n,T}\}$ 为充分缓慢收敛于零的门限水平零序列. 特别地, 假设

$$\max_{j \in G}\{\widehat{\Delta}_{ij}\} \leqslant \tau_{n,T}, \text{ 以概率 1 渐近}, \tag{7.5.7}$$

门限参数 $\tau_{n,T}$ 不允许比 $\max_{j\in G}\{\widehat{\Delta}_{ij}\}$ 更快收敛于 0. 以概率 1, $\max_{j\in G}\{\widehat{\Delta}_{ij}\} = \widehat{\Delta}_{i(p)}$. 因此,

$$\widehat{\Delta}_{i(j)} \begin{cases} = o_p(1), & j \leqslant p, \\ \geqslant c + o_p(1), & j > p \end{cases}$$

以概率 1 产生 $\widehat{\Delta}_{i(j)} \begin{cases} \leqslant \tau_{n,T}, & j \leqslant p, \\ \geqslant \tau_{n,T}, & j > p. \end{cases}$ 因此, 用

$$\widehat{p} = \widehat{p}_{i,S} = \max\left\{j \in \{1, \cdots, n_S\} : \widehat{\Delta}_{i(j)} \leqslant \tau_{n,T}\right\} \tag{7.5.8}$$

估计 $p = p_{i,S}$, 用 $\widehat{G} = \{[1], \cdots, [\widehat{p}]\}$ 估计 G.

门限方法估计类结构 $\{G_k : 1 \leqslant k \leqslant K\}$ 的迭代算法:

第 1 步: 令 $S_1 = \{1, \cdots, n\}$, 挑选某个指标 $i_1 \in S_1$, 定义排序的估计距离

$$\widehat{\Delta}_{i_1[1]} \leqslant \cdots \leqslant \widehat{\Delta}_{i_1[nS_1]}.$$

根据 (7.5.8) 计算 $\widehat{p} = \widehat{p}_{i_1,S_1}$, 估计 i_1 所在的组 $\widehat{G}_1 = \{[1], \cdots, [\widehat{p}]\}$.

第 k 步: 令 $\widehat{G}_1, \cdots, \widehat{G}_{k-1}$ 为前面迭代得到的类估计. 令

$$S_k = \{1, \cdots, n\} \setminus \bigcup_{l=1}^{k-1} \widehat{G}_l,$$

挑选某个指标 $i_k \in S_k$, 定义排序的估计距离

$$\widehat{\Delta}_{i_k[1]} \leqslant \cdots \leqslant \widehat{\Delta}_{k_1[nS_k]}.$$

根据 (7.5.8) 计算 $\widehat{p} = \widehat{p}_{i_1,S_1}$, 估计 i_k 所在的组 $\widehat{G}_k = \{[1], \cdots, [\widehat{p}]\}$.

迭代这个算法 $\widehat{K}$ 次直到对所有 $j \in S_{\widehat{K}}$, $\widehat{\Delta}_{i_{\widehat{K}}[j]} \leqslant \tau_{n,T}$. 即门限规则表明所有在 $S_{\widehat{K}}$ 内的指标属于同一类. 此时, $S_{\widehat{K}}$ 不能再分为两部分, $\widehat{G}_{\widehat{K}} = S_{\widehat{K}}$. 这个算法产生划分 $\{\widehat{G}_k : 1 \leqslant k \leqslant \widehat{K}\}$, 即类结构 $\{G_k : 1 \leqslant k \leqslant K\}$ 的估计. 一般选择的理想门限 $\tau_{n,T}$ 要比 $\max_{j\in G}\{\widehat{\Delta}_{ij}\}$ 稍微大一点.

k 均值算法估计函数 ϕ_k

使用门限估计 $\widehat{G}_1, \cdots, \widehat{G}_{\widehat{K}}$ 作为 k 均值算法的初始估计. 即对每类估计 $\widehat{G}_k, 1 \leqslant k \leqslant K$, 用 k 均值算法计算均值函数

$$\widehat{\phi}_k^{[1]}(z) = |\widehat{G}_k|^{-1} \sum_{i\in\widehat{G}_k} \widehat{\phi}_k(z),$$

其中 $|\widehat{G}_k|$ 表示 $\widehat{G}_k$ 的势. 定义 $\Delta(q_1, q_2) = \int (q_1(x) - q_2(x))^2 \pi(x) dx$ 为两个函数 $q_l : [0,1] \to \mathbf{R}, l = 1, 2$ 的 L_2 距离.

第 1 步: 对每个 $i \in \{1, \cdots, n\}$ 和 $k \in \{1, \cdots, \widehat{K}\}$, 计算函数 $\widehat{\phi}_k$ 和均值函数 $\widehat{\phi}_k^{[1]}$ 之间的距离 $\widehat{d}_k(i) = \Delta(\widehat{\phi}_k, \widehat{\phi}_k^{[1]})$. 如果 $\widehat{d}_k(i) = \max_{1 \leqslant k' \leqslant \widehat{K}}\{\widehat{d}_{k'}(i)\}$, 通过指定指标 i 在第 k 类 $\widehat{G}_k^{[1]}$ 定义类 $\{\widehat{G}_k^{[1]} : 1 \leqslant k \leqslant \widehat{K}\}$.

第 r 步: 令 $\{\widehat{G}_k^{[r-1]} : 1 \leqslant k \leqslant \widehat{K}\}$ 为前面迭代得到的类. 计算均值函数

$$\widehat{\phi}_k^{[r-1]}(z) = |\widehat{G}_k^{[r-1]}|^{-1} \sum_{i \in \widehat{G}_k^{[r-1]}} \widehat{\phi}_k(z)$$

和距离函数 $\widehat{d}_k(i) = \Delta(\widehat{\phi}_k, \widehat{\phi}_k^{[r]})$. 如果 $\widehat{d}_k(i) = \max_{1 \leqslant k' \leqslant \widehat{K}} \widehat{d}_{k'}(i)$, 通过指定指标 i 在第 k 类 $\widehat{G}_k^{[r]}$ 定义类 $\{\widehat{G}_k^{[r]} : 1 \leqslant k \leqslant \widehat{K}\}$.

这个算法一直迭代直到计算的类不再变化停止.

一旦建立了组 G_k 的估计, 就可以定义函数 ϕ_k 的最终估计:

$$\widetilde{\phi}_k = \frac{1}{|\widehat{G}_k|} \sum_{i \in \widehat{G}_k} \widehat{\phi}_k(z), \tag{7.5.9}$$

其中 $|\widehat{G}_k|$ 表示集合 $\widehat{G}_k$ 的势.

第八章　分位数回归

最小二乘回归 (OLS) 估计响应变量的均值函数, 最小绝对偏差回归 (least absolute deviation regression, LADR) 估计响应变量的条件中位数函数, 且 LADR 对奇异值更稳健. 因此, Koenker & Bassett (1978) 推广了 LADR, 提出了分位数回归 (quantile regression, QR) 估计响应变量的条件分位数函数. 目前分位数回归已应用于统计、经济、金融和生物统计等领域. 例如, Lee (2003), Koenker (2005), Li & Zhu (2008), Zou & Yuan (2008), Angrist & Pischke (2009), Cai & Xu (2009), Wu & Liu (2009), Galvao (2011), Liang et al. (2015) 和 Ma, Linton & Gao (2017) 等.

§8.1　重要概念

§8.1.1　分位数及其损失函数

假设随机变量 Y 的累积分布函数为 $F_Y(y) = P(Y \leqslant y)$. Y 的 τ 分位数定义为

$$Q_\tau(Y) = \inf\{y : F_Y(y) \geqslant \tau\} = \{y : P(Y < y) = \tau\} = F^{-1}(\tau),$$

其中 $0 < \tau < 1$ 是分位数水平. $Q_{0.25}(Y)$, $Q_{0.5}(Y)$ 和 $Q_{0.75}(Y)$ 分别表示第一四分位数、中位数和第三四分位数. $Q_\tau(Y)$ 是 τ 的非降函数, 即对 $\tau_1 < \tau_2$, $Q_{\tau_1}(Y) < Q_{\tau_2}(Y)$. Liang et al. (2015) 假设 $f_{\cdot j}(x, w)$ 表示每年第 j 个月气候变量 (X_{ijt}, W_{ijt}) 的联合密度函数. 第 i 年第 j 个月 $\mathrm{PM}_{2.5}$ 的调整分布函数定

义为

$$G_{ij}(y) = \sum_{w=1}^{4} \int F_{ij}(y|x,w) f_{\cdot j}(x,w) dx, \tag{8.1.1}$$

其中 $F_{ij}(y|x,w) = E(I\{Y_{ijt} \leqslant y\}|X_{ijt} = x, W_{ijt} = w)$ 表示条件分布, $I\{Y_{ijt} \leqslant y\}$ 表示示性函数. 为了估计 $G_{ij}(y)$, 先在每个风向下使用核光滑方法估计 $F_{ij}(y|x,w)$:

$$\widehat{F}_{ij}(y|x,w) = \frac{\sum\limits_{t=1}^{n_{ij}} K_h(x - X_{ijt}) I(W_{ijt} = w) G_{h_0}(Y_{ijt} - y)}{\sum\limits_{t=1}^{n_{ij}} K_h(x - X_{ijt}) I(W_{ijt} = w)}, \tag{8.1.2}$$

其中 $G_{h_0}(Y_{ijt} - y) = \int_{-\infty}^{x/h_0} K(u)du$ 表示单变量核的积分. 现在使用

$$\widehat{G}_{ij}(y) = \left(\sum_{a=1}^{n_{aj}}\right)^{-1} \sum_{a=1}^{n_{\cdot j}} \sum_{t=1}^{n_{aj}} \sum_{w=1}^{4} \widehat{F}_{ij}(y|X_{ajt}, W_{ajt}) I(W_{ajt} = w) \tag{8.1.3}$$

估计 $G_{ij}(y)$. 对任意 $q \in (0,1)$, 调整的 q 百分位数可以用 $\widehat{G}_{ij}(q)$ 来估计.

Koenker & Bassett (1978) 对分位数回归引入了分段线性分位数损失函数 (piecewise linear quantile loss function) 或核实函数

$$\rho_\tau(r) = r[\tau - I(r<0)] = \tau r - rI(r<0) = \begin{cases} \tau r, & r > 0, \\ -(1-\tau)r, & r \leqslant 0, \end{cases} \quad 0 < \tau < 1. \tag{8.1.4}$$

Tian, Gao & Yang (2016) 研究了线性面板数据固定效应模型的分位数回归

$$\min_{(\eta,\beta)} \sum_{k=1}^{K} \sum_{i=1}^{N} \sum_{t=1}^{T} w_k \rho_{\tau_k}(y_{it} - \mu_i - x_{it}^\top \beta(\tau_k)), \tag{8.1.5}$$

其中 y_{it} 是响应变量, μ_i 是固定效应, x_{it} 是 p 维协变量, K 是分位数数目, K 个分位数 $\{\tau_1, \cdots, \tau_K\}$ 可以同时估计, 权 w_k 控制 K 个分位数 $\{\tau_1, \cdots, \tau_K\}$ 关于 μ_i 估计值的相对影响.

§8.1.2 条件分位数

假设 Y 是响应变量, X 是 p 维预测变量. $F_Y(y|X=x) = P(Y \leqslant y|X = x)$ 表示给定 $X = x$ 时 Y 的条件分布函数. Y 的 τ 条件分位数定义为

$$Q_\tau(Y|X=x) = \inf\{y : F_Y(y|x) \geqslant \tau\}. \tag{8.1.6}$$

Ma, Linton & Gao (2017) 考虑响应变量 y_{it} 的 τ 条件分位数

$$Q_{y_{it}}(\tau|X_i,f_t)=f_{ut}^0+\sum_{j=1}^{G}g_j^0(X_{ji})f_{jt}^0, i=1,\cdots,N;t=1,\cdots,T, \tag{8.1.7}$$

即假设

$$y_{it}=f_{ut}+\sum_{j=1}^{G}g_j(X_{ji})f_{jt}+\varepsilon_{it}, \tag{8.1.8}$$

其中 y_{it} 表示时间 t 第 i 个资产的超额回报, f_{ut} 和 f_{jt} 表示不可观察的因子回报, X_{ji} 表示能观察到的资产特征, 因子 $g_j(X_{ji})$ 表示 X_{ji} 的未知光滑函数, 因子 f_{ut}^0, f_{jt}^0 和因子 g_j^0 对应 τ 条件分位数, 模型误差 ε_{it} 满足条件: 给定 (X_i,f_t), ε_{it} 的 τ 条件分位数为 0.

τ 条件分位数函数 $f_\tau(x)$ 定义为

$$P(Y\leqslant f_\tau(X)|X=x)=\tau,0<\tau<1. \tag{8.1.9}$$

通过解最小化问题

$$\min_{f_\tau\in F}\left\{\sum_{i=1}^{n}\rho_\tau(y_i-f_\tau(x_i))\right\} \tag{8.1.10}$$

估计 τ 条件分位数函数 $f_\tau(x)$, $\{(x_i,y_i),i=1,\cdots,n\}$ 是来自未知总体的 n 个样本, $x_i\in\mathbf{R}^p$.

为了避免过度拟合, 同时提高推广能力, 考虑 (8.1.10) 的惩罚形式

$$\min_{f_\tau\in F}\left\{\sum_{i=1}^{n}\rho_\tau(y_i-f_\tau(x_i))+\lambda J(f_\tau)\right\}, \tag{8.1.11}$$

其中 $\lambda\geqslant 0$ 是收缩参数, $J(f_\tau)$ 表示函数 f_τ 的粗糙惩罚.

§8.2 分位数回归

§8.2.1 惩罚线性分位数回归

线性分位数回归表示为

$$Q_\tau(Y|x)=b+x^\top\beta_\tau,0<\tau<1, \tag{8.2.1}$$

其中 $x=(1,x_2,\cdots,x_p)^\top$, $\beta_\tau=(\beta_{1,\tau},\cdots,\beta_{p,\tau})^\top$ 是依赖 τ 的分位数系数, b_τ 表示线性模型 $y=x^\top\beta+\varepsilon$ 中模型误差 ε 的 $100\tau\%$ 分位数. 给定 x, $Q_\tau(Y|x)$ 是

τ 的非降函数. β 的分位数回归估计定义如下:

$$(\widehat{b}_\tau, \widehat{\beta}_\tau) = \arg\min_{b,\beta} \left\{ \sum_{i=1}^{n} \rho_\tau(y_i - b - x_i^\top \beta_\tau) \right\}. \tag{8.2.2}$$

分位数回归研究预测变量关于响应变量分布的不同分位数的影响, 提供了 Y 和 X 关系的完整刻画.

对线性函数 $f_\tau(x) = x^\top \beta_\tau$ 施加 SCAD 惩罚得到

$$\widehat{\beta}_\tau = \min_{\beta \in \mathbf{R}^p} \left\{ \sum_{i=1}^{n} \rho_\tau(y_i - x_i^\top \beta_\tau) + \sum_{j=1}^{p} p_\lambda(\beta_{\tau,j}) \right\}, \tag{8.2.3}$$

其中 SCAD 惩罚 $p_\lambda(\beta_{\tau,j})$ 的一阶导数满足

$$p'_\lambda(\beta_{\tau,j}) = \lambda \left\{ I(\beta_{\tau,j} \leqslant \lambda) + \frac{(\gamma\lambda - \beta_{\tau,j})_+}{(\gamma - 1)\lambda} I(\beta_{\tau,j} > \lambda) \right\},$$

其中 $\gamma > 2, \theta > 0$ 都是调整参数.

对线性函数 $f_\tau(x) = x^\top \beta_\tau$ 施加适应性 LASSO 惩罚得到

$$\widetilde{\beta}_\tau = \min_{\beta \in \mathbf{R}^p} \sum_{i=1}^{n} \rho_\tau(y_i - x_i^\top \beta_\tau) + \lambda \sum_{j=1}^{p} \widetilde{\omega}_j |\beta_{\tau,j}|, \tag{8.2.4}$$

且对适当选择的 $\gamma > 0$, $\widetilde{\omega}_j = 1/|\widetilde{\beta}_{\tau,j}|^\gamma$.

§8.2.2 半变系数模型的混合分位数回归与变量选择

Zou & Yuan (2008) 研究了混合分位数回归 (composite quantile regression, CQR). 假设 $0 < \tau_1 < \cdots < \tau_K < 1$. b_τ 表示线性模型中模型误差 ε 的 $100\tau\%$ 分位数. β 的估计

$$(\widehat{b}_1, \cdots, \widehat{b}_K, \widehat{\beta}^{CQR}) = \arg\min_{b_1,\cdots,b_k,\beta} \left\{ \sum_{k=1}^{K} \left\{ \sum_{i=1}^{n} \rho_{\tau_k}(Y_i - b_k - X_i^\top \beta_{\tau_k}) \right\} \right\}, \tag{8.2.5}$$

称为混合分位数回归.

对 $\tau \in (0,1)$, 令 $\rho_\tau(r) = \tau r - rI(r < 0)$ 成为核实损失函数. 分位数回归常用来估计响应变量 Y 的条件分位数函数

$$Q_\tau(u, x, z) = \arg\min_a \Big\{ E\{\rho_\tau(Y - a) | (U, X, Z) = (u, x, z)\} \Big\}, 0 < \tau < 1, \tag{8.2.6}$$

半变系数模型假设条件分位数函数表示为 $Q_\tau(u,x,z) = X^\top\beta_\tau + Z^\top\alpha_\tau(U) + \alpha_{0,\tau}(U)$.

假设 $\{Y_i, X_i, Z_i, U_i\}, i = 1, 2, \cdots, n$ 来自模型

$$Y = X^\top\beta_\tau + Z^\top\alpha_\tau(U) + \alpha_{0,\tau}(U) + \varepsilon_\tau, \tag{8.2.7}$$

其中 ε_τ 是随机误差, 其条件 τ 分位数为 0. Kai, Li & Zou (2011) 求分位数损失函数

$$\sum_{i=1}^n \rho_\tau\{Y_i - X_i^\top\beta - Z_i^\top\alpha(U_i) - \alpha_0(U_i)\} \tag{8.2.8}$$

的最小值得到了 $\alpha_{0,\tau}(U)$, $\alpha_\tau(U)$ 和 β_τ 的分位数回归估计. 模型 (8.2.8) 包含了参数部分和非参数部分, 其估计具有不同的收敛速度, 因此采用三步法:

先用局部线性回归得到 $\alpha_{0,\tau}(U)$, $\alpha_\tau(U)$ 和 β_τ 的初始估计, 代入模型 (8.2.8) 得到 β_τ 的最终估计, 再将 β_τ 代入模型, 采用局部线性估计得到 $(\alpha_{0,\tau}(U), \alpha_\tau(U))$ 的改进估计.

对 u 邻域内的点 U, 采用局部线性渐近

$$\alpha_j(U) \approx \alpha_j(u) + \alpha_j'(u)(U-u) \overset{\Delta}{=} a_j + b_j(U-u), j = 0, 1, \cdots, q.$$

记 $\{\widetilde{a}_{0,\tau}, \widetilde{b}_{0,\tau}, \widetilde{a}_\tau, \widetilde{b}_\tau, \widetilde{\beta}_\tau\}$ 为局部加权分位数损失函数

$$\sum_{i=1}^n \rho_\tau\{Y_i - X_i^\top\beta - Z_i^\top\{a + b(U_i-u)\} - a_0 - b_0(U_i-u)\}K_h(U_i-u), \tag{8.2.9}$$

其中 $a = (a_1, \cdots, a_q)^\top, b = (b_1, \cdots, b_q)^\top$, $K(\cdot)$ 是一个给定的核函数, h 是带宽, $K_h(\cdot) = K(\cdot/h)/h$. 显然, $\widetilde{\alpha}_{0,\tau}(u) = \widetilde{a}_{0,\tau}, \widetilde{\alpha}_\tau(u) = \widetilde{a}_\tau$. 取 $(\widetilde{a}_{0,\tau}, \widetilde{a}_\tau, \widetilde{\beta}_\tau)$ 为初始估计. 由于只使用了 u 局部邻域的数据估计 β_τ, $\widetilde{\beta}_\tau$ 是 $\sqrt{nh}$ 相合的. 定义 $Y_{i,\tau}^* = Y_i - \widetilde{\alpha}_{0,\tau}(U_i) - Z_i^\top\widetilde{\alpha}_\tau(U_i)$, 计算 β_τ 的改进估计

$$\widehat{\beta}_\tau = \arg\min\left\{\sum_{i=1}^n \rho_\tau\{Y_{i,\tau}^* - X_i^\top\beta\}\right\}, \tag{8.2.10}$$

得到了 $\sqrt{n}$ 相合估计 $\widehat{\beta}_\tau$, 进一步改进 $(\widetilde{\alpha}_{0,\tau}(u), \widetilde{\alpha}_\tau(u))$. 令 $\{\widehat{a}_{0,\tau}, \widehat{b}_{0,\tau}, \widehat{a}_\tau, \widehat{b}_\tau\}$ 为

$$\sum_{i=1}^n \rho_\tau\{Y_i - X_i^\top\widehat{\beta}_\tau - Z_i^\top\{a + b(U_i-u)\} - a_0 - b_0(U_i-u)\}K_h(U_i-u) \tag{8.2.11}$$

的最小值. 定义 $\widehat{\alpha}_{0,\tau}(u) = \widehat{a}_{0,\tau}, \widehat{\alpha}_\tau(u) = \widehat{a}_\tau$.

假设

$$Y = X^\top\beta + Z^\top\alpha(U) + \alpha_0(U) + \varepsilon, \tag{8.2.12}$$

其中 ε 的分布函数为 F, 均值为 0. 响应变量 Y 的条件 τ 分位数函数为

$$Q_\tau(u,x,z) = X^\top\beta_\tau + Z^\top\alpha_\tau(U) + \alpha_{0,\tau}(U) + c_\tau, \tag{8.2.13}$$

其中 $c_\tau = F^{-1}(\tau)$. 假设 $\{U_i, X_i, Z_i, Y_i\}, i = 1, 2, \cdots, n$ 是独立同分布样本, ε 的均值为 0. 给定 q, 令 $\tau_k = k/(q+1), k = 1, \cdots, q$. 用混合分位数回归 (CQR) 方法求 CQR 损失函数

$$\sum_{k=1}^q\sum_{i=1}^n \rho_{\tau_k}\{Y_i - X_i^\top\beta - Z_i^\top\alpha(U_i) + \alpha_0(U_i)\}, \tag{8.2.14}$$

估计 $\alpha_0(\cdot), \alpha(\cdot)$ 和 β. 令 $\{\widetilde{a}_0, \widetilde{b}_0, \widetilde{a}, \widetilde{b}, \widetilde{\beta}\}$ 为局部 CQR 损失函数

$$\sum_{k=1}^q\sum_{i=1}^n \rho_{\tau_k}\{Y_i - X_i^\top\beta - Z_i^\top\{a + b(U_i-u)\} - a_{0k} - b_0(U_i-u)\}K_h(U_i-u), \tag{8.2.15}$$

其中 $a_0 = (a_{01}, \cdots, a_{0q})^\top, a = (a_1, \cdots, a_q)^\top$, $b = (b_1, \cdots, b_q)^\top$. $\alpha_0(U)$ 和 $\alpha(U)$ 的初始估计为

$$\widetilde{\alpha}_0(U) = \frac{1}{q}\sum_{k=1}^q \widetilde{a}_{0k}, \qquad \widetilde{\alpha}(U) = \widetilde{a}. \tag{8.2.16}$$

β 的 $\sqrt{n}$ 相合估计为

$$\widehat{\beta} = \arg\min_\beta\left\{\sum_{k=1}^q\sum_{i=1}^n \rho_{\tau_k}\{Y_i - X_i^\top\beta - Z_i^\top\widetilde{\alpha}(U_i) - \widetilde{\alpha}_0(U_i)\right\}. \tag{8.2.17}$$

$\widehat{\beta}$ 称为 β 的半 CQR 估计. 令 $\{\widehat{a}_0, \widehat{b}_0, \widehat{a}, \widehat{b}\}$ 为

$$\sum_{k=1}^q\sum_{i=1}^n \rho_{\tau_k}\{Y_i - X_i^\top\widehat{\beta} - Z_i^\top\{a + b(U_i-u)\} - a_{0k} - b_0(U_i-u)\}K_h(U_i-u) \tag{8.2.18}$$

的最小值, 其中 $a_0 = (a_{01}, \cdots, a_{oq})^\top$. 定义 $\alpha_0(U)$ 和 $\alpha(U)$ 的半 CQR 估计为

$$\widetilde{\alpha}_0(U) = \frac{1}{q}\sum_{k=1}^q \widehat{a}_{0k}, \quad \widehat{\alpha}(U) = \widehat{a}. \tag{8.2.19}$$

Li & Zhu (2007) 和 Wu & Liu (2009) 研究了线性分位数回归的变量选择, 这里介绍半变系数模型混合分位数回归的变量选择. $p_{\lambda_n}(\cdot)$ 表示收缩参数为 λ_n 的惩罚函数, 则惩罚 CQR 损失为

$$\sum_{k=1}^q\sum_{i=1}^n \rho_{\tau_k}\{Y_i - X_i^\top\beta - Z_i^\top\alpha(U_i) - \alpha_0(U_i)\} + nq\sum_{i=1}^p p_{\lambda_n}(|\beta_j|). \tag{8.2.20}$$

选择适当调整参数 λ_n 使目标函数达到最小值, 得到 β 的稀疏估计, 执行变量选择.

先计算非惩罚半 CQR 估计 $\widehat{\beta}_0$, 再定义

$$G_n(\beta)=\sum_{k=1}^{q}\sum_{i=1}^{n}\rho_{\tau_k}\{Y_i-X_i^{\top}\beta-Z_i^{\top}\widetilde{\alpha}(U_i)-\widetilde{\alpha}_{0k}(U_i)\}+nq\sum_{i=1}^{p}p_{\lambda_n}(|\beta_j|). \tag{8.2.21}$$

$\widehat{\beta}^{OSE}=\arg\min_{\beta}^{\epsilon}\{G_n(\beta)\}$ 为具有 oracle 性质的一步稀疏半 CQR 估计. 调整参数使用 BIC 标准选择, 即 $\widehat{\lambda}_{BIC}=\arg\min\{BIC(\lambda)\}$, BIC 标准定义为

$$BIC(\lambda)=\log\left(\sum_{k=1}^{q}\sum_{i=1}^{n}\rho_{\tau_k}\{Y_i-X_i^{\top}\beta-Z_i^{\top}\widehat{\alpha}(U_i)-\widehat{\alpha}_{0k}(U_i)\}\right)+\frac{\log(n)}{n}df_{\lambda}. \tag{8.2.22}$$

其中 df_{λ} 表示拟合模型中参数部分非零系数的个数.

§8.2.3 半变系数纵向数据模型的分位数回归

给定分位数水平 $\tau\in(0,1)$, Wang et al. (2011) 研究了半变系数纵向数据模型的分位数回归

$$Y_{ij}=X_{ij}^{\top}\beta(\tau)+Z_{ij}^{\top}\alpha(t_{ij},\tau)+e_{ij}(\tau), \tag{8.2.23}$$

其中 Y_{ij} 表示第 i 个个体的第 j 个结果, $\alpha(t,\tau)=(\alpha_1(t,\tau),\cdots,\alpha_q(t,\tau))^{\top}$ 是 t 的未知光滑函数, $t\in\mathbf{R}$, $X_{ij}=(X_{ij,1},\cdots,X_{ij,p})^{\top}\in\mathbf{R}^p$ 和 $Z_{ij}=(Z_{ij,1},\cdots,Z_{ij,q})^{\top}\in\mathbf{R}^q$ 分别表示时变系数和常数系数的设计向量, $e_{ij}(\tau)$ 表示随机误差, 给定 (x,z,t), $e_{ij}(\tau)$ 的 τ 条件分位数为 0. 不失一般性, 假设对所有 i 和 j, $t_{ij}\in[0,1]$. 令 $\pi(t)=(B_1(t),\cdots,B_{k_n+h+1}(t))^{\top}$ 为具有 k_n 个拟均匀区间结点的 $h+1$ 阶 B 样条基函数. 用标准 B 样条基函数的线性组合渐近每个函数 $\alpha_l(t)$:

$$\alpha_l(t)\approx\sum_{s=1}^{k_n+h+1}B_s(t)\theta_{l,s}=\pi(t)^{\top}\theta_l, \tag{8.2.24}$$

其中 $\theta_l=(\theta_{l,1},\cdots,\theta_{l,k_n+h+1})^{\top}$ 是样条系数向量. B 样条基函数参考 Schumaker (1981). 利用 B 样条基, 模型 (8.2.23) 可以用

$$Y_{ij}\approx\sum_{l=1}^{q}\sum_{s=1}^{k_n+h+1}Z_{ij,l}B_s(t_{ij})\theta_{l,s}+\sum_{k=1}^{p}X_{ij,k}\beta_k+e_{ij}=\Pi_{ij}^{\top}\Theta+X_{ij}^{\top}\beta+e_{ij}, \tag{8.2.25}$$

其中 $\Pi_{ij}=(Z_{ij,l}\pi_{ij}^\top,\cdots,Z_{ij,q}\pi_{ij}^\top)^\top\in\mathbf{R}^{q_{kn}}$, $\Theta=(\theta_{l,s})\in\mathbf{R}^{q_{kn}}$, $q_{kn}=q(k_n+h+1)$, $\pi_{ij}=\pi(t_{ij})$. 系数分位数估计 $\widehat{\Theta}$ 和 $\widehat{\beta}$ 通过求

$$\sum_{i=1}^{n}\sum_{j=1}^{m_i}\rho_\tau(Y_{ij}-\Pi_{ij}^\top\Theta-X_{ij}^\top\beta) \tag{8.2.26}$$

的最小值得到, 其中 $\rho_\tau(u)=u\{\tau-I(u<0)\}$ 是分位数损失函数.

§8.2.4 高维变指标系数的分位数回归

Li & Lv (2018) 研究了高维变指标系数分位数回归模型

$$Q_\tau(Y|X,Z)=\sum_{l=1}^{q}Z_{\tau,l}\phi_{\tau,l}(X^\top\beta_{\tau,l}), \tag{8.2.27}$$

其中 $\tau\in(0,1)$, $Z=(Z_1,\cdots,Z_q)^\top$ 和 $X=(X_1,\cdots,X_p)^\top$ 是协变量, Y 是响应变量, $\beta_{\tau,l}=(\beta_{\tau,l_1},\cdots,\beta_{\tau,l_p})^\top$, $\phi_{\tau,l}$ 是未知光滑函数, $l=1,\cdots,q$. 给定 (X,Z), 模型误差是 $\varepsilon_\tau=Y-Q_\tau(Y|X,Z)$, 具有未指明的条件密度函数 $f_\tau(\cdot|X,Z)$ 和条件累积分布函数 $F_\tau(\cdot|X,Z)$, 且 ε 的条件 τ 分位数等于 0, 即 $P(\varepsilon_\tau<0|X,Z)=\tau$.

为了识别模型, 假设模型参数 $\beta=(\beta_1^\top,\cdots,\beta_p^\top)^\top$ 属于参数空间

$$\Theta=\{\beta=(\beta_l^\top:1\leqslant l\leqslant q)^\top:\|\beta_l\|_2=1,\beta_{l1}>0,\beta_l\in\mathbf{R}^p\},$$

其中 $\|\cdot\|_2$ 表示 L_2 范数: 对任意向量 $\xi=(\xi_1,\cdots,\xi_s)^\top\in\mathbf{R}^s$, $\|\xi\|_2=(\xi_1^2+\xi_2^2+\cdots+\xi_s^2)^{1/2}$. (8.2.27) 是一般模型, 包括了具有交互效应的部分线性回归模型、单指标模型、部分线性单指标模型、单指标系数模型和变系数模型等现有模型作为特殊情形.

假设 $\{(X_i,Z_i,Y_i),1\leqslant i\leqslant n\}$ 是来自模型 (8.2.27) 的独立同分布样本. 不失一般性, 假设 $X_i^\top\beta_l$ 属于紧集 $[0,1]$. B 样条基函数由于实际使用中的数值稳定性常用来渐近未知光滑函数. 假设 $B(u)=(B_s(u):1\leqslant s\leqslant J_n)^\top$ 为 q 阶 B 样条函数基函数集, $J_n=q+N_n$, N_n 表示内结点. 用 B 样条基函数的线性组合渐近 ϕ_l: $\phi_l\approx B(\cdot)^\top\lambda_l$, 其中 $\lambda=(\lambda_1^\top,\cdots,\lambda_q^\top)^\top$, $\lambda_l=(\lambda_{ls}:1\leqslant s\leqslant J_n)^\top, l=1,\cdots,q$ 是样条系数向量. 求分位数损失函数

$$L_{\tau n}(\lambda,\beta)=\sum_{i=1}^{n}\rho_\tau\left\{Y_i-\sum_{l=1}^{q}B(X_{il}^\top\beta_l)^\top\lambda_l Z_{il}\right\},\|\beta_l\|_2=1,\beta_{l1}>0 \tag{8.2.28}$$

的最小值得到样条系数 λ 和参数 β 的估计.

参考文献

[1] Ahmad I, Leelahanon S & Li Q(2005). Efficient estimation of a semiparametric partially linear varying coefficient model. The Annals of Statistics, 33(1): 258–283.

[2] Aït-Sahalia Y(1996). Testing continuous time models of the spot interest rate. Review of Financial Studies, 9(2): 385–426.

[3] Aït-Sahalia Y(2002). Maximum likelihood estimation of discretely sampled diffusions: a closed-form approximation approach. Econometrica, 70(1): 223–262.

[4] Aït-Sahalia Y, Fan J Q & Peng H(2009). Nonparametric transition-based tests for jump-diffusions. Journal of the American Statistical Association, 104(487): 1102–1116.

[5] Aït-Sahalia Y & Hansen L P(2009). Handbook of financial econometrics. North-Holland, Amsterdam, Netherlands.

[6] Aït-Sahalia Y & Jacod J(2009). Testing for jumps in a discretely observed process. The Annals of Statistics, 37(1): 184–222.

[7] Aït-Sahalia Y, Jacod J & Li J(2012). Testing for jumps in noisy high frequency data. Journal of Econometrics, 168(2): 207–222.

[8] Aït-Sahalia Y & Park J Y(2012). Stationarity-based specification tests for diffusions when the process is nonstationary. Journal of Econometrics, 169(2): 279–292.

[9] Aït-Sahalia Y & Park J Y(2016). Bandwidth selection and asymptotic properties of local nonparametric estimators in possibly nonstationary continuous time models. Journal of Econometrics, 192(1): 119–138.

[10] Akaike H(1973). Information theory and an extension of the maximum likelihood principle. Selected Papers of Hirotugu Akaike, 199–213, Springer Series in Statistics, New York.

[11] Anderson T W(1984). Estimating linear statistical relationships. The Annals of Statistics, 12(1): 1–45.

[12] Angrist J & Pischke J(2009). Mostly harmless econometrics: an empiricist's companion. Princeton University Press, New Jersey.

[13] Antoniadis A & Fan J Q(2001). Regularization of wavelet approximations. Journal of the American Statistical Association, 96(455): 939–955.

[14] Avriel M(2003). Nonlinear programming: analysis and methods. Courier Dover, New York.

[15] Bach F R(2008). Consistency of the group lasso and multiple kernel learning. Journal of Machine Learning Research, 9: 1179–1225.

[16] Baltagi B H, Griffin J M & Xiong W W(2000). To pool or not to pool: homogeneous versus heterogeneous estimators applied to cigarette demand. The Review of Economics and Statistics, 82(1): 117–126.

[17] Bandi F M(2002). Short-term interest rate dynamics: a spatial approach. Journal of Financial Economics, 65(1): 73–110.

[18] Bandi F M & Nguyen T H(2003). On the functional estimation of jump-diffusion models. Journal of Econometrics, 116(1–2): 293–328.

[19] Bandi F M & Phillips P C B(2003). Fully nonparametric estimation of scalar diffusion models. Econometrica, 71(1): 241–283.

[20] Bandi F M & Phillips P C B(2007). A simple approach to the parametric estimation of potentially nonstationary diffusions. Journal of Econometrics, 137(2): 354–395.

[21] Böhning D (1992). Multinomial logistic regression algorithm. Annals of the Institute of Statistical Mathematics, 44(1): 197–200.

[22] Böhning D & Lindsay B G(1988). Monotonicity of quadratic-approximation algorithms. Annals of the Institute of Statistical Mathematics, 40(4): 641–663.

[23] Breheny P & Huang J(2011). Coordinate descent algorithm for nonconvex penalized regression, with applications to biological feature selection. The Annals of Applied Statistics, 5(1): 232–253.

[24] Breheny P & Huang J(2015). Group descent algorithms for nonconvex penalized linear and logistic regression models with grouped predictors. Statistics and Computing, 25(2): 173–187.

[25] Breslow N E & Clayton D G(1993). Approximate inference in generalized linear mixed models. Journal of American Statistical Association, 88: 9–25.

[26] Brockwell P J & Davis R A(1991). Time series: theory and methods. Springer-Verlag, New York.

[27] Bühlmann P & Hothorn T(2007). Boosting algorithms: regularization, prediction and model fitting. Statistical Science, 22(4): 477–505.

[28] Bühlmann P & van de Geer S(2011). Statistics for high-dimensional data: methods, theory and applications. Springer, Berlin.

[29] Bühlmann P & Yu B(2003). Boosting with the l_2 loss: regression and classification. Journal of the American Statistical Association, 98(462): 324–339.

[30] Cai T & Liu W D(2011). Adaptive thresholding for sparse covariance matrix estimation. Journal of the American Statistical Association, 106(494): 672–684.

[31] Cai Z W, Fan J Q & Li R Z(2000). Efficient estimation and inferences for varying-coefficient models. Journal of American Statistical Association, 95(451): 888–902.

[32] Cai Z W, Li Q & Park J Y(2009). Functional-coefficient models for nonstationary time series data. Journal of Econometrics, 148(2): 101–113.

[33] Cai Z W & Xu X P(2009). Nonparametric quantile estimations for dynamic smooth coefficient models. Journal of the American Statistical Association, 104(485): 371–383.

[34] Campillo F, Joannides M & Larramendy-Valverde I(2013). Estimation of the parameters of a stochastic logistic growth model. arxiv: 1307.2217v1.

[35] Candès E & Tao T(2007). The Dantzig selector: statistical estimation when p is much larger than n. The Annals of Statistics, 35(6): 2313–2351.

[36] Cannings T I & Samworth R J(2017). Random-projection ensemble classification. Journal of the Royal Statistical Society, Series B, 79(4): 959–1035.

[37] Card D(2001). Estimating the return to schooling: progress on some persistent econometric problems. Econometrica, 69(5): 1127–1160.

[38] Carroll R J, Spiegelman C H, Lan K K G, Bailey K T & Abbott R D(1984). On errors-in-variables for binary regression models. Biometrika, 71(1): 19–25.

[39] Carroll R J, Maity A, Mammen E & Yu K(2009). Nonparametric additive regression for repeatedly measured data. Biometrika, 96(2): 383–398.

[40] Carroll R J, Ruppert D, Stefanski L A & Crainiceanu C M(2006). Measurement error in nonlinear models. Chapman & Hall, London.

[41] Chan K C, Karolyi G A, Longstaff F A & Sanders A B(1992). An empirical comparison of alternative models of the short-term interest rate. Journal of Finance, 47(3): 1209–1227.

[42] Chang J Y & Chen S X(2011). On the approximate maximum likelihood estimation for diffusion processes. The Annals of Statistics, 39(6): 2820–2851.

[43] Chen R & Härdle W(1995). Estimation and variable selection in additive nonparametric regression models. SFB 373 Discussion Papers,16, Humboldt University of Berlin.

[44] Chen J, Gao J T & Li D G(2012). Estimation in semiparametric regression with nonstationary regressors. Bernoulli, 18(2): 678–702.

[45] Chen J H & Chen Z H(2008). Extended Bayesian information criteria for model selection with large model space. Biometrika, 95(3): 759–771.

[46] Chen J H & Chen Z H(2012). Extended BIC for small-n-large-p sparse GLM. Statistics Sinica, 22(2): 555–574.

[47] Chen S X & Wong C M(2009). Smoothed block empirical likelihood for quantiles of weak dependent processes. Statistica Sinica, 19(1): 71–81.

[48] Chen S X, Gao J T & Tang C Y(2008). A test for model specification of diffusion processes. The Annals of Statistics, 36(1): 167–198.

[49] Chen Z, Fan J Q & Li R Z(2018). Error variance estimation in ultrahigh dimensional additive models. Journal of American Statistical Association, 113: 315–327.

[50] Chiou J M & Müller H G(1999). Nonparametric quasi-likelihood. The Annals of Statistics, 27(1): 36–64.

[51] Coolen-Maturi T, Elkhafifi F F & Coolen F P A(2014). Three-group ROC analysis: a nonparametric predictive approach. Computational Statistics and Data Analysis, 78: 69–81.

[52] Corsi F, Pirino D & Renò R(2010). Threshold bipower variation and the impact of jumps on volatility forecasting. Journal of Econometrics, 159(2): 276–288.

[53] Cox J C, Ingersoll J E & Ross S A(1980). An analysis of variable rate loan contracts. Journal of Finance, 35(2): 389–403.

[54] Cox J C, Ingersoll J E & Ross S A(1985). A theory of the term structure of interest rates. Econometrica, 53(2): 385–407.

[55] Craven P & Wahba G(1979). Smoothing noisy data with spline functions: estimating the correct degree of smoothing by the method of generalized cross-validation. Numerische Mathematik, 31: 377–403.

[56] Cui H J & Li R C(1998). On parameter estimation for semi-linear errors-in-variables models. Journal of Multivariate Analysis, 64(1): 1–24.

[57] Cui H J(2004). Estimation in partial linear EV models with replicated observations. Science in China Series A: Mathematics, 47(1): 144–159.

[58] Cui H J & Chen S X(2003). Empirical likelihood confidence regions for parameter in the errors-in-variables models. Journal of Multivariate Analysis, 84(1): 101–115.

[59] Czellar V, Karolyi G A & Ronchetti E(2007). Indirect robust estimation of the short-term interest rate process. Journal of Empirical Finance, 14(4): 546–563.

[60] Czellar V& Ronchetti E(2010). Accurate and robust tests for indirect inference. Biometrika, 97(3): 621–630.

[61] Daubechies I, Defrise M & De Mol C(2004). An iterative thresholding algorithm for linear inverse problems with a sparsity constraint. Communications on Pure and Applied Mathematics, 57(11): 1413–1457.

[62] Dong C H, Gao J T & Peng B(2018). Varying-coefficient panel data models with partially observed factor structure. Monash Econometrics and Business Statistics Working Papers 1/18, Monash University.

[63] Donoho D L(2000). High-dimensional data analysis: the curses and blessings of dimensionality. AMS Math Challenges Lecture, 1–32.

[64] Duan N H & Li K C(1991). Slicing regression: a link-free regression method. The Annals of Statistics, 19(2): 505–530.

[65] Efron B(1979). Bootstrap methods: another look at the jackknife. The Annals of Statistics, 7(1): 1–26.

[66] Efron B & Hastie T (2017). Computer age statistical inference, algorithms, evidence, and data science. Cambridge University Press, London.

[67] Efron B, Hastie T, Johnstone I & Tibshirani R(2004). Least angle regression. The Annals of Statistics, 32(2): 407–451.

[68] Efron B & Tibshirani R(1993). An introduction to the bootstrap. Chapman and Hall, London.

[69] Engle R F, Granger C W J, Rice J & Weiss A(1986). Semiparametric estimates of the relation between weather and electricity sales. Journal of the American Statistical Association, 81(394): 310–320.

[70] Fahrmeir L & Tutz G(2001). Multivariate statistical modelling based on generalized linear models. Springer Verlag, New York.

[71] Fan J Q(2005). A selective overview of nonparametric methods in financial econometrics. Statistical Science, 20(4): 317–337.

[72] Fan J Q & Fan Y Y(2008). High dimensional classification using features annealed independence rules. The Annals of Statistics, 36(6): 2605–2637.

[73] Fan J Q, Fan Y Y & Wu Y C(2011). High-dimensional classification. In High-dimensional Data Analysis. (Cai, T.T. and Shen, X., eds.), 3–37, World Scientific, New Jersey.

[74] Fan J Q, Feng Y, Jiang J C& Tong X(2015). Feature augmentation via nonparametrics and selection in high dimensional classification.

[75] Fan J Q, Feng Y & Song R(2011). Nonparametric independence screening in sparse ultra-high-dimensional additive models. Journal of the American Statistical Association, 106(494): 544–557.

[76] Fan J Q & Gijbels I(1996). Local polynomial modeling and its application. Chapman & Hall, London.

[77] Fan J Q, Han F & Liu H (2014). Challenges of big data analysis. National Science Review, 1(2): 293–314.

[78] Fan J Q, Härdle W G & Mammen E(1998). Direct estimation of low dimensional components in additive models. The Annals of Statistics, 26(3): 943–971.

[79] Fan J Q & Huang T(2005). Profile likelihood inferences on semi-parametric varying-coefficient partially linear models. Bernoulli, 11(6): 1031–1057.

[80] Fan J Q, Huang T & Li R Z(2007). Analysis of longitudinal data with semiparametric estimation of covariance function. Journal of the American Statistical Association, 102(478): 632–641.

[81] Fan J Q & Li Q(2003). A kernel-based method for estimating additive partially linear models. Statistica Sinica, 13(3): 739–762.

[82] Fan J Q & Li R Z(2001). Variable selection via nonconcave penalized likelihood and its oracle properties. Journal of the American Statistical Association, 96(456): 1348–1360.

[83] Fan J & Liao Y(2012). Endogeneity in ultrahigh dimension. Technical report. Princeton University.

[84] Fan J Q, Liu H, Sun Q & Zhang T(2018). I-LAMM for sparse learning: simultaneous control of algorithmic complexity and statistical error. The Annals of Statistics, 46(2): 814–841.

[85] Fan J Q & Lv J C(2008). Sure independence screening for ultrahigh dimensional feature space. Journal of the Royal Statistical Society, Series B, 70(5): 849–911.

[86] Fan J Q & Song R(2010). Sure independence screening in generalized linear models with NP-dimensionality. The Annals of Statistics, 38(6): 3567–3604.

[87] Fan J Q & Truong Y K(1993). Nonparametric regression with errors in variables. The Annals of Statistics, 21(4): 1900–1925.

[88] Frank I E & Friedman J H(1993). A statistical view of some chemometrics regression tools. Technometrics, 35(2): 109–135.

[89] Fan Y Y, Foutz N,James G M & Jank W(2014). Functional response additive model estimation with online virtual stock markets. The Annals of Applied Statistics, 8(4): 2435–2460.

[90] Friedman J H(2012). Fast sparse regression and classification. International Journal of Forecasting, 28(3): 722–738.

[91] Friedman J H, Hastie T, Höfling H & Tibshirani R(2007). Pathwise coordinate optimization. The Annals of Applied Statistics, 1(2): 302–332.

[92] Friedman J H, Hastie T & Tibshirani R(2010). Regularization paths for generalized linear models via coordinate descent. Journal of Statistical Software, 33(1): 1–22.

[93] Friedman J H & Stuetzle W(1981). Projection pursuit regression. Journal of the American Statistical Association, 76(376): 817–823.

[94] Fuller W A(1987). Measurement error models. Wiley, New York.

[95] Galvao A F(2011). Quantile regression for dynamic panel data with fixed effects. Journal of Econometrics, 164(1): 142–157.

[96] Gao J T & Phillips P C B(2013a). Semiparametric estimation in triangular system equations with nonstationarity. Journal of Econometrics, 176(1): 59–79.

[97] Gao J T & Phillips P C B(2013b). Functional coefficient nonstationary regression with non- and semi-parametric cointegration. Monash Econometrics and Business Statistics Working Papers 16/13, Monash University.

[98] Gasser T & Müller H G(1979). Kernel estimation of regression functions. Smoothing Techniques for curve estimation. Lecture Notes in Mathematics, 757: 23–68. Spring-Verlag, New York.

[99] Genton M G & de Luna X(2000). Robust simulation-based estimation. Statistics and Probability Letters, 48(3): 253–259.

[100] Genton M G & Ronchetti E(2003). Robust indirect inference. Journal of the American Statistical Association, 98(461): 67–76.

[101] Ghosh M & Rao J N K(1994). Small area estimation: an appraisal. Statistical Science, 9(1): 55–76.

[102] Ghosh M, Natarajan K, Stroud T W F & Carlin B P(1998). Generalized linear models for small-area estimation. Journal of American Statistical Association, 93(441): 273–282.

[103] Gouriéroux C & Monfort A(1996). Simulation-based econometric methods. Oxford University Press, Oxford.

[104] Gouriéroux C, Monfort A & Renault E(1993). Indirect inference. Journal of Applied Econometrics, 8: S85-S118.

[105] Gouriéroux C, Renault E & Touzi N(2000). Simulation-based inference in econometrics: methods and applications. Cambridge University Press, London.

[106] Green P J(1984). Iteratively reweighted least squares for maximum likelihood estimation and some robust and resistant alternatives. Journal of Royal Statistical Society B(Methodological), 46(2): 149–192.

[107] Greenshtein E & Ritov Y(2004). Persistence in high-dimensional linear predictor selection and the virtue of overparametrization. Bernoulli, 10(6): 971–988.

[108] Guo J H, Hu J C, Jing B Y & Zhang Z(2016). Spline-lasso in high-dimensional linear regression. Journal of the American Statistical Association, 111(513): 288–297.

[109] Härdle W G, Huet S, Mammen E & Sperlich S(2004). Bootstrap inference in semiparametric generalized additive models. Econometric Theory 20(2): 265–300.

[110] Härdle W G, Liang H & Gao J T(2000). Partially linear models. Springer-Verlag, New York.

[111] Hastie T & Tibshirani R(1990). Generalized additive models. Chapman & Hall, London.

[112] Hastie T, Tibshirani R & Friedman J(2009). The elements of statistical learning: prediction, inference and data mining. Springer-Verlag, New York.

[113] Hastie T, Tibshirani R & Wainwright M(2015). Statistical learning with sparsity: the lasso and generalizations. Chapman and Hall/CRC Press, London, New York.

[114] Heggland K & Frigessi A(2004). Estimating functions in indirect inference. Journal of the Royal Statistical Society, Series B, 66(2): 447–462.

[115] Henderson D J, Carroll R J & Li Q(2008). Nonparametric estimation and testing of fixed effects panel data models. Journal of Econometrics, 144(1): 257–275.

[116] Heritier S & Ronchetti E(1994). Robust bounded-influence tests in general parametric models. Journal of American Statistal Association, 89(427): 897–904.

[117] Heydari J, Lawless C, Lydall D A & Wilkinson D J(2014). Fast Bayesian parameter estimation for stochastic logistic growth models. Biosystem, 122: 55–72.

[118] Hoerl A E & Kennard R W(1970). Ridge regression: biased estimation for nonorthogonal problems. Technometrics, 12(1): 55–67.

[119] Horowitz J L, Klemelä J & Mammen E(2006). Optimal estimation in additive regressions models. Bernoulli, 12(2): 271–298.

[120] Horowitz J L & Mammen E(2004). Nonparametric estimation of an additive model with a link function. The Annals of Statistics, 32(6): 2412–2443.

[121] Hosmer D W, Lemeshow S & Sturdivant R X(2013). Applied logistic regression. John Wiley & Sons, New Jersey.

[122] Hu X M(2017a). Semi-parametric inference for semi-varying coefficient panel data model with individual effects. Journal of Multivariate Analysis, 154: 262–281.

[123] Hu X M(2017b). The indirect method for stochastic Logistic growth models. Communications in Statistics Theory and Methods, 46(3): 1506–1518.

[124] Hu X M(2017c). Robust estimators and robust tests for the slightly contaminated stochastic logistic population models. Communications in Statistics Simulation and Computation, 46(4): 2756–2768.

[125] Hu X M(2014a). Efficient estimation for semivarying coefficient model with an invertible linear process error. Communications in Statistics Theory and Methods, 43(15): 3117–3134.

[126] Hu X M(2014b). Semi-parametric efficient inference for heteroscedastic semivarying-coefficient models. Communications in Statistics Theory and Methods, 43(18): 3927–3942.

[127] Hu X M(2011). The block empirical likelihood method of the semivarying coefficient model with application to longitudinal data. Communications in Statistics Theory and Methods, 40(8): 1342–1351.

[128] Hu X M & Liu X H(2013). Empirical likelihood confidence regions for semi-varying coefficient models with linear process errors. Journal of Nonparametric Statistics, 25(1): 161–180.

[129] Hu X M, Wang Z Z & Liu F(2009b). Testing serial correlation in semiparametric varying-coefficient partially linear errors-in-variable model. Journal of Systems Science and Complexity, 22(3): 483–494.

[130] Hu X M, Wang Z Z & Liu F(2008a). Testing serial correlation in a semiparametric varying-coefficient partially linear EV model. Acta Mathematicae Applicatae Sinica-English Series, 24(1): 99–116.

[131] Hu X M, Wang Z Z & Liu F(2008b). Zero finite-order serial correlation test in semiparametric varying-coefficient partially linear errors-in-variables models. Statistics and Probability Letters, 78(12): 1560–1569.

[132] Hu X M, Wang Z Z & Zhao Z W(2009). Empirical likelihood for semiparametric varying-coefficient partially linear errors-in-variables models. Statistics and Probability Letters. 79(8): 1044–1052.

[133] Hu X M & Yang W M(2019). Semi-parametric small area inference in generalized semi-varying coefficient mixed effects models. Statistical Papers, 60(4): 1039–1058.

[134] Huang J, Breheny P & Ma S G(2012). A selective review of group selection in high-dimensional models. Statistics Science, 27(4): 481–499.

[135] Huang J, Horowitz J L & Wei F R(2010). Variable selection in nonparametric additive models. The Annals of Statistics, 38(4): 2282–2313.

[136] Huber P J(1981). Robust statistics. John Wiley & Sons, New York.

[137] Hui F K C, Müller S & Welsh A H(2017). Joint selection in mixed models using regularized PQL. Journal of American Statistical Association, 112(519): 1323–1333.

[138] Hunter D R & Li R Z(2005). Variable selection using MM algorithms. The Annals of Statistics, 33(4): 1617–1642.

[139] Hurn A S, Jeisman J I & Lindsay K A(2007). Seeing the wood for the trees: a critical evaluation of methods to estimate the parameters of stochastic differential equations. Journal of Financial Econometrics, 5(3): 390–455.

[140] Imbens G W, Spady R H & Johnson P (1998). Information theoretic approaches to inference in moment condition models. Econometrica, 66(2): 333–357.

[141] Jiang D Q, Zhang B X, Wang D H & Shi N Z(2007). Existence, uniqueness, and globalattractivity of positive solutions and MLE of the parameters to the logistic equation with random perturbation. Sciences in China Series A: Mathematics, 50(7): 977–986.

[142] Jiang J M & Lahiri P(2006). Mixed model prediction and small area estimation. Test, 15(1): 1–96.

[143] Kai B, Li R Z & Zou H(2011). New efficient estimation and variable selection methods for semiparametric varying-coefficient partially linear models. The Annals of Statistics, 39(1): 305–332.

[144] Kasparis I, Andreou E & Phillipas P C B(2015). Nonparametric predictive regression. Journal of Econometrics, 185(2): 468–494.

[145] Ke Y,Fu B & Zhang W Y(2016). A semi-varying coefficient multinomial logistic regression for prognostic classification with application to stratified medicine. Statistics in Medicine, 35(26): 4764–4778.

[146] Khalili A & Chen J H(2007). Variable selection in finite mixture of regression models. Journal of the American Statistical Association, 102(479): 1025–1038.

[147] Kim Y, Kwon S & Song S H (2006). Multiclass sparse logistic regression for classification of multiple cancer types using gene expression data. Computational Statistics and Data Analysis, 51(3): 1643–1655.

[148] Koenker R(2005). Quantile regression. Cambridge University Press, London.

[149] Koenker R & Bassett G(1978). Regression quantiles. Econometrica, 46(1): 33–50.

[150] Krishnapuram B, Carin L, Figueiredo M A T & Hartemink A J(2005). Sparse multinomial logistic regression: fast algorithms and generalization bounds. IEEE Transactions on Pattern Analysis and Machine Intelligence, 27(6): 957–968.

[151] Kyriazidou E(1998). Testing for serial correlation in multivariate regression models. Journal of Econometrics, 86(2): 193–220.

[152] Lafferty J & Wasserman L(2008). Rodeo: sparse, greedy nonparametric regression. The Annals of Statistics, 36(1): 28–63.

[153] Lam C & Fan J Q(2008). Profile-kernel likelihood inference with diverging number of parameters. The Annals of Statistics, 36(5): 2232–2260.

[154] Lee S(2003). Efficient semiparametric estimation of a partially linear quantile regression model. Econometric Theory, 19: 1–31.

[155] Li Q(2000). Efficient estimation of additive partially linear models. International Economic Review, 41(4): 1073–1092.

[156] Li Q & Hsiao C(1998). Testing serial correlation in semiparametric panel data models. Journal of Econometrics, 87(2): 207–237.

[157] Li K C(1991). Sliced inverse regression for dimension reduction. Journal of the American Statistical Association, 86(414): 316–327.

[158] Li K C(1992). On principal Hessian directions for data visualization and dimension reduction: another application of Stein's lemma. Journal of the American Statistical Association, 87(420): 1025–1039.

[159] Li D G, Gao J T & Chen J(2013). Estimation in partially linear single-index panel data models with fixed effects. Journal of Business and Economic Statistics, 31(3): 315–330.

[160] Li D G, Ke Y & Zhang W Y(2015). Model selection and structure specification in ultrahigh dimensional generalised semi-varying coefficient models. The Annals of Statistics, 43(6): 2676–2705.

[161] Li J L & Lv J(2018). High-dimensional varying index coefficient quantile regression model. arXiv: 1809.00826v1.

[162] Li R Z & Liang H(2008). Variable selection in semi-parametric regression modeling. The Annals of Statistics, 36(1): 261–286.

[163] Li Y J & Zhu J(2008). L1-norm quantile regression. Journal of Computational and Graphical Statistics, 17(1): 163–185.

[164] Lian H(2012). Variable selection for high-dimensional generalized varying-coefficient models. Statistica Sinica, 22(4): 1563–1588.

[165] Liang H(2000). Asymptotic normality of parametric part in partially linear models with measurement error in the nonparametric part. Journal of Statistical Planning and Inference, 86(1): 51–62.

[166] Liang H(2009). Generalized partially linear mixed-effects models incorporating mismeasured covariates. Annals of the Institute of Statistical Mathematics, 61(1): 27–46.

[167] Liang H, Härdle W G & Carroll R J(1999). Estimation in a semiparametric partially linear errors-in-variables model. The Annals of Statistics, 27(5): 1519–1535.

[168] Liang H, Su H Y, Thurston S W, Meeker J D & Hauser R(2009). Empirical likelihood based inference for additive partial linear measurement error models. Statistics and its Interface, 36(3): 433–443.

[169] Liang H, Thurston S W, Ruppert D, Apanasovich T & Hauser R(2008). Additive partial linear models with measurement errors. Biometrika, 95(3): 667–678.

[170] Liang W & Wang N(2005). Partially linear single-index measurement error models. Statistica Sinica, 15: 99–116.

[171] Liang X, Zou T, Guo B, Li S, Zhang H Z, Zhang S Y, Huang H & Chen S X(2015). Assessing Beijing's $PM_{2.5}$ pollution: severity, weather impact, APEC and winter heating. Proceedings of the Royal Society, 471: 20150257.

[172] Lin X H & Zhang D W(1999). Inference in generalized additive mixed models by using smoothing splines. Journal of the Royal Statistical Society, Series B, 61(2): 381–400.

[173] Lin Y & Zhang H(2006). Commponent selection and smoothing in multivariate nonparametric regression. The Annals of Statistics, 34(5): 2272–2297.

[174] Linton O & Nielsen J P(1995). A kernel method of estimating structured nonparametric regression based on marginal integration. Biometrika, 82(1): 93–100.

[175] Liu F, Li C Y, Wang P F & Kang X M(2018). Empirical likelihood based diagnostics for heteroscedasticity in semiparametric varying coefficient partially linear errors in variables models. Communication in Statistics-Theory and Methods, 47(22): 5485–5496.

[176] Liu H, Tang Y Q & Zhang H(2009). A new chi-square approximation to the distribution of non-negative definite quadratic forms in non-central normal variables. Computational Statistics and Data Analysis, 53(4): 853–856.

[177] Lô S N & Ronchetti E(2012). Robust small sample accurate inference in moment condition models. Computational Statistics and Data Analysis, 56(11): 3182–3197.

[178] Lombardía M J & Sperlich S(2008). Semiparametric inference in generalized mixed effects models. Journal of the Royal Statistical Society, Series B, 70(5): 913–930.

[179] Lombardía M J & Sperlich S(2012). A new class of semi-mixed effects models and its application to tourist expenditures in small areas. Computational Statistics and Data Analysis, 56(10): 2903–2917.

[180] Lu X & Su L J(2016). Shrinkage estimation of dynamic panel data models with interactive fixed effects. Journal of Econometrics. 190(1): 148–175.

[181] Lu X W(2009). Empirical likelihood for heteroscedastic partially linear models. Journal of Multivariate Analysis, 100(3): 387–396.

[182] Lv J C & Fan Y Y(2009). A unified approach to model selection and sparse recovery using regularized least squares. The Annals of Statistics, 37(6A): 3498–3528.

[183] 马家丽 & 胡雪梅 (2014). 半参数可加测量误差模型的白噪声检验. 系统科学与数学, 34(8): 992–1002.

[184] Ma S J, Linton O & Gao J T(2017). Estimation and inference in semiparametric quantile factor models. CeMMAP working papers CWP07/18, Centre for Microdata Methods and Practice, Institute for Fiscal Studies.

[185] Ma Y Y, Chiou J M & Wang N(2006). Efficient semiparametric estimator for heteroscedastic partially linear models. Biometrika, 93(1): 75–84.

[186] Mallows C L(1973). Some comments on C_p. Technometrics. 15(4): 661–675.

[187] Mammen E & Park B U(2005). Bandwidth selection for smooth backfitting in additive models. The Annals of Statistics, 33(3): 1260–1294.

[188] Mammen E, Støve B & Tjøstheim D(2009). Nonparametric additive models for panels of time series. Econometric Theory, 25(2): 442–481.

[189] Mao X R, Marion G & Renshaw E(2002). Environmental Brownian noise suppresses explosions in population dynamics. Stochastic Processes and their Applications, 97(1): 95–110.

[190] Maronna R A, Martin R D & Yohai V J(2006). Robust statistics: theory and methods. John Wiley and Sons, Ltd.

[191] Mazumder R, Friedman J H & Hastie T(2011). SparseNet: coordinate descent with nonconvex penalities. Journal of the American Statistical Association, 106(495): 1125–1138.

[192] Meier L, Geer S & Bühlmann P(2008). The group lasso for logistic regression. Journal of the Royal Statistical Society Series B-Statistical Methodology, 70(1): 53–71.

[193] Meier L, Geer S & Bühlmann P(2009). High-dimensional additive modeling. The Annals of Statistics, 37(6B): 3779–3821.

[194] Mossman D(1999). Three-way ROCs. Medical Decision Making, 19(1): 78–89.

[195] Müller H G & Stadtmüller U(1987). Estimation of heteroscedasticity in regression analysis. The Annals of Statistics, 15(2): 610–625.

[196] Nakas C T, Alonzo T A & Yiannoutsos C T(2010). Accuracy and cut-off point selection in three-class classification problems using a generalization of the youden index. Statistics in Medicine, 29(28): 2946–2955.

[197] Nakas C T & Yiannoutsos C T(2004). Ordered multiple-class ROC analysis with continuous measurements. Statistics in Medicine, 23(22): 3437–3449.

[198] Nakas C T & Yiannoutsos C T(2010). Ordered multiple class receiver operating characteristic analysis. Chow, S.C. (Ed.), Encyclopedia of Biopharmaceutical Statistics. Informa Healthcare, 929–932.

[199] Nardi Y & Rinaldo A(2008). On the asymptotic properties of the group lasso estimator for linear models. Electronic Journal of Statistics, 2: 605–633.

[200] Nesterov Y(2012). Efficiency of coordinate descent methods on huge-scale optimization problems. SIAM Journal on Optimization, 22(2): 341–362.

[201] Nesterov Y(2013). Gradient methods for minimizing composite functions. Mathematical Programming, 140(1): 125–161.

[202] Nielsen J N, Madsen H & Young P C(2000). Parameter estimation in stochastic differential equations: an overview. Annual Reviews in Control, 24: 83–94.

[203] Opsomer J D (2000). Asymptotic properties of backfitting estimators. Journal of Multivariate Analysis, 73(2): 166–179.

[204] Opsomer J D & Ruppert D(1997). Fitting a bivariate additive model by local polynomial regression. The Annals of Statistics, 25(1): 186–211.

[205] Opsomer J D & Ruppert D(1999). A root-n consistent backfitting estimator for semiparametric additive modelling. Journal of Computational and Graphical Statistics, 8(4): 715–732.

[206] Osborne M F M(1959). Brownian motion in the stock market. Operations Research, 7(2): 145–173.

[207] Owen A B(1991). Empirical likelihood for linear models. The Annals of Statistics, 19(4): 1725–1747.

[208] Owen A B(1988). Empirical likelihood ratio confidence intervals for a single function. Biometrika, 75(2): 237–249.

[209] Owen A B(1990). Empirical likelihood ratio confidence regions. The Annals of Statistics, 18(1): 90–120.

[210] Owen A B(2001). Empirical likelihood. Chapman & Hall/CRC, New York.

[211] Pan Q & Zhao Y P(2016). Iterative weighted group lasso and generalized local quadratic approximation. Computational Statistics and Data Analysis, 104: 66–78.

[212] Park C & Yoon Y J(2011). Bridge regression: adaptivity and group selection. Journal of Statistical Planning and Inference, 141(11): 3506–3519.

[213] Park J Y(2003). Nonstationary nonlinearity: an outlook for new opportinities. Working Papers 2003–05, Rice University, Department of Economics.

[214] Park J Y & Phillips P C B(1999). Asymptotics for nonlinear transformations of integrated time series. Econometric Theory, 15(3): 269–298.

[215] Park J Y & Phillips P C B(2001). Nonlinear regressions with integrated time series. Econometrica, 69(1): 117–161.

[216] Phillips P C B(2001). Descriptive econometrics for non-stationary time series with empirical illustrations. Journal of Applied Econometrics, 16: 389–413.

[217] Phillips P C B & Park J Y(1998). Nonstationary density estimation and kernel autoregression. Cowles Foundation Discussion Paper, No.1181, Yale University.

[218] Phillips P C B & Yu J(2007). Maximum likelihood and gaussian estimation of continuous time models in finance. Cowles Foundation Discussion Papers 1597, Cowles Foundation for Research in Economics, Yale University.

[219] Qin J & Lawless J(1994). Empirical likelihood and general estimating equations. The Annals of Statistics, 22(1): 300–325.

[220] Rao J N K(2003). Small area estimation. John Wiley and Sons, New-York.

[221] Rao J N K & Scott A J(1981). The analysis of categorical data from complex sample surveys: chi-squared tests for goodness of fit and independence in two-way tables. Journal of the American Statistical Association, 76(374): 221–230.

[222] Ravikumar P, Lafferty J, Liu H & Wasserman L(2009). Sparse additive models. Journal of Royal Statistical Society, Series B, 71(5): 1009–1030.

[223] Robinson J, Ronchetti E & Young G A(2003). Saddlepoint approximations and tests based on multivariate M-estimates. The Annals of Statistics, 31(4): 1154–1169.

[224] Rodríguez-Póo J M, Sperlich S & Vieu P(2003). Semiparametric estimation of separable models with possibly limited dependent variables. Econometric Theory, 19(6): 1008–1039.

[225] Ronchetti E & Trojani F(2001). Robust inference with GMM estimators. Journal of Econometrics, 101(1): 37–69.

[226] Ruckstuhl A F, Welsh A H & Carroll R G(2000). Nonparametric function estimation of the relationship between two repeatedly measured variables. Statistic Sinica, 10(1): 51–71.

[227] Sampat M P, Patel A C, Wang Y, Gupta S, Kan C W, Bovik A C & Markey M K(2009). Indexes for three-class classification performance assessment—an empirical

comparison. IEEE Transactions on Information Technology in Biomedicine, 13(3): 300–312.

[228] Schultz T P(1997). Human capital, schooling and health, IUSSP, XXIII. General Population Conference, Yale University.

[229] Schumaker L L(1981). Spline functions: basic theory. Wiley, New York.

[230] Schwarz G(1978). Estimating the dimension of a model. The Annals of Statistics, 6(2): 461–464.

[231] Severini T A & Staniswalis J G(1994). Quasi-likelihood estimation in semiparametric models. Journal of the American Statistical Association, 89(426): 501–511.

[232] Severini T A & Wong W H(1992). Profile likelihood and conditionally parametric models. The Annals of Statistics, 20(4): 1768–1802.

[233] Simon N,Friedman J & Hastie T(2013a). A blockwise descent algorithm for group-penalized multiresponse multinomial regression. arXiv: 1311.6529.

[234] Simon N,Friedman J, Hastie T & Tibshirani R(2013b). A sparse group lasso. Journal of Computational and Graphical Statistics, 22(2): 231–245.

[235] Smith A A(1993). Estimating nonlinear time-series models using simulated vector autoregressions. Journal of Applied Econometrics, 8: S63–S84.

[236] Staniswalis J G(1989). The kernel estimate of a regression function in likelihood-based models. Journal of the American Statistical Association, 84(405): 276–283.

[237] Städler N, Bühlmann P & Geer S(2010). L1-penalization for mixture regressionmodels. Test, 19(2): 209–256.

[238] Stefanski L A(1985). The efiects of measurement error on parameter estimation. Biometrika, 72(3): 583–592.

[239] Stone C J (1985). Additive regression and other nonparametric models. The Annals of Statistics, 13(2): 689–705.

[240] Stone C J(1986). The dimensionality reduction principle for generalized additive models. The Annals of Statistics, 14(2): 590–606.

[241] Stone M(1974). Cross-validatory choice and assessment of statistical predictions (with discussion). Journal of the Royal Statistical Society, Series B, 36(2): 111–147.

[242] Su L J & Ullah A(2006). Profile likelihood estimation of partially linear panel data models with fixed effects. Econometrics letters, 92: 75–81.

[243] Su L J, Shi Z T & Phillips P C B(2016). Identifying latent structures in panel data. Econometrica, 84(6): 2215–2264.

[244] Sun Y G, Carroll R J & Li D D(2009). Semi-parametric estimation of fixed effects panel data varying coefficient models. Advances in Econometrics, 25: 101–129.

[245] Tian F P, Gao J T & Yang K(2016). A auantile regression approach to panel data analysis of health care expenditure in OECD countries. Monash Econometrics and Business Statistics Working Papers 20/16, Monash University.

[246] Tibshirani R(1996). Regression shrinkage and selection via the lasso. Journal of the Royal Statistical Society, Series B, 58(1): 267–288.

[247] Tibshirani R, Saunders M, Rosset S, Zhu J & Knight K(2005). Sparsity and smoothness via the fused lasso. Journal of the Royal Statistical Society, Series B, 67(1): 91–108.

[248] Tutz G & Binder H(2006). Generalized additive modeling with implicit variable selection by likelihood-based boosting. Biometrics, 62(4): 961–971.

[249] Tutz G & Gertheiss J(2016). Regularized regression for categorical data. Statistical Modelling, 16(3): 161–200.

[250] Tutz G, Pössnecker W & Uhlmann L(2015). Variable selection in general multinomial logit models. Computational Statistics and Data Analysis, 82: 207–222.

[251] Vapnik V N(1995). The nature of statistical learning theory. Springer, New York.

[252] Vasicek O(1977). An equilibrium charaterization of the term structure. Journal of Finance Economics, 5(2): 177–188.

[253] Vincent M & Hansen N R(2014). Sparse group lasso and high dimensional multinomial classification. Computational Statistics and Data Analysis, 71: 771–786.

[254] Vogt M & Linton O (2017). Classification of nonparametric regression functions in longitudinal data models. Journal of the Royal Statistical Society: Series B, 79(1): 5–27.

[255] Wainwright M(2006). Sharp thresholds for high-dimensional and noisy recovery of sparsity. Technical Report 708, Department of Statistics, UC Berkeley.

[256] Wand M P & Jones M C(1995). Kernel smoothing. Chapman & Hall, London.

[257] Wang H S & Leng C L(2008). A note on adaptive group lasso. Computational Statistics and Data Analysis, 52(12): 5277–5286.

[258] Wang H S, Li R Z & Tsai C L(2007). On the consistency of SCAD tuning parameter selector. Biometrika, 94(3): 553–568.

[259] Wang H X, Zhu Z Y & Zhou J H(2009). Quantile regression in partially linear varying coefficient models. The Annals of Statistics, 37(6B): 3841–3866.

[260] Wang L, Liu X, Liang H & Carroll R J(2011). Estimation and variable selection for generalized additive partial linear models. The Annals of Statistics, 39(4): 1827–1851.

[261] Wang L F, Li H Z & Huang J H(2008). Variable selection in nonparametric varying-coefficient models for analysis of repeated measurements. Journal of the American Statistical Association, 103(484): 1556–1569.

[262] Wang Q H(1999). Estimation of partial linear error-in-variables models with validation data. Journal of multivariate analysis, 69(1): 30–64.

[263] Wang Q H(2000). Estimation of linear error-in-covariables models with validation data under random censorship. Journal of Multivariate Analysis, 74(2): 245–266.

[264] Wang Q H(2003). Dimension reduction in partly linear error-in-response models with validation data. Journal of Multivariate Analysis, 85(2): 234–252.

[265] Wang Q H & Rao J N K(2002). Empirical likelihood-based inference in linear errors-in-covariables models with validation data. Biometrika, 89(2): 345–358.

[266] Wang Q Y & Phillips P C B(2009). Structural nonparametric cointegrating regression. Econometrica, 77(6): 1901–1948.

[267] Wang Q Y & Phillips P C B(2012). A specification test for nonlinear nonstationary models. The Annals of Statistics, 40(2): 727–758.

[268] Wang S J, Qian L F & Carroll R J(2010). Generalized empirical likelihood methods for analyzing longitudinal data. Biometrika, 97(1): 79–93.

[269] Wang Z R, Liu H & Zhang T(2014). Optimal computational and statistical rates of convergence for sparse nonconvex learning problems. The Annals of Statistics, 42(6): 2164–2201.

[270] Wei F R(2012). Group selection in high-dimensional partially linear additive models. Brazilian Journal of Probability and Statistics, 26(3): 219–243.

[271] Wei F R & Huang J(2010). Consistent group selection in high-dimensional linear regression. Bernoulli, 16(4): 1369–1384.

[272] Wei F R, Huang J & Li H Z(2011). Variable selection and estimation in high-dimensional varying-coefficient models. Statistica Sinica, 21: 1515–1540.

[273] Wei F R & Zhu H X (2012). Group coordinate descent algorithms for nonconvex penalized regression. Computational Statistics and Data Analysis, 56(2): 316–326.

[274] Wong H, Liu F, Chen M & Cheung W(2009). Empirical likelihood based diagnostics for heteroscedasticity in partial linear models. Computational Statistics and Data Analysis, 53(9): 3466–3477.

[275] Wu Y C & Liu Y F(2009). Variable selection in quantile regression. Statistica Sinica, 19(2): 801–817.

[276] Xia Y C, Zhang W Y & Tong H(2004). Efficient estimation for semivarying-coefficient models. Biometrika, 91(3): 661–681.

[277] Xiao Z J, Linton O B, Carroll R J & Mammen E(2003). More efficient local polynomial estimation in nonparametric regression with autocorrelated errors. Journal of the American Statistical Association, 98(464): 980–992.

[278] Xu K L(2009). Empirical likelihood based inference for nonparametric recurrent diffusions. Journal of Econometrics, 153(1): 65–82.

[279] Xue L G & Zhu L X(2007). Empirical likelihood for a varying coefficient model with longitudinal data. Journal of the American Statistical Association, 102(478): 642–654.

[280] You J H & Chen G M(2006). Estimation of a semiparametric varying-coefficient partially linear errors-in-variables model. Journal of Multivariate Analysis, 97(2): 324–341.

[281] You J H & Zhou Y(2006). Empirical likelihood for semiparametric varying-coefficient partially linear regression models. Statistics and Probability Letters, 76(4): 412–422.

[282] Youden W J(1950). Index for rating diagnostic tests. Cancer, 3(1): 32–35.

[283] Yu W B, Kim J & Park T(2018). Estimation of area under the ROC curve under nonignorable verication bias. Statistica Sinica, 28(4): 2149–2166.

[284] Yuan M & Lin Y(2006). Model selection and estimation in regression with grouped variables. Journal of the Royal Statistical Society, Series B, 68(1): 49–67.

[285] Zahid F M & Tutz G(2013). Multinomial logit models with implicit variable selection. Advances in Data Analysis and Classification, 7(4): 393–416.

[286] Zhang C H(2010). Nearly unbiased variable selection under minimax concave penalty. The Annals of Statistics, 38(2): 894–942.

[287] Zhang C H & Zhang T(2012). A general theory of concave regularization for high-dimensional sparse estimation problems. Statistical Science, 27(4): 576–593.

[288] Zhang D W(2004). Generalized linear mixed models with varying coefficients for longitudinal data. Biometrics, 60(1): 8–15.

[289] Zhang T(2010). Analysis of multi-stage convex relaxation for sparse regularization. The Journal of Machine Learning Research, 11: 1081–1107.

[290] Zhang T Y, Yuan D M, Ma J L & Hu X M(2017). Assessing white noise assumption with semi-parametric additive partial linear models. Statistical Papers, 58(2): 417–431.

[291] Zhang W Y, Lee S Y & Song X Y(2002). Local polynomial fitting in semivarying coefficient model. Journal of Multivariate Analysis, 82: 166–188.

[292] Zhao P & Yu B(2006). On model selection consistency of lasso. Journal of Machine Learning Research, 7(12): 2541–2563.

[293] Zhu J & Hastie T(2004). Classification of gene microarrays by penalized logistic regression. Biostatistics, 5(3): 427–443.

[294] Zou H & Hastie T(2005). Regularization and variable selection via the elastic net. Journal of the Royal Statistical Society, Series B, 67: 301–320.

[295] Zou H & Li R Z(2008). One-step sparse estimates in nonconcave penalized likelihood models. The Annals of Statistics, 36(4): 1509–1533.

[296] Zou H & Yuan M(2008). Composite quantile regression and the oracle model selection theory. The Annals of Statistics, 36(3): 1108–1126.

术 语 索 引

书号	书名	著译者
9787040538847	高维统计模型的估计理论与模型识别	胡雪梅、刘锋 著
9787040515084	量化交易：算法、分析、数据、模型和优化	黎子良 等 著 冯玉林、刘庆富 译
9787040513806	马尔可夫过程及其应用：算法、网络、基因与金融	Étienne Pardoux 著 许明宇 译
9787040508291	临床试验设计的统计方法	尹国至、石昊伦 著
9787040506679	数理统计（第二版）	邵军
9787040478631	随机场：分析与综合（修订扩展版）	Erik Vanmarke 著 陈朝晖、范文亮 译
9787040447095	统计思维与艺术：统计学入门	Benjamin Yakir 著 徐西勤 译
9787040442595	诊断医学中的统计学方法（第二版）	侯艳、李康、宇传华、周晓华 译
9787040448955	高等统计学概论	赵林城、王占锋 编著
9787040436884	纵向数据分析方法与应用（英文版）	刘宪
9787040423037	生物数学模型的统计学基础（第二版）	唐守正、李勇、符利勇 著
9787040419504	R 软件教程与统计分析：入门到精通	潘东东、李启寨、唐年胜 译
9787040386721	随机估计及 VDR 检验	杨振海
9787040378177	随机域中的极值统计学：理论及应用（英文版）	Benjamin Yakir 著
9787040372403	高等计量经济学基础	缪柏其、叶五一
9787040322927	金融工程中的蒙特卡罗方法	Paul Glasserman 著 范韶华、孙武军 译

续表

书号	书名	著译者
9787040348309	大维统计分析	白志东、郑术蓉、姜丹丹
9787040348286	结构方程模型：Mplus 与应用（英文版）	王济川、王小倩 著
9787040348262	生存分析：模型与应用（英文版）	刘宪
9787040345407	MINITAB 软件入门：最易学实用的统计分析教程	吴令云 等 编著
9787040321883	结构方程模型：方法与应用	王济川、王小倩、姜宝法 著
9787040319682	结构方程模型：贝叶斯方法	李锡钦 著 蔡敬衡、潘俊豪、周影辉 译
9787040315370	随机环境中的马尔可夫过程	胡迪鹤 著
9787040256390	统计诊断	韦博成、林金官、解锋昌 编著
9787040250626	R 语言与统计分析	汤银才 主编
9787040247510	属性数据分析引论（第二版）	Alan Agresti 著 张淑梅、王睿、曾莉 译
9787040182934	金融市场中的统计模型和方法	黎子良、邢海鹏 著 姚佩佩 译